穿越小径分岔的花园

赫伯特·西蒙
和他的科学迷宫

Herbert A. Simon

The Bounds of Reason in Modern America

by
Hunter Crowther-Heyck

[美]
亨特·克劳瑟-海克 著
何正云 译

后浪出版公司

贵州出版集团
贵州人民出版社

献给妈妈、爸爸与凯瑟琳；
只要有爱，天下就没有不可能的事情。

赫尔伯特·A.西蒙

目　录

导　语

（无）局限的理性

　　1956 年 1 月初的一个寒冷的日子里，赫伯特·西蒙（Herbert Simon，又译作司马贺）在卡内基理工学院工业管理研究生院的课堂上，用一个令人振聋发聩的消息作为开场白："在圣诞节假期期间，艾尔·纽厄尔（Al Newell）和我发明了一台会思考的机器。"[1] 一台会思考的机器！这真是一个惊人的宣言，简直堪比炼金术。但比这个宣言更了不起的，或许是说话的人，以及说话的地方。说话的人持有的是政治学博士学位，而不是工程类或者数学类的学位，说话的地方是工业管理学院的课堂。

　　西蒙的"思考机器"是一套计算机程序，叫作"逻辑理论家"（Logic Theorist）。这套程序于 1955 年年末设计，1956 年 8 月首次在计算机上运行，并被很多人视为人工智能"存在的证据"。这个程序，是为了证明伯特朗·罗素（Bertrand Russell）和艾尔弗雷德·诺斯·怀特海（Afred North Whitehead）的著作《数学原理》（*Principia Mathematica*）中的定理而设计的，该程序仅使用了他们的基本公理和在此过程中一步步证明出的定理。这种做法取得了巨大的成功，有一个定理的证明过程甚至比罗素和怀特海的方法更漂亮。（当激动难抑的西蒙把这个消息告诉罗素爵士的时候，他很有风度地回复："得知《数学原理》现在可以由机器来证明，我很高兴。真希望我们能在花费 10 年徒手计算之前就知道有这种可能性存在。"[2]）

逻辑理论家是一项了不起的成就，同样十分具有启发性。创造它的背后故事，向我们揭示了人工智能作为一个研究领域出现的诸多事实。它也展示出行为科学家对科学和精神的理解的一系列重大变化，而这些变化几乎使大脑和机器成了同义词。

本书将解释西蒙认为自己取得了什么成就，他为什么认为这项成就有意义，以及一位对高效公共管理感兴趣的政治学家，是如何成为心理学认知革命的旗手和世界最顶尖计算机科学学院的创始人的。本书不仅要介绍一位 20 世纪最具影响力的科学家的职业生涯，也将展示他生活和工作的世界，这个他付出了很多努力去塑造的世界。

赫伯特·西蒙

赫伯特·亚历山大·西蒙（Herbert Alexander Simon），1916 年 6 月 15 日出生于美国威斯康星州密尔沃基市，2001 年 2 月 9 日辞世，享年 84 岁。直到生命的最后一刻，他仍活跃在卡内基梅隆大学的研究岗位上，是该大学的灵魂人物。他的职业生涯丰富多彩，令人着迷。

1943 年，西蒙从芝加哥大学取得博士学位，以政治科学家的身份开始了自己的职业生涯；1947 年，他发表了题为《管理行为》(*Administrative Behavior*)的论文，研究方向是公共管理。1950 年年末，这本书与他后来的著作《组织学》(*Organization*)一起，成为商业教育、公共管理和组织社会学课程的基础教材。³《管理行为》现在已经是第 4 版，堪称 20 世纪政治学、公共管理和管理学领域最具影响力的 10 本书之一。《组织学》同样保持着社会学和管理培训基础教材的地位。

　　然而，他做政治学家的时间并不长。20 世纪 40 年代晚期，他开始了计量经济学领域的工作，并以在该领域的成就获得了 1978 年诺贝尔经济学奖。20 世纪 50 年代中期，他开始研究问题求解过程中的心理学；后来，这项工作为他赢得了美国心理学学会的最高奖 —— 终身成就奖。在 20 世纪 50 年代中期，他编写了自己的首批计算机程序，和同事艾伦·纽厄尔（Allen Newell）一起，走上了计算机领域最高荣誉 —— 计算机学会图灵奖（Turing Award）的领奖台。

　　随着西蒙在卡内基梅隆大学拿到了计算机科学与心理学的教席，他的职业道路在 20 世纪 60 年代中期之后变得顺风顺水。然而，他仍然找出时间，在科学哲学、设计理论以及社会学领域进行更深入的探索。他的著作清单上的内容有 800 多条，按学科分类的话，涉及的领域（至少）包括：政治学、公共管理、管理学；运筹学、系统理论、组织理论、决策理论、经济学（包括公司理论、博弈论、经济史和计量经济学）；社会学、生物社会学、社会心理学、认知心理学；纯数学、哲学、语言学和计算机科学。"多样"这个词甚至都不足以描述他的知识兴趣或者成就。

西蒙创建机构，同时提出思想。他协助建立卡内基理工学院工业管理研究生院（GSIA），率先把行为科学的概念和方法引入管理教育。西蒙和同事们倡导的思想和技术很快进入几乎所有的商学院，助力打造了现代工商管理硕士学位（MBA）。

也是在他的领导下，卡内基梅隆大学的心理学系从一个二流院系一跃成为全国最具影响力的院系。他还是这所大学最负盛名的计算机科学系（现在是学院）的创始人之一。在他来到卡内基理工学院（现在的卡内基梅隆大学）之前，该校心理学系的知名度还走不出匹兹堡。然而，主要得益于西蒙，它成了20世纪六七十年代认知革命的先锋，最近几年，在这个学科的引用影响力方面，它已经排名第一。类似地，卡内基梅隆大学的计算机科学系从20世纪60年代中期诞生以来，一直排名全国前三。例如，研发出深蓝（Deep Blue）的团队中，就有好几位成员曾在卡内基梅隆大学学习。这台计算机在1997年击败了国际象棋大师加里·卡斯珀罗夫（Gary Kasparov）。

另一方面，西蒙在科技政策领域也很活跃，而且极具影响力。他是某基金会负责行为科学项目的伯纳德·贝雷尔森（Bernard Berelson）的主要顾问，也是在美国国家科学院为行为科学游说的卓有成效的说客，同时还是美国国家科学院科技与公共政策委员会的委员。作为社会学研究学会的会员，他在政策与规划委员会和理事会任职，包括为期三年的理事会主席，发挥了很大的影响力。另外，他还是首位任职于总统科学顾问委员会的行为科学专家。他利用职务之便，大力推进社会学领域的行为科学革命，并鼓励行为科学专家成为国家科技政策精英。

这些连篇累牍的成就表明，西蒙的影响力横跨诸多领域，遍及多个场所，从政治学到计算机科学，从部门会议到高级委员会。事实上，我最初开始研究西蒙的时候就有这样一种感觉，似乎他职业生涯中唯一恒定的东西就是成功：如此众多的领域，如此众多的项目，如此众多的论文。关于他这个人，我们能提出的关键问题好像就是：为什么会有这么多的变化，为什么会有这么多心血来潮的举动？这些问题又似乎太个人了，不可能有太大的意义。他就是一位具有拓荒者灵魂的有天赋的数学家而已。这样似乎就把所有的问题都说清楚了。他的数学才能让他能够为不同领域做出贡献，因为这些领域都在不遗余力地寻求数学的严谨性，而他拓荒者的冲动，意味着一旦看到周边的领域有机会冒头，他就准备投入下一个新的疆场。足够简单吧。

不，这太简单了（幸亏如此）。西蒙确实是典型的次子，需要勇敢、标新立异，搞出些亮眼、闪光而且新鲜的东西来，但这不是他最深层次的激情。他的数学才能是杰出的，但他最大的贡献是概念，而不是公式。至于他职业生涯中的那些突然转向，工作中似乎东一榔头西一棒槌的情况又是怎么回事呢？我用他自己的话来讲这个问题："我涉猎广泛这件事情，常常得到别人的赞扬，我想他们是真诚的，（然而）这些赞扬很大程度上让我无法消受……表面上看似乎很分散，其实更接近于偏执。"[4]

这确实是一些事后诸葛亮式的总结，像是为了符合未来而重构过去。是的，事实就是如此，但又远不止于此。尽管他的好奇心让他的工作五花八门，但要从复杂的表象之下找出一种模式，可能性还是存在的。这种模式很难一眼看出，因为它不能映射到大众广泛认可的学科结构上。然而，当我们不再削足适履，不再试图把西蒙装入按照现在的学科边界限定的模子里的时候，我们就会看到，西蒙对单组紧密相连的目标的追求是惊人地一以贯之的。在人生的道路上，他确实重新修订过这些目标，所以，他职业生涯的轨迹是一条曲线而不是直线，但这条曲线是连续的，没有断点。

这条曲线是什么形状的？它从哪里开始？在哪里结束？要回答这些问题，需要从终点开始——不是西蒙命运的终点，因为那是无法预期的，而是他目标的终点，是恒定的。这个基础的目标，这个驱动西蒙所有工作的目标，简单但却远大，那就是把人类思想和行为这个复杂且混乱的世界带入到理性的经验科学的范畴里。

关于选择的科学与关于控制的科学

对于西蒙来说，这项探索始于"人类行为在社会环境中的原子现象"。[5] 他相信，最具原子性的现象就是"选择"这种基本行为。如果能够揭示人类社会的原子如何以及为什么选择做这件事情而不是做另一件事情（遗传与个性、教育与环境的力量如何协力促成某个人选择右边或者左边的路），如果可以弄清个体如何做出选择，或许就可以构建起关于人类行为的真正的科学体系。

在20世纪三四十年代西蒙形成这个目标的时候，面对
选择这个问题，学术界存在两种强大的、影响广泛的、明显
势不两立的处理方式。每种方式的支持者都把自己的方式看
作通向伟大综合的正确道路，并寻求把另一方的元素纳入其
中，然而总是功亏一篑。其中一种方式强调个体社会原子的
选择自由，把个体视为意图实现自我价值最大化的理性选择
者。这种理解人类行为的方式得到了正在崛起的数理经济学
先驱们的认同，尤其是芝加哥的考尔斯经济研究委员会（the
Cowles Commission for Research in Economics）里的那一
批。这种观点主要把物理学和工程学看作思想和灵感的源
泉，而效率是他们的中心概念之一。这一派的思想被概括为
博弈论、新古典效用理论和统计决策理论，统称为"关于选
择的科学"。

看待人类行为的另一种基本方式认为，个体是可塑的
生物体，由其社会环境塑造。社会科学领域的大多数学者都
认可这种观点，包括行为主义实验心理学、社会学、社会心
理学、人类学和政治学，统称为"关于控制的科学"。生物
学，尤其是实验生理学，是典型的关于控制的科学，而"适
应"是一个关键的概念。这种方法主要体现在以下方面：
哈罗德·拉斯韦尔（Harold Lassell）和查尔斯·梅里亚姆
（Charles Merriam）对宣传和权力的心理学研究、约翰·布
罗德斯·华生（John B. Watson）的激进行为主义和塔尔科
特·帕森斯（Talcott Parsons）的结构功能社会学。[6]

尽管每一派的支持者都把自己的道路看作通向统一的行
为科学的康庄大道，但是西蒙认为二者都缺少了某些对方才

能提供的本质性的东西。例如，帕森斯把他的社会理论称为社会行动的"唯意志"论，但在其结构功能主义中，几乎没有留给个体选择的空间。对于相信生活中"唯一真正的确定性"是必须承担"个人道德选择的重担"[7]的人来说，这个说法恐怕很难成立。

又如，在关于选择的科学中，参与者在生活博弈中的每一步，就好像他们对自己所做的选择拥有完整的认知和完美的理由一样。西蒙认为，其实很简单，这些都是"虚幻的"假设。[8]正如他给一位同事的信中所写："我们需要的选择者，不那么像神，而更像老鼠。"[9]即便只是意图接近这种高度理性化，这个世界对于人类来说都显得太过复杂了。

如何从这两种全然相异的人类行为模式中开创出一种统一的科学来？这不是一项简单的任务，也不会是一条笔直的道路。然而，西蒙不懈的努力将其工作的所有方面都和谐地统一了起来，最终发展出一套完整的世界观，以科学、人性和自然模型的嵌套集合的方式，把关于选择和关于控制的科学融合在了一起。

然而，西蒙并没有从职业生涯伊始就寻求创造这种统一的多层级模式。相反，他从几个基本假设入手，尝试对这几个假设进行精心加工、详细描述和形式化。首先，他相信自然界存在某种秩序，甚至人类的天性也是如此。其次，他假定这个秩序是普遍的，这就意味着复杂和局部一定是的简单和全局的具体体现。第三，他坚持认为，这种秩序是人类通过观察和推理能够认识到的，而不是靠天启。第四，他从来不怀疑，人类理性的能力是有限的，也是有意义的。

　　在这些假设所形成的广泛框架内，西蒙致力于发展人类行为特定方面的专门理论，尤其是那些与组织内部决策有关的理论。这些研究让他不断审视、提炼并形式化自己的假设。这些更加全面详尽的假设随后形成了一个基础，从而把他在一系列领域内的研究成果连接起来。因此，西蒙的早期项目是通过它们各自与选择问题的联系，通过认为它们之间全都以某种方式相连的直觉而关联起来的，而他晚期工作之间的关联性则更紧密、明确。他的很多项目都是一个完整计划的组成部分，而且在20世纪50年代中期之后，他每迈出新的一步，心里都在默念着这个综合模式的发展。

　　这个综合模式，是一个嵌套模型集合，体现了西蒙的"官僚主义世界观"。我之所以给它取这个名字，是因为西蒙把大脑和机器、有机体和组织、个人和机构全都定义为层级系统，它们尽管力量有限，但都尽其最大可能，尽可能地高度专业化，然而又紧密地联系在一起，而且都被锁死在为适应环境而不断的奋斗中。对于他来说，大脑和计算机是典型的官僚体系，官僚体系则是典型的大脑。

　　应景地，在西蒙的世界图景中，这种官僚化在多个层级发生。它涉及把世界重新定义为一个复杂的、层级化的系统，把各种科学重新定义为对该系统的子单位的研究，把人文科学重新定义为针对这类复杂系统的研究，而这些系统以有目的的自适应行为为特征。为了与这种科学模型保持一致，西蒙把关于选择和关于控制的科学重新定义为关于这种新的、更高层面的自适应系统的科学的组成部分。这种新科学的目标是构建形式化的人类行为模型，其方法是开发能够让一个复杂系统（比如计算机）模拟另外一种行为（比如人类大脑）的程序。因此，逻辑理论家不仅是一个新的计算机程序，还是关于科学和大脑二者如何工作的理论。

"系统"和"有限理性"的思想，是这种新理论的柱石。对于西蒙来说，整个世界都是一个系统。经济、家庭、有机个体、细胞、原子，都是复杂的层级结构系统。说它们是系统，意味着它们的组成元素之间的相互依存程度很高。说它们分层级，意味着它们具有树状结构，因而能够分解成子系统、子—子系统，并一直这样分解下去。说它们复杂，意味着层级结构中某个层级的系统行为，难以通过对较低层级的元素属性的认知来预测。

把世界预设为一个系统，对于西蒙提出的问题以及他用来回答这些问题的方法具有重要意义。首先，把世界看作一个系统，让西蒙把注意力集中在系统性的属性上，比如系统元素的组织、它们相互交流的方式、系统如何保持平衡以及整个系统用以适应自身环境的方法等。

其次，把世界看成一个系统，支持了"行为—功能"分析法。在西蒙看来，要了解个体，就只可能通过它们的行为来了解，而要了解和识别这些行为，就只能观察它们对所属系统的其他元素的影响。不仅人类是如此，物体亦然：对于西蒙来说，甚至像质量（mass）这种自然属性和个体属性，实际上也是物体在某个具体系统中的属性，而不是物体本身的属性[10]。

行为主义和功能主义也建立于系统的观点之上，这两种理论关注的是系统成分之间的关系，而不是它们的固有属性和个体属性，从而使现象分析得到了根本性的简化。执行某种功能的个体，远比具有独特历史和天性的个体更加容易理解，而对个体功能的分析，只有在它们作为系统组成部分的时候，才有可能进行。

再次，把世界看作一个系统，有助于数学上的形式化。它不必然走向数学分析（塔尔科特·帕森斯为证），但是，它确实让社会科学数理化自然而然地成为接下来要做的工作。对于西蒙来说，改革后的行为科学毫无疑问将是数学化的，因为数学是科学"发现的基础语言"。他很喜欢引用傅立叶对数学的赞美："数学与大自然一样浩瀚无边；它定义了所有可以认知的关系，度量着时间、空间、力……它的主要特征就是明确；它没有表达含混概念的符号。它把最多样的现象结合在一起，并揭示出把它们团结起来的那些秘而不宣的相似之处。它似乎是人类大脑的一种天赋，注定就是用来补充生命的缺陷和感官的不完美的。"[11]

西蒙相信，这种类型的数学形式主义适合用来对复杂的自适应系统进行建模，比如人类以及人类建立的世界，然而，它看起来并不像刻画了过去科学的特征的那种数学形式主义。新的形式主义不是表现了古典物理学特征的微分方程系统，也不是表现了量子力学特征的随机微分方程系统。相反，专门描述复杂自适应系统行为的形式主义，应该反映系统的层级结构，并能够描述一系列连贯的行为。能够做到这一点的形式就是"程序"。西蒙没有发明程序的概念，但他率先提出，程序是研究自适应系统的各个学科的基础形式。

官僚主义世界观的第二个概念基石，是西蒙标志性的有限理性原则。在他看来，人的理性是有边界的。设定边界的，不是热情或无意识，而是作为信息处理器的人类有机体的固有限制。简单来说，"人类大脑表达并解决复杂问题的能力，跟问题的大小比起来，是微不足道的，而在现实世界里，客观理性的行为需要这些问题的解决方案"。结果就是，人类参与者必须"建立一个真实环境的简化模型，以便处理这些问题"[12]。面对这些简化的模型，人类表现得很理性，但这些行为与客观理性其实没有任何的关系。理性选择是存在的，而且也是有意义的，但受到了极大的限制。

要做到理性，我们需要具备足够多的知识，或者说处理的速度要足够快，而完全只靠我们自己，这些都是做不到的。我们需要帮助，而这个帮助由我们所从属的组织提供，比如家庭、公司、政治机构。事实上，在西蒙看来，对问题的求解过程进行简化，是我们建立组织的首要原因。很简单，"我们称之为组织的行为模式，对于广义上的人类理性……是基础性的。理性的个体是，而且必须是，组织化且机构化的个体"。[13] 因而，组织强加于理性的限制，并不是韦伯式（Weberian）的官僚统治"铁笼"。恰恰相反，它们正是让理性成为可能的推手。

有限理性原则是西蒙在所有领域中的基础性建筑材料，从公共管理到经济学，再到人工智能。它看似是个简单的概念，但在这些领域中，都产生了革命性的意义。比如在经济学领域，它沉重打击了新古典主义经济学家"经济人"（homo economicus）概念中利润最大化的理性这个获得广泛认同的假设。类似地，在反对试验心理学领域严格的行为主义方面，有限理性概念同样发挥了重要作用，因为它相信大脑在构建世界模型时的积极作用。

对西蒙的科学哲学来说，有限理性也具有深远的意义，因为它认为，简化模型的构建和检验，是所有思想的精华，甚至科学思想也是如此。西蒙对模型和建模的重要性的认识，可以从他一些著作的名称中窥见一斑：《人的模型》（*Models of Man*）、《思想的模型》（*Models of Thought*）、《发现的模型》（*Models of Discovery*），以及《有限理性的模型》（*Models of Bounded Rationality*）。他甚至将自己的自传命名为《我生命的模型》（*Models of My Life*）。

在西蒙对科研事业应该如何组织的看法中，有限理性同样具有很大的意义。比如，有限理性让他倡导跨学科研究，因为学科划分会以不健康的方式限制理性。尽管他真心实意地支持专业化研究 —— 因为学科这样的社会组织对理性地解决问题来说至关重要 —— 但他相信，这些研究必须被协调和综合起来，否则不会取得任何成果。因此，西蒙努力将他所属的机构 —— 卡内基理工学院的工业管理研究生院，建设成跨学科研究中心，他也有意识地支持跨越学科边界的人士和项目。

变革和持续性

把关于选择和关于控制的科学结合在一起是西蒙毕生奋斗的成果，西蒙所抱持的新官僚主义世界观也促使他重新定义了很多基础性的问题。首先，他寻求厘清"社会"组织如何影响组织内部的个体成员做出选择，稍后又努力揭示我们"内部"的心理组织如何影响作为个体的我们解决问题的方式。

对选择问题的重新定义，催生出很多其他变化，每一种变化都很微妙而且很重要。其中包括：工作的重心从组织理论转向复杂信息处理理论、从偏向社会心理学转向偏向个体心理学、从对"决策"的专注转向对"问题求解"的兴趣。西蒙从一个学科转换到了另一个学科，前一个学科的模型以文字为主，通过访谈、调查和观察群组行为来验证，尤其是田野试验；后一个学科在计算机上设计模型并检验内部一致性，并在严格控制的实验室验证外部一致性。甚至西蒙的同事群体也发生了重大的变化，从数理社会学家的跨学科群体变成了一个边界更为明显的认知和人工智能研究者群体。

尽管存在这些转变，西蒙的工作仍具有连续性。这些连续性一般被概括为：对综合的矢志不渝的追求、对理性（尤其是有组织的理性）坚定不移的信心、对把抽象概念与实际应用相嫁接的持续关注。他永远是理性福音的传道者，以下世俗信条的先知：人性是神圣的，但不是神赋的。

就这些品质来说，跟世间的万事万物一样，西蒙既是独特的，也是极具代表性的。他的独特性在一定程度上体现为他把塑造了他的世界观的科学和社会的转型作为研究对象，还在一定程度体现为他对哲学、理论、制度以及实践安排上的连贯性。他追求的广度非比寻常，对心灵探究的深度是惊人的；他极具自信，又饱含激情。然而，他工作的显著特征——对系统属性的专注、关于复杂系统的层级结构的思想、对综合选择与控制的探索、行为—功能的分析模式、对跨学科工作的重视、采用计算机建模和模拟，以及对战略、程序和规划的痴迷——在20世纪50年代、60年代、70年代成了很多领域研究工作的特征，而且影响一直持续到现在。

　　若想了解战后[①]科学的变化，尤其是行为科学的变化，我们就需要了解西蒙。而要想了解西蒙，我们就必须从造就了他和他的价值观的社会群体开始：西蒙一家。这是一个具有德国传统，但是牢牢扎根于新大陆威斯康星州密尔沃基市的家族。

---

① 本书中"战后"特指第二次世界大战以后，后文不一一标注。——编注

第一章

小径分岔的花园

　　在西蒙的自传中，有一章的标题是"没有人身牛头怪（Minotaurs）的迷宫"。在这个章节里，西蒙讲述了他与豪尔赫·路易斯·博尔赫斯（Jorge Luis Borges）在1970年的一次对话，并收录了他自己写的一篇题为"苹果：迷宫的故事"[1]（The Apple：A Story of a Maze）的短篇小说。这篇创作于1956年的小说，灵感来自西蒙同年的一篇题为"理性选择与环境结构"[2]的论文。这次对话与这篇小说都发人深省。它们因一个共同的主题而相互关联：都以迷宫作为生活的隐喻。这是一个对理解西蒙生平具有多重意义的隐喻。

　　由于对博尔赫斯的小说《巴别图书馆》和《小径分岔的花园》[3]非常着迷，西蒙曾经请求拜会这位阿根廷作家。这两篇短篇都描述了一个永远分岔下去的世界。在他们的对话中，西蒙问博尔赫斯，这篇小说的构思是否是从一个抽象的概念着手，然后用故事来例证思想。博尔赫斯回答：

　　　　不是这样的。我可以告诉你这篇小说是如何创作出来的。我曾经在布宜诺斯艾利斯西部的一家小图书馆工作过。我在这家图书馆工作了9年，薪水少得可怜，那里的工作人员也都很不好相处。他们都是些愚昧无知的人，真的很蠢。

这种状况让我老是做噩梦。

有一天，我对自己说，我的整个人生都被埋葬在这个图书馆里了。为什么不发明一个以无穷无尽的图书馆为代表的宇宙？一个可以找到所有已完成书籍的图书馆……这个图书馆的概念激发出了我内心最深处最本质的喜悦……众生都感受得到这种极乐。[4]

从他在现实图书馆中的可怕经历，博尔赫斯创造出一个无比神奇的图书馆。然而，巴别图书馆暴露了它的本质：即便拥有这么多奇迹，这个迷宫里还是存在一种禁锢和衰竭的感觉。以散发着霉味的书籍做成的厚重墙壁包围着读者；想到前方那些永远没有尽头的拐角时，读者的脚步不由得踉跄起来，他必须在没有指南针、不知道最终目的地的情况下做出选择。甚至图书馆里的书籍都是"四零八落而且混乱不堪"的，而"对于每一句简单明了合乎情理的话，都有大量毫无意义的噪音，口齿不清，语焉不详"。[5]（结果大量图书管理员自杀身亡。[6]）博尔赫斯意识到，让图书馆精彩绝伦的东西也让它恐怖异常；在他走出迷宫的的整个旅程中，反讽是一位不离不弃的老朋友。

西蒙对迷宫的痴迷走向了完全相反的方向。他从世界无穷的复杂性出发，向内部探索，寻找从简单生成复杂的规则。博尔赫斯从布宜诺斯艾利斯一家真实的图书馆开始，而西蒙从一套理论开始。尽管"身处地狱",博尔赫斯还是沉迷于穿越迷宫寻找天堂的旅程体验,而西蒙想要知道,控制我们做出决定选择此路而不是彼路的,到底是什么样的规则。

实际上,《苹果》和《巴别图书馆》的世界几乎是互为镜像的:博尔赫斯的图书馆,也就是他的世界,充满了晦涩难懂的书籍。它是字母、空格、标点符号所有可能的随机排列所形成的编目。这个世界背后没有秩序,有的只是偶然的次序。西蒙的世界要有秩序得多。尽管我们在穿越这个世界的路上前行时,靠试错与靠计划的情况一样多,但总是存在一种秩序让我们去发现。因此,如果说博尔赫斯的方法是有序地探寻一个混乱的世界,那西蒙的方法则是启发式地探寻一个有序的世界,尽管它很复杂。

在《苹果》中,雨果(一个"普通人")生活在一座"房间多到数不清的城堡里。因为房间都没有窗户,而且他自出生起就一直生活在这里,所以城堡就是他知道的唯一世界"。雨果独自生活在这座巨大的城堡中,但是他"习惯了这种孤独的生活,不会为孤寂而烦恼"。[7]雨果整日游荡在各个房间里,看看墙上的壁画,躺在舒服的椅子上做白日梦,吃别人提供的食物。重要的是,他只能在某些房间而不是所有房间里找到食物;饥饿袭来,他常常要花几个小时才能找到备有食物的房间。

所有房间都装了玻璃门,以防他走回头路,这个情节暗示着,就算在这个没有尽头的城堡里,时间也是有方向的。雨果没有浪费太多时间去撬门,也没有在门前踟蹰,驻足回望过去。事实上,《小径分岔的花园》中的迷宫是时间,雨果的城堡却是永恒的;时间流动的唯一证据是,雨果最终发现他更喜欢某些食物和某些壁画。随后,他就有意识地安排城堡之旅,寻找他喜欢的愉悦感。他试图在城堡的布局中找到某种模式,想弄清某类壁画是否预示着他期盼的某种食物,而且他用随身携带的笔记本记录他对这些假设的验证结果。(可以想象,一旦在一种壁画和一种食物之间发现了相关性,雨果会惊呼"假说!"的情景,这跟西蒙惯常所做的一样。)然而,这种搜寻很是累人,而且他并不总能在下次吃饭之前找到自己想吃的东西。

> 他的新生活与孩提时代的区别只有:那时,他从来不会感觉到时间的压力,他的休闲时光从来不会被还有任务没有完成的想法打断。什么时候应该做什么,也从来不是个问题。只有周期性出现的饥饿和疲乏,以及遥遥在望的餐厅,引领他进入有意识的活动。

> 现在,他感觉到了选择的重负……他意识到自己再也不可能摆脱忧虑了。[8]

雨果的行李里有一本《圣经》,西蒙就以雨果读《圣经》作为故事的结尾:"于是女人见那棵树的果子好做食物,也悦人的眼目……"于是题名《苹果》的含义就跃然纸上了:知识和选择是人性和堕落的两个源泉。

这个奇妙故事讲述了人的一生:人的一生就是一段穿越世界的孤独旅程,在这个世界上,所有的需要但不是所有的欲求都能得到满足。而且人来到这个世界的唯一目的就是追求快乐——这种追求与追求关于世界的知识一样，是随机的。可以肯定，这篇小说就是一则寓言，目的是阐述西蒙的这个理论：人类参与者是受基本驱动力驱使的简单生物，这些驱动力主要尝试以试错的方式达到目的，作为指导的只是从过往经验中得出的启发式教训。虽然博尔赫斯的图书馆同样是一则寓言，但西蒙描绘的是奇特的有序世界和质朴简单的人，博尔赫斯勾画的则是混乱的世界和具有丰富的幻想（甚至可以说恐惧）的人物。

《苹果》就是西蒙对生活的理解吗？在故事的最后，他声称的确如此："我自己的设想是，雨果（在那些来自《圣经》的话里）找到的人生意义，与我穿过生活的迷宫得到的认识并没有太多不同。如果不是这样，我的经历就证伪了我的理论，也就是《苹果》所依据的模型不成立。"[9] 实际上，西蒙固执地把自己标榜成一个简单的人，一个尽管具有多学科背景但却受到知识的"偏执狂"驱使的人，一个不介意自己的整个职业生涯是否会被描述为他的学位论文中某一段的注释人，一个把他在穿过迷宫的旅程中所做出的选择视为对环境做出明确反应的人。[10] 但他真的是这样一个简单的人吗？他只是个微不足道的混合着动机和启发式的风趣的人，与迷宫中的其他老鼠并没有太大差别吗？

答案既是"是"也是"不是"。西蒙在这些年里一直秉持着一个简单、基础的核心信念：他是人类行为模型的思想独立的探寻者，他始终相信这样的模式能够被找到也能够被理解。但他也是一个复杂多变的人，身上有很多反讽和矛盾。从很多方面看，他是个福音传播者，但他宣扬的是一种世俗的相对主义真理。他是一个研究理性决策过程的极度理性的人，但他很早就发现"推理"并不总（甚至不很经常）能占优势。他是一位具有独立精神的人，团队协作工作也做得很好；他是一个局外人，但也是热情的组织政治家；他相信个人选择和自我学习，但也强调个人以外的力量在塑造思想和行动方面的重要意义。

博尔赫斯说，他把生活理解为"一个持续的迷惑；一个不断分岔的迷宫"。[11] 当他认真思考一个探索世界无尽拐点的简单的人的时候，西蒙理解这种惊奇和这种困惑。当一个人，哪怕是像西蒙这样"简单"的人，探索无穷分岔的自我的时候，博尔赫斯的说法也是对的。

德国风格的家庭价值观

1916 年 6 月 15 日，赫尔伯特·亚历山大·西蒙出生于威斯康星州密尔沃基市，母亲是艾德娜·西蒙（Edna Simon），父亲是阿图尔·西蒙（Arthur Simon）。艾德娜和阿图尔两人都是德国后裔。艾德娜·西蒙（娘家姓默克尔，Merkel）是德国移民的孙女，他们是为躲避 1848 年革命失败后引起的骚乱和暴动逃到美国的。阿图尔·西蒙在从达姆施塔特技术学院毕业，并获得电气工程学位后不久，于 1903 年来到美国。艾德娜·西蒙的家族背景多元，令人称奇：西蒙在他的自传里列出了 3 位曾祖父的宗教信仰，一位是犹太教徒，一位是基督教路德派，一位是天主教徒。阿图尔·西蒙是犹太教徒；西蒙猜测，他可能是由于世纪之交德国反犹太主义运动的兴起而移民的，这样说的一个依据是，他父亲在1899年曾经提出与同学决斗，据推测可能是在辩论"德雷福斯事件[①]"[12]时引发的。

尽管在职业态度和个人习惯方面彻底地德国化，但是阿图尔·西蒙对德国既没有念念不忘，也没有深仇大恨。我们找不到有关艾德娜·西蒙对待自己传统态度的任何记录，但有人认为，她对自己祖先的家园也有类似的好感，但没有敬畏。不管怎么说，她确实嫁给了一个德国口音很重的人，而且选择住在密尔沃基市，这或许是莱茵河以西最具德国风格的城市。

除了父亲和母亲，西蒙的亲属还包括哥哥克拉伦斯（Clarence，"总是护着我"，他后来做了律师，西蒙在自传里提到他的地方不超过三处），舅舅哈罗德·默克尔（Harold Merkel，在威斯康星州跟随约翰·康芒斯学习经济，30岁时英年早逝，把他的书籍和进入美国大学优等生协会phi beta kappa的钥匙留给了年轻的西蒙）以及默克尔外婆。默克尔外婆是西蒙家里某些摩擦的导火索，尤其是在西蒙的外公死后她搬来女儿一家一起生活之后。[13]（显然，她挑起了艾德娜与阿图尔之间无数次的口角。）

西蒙笔下的母亲是温暖而慈爱的，但是"神经质不止一点点"。[14]母亲在这本传记里只扮演了一个很小的角色，随着西蒙告别了童年，书中就基本就没有了她的踪影。很难弄清楚这种无足轻重是事实如此，还是他回忆往事时有意为之，

---

① 1894年，法国犹太裔军官德雷福斯被诬犯有叛国罪的事件。——编者注。若未另作说明，本书脚注皆为编者注。

但很明显的一点是，成年的西蒙很热切地寻找自己的生活和工作与父亲的生活和工作之间的联系，而不是与母亲的。事实上，西蒙很为自己的父亲骄傲，渴望与他在知识上建立起某种联系，这一点在《我生命的模型》一书中几乎随处可见。在书中的一个段落里，西蒙写道："我渐渐明白，我穿越职业迷宫时选择的路径把我带回到父辈的召唤中，不仅因为我选择到一家工程学校任教。作为控制装置的设计人员，我父亲曾经是反馈装置研发的一个重要的贡献者。现在（1948年），我开始考虑把反馈理论作为为经济系统和组织机构动态行为建模的工具。"[15] 西蒙强调，这个发现让他"深受感动"，而且内心充满了"狂喜"。尽管这些说法告诉我们的，可能更多的是西蒙在后来的生活中的期盼，而不是他父亲实际的精神影响，但它们与很多其他证据可以相互印证：西蒙一直是一位对机器（尤其是大脑这种最奇妙的机器）工作的基本原理充满兴趣的"口头工程师"。[16]

　　阿图尔·西蒙的职业生涯大部分在密尔沃基市的卡特拉汉莫制造公司（Cutler-Hammer Manufacturing Company）度过。尽管后来他又获得了专利法律师的执业资格，但他主要还是把自己看成工程师。他精通自己的专业，而且以（查尔斯·斯泰因梅兹[①]、奥利弗·赫维赛德[②]那样）真正的专业人士应当具备的知识热情投身于工作，寻求掌握电气工程实践背后的理论。然而，他似乎没有遵循工程师典型的晋升路径——离开机械工程岗位进入管理层。[17] 结果就是，他根

---

① 　Charles Proteus Steinmetz（1865—1923），德国—美国电机工程师。
② 　Oliver Heaviside（1850—1925），英国物理学家。

本没有给自己积攒下财富。因此、西蒙一家属于职业中产阶级，但跟富有沾不上边。

阿图尔·西蒙在社会上和学识上都恪守德国人的职业理想，也就是说，他接受的教育是通识的，因而他不仅仅是一名专业人士；他在社区事务上很积极，但是既无党派也没有意识形态；他拥有强烈的世俗世界观；他生活在一个以男人为主的世界。比如，作为密尔沃基市职业男士协会的成员，他在自己的专业领域很活跃，但对种族或者宗教性的社会组织没有兴趣，也没人邀请他参加名人堂这样的精英社团。他的朋友大多是其他领域的专业人士，一般都有德国血统，他们会一起讨论商业、政治以及知识问题。在晚餐桌旁（当男孩子都足够大的时候），或者相聚的时候，总会出现男人间的对话和女人间的对话，它们通常发生在两个完全独立的世界里。[18]

西蒙继承了他父亲很多态度和价值观。比如，他在专业领域里极度活跃，还投入很多时间到公共服务里。类似地，西蒙对种族、宗教或者意识形态性质的群体总是非常警惕。事实上，人们可以把他大部分的工作说成某种形式的反狭隘斗争，意图揭示为什么尽管这和组织诱发非理性行为，但是还会有人加入。在描述祖母的时候，西蒙用一段旁白写道，她是位"慈祥而宽厚的女人，根本不信宗教"，跟他那位总是惹是生非的外祖母默克尔完全不一样。[19]

西蒙寻求获得他父亲那样的通识学习，同时接受高层次的教育，时刻准备着展示他在历史、哲学或者外语方面的造诣。比如，他声称自己有足够的能力阅读20种语言。（我自己没有能力测试他，但是我看到了至少7种语言的证据，因而，也没有理由怀疑其他的语言。）他认为，所有大学老师都应有能力上任意一门学科的入门课，他自己当然能够做得到。基于类似的思路，我和他在某次谈话中提及专家在社会中的作用时，他旋即证明，关于这个问题的历史争论，从柏拉图到当下，他早已烂熟于心。[20] 西蒙也很为自己的数学素养而骄傲：在一次采访过程中，我无意中提到他20世纪50年代以来的一些数学论文，在原创性方面，其中所使用的数学不如对这些数学的应用时，他很肯定地告诉我："这（数学）是前沿的东西。我在研究的过程中对它做了很多补充。"[21] 最后，尽管西蒙老是说工作"很好玩"，但在面对工作时却认真地全身心投入，把专业看作永恒的天职：在职业生涯的盛年，西蒙每周工作80～100个小时是司空见惯的事情。

　　从父亲到儿子，时代发生的一项变化就是：职业生涯已不再是男性专属的了。在20世纪70年代以前，西蒙所属的工作领域几乎是男性的天下，家庭里的劳动分工也很传统，但是他对女人有能力从事高智商工作这一点却没有丝毫的怀疑。比如，西蒙的妻子多萝西就是他于20世纪30年代在芝加哥大学学习政治学的研究生同学（她获得了硕士学位），他对她智慧的尊重显然与对她微笑的喜爱同样多，他也同她合作写作了多篇论文。在他的传记中，西蒙指出（悲哀的语气不只有一点点），他父亲可能从来没有把妻子看作潜在的知识伴侣，而这是他在婚姻里明显满意的一个方面。类似地，自女性进入认知科学领域伊始，西蒙就接收她们作为研究生，我采访过的几位都异口同声地说，他是一位优秀的教师和导师，一个无疑对她们不抱任何偏见的人。

类似地，尽管他的科学确实有性别倾向，但他却没有性别歧视的观念。实际上，以21世纪初的观点看，西蒙最令人吃惊的事情之一，就是他的语言总是相当地中性，甚至在私人通信中也是如此。把他的语言与同时代的心理学（更别说精神病学）领域的大多数人的语言相比较，这种中立性尤其令人难忘。[22] 如果他拿"人"（man）这个词来做主语，那是因为他认为，男人和女人的大脑都是按照同样的普遍机制运行的。对于他来说，只有在男女差异能够说明更大的共性时，这种差异才具有科学上的意义。简言之，他是那一代自由主义者的典型代表，对20世纪60年代末需要一场女权运动感到吃惊，但是，只要运动关注的是机会的均等而不是结果的平等，他们对这场运动就会持友善的态度。

或许，阿图尔·西蒙留给儿子的重要遗产，是他对待个人身份的态度，以及他"坚定不移的忠诚"。对于阿图尔·西蒙来说，定义某一个人，靠的是他为生活做了什么，而不是他的出身或者信仰。一个人的身份，来源于他在某个专业群体里的成员资格以及与家人和亲密朋友之间的关系，而非他的人种、宗教或政治派别。尽管他们家是犹太人，但他还是允许自己的几个儿子跟朋友们一道，去上当地的公理会星期日学校；尽管是德国人，但是他在家里讲英语，并且"百分之二百"地鄙视所有民族主义者中的极端民族主义者，这种极端民族主义情绪在两次世界大战之时日渐得势。[23] 类似地，在西蒙的家里，"黑人是黑种人，而不是'黑鬼'，意大利人就是意大利人，而不是'大胡蜂'，而波兰人就是波兰人，而不是'波兰佬。'"[24]

西蒙很认同父亲的这些观点，他在1994年写道："我（从他身上）学到了对任何种族所宣称的民族优越性都怀有深深的不信任，既包括我自己的民族也包括其他民族……在我梦想中的未来，没有任何'上帝选民'的位置。"[25]跟他父亲一样，西蒙把民族主义和种族中心主义与一种尤为血腥的非理性标志（纳粹主义）联系在一起，而且他对职业生涯的看法也是很世俗的。他甚至还把大大小小的民族主义以及职业生涯，当成自己很多研究课题的重点。他的首批著作，无论是《管理行为》(*Administrative Behavior*)、《公共管理》(*Public Administration*) 还是《组织学》(*Organizations*)，探讨的都是组织认同和职业培训在构建身份和影响观念时的作用。

专业

西蒙研究并亲自例证了20世纪各专业的兴起和转型。在西蒙出生前的几十年间，随着一大批新专业出现并加入传统的法律、医学、军事和神学的行列中，专业领域已经发生了翻天覆地的变化。新涌现的专业人士在大型组织中找到了位置，这些组织在19世纪末的社会风景中巍然耸立。这些专业人士出现在现代商业企业中，服务于铁路、大型的工业企业、投资银行以及咨询行业，在这些领域，大量的法人实体涌现出来。他们进入新的监管机构和独立委员会中，这些组织在所有层级的政府中大量涌现，从城市规划委员会到州健康理事会，然后是联邦机构，诸如州际商务委员会和食品与药品管理局。在新建成的研究型大学，以及由政府划拨土地的农业和技术类学校，这些人在报告厅内侃侃而谈；此外，他们还接管了中小学。专业人士为刚刚开始对"真理"和"客观性"产生兴趣的新闻行业撰写专栏文章和社论，还形成了整编后的军队的军官团。会计、工程师、调度员、规划师、市场研究员、经济学家、记者、化学家、物理学家、心理学家：到处都在寻找理性、效率和客观性，到处都在尝试建立"最优系统"。[26]

新的专业人士跟从前的那些一样，依据他们对某个知识体系的掌握，以及他们把该知识应用在现实世界中某些具体情况的能力，宣示自己的重要性。（因此，在专业人士的培训中，"习题集"成了标配。）尽管受到传统职业习惯的影响，他们的教育在很多方面都与之前的有所不同。首先，现在"最好"的知识是关于自然科学的抽象知识，这与通过实践经验、天启或古典文献研究得来的知识形成了鲜明的对照。其次，新的专业人士都是由某所大学的专业学院培养出来的，而不是出自学徒制。这两者结合起来，就产生出对原创研究的重视，使原创研究成为职业生涯的一个重要部分。

19世纪末20世纪初，甚至传统专业也经历了从"作坊"到"学校"的职业文化转变：我们见证了医学行业转向实验室科学，法律培训朝标准化和学术化发展，还见证了军事教育和组织的转型。[27]新的学校文化的兴起，在那些最古老的专业里同样发生了，比如神学，随着对牧师教育要求的不断强化，对适应科学进步的追寻，以及对科学化的圣经学术研究的追求，引进学校教育就顺理成章了。当然，对于很多神职人员来说，接受学校教育已经是一个悠久的传统，但是在19 世纪的美国，各教派内部和教派之间的神职教育水平差异很大。例如，尽管公理会、一位论派以及圣公会的牧师一般都受到过很高的教育，但是，在世纪之交之前，他们的培训也不是系统性的，至于很多南方浸信会牧师，一直到 20 世纪，他们的任职资格主要还是靠狂热的个人信仰来获得，而不是通过书本知识的学习。在世纪之交之前，甚至在最主要的大型组织天主教会里，牧师的培训情况也是天差地别。[28]

或许最值得注意的是，新专业人士对职业生涯秉持了更加世俗的态度，而这正是西蒙和他父亲所共有的态度。这种"世俗化趋势"恰恰是专业人士与社会的关系变化的核心，也是专业人士个人动机变化的核心，比如西蒙。正如多萝西·罗斯在她写的 G. 史丹利·霍尔（G. Stanley Hall）的传记《作为先知的心理学家》（*The Psychologist as Prophet*）中所展示的，19 世纪末 20 世纪初新出现的世俗专业人士拥有与他们（真正的）福音传播先驱一样的创世激情；唯一的区别是，重新改造人类和社会的动力来自对科学的信念，而不是经文，来自推理，而不是天启。[29]

这种科学和理性的世俗福音，激发起了很多人宗教信念般的深沉激情。科学的庄严能够带来像圣山上的清教徒之城那样强大的梦想。对于西蒙来说，解开人类行为的难题，不仅是一种快乐，也是值得他付出毕生努力的天职。

为紧跟宗教热情向科学激情转化的步伐，到 20 世纪初，职业文化更多地在社会层面而非精神概念上靠拢基督教。也就是说，它是以一套共同的伦理和社会价值，而不是一套共同的宗教信仰为特征的。这一套价值观很难被准确地表述出来，但我们可以通过观察他们是否重视客观性、秩序、理性和公共服务，是否看重追求知识、进步和自我克制，将世俗专业人士识别出来。一般认为（无须赘言），认同这些价值观的人应该就是中上层的新教男性教徒。专业领域不是一个犹太人、无神论者或者女人都没有，但是他们很稀少，而且还不太受欢迎。

正如戴维·霍林格（David Hollinger）所写，20世纪30年代逃难知识分子的大量涌入，第二代和第三代美国犹太人对更高水平教育的迫切要求，以及专业界对纳粹反犹主义的恐怖手段的普遍反应，这三个因素在20世纪中期相互交织，让专业界那些跟他们具有相同价值观但没有血统关系的人更加宽容。[30] 西蒙就属于赢得机会进入专业界和学术界的第一代犹太人后代。他跟那一代的很多人一样，拥有一套能够与各行业的贵族领袖相融合的积极的世俗价值体系。

尽管西蒙是一位异常精于算计的人，一个通常连是否发火都要提前想好的人，但他对这套价值观的坚持却不是一时的。他世俗的、科学的价值观在他的年龄尚不足以做出深思熟虑的事业决策时，就已经形成了。例如，上中学期间，西蒙给《密尔沃基日报》的编辑写了一封信，为无神论者的公民自由辩护；高中时，他"很肯定"自己是"宗教意义上的无神论者"，这个信念从来没有动摇过。[31] 西蒙后来加入了一位论派教会（1949年），但只是在他"成功"之后，此时他的宗教归属对他的同事影响越来越小。（战后一位论派在很多问题上对传统的天主教构不成太大威胁。）

或许，西蒙对宗教看法可以从他给一位成为多明我会修士的老朋友的回信中很好地看出来。尽管写这封信的时候，他早已不是孩子，但这是西蒙文选中最早的一篇文献，而且代表了西蒙个性中坚持不懈的一面。他的朋友在信中说，科学无法回答那些重要的问题，只有信仰能够做到。西蒙回复道：

> 弄清楚这些问题的可能性对我来说似乎十分渺茫，当然，除非你的理性最终摧毁了你现在的信仰。我对一般概念上的神学和具体的天主教问题的判断，与你对"现代主义"的判断非常类似——一种根深蒂固的神经官能症的症状，使理性屈从于潜意识冲动的要求……而且，我严重怀疑这种说法，它认为对天主教教义非理性的屈从，或者对罗马教廷非民主政权的屈从，是弥补现代精神创伤的一种社会需要，如果这种创伤存在的话。或许，现代世界真正需要的，是人类心志足够健全，不再需要漏洞百出的亚里士多德式的"证据"以及外部神灵和人世权威这些虚假的道具，把他们从道德选择的任务中解放出来，对我来说，这项任务似乎已经很确定地包含在人格尊严的定义里了。在我看来，这不只是一种巧合：
>
> 那些像你一样皈依了天主教的人，跟以前那些需要斯大林主义、托洛茨基主义之类的外部保证的人，以及那些和你现在对天主教所做的一样，合理化其他主义的人，常常就是同一类人。[32]

这封信揭示出了西蒙世俗观念的核心：信仰和理性是对立的，而理性比信仰更受推崇；信仰和意识形态都是不情愿提出艰难问题以及做出艰难选择的非理性产物；个人的道德选择是人格的核心内容。这些都是一位世俗福音传播者，一位面向"意志坚强者"的传道士的信条。

西蒙坚信的这些信条并没有那么单纯。虽然西蒙相信个人选择的重要性，但是他也相信个人的思想和行动会受到外部世界的影响。在认同理性的力量的同时，他也清楚人类的理性存在着严重的局限。

个人意志与外部力量之间，以及理性及其限制之间的张力，在西蒙的工作中一次又一次地浮现。比如说，他对决策和因果关系的持续兴趣，很大程度上源于对这个古老问题的关切，因为西蒙常常在想，如果行动是由自身以外的某种东西引起的，它们又怎么会是自由的呢：

> 我是这样构想自由意志的：自由意志存在于这样一个事实中，当我采取行动的时候，我就是那个行动的主体。某种东西引起了这个行为，但这一事实并不可能以任何方式让我（行动的那个我）不自由。
>
> 所以，当我们到达迷宫里某条道路的岔路口时，是"某种东西"选择了从哪条岔路走。我做这些研究的原因，以及迷宫令我着迷的原因，就是我想要观察人们在遇到岔路时会如何表现，而且我想弄明白他们为什么要选择右转或是左转。[33]

　　西蒙对他的种族（相对于宗教），也就是他的犹太血统的回应也存在矛盾。他在自传中给自己作为犹太人的那部分内容仅仅留出了一页纸的篇幅，大致与他留给发现自己是色盲的那部分内容篇幅相当。（这两部分内容都是作为"与众不同"的例子而提出的。）然而，西蒙在美国参与第二次世界大战的问题上是一个激进的鹰派，而且一直到战争结束20年之后，他都还对"访问德国感到不自在"。[34]

　　更为激烈的内容要数他在生命的晚期时写下的一篇短文，题为"作为一个犹太人对我意味着什么"（What It Means to Me to Be Jewish）。在这篇为一本名为《犹太人：有什么不同吗？》（Jewish: Does It Make a Difference?）的书所撰写的文章里，西蒙提出了种族认同的模糊概念及其危险性。他发现，因为犹太传统是母系制的，因此按犹太传统他不算是犹太人。然而，按照反犹主义的标准，他又完全满足犹太人的条件。他也声明，尽管他相信自己是而且只是一个种族——人类这个种族的成员，他仍然为"我们在分治的时候鞭挞阿拉伯人"[35]而感到无尽的骄傲。他承认，这种骄傲是所有人类具有有限理性的又一个例子，是我们的本性中必须弄清楚的一部分，以便让它成为创造性的，而不是毁灭性的因素。

　　阿图尔·西蒙留给儿子的最后一份遗产，是所有父母都会想要留给孩子的：钦佩父母的正直。西蒙在很多方面都非常钦佩父亲，但是在所有他希望能够传承的事情中，他选择了父亲"坚定不移的忠诚"作为最重要的品质。[36]他好像也做到了：阅读西蒙书信时会获得这样的印象，他真是一个诚实的人，极度地诚实。尽管他可以魅力四射而且八面玲珑，需要时也会争口角之强，但是，西蒙不会说一套做一套，自己不应得的荣誉他也不会争。正如在与艾伦·纽厄尔的合作过程中，西蒙总是竭力强调他的合作者的贡献。比如，他坚称，他与纽厄尔合写的论文在署名时系按两人姓名的字母顺序排列，以避免大家错误地把他当作合作项目的第一作者。[37] 类似地，尽管西蒙对冲突和论战并不陌生，事实上，他经常就是挑事者，但出拳绝大部分都打在腹部以上。他的对手常常会觉得他出手太重，而且大多超出了必要的程度（西蒙会陷入"精彩的暴虐"中，这是他很喜欢的状态），但是他打得公正，而且当对方还手过来的时候他总是很高兴。[38] 用体育用语说，他应该算是一位"很难对付"而且"四肢发达"的对手，但不会出"损招"。

上学、学习和独立

　　西蒙是密尔沃基公立学校出产的一件骄傲的产品，更是他自学的一件骄傲的产品。认清这种对待教育的独立态度，是了解西蒙的一个重要因素。他喜欢在考试和学分（以及诺贝尔奖）这种公共标准下取得成功，但更喜欢依靠自己并以自己的方式来实现这些目标。年轻时代，他总喜欢自己在公共图书馆学习学校的课程（或者其他内容），他对自己靠自学掌握任何学科的能力抱有极大的信心。这得益于他的好奇心和虚荣心，他对"比其他同学聪明"的称赞而自豪，这段经历为他后来在20世纪30年代中期的芝加哥大学按照"老的新规划"（Old New Plan）接受非结构化的本科和研究生学习做好了充分的准备。[39]

这种对独立的赞赏成为西蒙价值体系的一个重要组成部分，并伴随了他整个的职业生涯。举个例子，他如此强烈地倡导跨学科工作，原因之一就在于，他深信，太过严格地归属于任何学科，会限制个人的知识独立性。"如果看到哪一种学说占据了统治地位，就要加入反对者的阵营里，与它对阵一番……大部分人都更喜欢自己的生活中规中矩，不太愿意到广阔的天地中创新。"[40]另外，西蒙对独立的高度评价，促使他渴望成为一名反传统的斗士。无论如何，几乎没有事情比砸碎"已经接受了的观点"更能够证明一个人思想的独立性了。

西蒙对思想独立的看重时常有悖于他传播福音的动机。他希望别人能够看到数理社会科学的光辉，但又希望他们主要依靠自己走完通向大马士革的道路。他解决这种潜在矛盾的典型方式是通过这样一种信念：一颗获得解放的心灵自然会接受正常的观点（也就是他自己的观点），固执地抵制是不情愿明晰地思考所致。这种抵制，从结果上看，会激起西蒙碾压式的反应，这与他在大学时对那些认同他的基本假设但在技术层面上又不认同他的那些人的反应很不一样。正如政治学家德怀特·沃尔多（Dwight Waldo）在与西蒙交流后所写的："西蒙教授似乎是我们这个世俗时代罕见的个体，一位怀有深沉信仰的人。他的信念是恢宏的。他对异端邪说和罪恶的容忍为零。拯救之路笔直、狭窄、单行而且私有。"[41]

西蒙试图在工业管理研究生院设立一个研究项目的时

候，这种矛盾频繁地出现。西蒙和他的盟友，工业管理研究生院的院长巴赫（G. L. Bach），对学校的研究计划有着很清晰的愿景。学院的经济学家们应该在这个愿景中发挥重要的作用，但是他们若想发挥作用，就需要认同西蒙对经济行为的心理学理解。正如他后来所写的，他"时刻准备把有限理性这种异端邪说传给经济学家们，从《管理行为》第5章开始"。[42] 经济学家们并不愿意别人来告诉他们如何教授经济学，而且，想自己开疆扩土的经济学家，也希望有人前来皈依。[43] 西蒙努力多年，希望心平气和地让经济学家们接受自己的观点，但他很少能够控制自己传播福音的冲动。[44]

西蒙对独立性的看重，与他天生喜欢做局外人和反传统斗士紧密相关。就像先知或者使徒，他把自己视为独立于群体的人，他的书信充满了福音的隐喻。比如，他常常提到把数学带入政治学这个"蛮荒"之地的"传教工作"，他宣称"希望你们转而跟随"（经验主义的）德怀特·沃尔多这位政治学研究者。类似地，他在自传里写道，在麦克斯威尔公共事务学院（Maxwell School of Public Affairs）给一群人做报告时，他觉得自己就像"教堂里的青年耶稣"。

把这样一位驾轻就熟的组织政治家和机构构建者说成局外人，似乎很令人摸不着头脑，而且实际上，西蒙局外人与局内人这两个自我之间确实存在矛盾。然而，这种矛盾并不是不可调和。关于西蒙如何调和这两者，其中一个很好的例子是，尽管芝加哥大学和麻省理工学院（MIT）在20世纪50年代，以及哈佛大学在20世纪60年代，都给他发出了工作邀请，并提供了更加诱人的条件，但他还是决定留在卡内基梅隆大学。在卡内基梅隆大学，西蒙可以是局内人，是校园势力的代理人，同时又扮演着奋力搅乱学术势力平衡的局外人。正如他在帕梅拉·麦考塔克（Pamela McCorduck）的一次采访中所说："建设一个地方，而且坚持下去，然后对那些名校嗤之以鼻，说谁他妈需要你们，这个事情想想真是有点小兴奋。"[45] 另外，在卡内基梅隆大学能够既是终身教授，又是终身理事，无疑也会让人有点小兴奋。

　　独立精神和局外人价值观结合起来，使他产生了对叛逆的偏好。西蒙真心喜欢做"旧信条毁灭者"的，喜欢做发现皇帝没有穿衣服的天真无邪者。他喜欢挑事的例子简直数不胜数，比如他在高中辩论时"总是选择不被看好的一方"；对"管理格言"自相矛盾处的攻击；1957 年他在一次非常著名的演讲中预言，10 年之内，计算机将会成为国际象棋世界冠军，还会进行科学探索，甚至谱写符合美学标准的抒情音乐。[46] 只能这样说，在密尔沃基，西蒙年轻时所属的教会青年团体应该（自豪地）把自己叫作"离经叛道者"。[47]

　　类似地，西蒙也真心喜欢在学科反叛中扮演"少壮派"的角色。从政治学的"行为革命"，到心理学的"认知革命"，再到人工智能无法回避的革命事业，西蒙总是担负着挑战者的责任。事实上，一旦他在某个领域的地位不再引起争议，他通常就会失去对这个领域的兴趣。

　　这种叛逆倾向让西蒙对争议习以为常，并积极参与私下的或者公开的辩论性交流中。西蒙很少会放任对他工作的非难，而且大家很快就都会知道，要想跟他辩论，最好提前做足准备。他给自己自传中的一章取名为"关于好辩"[48] 并非毫无根据。

然而，要成为革命者而不仅仅是反传统的斗士，要做的就不能只是打倒偶像。你必须拿出新的东西，而西蒙迫切地渴望提出些全新的观点。这种期望在他年少时就可见端倪：尽管在当地自然历史博物馆中耗费了大量时间，最终还是没有发现新的昆虫物种令他很是失望。[49] 也可以在他成年后对专业的选择中窥见一斑：尽管高中物理成绩优异，但他还是决定不选择学物理，因为他很清楚，"物理是一门已经完结了的学科"[50]。而社会科学对他来说似乎是未知的领域。研究这个领域的人，想不拿出新东西都难，自己也能借此扬名立万。做一个能"做数学题"的物理学家或许没什么特别，但是成为会做数学题的社会科学家肯定很新鲜。

反传统斗士、局外人、独立思想家、先驱，西蒙就喜欢这样联想自己。因为他尽量按照这些理想来塑造自己，所以，这些词汇对他的描述就很重要。然而，这些词汇还不足以描述他的全部。他是一个局外人，更是一个局内人：他要把他的革命制度化。

上述这些张力（这个愈加复杂的西蒙），也可以在这个实干的先知所宣扬的真理中看出来。在西蒙看来，福音是什么？

要找出真理，关键是识别出隐藏在自然中的模式，因为模式是法则、规则、机制的产物。尽管精于把握细节，西蒙总是寻找规则而不是特例，研究实例并找出规律，接受复杂和混乱并找出必定隐藏于其下的简单和秩序。简言之："规则很重要……让小跟班们去关照那些例外吧。[51] 实际上，对西蒙来说，科学的全部目的就是把复杂还原为简单，把现象还原为产生出它们的机制。因而，他从很小的时候起，就有一种强烈的愿望，一种"动力"——"在事物当中看到模式"。[52]他把这种特质称为自己与生俱来的"柏拉图主义"。[53]

这种找出模式的动力，是一种野心勃勃的期望，尤其因为模式是最虚无缥缈的：它们潜伏在人类思想和行为之下。在寻找的过程中，有一种信念毫不动摇地支撑着他：这样的模式是存在的，它们具有普遍性，它们可以还原为一套机制，这套机制简单到足以让人类理解。他确信能够找到这些模式，而且当他把他的发现告诉世人的时候，大家都愿意听。这些信念没有让他失望。

然而，不是所有人都愿意听，而且，除了布道者的坚定信心，西蒙还面临所有先知都会面临的难题：在真理被揭示出来的时候，为什么就是有人视而不见。这个逻辑很难回避：如果真理不需要独特的揭示（至少在被发现之时），那么不接受它的人就不只是无知，而且要么是存心的，要么就是非理性的。尽管西蒙深知，真理对不同的人来说是不同的，但是他与这类人的交流还是存在巨大的困难：这些人相信真理很神秘而且不可言说、纯属个人，或是完全抽象的。他给政治学、经济学和心理学领域的很多位批评者写过回信，但是从来没有直接给批评人工智能的人文主义批评家回过信，比如休伯特·德雷福斯（Hubert Dreyfus）和约瑟夫·魏泽鲍姆（Joseph Weizenbaum），因为"与人争辩他们的宗教信仰不会有什么结果，而对于世界上的德雷福斯和魏泽鲍姆之流来说，这些问题本质上就是宗教问题"。[54]

具有讽刺意味的是，西蒙在具体探索中发现的真理就是，人类能够获得的真理必然是不完整的。这条有限理性原则，对于先知来说是一个陌生的信条；然而，它是放之四海而皆准的、能被观察到的结论，而且人类能够理解，即便这种理解是有限的。身处其中的福音传教士也是如此。

离家

那是1933年9月。一个年轻人站在火车站，拎着几只被撑得变形的鼓鼓囊囊的袋子，紧张地等待着火车把他带到芝加哥大学，把他带到生命旅程中的另一个新阶段。他在这所大学举办的竞争性考试中赢得了全额奖学金，这让正遭受大萧条打击的父母大大松了一口气。这位满腔热忱的大学新生会带什么行李去学校呢？他离开的时候，这个家还会有哪些东西保留在他身上？西蒙自己也不是很肯定：在自传中，当描述到他转变为成年人的事件时，他的叙事从第三人称变成第一人称。对他来说，过去的那个少年已经变成了"男孩子"。

从火车站的人群中认出西蒙是可能的，毕竟"三岁看老"。内心深处，他是，并将永远是一个理性福音的传播者，一个骄傲的异教徒，一个相信所有天性（甚至人性）的合法性的人。但他的信念并不是永远不变的：西蒙相信理性，也相信理性的局限性；他相信选择的重要性，也相信外部力量对这些选择的影响；他珍视思想的独立，也看重组织成员身份和专业训练强加给思想的结构。他毕生都是民主派，但又是专家领导的社会规划的倡导者。[55]

正如西蒙很快就会发现的，他并不是唯一秉承这些信念的人。一方面是独立、自由意志、民主政治，另一方面则是外部诱因、具有确定性的科学以及专家权威，这两方面的张力，存在于所有社会科学的核心，尤其是在芝加哥大学。在芝加哥，西蒙会找到良师益友，与局外人为伴，学会如何在美国知识和政治生活的核心圈内混得如鱼得水。

第二章

芝加哥学派与关于控制的科学

威廉姆·克罗农（William Cronon）在《自然的大都会》（*Natures' Metropolis*）中惟妙惟肖地写道，19 世纪末，芝加哥已经发展成为中西部的铁路枢纽，乃至通向东部的门户。[1] 芝加哥成了"世界的屠宰场""硬汉之城"（teemingtough among cities），广阔的西部边疆成了芝加哥的腹地。[2] 1933年9月踏上北岸火车前往芝加哥之时，西蒙与大量的原材料一起，来到这个新兴的大都市，为进入一个更大的世界而接受改造。

铁路把各式各样的东西带进城市里，既改变了城市，也改变了从内陆地区带入到这个城市里的一切。它促成了新的生活图景、更高水平的相互联系与依赖，以及新型的多元文化。单是听听数字就够让人震惊的了：1840 年，在密歇根南部，中部铁路把芝加哥与纽约连接起来之前，这座位于密歇根湖西南岸的小镇有居民 4,470 位；1880 年，居民数量超过了 503,000 人；1920 年，居民数量超过了 270 万人。[3] 1833年，新组建的芝加哥城仅比泥泞中的小堡垒略强；1933 年，300 万芝加哥人在他们向世界推介的一座座摩天大楼里庆祝

"一个发展的世纪"。[4]西蒙的故乡密尔沃基也不算小村庄，但是身处芝加哥，他就像卡尔·桑德堡①（Carl Sandburg）一样，发现一个"高大威猛的男人，立在矮小脆弱的城市中"。[5]

芝加哥从边疆小镇急剧成长为大都市，意味着城市生活的所有特征，从礼俗社会（Gemeinschaft）向法理社会（Gesellschaft）的所有痛苦转型，都被凸显出来。[6]跟别的城市不同，芝加哥似乎没有历史或者传统的遮羞布来掩盖其本性。这个社会有机体的结构和功能没有被隐藏，或者说似乎没有被隐藏。实际上，对于1904年到访这座城市的马克斯·韦伯（Max Weber）来说，芝加哥就像一个被剥了皮的人，各器官的工作状况清晰可见。[7]芝加哥是城市生活的素材，而芝加哥大学与这座城市一样，也是一个拥有无限野心的新生事物，对于这所学校里的社会科学家来说，这座城市就是一座完美的实验室，很适合用来研究现代人和现代人建立的社会。

"芝加哥学派"的社会科学家，都不约而同地把这座城市看作现代生活的极佳典范，并因而把它作为社会科学研究极佳的关注焦点。然而，罗伯特·帕克（Robert Park）、威廉姆·I.托马斯（W. I. Thomas）、查尔斯·梅里亚姆，以及芝加哥大学的其他社会科学家，都很把城市比作实验室的隐喻当回事。结果就是，他们比同时代的所有其他学派都更想把最具有现代文明特点的知识产品——科学，应用到最有特点的社会形态——城市里。[8]

---

① 卡尔·桑德堡（1878—1967），美国著名诗人、传记作者、新闻记者。

把科学应用到城市是很有必要的，因为"巨肩之城"（City of Big Shoulders）也是问题巨大的城市。芝加哥自吹自擂的座右铭是"我会"（I will），而且一个世纪以来它也确实做到了。但是，20世纪20年代的贪腐，以及20世纪30年代的大萧条，让这座城市的跨越式发展少了很多可供夸耀的东西。比如，西蒙1933年来到芝加哥的时候，新任市长爱德华·凯利（Edward Kelly）刚接过安东·塞马克（Anton Cermak）的宝座，而前市长被一颗射向富兰克林·D.罗斯福总统的子弹夺去了性命。[9]凯利接手的是一座濒临破产的城市，一个因萨缪尔·因萨尔（Samuel Insull）毫不掩饰的行贿丑闻而声名狼藉的政府，以及大量渴望工作的民众。这些显然对凯利不利；尽管他不像"大比尔"（Big Bill）汤普森那么富有传奇色彩，但是"凯利老板"很快就证明自己在掌控政治机器方面更加炉火纯青，颇具芝加哥风范。凯利老板的崛起，加上伴随大萧条而来的社会解体，对西蒙和他在芝加哥大学的同学以及老师来说，这座城市不仅鲜活得令人兴奋，而且"暴力第一、垃圾最深；喧闹、无法无天，一点都不可爱"。[10]

西蒙和他政治学专业的同学很快就发现，芝加哥政治属于最初级的形式。这让学者激动，而让改革者沮丧。城市光明的前景与肮脏的现实相碰撞，在20世纪30年代芝加哥社会科学的形成过程中起到了重要的作用。在那10年间，西蒙的很多老师放弃了这座令人作呕的城市，转而把希望寄托在对联邦政府的理性改革上。于是，此类研究者兼改革者将目光从地方转向国家，寻求一种更艰难、更纯粹、更坚定的社会科学。然而，这场标榜科学至上主义的运动，不是要否定社会科学与改革相联系的传统。它不是从与世界的紧密联系中退出，而是重新确定努力的方向，对它进行改革。这种把研究和改革联系在一起的新的道路，将把社会科学 —— 也包括西蒙 —— 带领到一个预想不到的地方。[11]

大学与城市：研究与改革

1876 年约翰·霍普金斯大学的创立，常常被看作美国大学史上最重要的转折点。[12] 约翰·霍普金斯大学率先倡导德国式研究精神的制度化，日益重视科学，这标志着大学使命设定发生了改变。丹尼尔·科伊特·吉尔曼（Daniel Coit Gilman）邀请赫胥黎（T. H. Huxley）这位"达尔文的斗牛犬"在约翰·霍普金斯大学的开学典礼上发表演说，充分宣示了他想让这所大学有多革命。美国高等教育的另一个标志性年份是 1892 年，在这一年里，芝加哥大学开始招生了。

芝加哥大学是约翰·霍普金斯大学式的研究性大学与美国传统以社区为基础由教会控制的学院杂交混合的大学。它是在美国浸理会教育协会的支持下创办，资金（大部分）由企业贪婪的活标本约翰·D. 洛克菲勒（John D.Rockefeller）提供。学校与中西部当地（尤其是芝加哥）的精英阶层有着紧密的联系，但是，它也寻求来自全国的城市精英阶层更广泛的认同和资金支持，他们与每年夏天都会蜂拥到肖托夸教育集会（Chautauqua）的那群人同属一个阶级。[13] 洛克菲勒是全国性赞助者的一个极端代表：与其他的更早的美国大学赞助者不同，他与大学所在城市没有特别的联系，也不希望大学用他的名字命名，此外，还把管理权留给校长和学校的教职员工。

芝加哥大学将本地和全国性资源支持结合了起来，与这种新型的方式相适应，它也寻求将教学与研究、本地公民参与与国家性的知识引导结合起来。结果，一种新型的大学横空出世：一个综合性的学术机构，在教学和研究这两个领域里，它全国性的理想找到了本地化的表述。正如历史学家马丁·布尔莫（Martin Bulmer）所写："芝加哥大学从一开始就致力于打造一所具有全国和国际声望的大学。这是它研究型定位的必要组成部分。只要大学还把自己定位在教学上，它的影响力就只能是本地化的，也就只能体现在它们培养出来的那些人身上……然而，研究成果属于公共财产，要评价个人、院系以及机构，就必须与全国性和世界性的竞争对手进行比较。"[14]

为了与其作为研究性机构的全国性使命相一致，这所新的大学也只有建立在靠近1893年世界哥伦布博览会举办地附近才合适——在这次盛会上，芝加哥向全世界展示了自己。[15]然而，重要的是要记住，芝加哥大学的研究人员，尤其在社会科学领域，通过对当地社区的研究，以及他们作为公民领袖以及芝加哥精英阶层的儿子（以及女儿）的教育者的身份，表达了他们对获得国家认可的雄心壮志。[16]例如，对于政治科学家查尔斯·梅里亚姆来说，芝加哥是完美的案例研究，可以将其推而广之：参与本地的公民生活，就是发挥全国性政治影响力的途径。[17]

大学校长威廉·雷尼·哈珀（William Rainey Harper）的领导力，洛克菲勒的数百万美元资金，以及有利于事业发展的恰逢其时的好运气，令芝加哥大学有能力将这种混合形式运转起来。洛克菲勒为这所大学提供了慷慨的捐助，一直到1910年，他对哈珀都是有求必应，前前后后捐助了大笔资金（总计3,500万美元）。然而，洛克菲勒的资金还不足以满足哈珀的雄心壮志，或者说，不能达成他避免依赖于单一捐助人的愿望。[18] 于是，哈珀和很多教职员工一起，与芝加哥具有改革思想的精英——城市俱乐部、联邦俱乐部以及芝加哥公民联合会的会员，另外还有慈善家居里斯·罗森瓦尔德（Julius Rosenwald）以及共和、民主两党中的改革分子——建立了联系。[19] 这些工作，在大学与城市之间织起了一张联系紧密的网。

　　洛克菲勒的慷慨捐赠，强大的地方支持以及1892年春季克拉克大学的濒临破产，这些因素结合起来，让哈珀几乎在一夜之间就组建了一流的教师队伍。[20] 克拉克大学是按照约翰·霍普金斯大学试验心理学教授G.史丹利·霍尔的想法创办的。霍尔是理想的德式研究方法的真正信奉者，而且他不愿意为这个理想做出任何的妥协，因为他感觉吉尔曼在霍普金斯大学就一直被迫地做着妥协。[21] 1889年，当机会出现，可以（用乔纳斯·G.克拉克提供的资金）新建一所完全致力于研究和研究生教育的大学的时候，霍尔不顾一切地抓住了它。然而，不到3年，这所位于马萨诸塞州伍斯特市的新大学就陷入了窘境，原因是大学与当地社区的联系不紧密，霍尔伤人的个性以及克拉克本人对大学事务持续干预。克拉克大学的教师大部分在1892年1月辞职，而早有准备的哈珀抢到了不少于17位（截至1893年年底）。[22]

克拉克大学只专注于研究（尤其是"纯粹的"研究）的失败，以及因而得不到地方上的任何支持的事实，让哈珀清醒地认识到，如果他这所大学想成为一个能够持续发展的机构，就必须兼有学院和大学的功能。[23]也就是说，它必须提供某种东西，满足本地和全国对教学与研究的兴趣。哈珀及其继任者霍拉斯·贾德森（Horace Judson），以及他们招募的教师队伍，在这方面取得了极大的成功，至少在20世纪40年代以前是这样。从那以后，联邦资助的出现改变了人们对何谓美国大学的成功这一问题的看法。

尽管初战告捷，但是，为这座城市提供知识引领与通过研究促进知识进步，实际上仍然是两个不同的目标，因为它们的支持者会给出各自领域对成功的定义。只要当地的公民领袖和学术专家的价值观相同，再辅以亲密的个人关系，这两个目标就会相互促进。事实上，20世纪20年代科研与公民的不和谐，一般都表明两者间存在误解。然而，如果研究人员与改革者的价值观背道而驰，或者两个群体的成员间出现问题，研究和改革就可能分道扬镳，甚至相互龃龉。

有两个例子（都与西蒙有关）可以说明研究和改革在20世纪初的芝加哥大学做到了完美融合。第一个是约翰·杜威（John Dewey）实用主义、民主的教育理念。对于杜威来说，教育是一个探索的过程，是在思想和经验之间持续对话。[24]真理是有条件的，仅当它们对解释和治理世界有所助益的时候，它们才会被接受。最好的教育，以芝加哥大学实验学院为典范，应该培养学生终生独立地探索，其结果就是（在一个更大的范围）对社会进行理性的改革。[25]教育在知识和道德上对个人的改变，对所有改革来说都至关重要，而研究、试验和探索的自由，则社会进步的关键。

尽管在西蒙来到芝加哥之时，杜威已经离开了很久，但芝加哥大学在20世纪30年代"新计划"（New Plan）下的课程设置仍然反映了上述理想。[26]这所大学给予学生很大的自由去设计各自的教育规划，鼓励他们独立探索，并形成了一种氛围，在那里"没有任何事情太新、太深奥或太晦涩"，而且，"所有的一切都必须经过探讨、检验，才可以决定是接受还是拒绝"。[27]

类似地，在政治科学领域，正如1923年至1940年领导芝加哥大学政治科学系的查尔斯·梅里亚姆（Charles Merriam）所实践的，科学和公民参与被视为天生的盟友。梅里亚姆在1912年至1917年是芝加哥市政委员会委员，1915年参选市长，直到20世纪30年代都是伊利诺伊州共和党进步派的重要成员。20世纪30年代，梅里亚姆成为富兰克林·D.罗斯福及其新政的亲密盟友，被任命为国家资源规划局（National Resources Planning Board）副局长，这主要得益于他与哈罗德·伊克斯（Harold Ickes）和城市规划师弗雷德里克·德拉诺（Frederic Delano）的亲密友谊。事实上，梅里亚姆与德拉诺家族的关系非常紧密，以至于弗雷德里克·德拉诺的外甥（罗斯福总统）私底下喜欢称呼梅里亚姆为"查理叔叔"。[28]

梅里亚姆不认为政治科学家与政治家这两种事业之间存在什么冲突；反而认为二者相得益彰。按照他的传记作者的说法："梅里亚姆相信，参与政治工作是用试验方法进行政治学研究的唯一基础。"[29]以改革为目标、以民主为终极善行，对梅里亚姆来说并不意味着科学客观性的丧失。相反，政治科学的进步必定会推动民主改革的进程。因而，梅里亚姆对那些"帮倒忙的人"不遗余力的抨击，以及把这些人从社会科学中清除出去的努力，并不是反对作为政治科学的目标的改革，而是反对追寻该目标时的业余做法。

到20世纪20年代，研究和改革的这种结合开始出现裂痕。例如，梅里亚姆在20世纪20年代初的主要研究项目是公民教育，这是政治研究者和改革者的传统主题。然而，第一次世界大战之后的幻灭，再加上梅里亚姆20世纪一二十年代在个人政治上的失败，让这个项目泛出一种新的酸味。[30]梅里亚姆组织的国际学者团队，研究了几个国家用狂热的爱国主义教育年轻人的方法，而不是培养理性公民的方式。类似地，尽管1929年交付的新社会科学大楼从很多方面看都反映了研究和改革的胜利融合，以及国家抱负在地方上的成功展开，但是，它也标志着一项运动的开始：把大学而不是城市看成真正的社会实验室。

在知识层面，研究和改革间裂痕的不断增大与人们对知识的目的的认识越来越工具化有关。哈珀和他召至芝加哥大学建立哲学与社会科学系的教授，对知识的目的曾经持有一种堪称"理想主义"的观点，这种观点与他们的宗教观念以及根植于他们道德哲学中的行为规范相一致。[31]对他们来说，知识与其应用的距离没有我们今天看到的那么大，正确的知识在很大程度上是正确的行动的同义词。社会知识的效用就在于知识本身：知识必定改变认知者，而那个改变就是它的功能。例如，正如戴维·罗伯兹（David Roberts）在19世纪末对数学教育的研究所证明的，数学作为工具的价值，没有作为健康的智力训练的价值大。也就是说，它的价值在于改变个体的方式，即人的"教养"（Bildung）。[32]

按这个比较陈旧的理想主义观点，要教育群众就必须改造他们。知识不可以滥用。错误的行为一定意味着错误的信念；如果某个人犯罪了，他就不可能真的知道真理。

历史学家弗里茨·林格（Fritz Ringer）对理想主义的教育目的把握得最到位，他这样写道，对于德国学术界的"大佬们"来说，"（一种具有工具特征的）专业知识，刚好缺乏把理想主义者的知识（Wissenschaft）与其教养和人生观联系起来的那个维度。专家只是一名熟练的能人；他的知识是狭隘的技能，解决的只是方法问题。这种对专业化的厌恶，实际上是对智慧的需要，是对目的进行反思的需要，是对智者、先知或者综合地培养出来的人所具备的那种知识的需要"。[33]尽管这种理想主义观点的贵族特征常常令美国19世纪80年代至20世纪初的社会学家厌恶，但是，他们还是发现，通过个人启蒙实现研究与改革相结合的做法很有吸引力，这或许是由于他们自身的传道者本质所致。[34]

然而，20世纪10年代和20年代进入知识界的职业学者出于工具主义的立场对理想主义者的知识目的观念越来越排斥。按照这种新观点，知识应该被看成一种工具，而不是一种存在的状态，而且"事实"和"价值"支配的是不同领域。工具主义学者有意识地关注手段而不是目的，尽管工具主义者的目的常常隐藏在他们对"自然"规律的理解中。[35]对他们来说，技术知识是"客观的"，而道德知识是"主观的"——因而也是存疑的。向知识的工具主义的转变，在芝加哥大学的社会科学领域表现得尤为显著，诸如威廉·奥格本（William Ogburn）这样的社会学家，竭力要把"是"与"应该"区隔开。[36]

这类工具主义学者一直寄望于用研究改变世界，但他们把自己的定位为顾问，而不是教育者。不奢望通过揭示真理来改造个人（从而改造社会），这些工具主义者的研究目标是发现价值中立的工具并将其交到国家领导人的手中。直白地说，理想主义教育者致力于促进启蒙，而工具主义顾问寻求为政府提供方便。[37]

在西蒙1933年到达芝加哥大学的时候，关于知识目的的老派理想主义观念并没有在一夜之间突然消亡，也没有完全转换为工具主义。例如，20世纪30年代初期按照"老的新计划"编排的芝加哥大学本科生课表仍然反映出早前的理念，认为研究与改革之间是内在和谐的。[38]其依据仍然是杜威式的评价——独立、问题导向式的探索对个体和社会的发展都起着至关重要的作用。然而，20世纪30年代是本科教学变革的时期，因为大学的新任校长罗伯特·梅纳德·哈钦斯（Robert Maynard Hutchins）以及他的主要盟友，哲学家莫提默·阿德勒（Mortimer Adler），想要把大学带向他们自己的新托马斯主义（Neo-Thomastic）的道路上，彻底摆脱杜威式的终生探索，以及通向该价值观的实用主义和工具主义方法。[39]

西蒙在芝加哥大学的那几年，大学的革新传统和哈钦斯的保守变革计划，是争论得最激烈的话题。[40]两种方法在大学里仍有市场，而它们之间持续不断的争论不仅迫使学生选边站，还迫使他们面对剧烈的攻击为自己的立场辩护。例如上课时，在所有学生都认同阿奎那（aquinas）关于上帝存在的证明之前，阿德勒是不会善罢甘休的，他甚至告诉班上的学生，他"不知道在说教堂烧死异教徒是正确的做法时，有什么好犹豫的"。[41]哈钦斯和阿德勒把他们的最终胜利，看作保卫民主、反对极权威胁所必须的基础核心价值的胜利（而杜威主义者提出的"对民主的相对保卫"完全不能做到这一点）。[42]但是，西蒙这批人在芝加哥大学学习期间，哈钦斯的胜利还没有实现，所以这就不是胜利，而是背叛了。

西蒙认为自己是幸运者中的一员，经历了老芝加哥大学最后的辉煌。对于西蒙来说，这是一个充满了新思想、新朋友和新自由的地方，一个"能接触到数不胜数的新的和现代的东西"的地方。[43]古典物理学、古典经济学和古典政治学的传统真理，全部都要面临挑战。尽管他的老师查尔斯·梅里亚姆已经把教育看作一种灌输，西蒙还是发现，芝加哥大学的信条仍旧是独立，而且他完全利用了在此基础上建立起来的体系的全部优势。[44]

芝加哥大学对独立和创新的强调与西蒙的个人价值观完全吻合。他很少去上课，更喜欢通过自学准备正常的考试：正如他后来写下的："二年级刚开始的时候，微积分教授坚持要求我必须去上课，在此情况下我结束了在数学上的正规学习。"[45]他学得很好，三年就毕业了。他很早就（而且经常）融入了大学的研究氛围中，尤其是在二年级选的研究生水平的经济学和政治学课程上。三年级的时候，他选的几乎都是研究生课程，他还去上了其中的几门，尽管在他的研究生成绩单上，拳击是唯一的功课。［西蒙身上经常发生这样的事，甚至这门胡乱选的课程，碰巧对他的事业也很有帮助：他的导师是经济学家威廉·库珀（William Cooper），他们成了很好的朋友。库珀后来介绍西蒙进入考尔斯经济研究委员会，并在1949年西蒙进入卡内基理工学院工作的过程中起到了重要的作用。］

受芝加哥大学研究与社会活动相结合的特色的影响，西蒙和他的大学同学对时政问题也非常关心。经济大萧条、笼罩在欧洲上空的阴影、斯大林统治下的苏联转型以及凯利老板和朋友们的阴谋诡计，激起了多场深夜辩论和课堂辩论（尤其是在阿德勒的课上）。[46]西蒙的好几个朋友用奇怪的"亚里士多德 – 托马斯 – 天主教 – 托洛茨基主义"，对西方危机和看似令人向往的苏联做出了回应，把哈钦斯和阿德勒引向一个他们肯定没有想过的方向。[47]类似地，西蒙和他政治科学系的同学在1935年芝加哥市长选举中担任选举观察员，他们被那些明目张胆的公开欺诈震惊了。[48]

当然，这是一场纸上谈兵式的活动，意见通过演讲和宣读，以及以辩论为主的政治俱乐部表达出来。为一位市议会议员独立候选人征集选票的活动最后只得到了15票，而西蒙联合发起的"前进俱乐部"（Progressive Club），也是经过了多次的脱胎换骨才使其后继组织在20世纪60年代并入了"美国人争取民主行动"（Americans for Democratic Action）。然而，更广大的世界里发生的那些事件，对于西蒙和他的朋友们来说不仅只是背景噪音。它们都是经验事实，知识的新概念必须用它们来检验。[49]

　　西蒙介入这些事件的一个结果，就是让他把强烈的情感依恋投入到科学上，就像他的一些朋友投入到政治或者宗教意识形态，以及他的教授曾经投入到民主一样。他把自己对科学及其在社会中的作用的迷恋描述为"类宗教"。[50] 在这方面，他和他在芝加哥的朋友们代表了西方世界更大的风潮：战前那种对自由、民主社会的进步性的坚信已经是明日黄花，取而代之的，一方面是对"血统和历史"的信仰，另一方面是对科学与管理的信仰。具体来说，纳粹威胁的兴起，以及苏联作为热衷于"科学的"意识形态的有计划的社会的范例，把科学与政治、事实与价值观之间的问题凸显了出来，就像第一次世界大战造成的混乱，把对人类理性的限制问题摆在了欧洲知识界的中心一样。[51] 客观的科学能够证明纳粹错了吗？社会主义是社会学工程师们一直在寻找的是"最佳体制"吗？纳粹科学很"变态"，是因为把理性带入了极端，还是因为扭曲的价值观曲解了理性？

　　西蒙从来没有忘记上学时从杜威学说中学到的东西：知识一定要经过经验的检验，研究和改革必须相结合，及独立、跨学科探索是最好的办法。他与那一代的大多数社会科学家一样，看到了研究和改革间裂痕的持续扩大，颇有成为鸿沟之势，但是在20世纪30年代中期，两者之间的桥梁仍然很稳固。这意味着人们根本不用在研究生学习与公民参与这二者之间进行选择，所以西蒙继续念研究生的决定简单得就像根本不用做决定一样。

　　1936年春，西蒙在一次研讨课上就如何说明市政预算的边际成本写了一篇论文。这篇论文给他的导师，国际城市管理人协会（ICMA）的克拉伦斯·里德利（Clarence Ridley）留下了深刻印象，让西蒙获得了那年秋季学期的研究生助教奖学金。这笔奖学金足以满足他的生活开销，这在大萧条期间可不是小事情，这也给了西蒙一个机会进行研究，并将之与积极的改革联系起来。城市仍然是他的实验室。

芝加哥政治学派

西蒙在1936年进入的那个政治科学系是该领域的领导者。哈佛大学和哥伦比亚大学在20世纪的头25年间曾主导着政治科学的研究，但是在1923年查尔斯·梅里亚姆接过帅印之后，芝加哥大学在这个领域快速崛起、追平，进而赶超了这两个东部竞争者。在20世纪30年代和40年代授予的博士学位总数上，哈佛大学保持领先，但芝加哥大学以很小的差距几乎实现并列，哥伦比亚大学（该领域之前的领导者）则跌落到差距很大的第三的位置。[52] 更为重要的是，20世纪二三十年代，以芝加哥大学为基地或者在芝加哥大学培养的政治学家，轻而易举就成了这个学科最创新和最高产的群体：教师有查尔斯·梅里亚姆、哈罗德·拉斯韦尔（Harold Lasswell）、哈罗德·戈斯内尔（Harold Gosnell）和莱昂纳德·怀特（Leonard White）；研究生包括昆西·赖特（Quincy Wright）、赫尔伯特·贝尔（Herbert Beyle）、加布里埃尔·阿尔蒙德（Gabriel Almond）、戴维·杜鲁门（David Truman）、赫尔曼·布里切特（Herman Pritchett）、艾维利·雷瑟森（Avery Leiserson）、V. O. 凯伊（V. O. Key）、唐·K. 普莱斯（Don K.

Price），当然还有西蒙。就算从这个挂一漏万的名单上，也可以看出"芝加哥学派"的优异来：在 1963 年的调查中，上面名单中的 5 位（阿尔蒙德、凯伊、拉斯韦尔、西蒙和杜鲁门）名列 1945 年以来 10 位最重要的学科贡献者之列——这当然不包括梅里亚姆、怀特和戈斯内尔，他们应该位列 20 世纪 30 年代类似榜单的最高位置！[53]

芝加哥政治学派如此高产、影响力如此巨大的一个重要原因就是，其成员拥有共同的观点，这跟在 20 世纪 20 年代繁盛一时，也同样著名的芝加哥社会学派是一致的。[54]这个观点不是生硬的形式化的教条，而是关于政治科学的一套相互关联的信念。这些共同信念中最为重要的，是应该存在政治科学这样一个东西的基本假设。[55]正如西蒙后来写的："最能够代表芝加哥学派特征的，是拉斯韦尔的心理学化和戈斯内尔的量化与经验方法。但是对我以及很多研究生来说，一个甚至更为根本性的特征，是它对政治科学是一门科学这个主张的追求。在追求的过程中，各系科的边界消融了，让整个大学以及大学里所有的方法都能够为政治科学的学生所用。"[56]

在预测方面，或许这门政治的科学永远不能像物理学那样精确。然而，它可以是一门以自然的经验真理和严谨的理论为特征的常规科学。按照这个观点，经验主义要求政治科学以政治行为而不是政治理念作为其研究对象。同时，理论复杂性还要求政治科学借助心理学，尤其是社会心理学，来弄清行为背后的机制。

尽管 20 世纪 30 年代的芝加哥大学经济系很强，其中有富兰克·奈特（Frank Knight）、雅各布·温纳（Jacob Viner）、亨利·舒尔茨（Henry Schultz）、保罗·道格拉斯（Paul Douglas），以及亨利·塞门斯〔Henry Simons），但是，政治学家主要还是借助于心理学和社会学这些关于控制的学科，把它们作为思想和精神上的旅伴。西蒙在这个大军中表现十分抢眼，他在经济学中找到了一套强大的工具帮助理解人类行为。尽管这样，在经济学领域，西蒙最为著名的事情还是他坚持认为经济学家对社会心理学的理解还需要加强。

政治科学的这种"行为"方法，在20世纪30年代期间的芝加哥大学仍然处于婴儿期。在第二次世界大战之后伴随它一起成为政治科学主流的数学，此时还未得到重视，科学至上主义也远没有后来提的那么多。[57] 然而，梅里亚姆、拉斯韦尔、戈斯内尔等人的政治科学，与他们所师从的，以及其他大学的竞争对手们研究的，已经有了明显的差异。芝加哥政治学派对传统政治科学形成了全面挑战：其成员提倡对该领域的总体目标要有一种新认识，对学科发展所基于的核心知识问题也给出了一套新的答案，并发展出一套新的制度安排来支持他们的工作。它从思想上和制度上给西蒙提供了第一个关于社会科学应该立志追求什么的模型，这在此后将对他和他的工作产生持续的影响。

芝加哥学派对政治科学的固有目标有着新的想法，这个想法与它对知识的目的强烈的工具观点相关。正如上面所提到的，对于梅里亚姆和他的同事们来说，政治科学家不再是理性的公共意见的教育者，而是管理着复杂的高度组织化的社会政治系统的精英们的顾问。在梅里亚姆这里，政治科学的这种工具主义观点，标志着他早期对公共理性较为乐观的看法发生了转变，这种转变与他自己的政治命运开始走下坡路有关。[58]对他年轻的同事尤其是哈罗德·拉斯韦尔来说，战争的磨难和痛苦、腐败，以及大萧条都没有造成如此剧烈的震荡，因为他们是从梅里亚姆离开的地方起航的。

芝加哥学派的第一代学人留下了足够的遗产和传统理想，让其成员不会走向技术专家统治论（technocratic）的极端（尽管拉斯韦尔偶尔会越界）。为了对抗技术专家统治论，梅里亚姆、戈斯内尔、拉斯韦尔、怀特和他们的同事们明确提出了自由管理的政治理念，他们试图让民主和专家权威和谐相处。我把他们的这个理念称为"自由管理主义"（liberal managerialism），以此强调作为这些精英改革者特征的对管理的信心，尤其是在战时以及第二次世界大战后的头25年时间里。另外，这个称呼强调了在理想掩盖下无法调和的长期矛盾，因为他们的目标是自由，而方法却是管理。他们追求作为传统自由的目标的自由和平等；对他们而言，只有大规模的正式组织，甚至巨型企业和政府官僚机构，才是平等的潜在来源，而不是威胁。

这个理念是自由的，这种自由在对个人自由的真正关切中，在对建立在出生和财务基础上的特权的坚决反对中得以体现。它也是有管理约束的，从中也会生出这样一种认识：如果个体不认可自己对更大的社会的责任，自由就会成为其自身最大的敌人。因为除非有人引领，个人的眼光一般不会超出自己的利益，理性的专家管理的"有形的手"，是个人自由的必要补充。这种自由管理观点因而反映了一种广为流传的信念：组织是进步的关键，专家管理者对社会机器的顺利运转至关重要。[59]

这种自由管理主义理念的核心原则是，有意识的理性协调（用杜威的话说，就是"有组织的智力"）对于民主和效率都是根本性的。在梅里亚姆和他的同事们看来，人在理性的民主政府治下获得的自由比任何自然状态下的都大。现代社会太过复杂，成员间的相互依存度太高，因而秩序不可能自发地出现。要想取得进步，社会需要引领，经济需要调节。所以芝加哥学派的成员赞同，对经济商品和政治商品的去中心化的、平等的"消费"，需要大规模的公共或者私营组织高效的、集中的"生产"。

然而，这种集中可能会过度：对他们来说，社会主义是比疾病更可怕的治疗手段。因而，在他们的政治理念中，就像在所有的事情上一样，芝加哥学派寻求一种理性的中间立场。其成员从不怀疑，政治学家（或者其他专家）应该参与管理，而最终权力总是属于当选领导人所代表的公众意愿。一旦公众选好了目的地，政治学家就可以参与进来，帮助驾驶国家这艘航船，驶过个人利益的险滩。

或许，这种自由管理理念实际应用的最佳案例要属20世纪20年代至30年代的城市管理人运动（city manager movement），以及20世纪30年代联邦、州以及本地的规划努力，这二者都与芝加哥有着紧密的联系。[60]城市管理人运动得到了城市商业人士和专业人士的支持，他们相信，本应该以类商业手段更有效率地解决的那些政府工作，尤其是公共工程，正在受到政治的干预。[61]在他们看来，城市是一家公司，公民是其股东，城市议会就是其董事会。按照这个思路，城市的行政长官就应该是由董事会挑选出来的首席执行官，而不是由大众挑选出来的政客。这位首席执行官应该负责"非政治"事务，诸如建设街道和排水管网，而公民通过城市议会确定所有项目的优先级。当然，对于这样一份工作，最适合的人选应该是工程师或者商人。[62]政治科学家的工作就是给这位城市首席执行官提供咨询，把管理这个公司的最佳方式告诉他，同时提醒他和他的股东，管理和民主权力的边界在哪里。

　　芝加哥学派的很多成员都非常具体地参与到城市管理人运动中，人数多到足以把芝加哥大学称为运动的知识和制度中枢。例如，梅里亚姆把国际城市管理人协会（ICMA）和公共行政清算所（Public Adminstration Clearing House，PACH）都带到了芝加哥，由克拉伦斯·里德利和刘易斯·布朗洛（Louis Brownlow）分别负责管理。洛克菲勒基金会资助的国际城市管理人协会，是20世纪30年代国家甚至国际层面的组织尝试用研究重振地方政府的经典范例。[63]公共行政清算所也得到了洛克菲勒基金会的支持，在推广政府的城市管理人的做法以及倡导市政管理的其他"理性改革"方面起到了至关重要的作用。另外，系里的教师和研究生，诸如莱昂纳德·怀特和唐·K.普莱斯，也都撰写了很多城市管理人的实际工作情况的研究论文。[64]

　　在芝加哥政治科学家的手中，城市管理人运动表面上的幼稚背后蕴藏着更敏锐的政治敏感性：尽管把政客从公共行政中清除出去的想法太过幼稚，但是梅里亚姆和他的盟友们心里都非常清楚，控制了基础公共服务和公共工程的资金来源，就是捏住了维持政治机器运转的命脉。[65]芝加哥的凯利老板就是一个很好的例子，他把芝加哥卫生区和南方公园区的资金支配权牢牢地把控在自己手中。[66]如果这类资金分配可以纳入理性的控制之下，不仅城市服务可以改善，政治本身也会革新。

尽管城市管理人运动在芝加哥从来没有赢得明显的支持，但凯利老板的职业生涯却以一种反讽的方式证明了城市管理人这种理想与其幼稚程度柜匹敌的睿智。凯利老板拥有理想的城市管理人所应具备的所有条件：他是一名工程师，对城市的公共工程非常了解，并且对这些工程也做了很多的扩展；他开展各种行政改革，目的是让政府更加高效也更加勤俭（同时增加他自己的行政权力）；他甚至把芝加哥规划委员会变成了一个官方的实权机构。[67]唯一的问题是，他的行政机关存在"最大限度的腐败"。[68]

这种政府城市管理人模式的最大吸引力在于，它能够以公共目标的实现为标准，理性地分配公共资源。理性计划这个共同的梦想，在20世纪30年代催生出了对区域和全国资源的更合理配置。这些尝试都是大萧条的产物，因为很多社会和政治领袖都被当时经济体系无法理性运行的现实震惊了。他们亲眼看着数百万人忍饥挨饿，与此同时，数十万头卖不出去猪被焚烧，成吨的水果烂在树上。在这个复杂的系统里，秩序不会自发地出现。这就需要理性的管理，意即理性的计划。

在国家层面，第一个满足对这种理性规划的渴望的机构是国家复兴署（National Recovery Administration，NRA）。尽管国家复兴署很快就被认定违宪，但是由它派生出来的国家资源委员会（National Resources Council，后更名为国家资源计划署，NRPB），最初由哈罗德·伊克斯（梅里亚姆的亲密朋友）领导，后来由罗斯福总统直接领导。梅里亚姆是国家资源计划署的副署长，署长是他的朋友，城市规划师弗雷德里克·德拉诺（罗斯福总统的舅舅）。

国家资源计划署一直没有把这些计划付诸实施的权力，它确实也没有想过要这种权力。梅里亚姆和他在国家资源计划署的盟友们没有想过要提出或者实施国家五年计划；反之，他们想开发资源并建立机制，让地方政府有能力自己制订计划。[69] 以此为目标，他们遵循着约翰·杜威的教诲："有计划的社会与一直在做计划的社会之间存在巨大的差异。前者需要上面确定好的蓝图……后者意味以最广泛的、合作式的意见交换来释放智慧。"[70] 梅里亚姆等人的看法与杜威一致，他们都认为，计划与民主不仅能够相互调和，而且计划也是民主的基础。

国家资源计划署做出了不少关于国家资源的有价值的研究成果，大量的社会学家在研究的过程中首次品尝到研究应用社会学的滋味，他们中的很多人养成了对它的爱好。[71] 但该组织在国会中遭遇了大量强敌，他们不想自己的肥肉被人质疑；美国陆军工兵团也坐不住了，他们把大型公共工程视为自己的地盘，不想外人插手。[72] 只要罗斯福总统觉得国家资源计划署还值得维护，它就能够生存，但是到1943年，投入的政治成本已经远超收益，于是它就被解散了。

尽管梅里亚姆和他的盟友们将此视为重大失败，但国家资源计划署的解散，以及城市管理人运动无法在大多数城市中推动的现实，不应该被视为对芝加哥学派自由管理主义这个"第三条道路"的全盘否定。[73] 正如丹尼尔·罗杰斯（Daniel Rodgers）在研究市政改革项目中跨大西洋交通时所揭示的，20世纪初，城市成了很多规划试验的实验室，这个角色它们今天还在继续扮演。另外，正如肯尼斯·波尔丁（Kenneth Boulding）、约翰·肯尼斯·加尔布雷斯（John Kenneth Galbraith）和阿尔弗雷德·钱德勒（Alfred Chandler）在20世纪50年代和60年代所指出的，管理这只"有形的手"，不管是在公共领域还是在私营领域，在打造战后繁荣上都起到了关键的作用。[74] 一直到20世纪80年代，随着另一个芝加哥学派的兴起，这种解决国家问题的自由管理方法才被迫全面撤退。

知识和制度的新构架

与他们对社会知识目的的新工具主义观点相一致，芝加哥学派为政治学建立了新的知识和制度构架。在这个新的架构中，现代社会特有的挑战以及社会学的核心问题，被重新解读为控制或者治理的问题。这些问题中，最显著的要数变革、相互依存以及主观性的问题。芝加哥政治学派为此给出了一系列与众不同的（如果不能完全算是标准的）答案，也对与上述所有问题有关的调和专家权威与民主政治的问题提出了自己的看法。

这些问题，以及老师们对这些问题的答案，成了西蒙知识之旅的起点，带领他去探索那些作为组织成员而被强加于理性决策能力之上的限制条件。然而，西蒙跟他的导师们有所不同，他发现人类的主观性存在一种理性的结构，他认为相互依存的复杂网络这种使现代社会区别于前现代社会的特征是对理性的基础性支撑，而不是非理性的放大器。尽管西蒙彻底颠覆了梅里亚姆和拉斯韦尔的思想，但要了解西蒙，就必须先了解他们和他们的同事是如何看待这些关键问题的。

变革

现代美国社会科学在19世纪最后25年产生，是对第二次工业革命引发的社会生活的剧烈变革的直接响应。[75] 正如历史学家多萝西·罗斯（Dorothy Ross）所写："现代性的发现是社会科学的基础背景。"[76] 从19世纪80年代起，社会科学把现代社会和传统社会之间的本质差异作为其研究的中心问题，主要的目标是找到给这个新世界带来秩序的途径。正如1936年芝加哥大学课程目录上所表述的，社会科学的核心课程："主要关注一般被称为工业革命的诸多力量的集合对经济、社会和政治机构的影响……工业革命之前的经济、社会和政治秩序与当代社会形成了鲜明的对比。"[77]

到了20世纪初，社会科学家开始相信，现代社会与传统社会之间存在根本性的差异。在礼俗社会和法理社会之间，在按照身份地位统治的社会与按照契约管理的社会之间，在工业革命前的美国与由"托拉斯"主导的美国之间，他们看到了一种划时代的差异。[78] 弗雷德里克·杰克逊·特纳

（Frederick Jackson Turner）的"边疆假说"成了他那一代人信念的完美例证，他们认为美国已经跨过了工业化的卢比孔河，不可能再回头。[79] 特纳在他那篇著名的演讲中认为，边疆赋予了美国传统一种特质，而且边疆现在已经结束了。那些造就传统美国的东西已经不复存在。城市是新的边疆，与过去的边疆完全不同。当然，特纳在1893年芝加哥举办的哥伦布纪念博览会上做这篇致辞是再恰当不过的了。

他接着说道，为了理解这个新的世界，社会科学需要采用新的方法和新的概念。它需要解释变革的过程，或许最重要的是，它必须尽量弄清楚，在被所有社会观察家视为现代性的必然特征的持续变化中，秩序（通常被理解为均衡）是如何产生并维持下去的。[80]

要理解变革并带来秩序，其结果就是社会科学家一心只想找出变化下面的不变规律。对于芝加哥学派的那些前辈们来说，这一工作的中心概念一直都是进化。[81] 实际上，在世纪之交的社会科学中，进化是一个非常关键的概念，以至于运用它就等同于在社会学研究中采用了科学的方法。例如，当托斯坦·凡勃仑（Thorstein Veblen）这位芝加哥学派形成之前的芝加哥大学教授试图定义经济学的地位，他提出的问题是经济学是不是一门"进化的科学"，而非它是不是一门科学。[82]

然而，对变革的研究会引向另一个非进化的方向。取代进化理论中固有的历史决定论的，是对工业化所带来的现在与过去的彻底割裂的强调，因此对变革的研究就被分解成了对当下过程的研究。正如历史学家多萝西·罗斯观察到的：

"走向现代主义的历史意识，影响力越来越大的专业化分工，以及构想日趋精妙的科学方法相互交织，在社会学中产生了缓慢的范式转换。结果社会科学大范围地从历史进化模型转移到那些关注短期过程而不是长期变化的具体科学上。"[83]

在20世纪20年代和30年代的芝加哥，这种对社会发展过程的非历史学研究的重要性在增加，其中尤以梅里亚姆和拉斯韦尔关于政治权力方面的著作，和戈斯内尔对投票行为的研究最具代表性。[84]然而，芝加哥学派的领军者并没有马上从历史学中抽身，这与他们的同事对待经济学不同，也不像他们的学生在工作中所表现的那样。[85]莱昂纳德·怀特大量的行政史著作就是那一批人对待历史变革的复杂心态的完美例证：行政结构的变革随着时间的推移而发生，但是，驱动这种变革的，是对日趋复杂的社会的功能性适应，而非历史的偶然。[86]

尽管并不完美，从历史和进化到过程和平衡的转向确实是对政治科学以往历史的重大背离。政治科学曾长期跟历史联系在一起，程度之紧密使它成为事实上的如罗斯所言的"历史政治学"联合传统的组成部分。[87]世纪之交，让政治科学专业化，使之成为一门科学的努力，就涉及有意识地把它与历史进行区隔，从而形成一个独立的学科，然而建立新学科认同的必要性被保留该联合遗产中有价值内容的愿望削弱了。在分离后的很多年里，美国政治科学协会（APSA）与美国历史学会（AHA）一直联合举办年会。然而，到了20世纪20年代，他们就不再这样做了。

与历史学方法分手的一个因素是，由于与政治经济学的德国历史学派联系紧密，社会科学中的历史决定论与社会和政治激进主义有关。这种激进主义在19世纪80年代是可以被接受的，但19世纪90年代的各种危机让这样的批评显得有些出格。[88]这种变化在经济学中表现得最为明显——在19世纪80年代的社会科学领域，经济学是最激进的学科。政治科学从来没有如此激进过，因而，它与历史学的分道扬镳就更缓慢，就没有那么突兀。

与历史学更彻底的分手在第一次世界大战后到来。对于很多社会科学家来说，这场大战是一次标志着旧世界结束和新世界开始的大灾难，一个史无前例的新世界。例如，一位经济学家这样写道："说欧战……让迄今为止出版过的社会科学文献都过时了，或许是夸张了……但应该也不算夸张得太过分。"[89]尽管对战争的反应在美国没有在欧洲那么强烈，芝加哥学派的成员们还是毫不质疑地接受现代世界是一个彻头彻尾的新世界，而且令现代世界如此现代的一个原因是，它的成员处于永恒的运动之中，包括物理的和社会的运动。

在西蒙的研究工作中，直接联系到这个变革问题的有四个方面。其一，西蒙对他称之为"时间约束"（time-binding）的决策属性印象深刻，也就是当下的决策不仅可以决定当前的行动，还会决定未来的选择。因为个体（以及社会）可以通过当前的选择构建未来的决策环境，各种决策在价值层级和决策顺序中连接在一起。所谓决策顺序，就是指"行动路径""策略""算法""启发"和"程序"，这些术语随着战后计算机科学和博弈论的兴起而开始流行。

其二，西蒙对未来的条件借由人们对未来的期望在当前决策中发挥作用的方式非常感兴趣。例如，制度使人们对他人行为的可靠预期得以形成，从而计划自己的行为路径。类似地，西蒙对卡尔·弗里德里希（Carl Friedrich）的"预期反应定律"印象非常深刻，这个术语用来描述这样一种情况：权威不需要实际地行使，因为潜在的挑战者预计自己会被镇压，因而根本不会发起挑战。[90] 西蒙对与预期有关的现象的兴趣，也纳入了他的科学哲学中，他的兴趣点是预测的性质，以及实验者对其研究的系统的预测的可能产生的影响上。[91]

其三，西蒙对创建一个动态的社会理论拥有浓厚的兴趣。跟同时代的保罗·萨缪尔森（Paul Samuelson）一样，西蒙对"比较静态分析"与"动态分析"之间的关系非常着迷，他希望建立一套可以把二者都囊括其中的理论。[92] 西蒙在早期的工作中，对比较静态分析和动态分析的关注，很大程度上局限于人们如何学会限制他们的理性的问题。[93] 然而，他不满意这个答案，而且很快就意识到，一个有关学习，意即有关个人思想演变的理论，对任何有关人类行为的真正的动态理论都是至关重要的。《管理行为》还远不是他对这个问题的最后答案，学习过程的心理学成了他战后研究计划的关键组成部分。

其四，也是最后一个，西蒙自己对周围世界的变化的认识，让他明白了管理科学及其在现代世界的地位。他跟生活在 20 世纪头 30 年里的很多人一样，深刻地意识到了旧世界的结束和新世界的诞生。一个巨大鸿沟把现代世界与过去甚至是一代人之前的那个世界隔开。一套新的体系就位，需要一个新的阶层来引领这个新的城市社会，而这个阶层就是管理阶层，西蒙希望能够对管理阶层的决策产生影响。

相互依存

19 世纪80 年代起，社会科学都认同这样一种信念：现代社会以专业化的、相互依存的、复杂的组织为特征。这些特质在世纪之交雄霸于经济版图上的那些巨型工业企业中表现得最为明显，这些企业的特点是异乎寻常的劳动分工。一个又一个的社会分析师欣喜若狂地写下亚当·斯密根本无法想象的极度的专业化，详细描述了协调这些专业化的工人服务于一个共同目的的那些天才的方法，他们表达出了一种焦虑：现代人对大量互不相识的人的行为的依赖有多严重。[94]

从他们对这些大规模社会组织的研究中，很多社会学家得出结论：他们不能再用个人作用来解释社会事件了。原因不能去个人意愿中找，而要去群体利益、社会制度的影响、大众行为或者宇宙自然法则的运行中找。正如托马斯·哈斯克尔（Thomas Haskell）在《专业社会学的出现》（*The Emergence of Professional Social Science*）一书中所认为的，由于环境移到了解释的"台前"，起因"退居幕后"了。这种趋势的最好例子或许是查尔斯·比尔德（Charles Beard）激进的《宪法的经济学解读》（*Economic Interpretation of the Constitution*），在这本书中，美国民主建国的奠基性文件被证明为经济利益集团之间争斗的产物，而不是代表们灵光一现的智慧的产物。[95]

对于芝加哥学派的领军人物来说，起因也已退居幕后，但是在理解形成个人行为的外部力量方面，他们不同于那些前辈。例如，梅里亚姆和拉斯韦尔把社会心理学而不是经济利益作为他们的解释媒介。这种向心理学的转向，与20世纪10年代至30年代心理学更普遍的崛起是一致的。心理学在当时是一门很霸道的学科，有着成为基础社会科学的野心。[96]在G.史丹利·霍尔和约翰·B.华生这些心理学先知的梦想里，心理学要为所有人类行为分析提供基础数据和理论架构。它能够为行为的控制提供必要的工具，所以可以带来全方位的根本性的社会改革。

然而，这种向心理学的转向作为解释方式，给所有倡导个人权利、自由意志和民主的人制造了严重的问题。不管怎么说，如果连思想都是由某种自己无法控制的东西所造就的，那决定怎么可能是我自己的，是自由的，是有意义的？梅里亚姆和拉斯韦尔都受到了这个问题的困扰，而且谁都没能找到满意的答案。实际上，对于成长于20世纪30年代的那一批社会科学家来说，最关键的任务或许是拿出一种办法，来调和自由意志、个人权利与社会影响、集体需要。[97]正如一位政治学家所写：

出于政治科学的学科传统，政治科学家或许无法回避的核心概念性争议，涉及理解行为的一致性、描述再现模式、识别决定因素，并把这种努力及其行为根源的基础前提，与个人能力中的自由、民主信念相调和，以确定自己的目的，理性地思考，并做出个人的创造性决定。在这种信念之上，存在着权力的政治结构、民主选举机构、政党体系以及宪政民主国家的价值观，描述并分析这些民主国家的政治流程正是我们的关切所在。[98]

赫伯特·西蒙继承了这些关切，也继承了这种困境，他寻求在研究组织对决策的影响时调和个人作用与社会力量的关系。正如西蒙的工作所揭示的，要推动科学与民主价值的联合并非易事。

相互依存对于社会科学中的组织也有影响。世纪之交的领军者们努力让社会科学成为一门专门的学科，比如政治科学的伍德罗·威尔逊（Woodrow Wilson）和社会学的艾伯塔恩·斯穆尔（Albion Small），他们相信，社会科学诸学科应该反映它所研究的社会，因而需要付出更加专业且联系更加紧密的努力。他们认为，这个专业化的、相互依存的世界的复杂性，恰恰证明了专业知识的必要性，因为对于没有受过培训的业余改革者来说，现代世界太过复杂，他们根本无法理解。类似地，这种复杂性任何人都不可能完全掌握，甚至专门的社会科学家也不行。在他们看来，权威的知识必然是专家群体的产物，用托马斯·哈斯克尔的话来说，专家群体就是"能人的群体。"[99]

世纪之交社会科学的领军者们相信，这个专家群体在现代社会中扮演着至关重要的角色。对于威廉·邓宁（William Dunning，梅里亚姆的导师）或者威廉·格雷厄姆·萨姆纳（William Graham Sumner）这样的人来说，由于面对迅速的变化和极度的专业化，也由于曾经团结了整个国家的文化和宗教传统日渐衰落，现代社会似乎总是濒临崩溃。[100]教育公众理性地认识相互依存，社会科学领域里的专家群体能够抵御分裂和混乱的趋势。[101] 任何其他专业都不可能为社会提供比这更伟大的服务了。

但是，组织者该如何组织？如何把这些专业化的研究综合成一个完整的项目，并以此治疗现代社会的各种弊病？芝加哥学派对这些问题的答案分为三个部分。第一，梅里亚姆和他的同事希望改变他们的专业协会——美国政治科学协会（APSA），并建立一个新的跨学科协会——社会科学研究理事会（SSRC）。在他们眼中，这些专业协会需要在协调研究工作和促进方法论改革方面发挥积极作用。这不应该是自上而下的粗暴的强制灌输，与梅里亚姆的所有改革计划一样，跨学科改革应该通过对下一代的教育来进行。[102] 通过他们的率先垂范和及公开推介，美国政治科学协会和社会科学研究理事会的领军者将为其他社会科学学科指出合适的路径。如果年轻一代需要获得领军者们对其专业进步的认可（毕竟，这些领军者都是给基金会的项目官员和大学校长提供咨询的人），那么这就不是强迫，而是指引。

这类努力的诸多例证，包括20世纪30年代中期的三次全国政治科学大会（由梅里亚姆经由社会科学研究理事会和美国政治科学协会组办），斯佩尔曼纪念基金（Spelman Memorial Fund）和社会科学研究理事会（二者都是资金的接受者，也是安排其他资金的顾问）之间形成的亲密关系，以及社会科学研究理事会通过研讨会、拨款和指导等手段，促进方法完善的尝试，比如由社会科学研究理事会资助的工作手册《社会科学方法》（*Methods in Social Science*）。[103]

这些自上而下改革社会科学的努力，引发了一场关于社会科学研究理事会在面对各个学科时的适当角色的争论，这场争论正是关于专家在一个民主社会中的角色的更大规模争论的完美缩影。很多社会科学家都很担心，社会科学研究理事会的问题与政策委员会（Committee on Problems and Policy）——该组织自己的计划署——是一个"秘密政府"，并不以民主的方式对其成员协会负责。另外一些人则担心，它的权力太小，不能有效地做出规划。同样的争论在社会科学的各领域内频频发生，只要有影响力广泛的新机构（比如私人基金会或者国家科学基金会）出现，而且只要政府寻求把社会科学作为社会改革的基础，比如"向贫困宣战"（War on Poverty），这样的争论就一定会出现。[104]

第二，芝加哥学派的成员都在尽力协调他们自己的研究，至少是以一种松散的方式。这类协调工作的主要的机构性载体（除了在方庭俱乐部或者滨岸酒店酒吧的非正式讨论）是地方社区研究理事会（LCRC）。地方社区研究理事会利用斯佩尔曼纪念基金的赠款（再加上地方捐赠）于1923年建立，尝试协调一个针对城市生活的特点和问题的跨学科研究计划。[105] 在这个理事会存续的大部分时间里，工作由莱昂纳德·怀特主持，他和梅里亚姆以及斯佩尔曼纪念基金的比尔兹利·拉姆尔（Beardsley Ruml）希望，他们的领导力能够激励同事们解决问题，而且使用委员会认可的方法。

地方社区研究理事会的成员控制着获取巨额研究资金的通道，而且他们都是各自院系的资深成员，所以，他们的认可的分量就不只是道义上的了。地方社区研究理事会仍然致力于协调，而不是指导，但就像它难以拒绝一位资深学者的请求一样，年轻学者或者研究生很难对它的意见置之不理。因而，地方社区研究理事会成了芝加哥学派自由管理思想在实践中的另一个缩影，既显示出它的前景，也揭示出其缺陷。尽管这是一个成绩斐然的群体，但随着时间的推移，受学科专业化和个人癖好的双重影响，地方社区研究理事会成员的研究兴趣出现了分化。经济学系的情况尤为突出：经济学家在地方社区研究理事会里一直不很积极，也不需要积极。他们有其他的资源支持，而且在专业化的道路上走得更远。他们可以选择不按梅里亚姆指引的道路前行，他们也完全是这样做的。[106]

第三，梅里亚姆和芝加哥学派试图通过创建和维持一系列协调机构，诸如国际城市管理人协会、公共行政清算所以及其他总部设在东60街1313号的机构，把研究和改革融合在一起。[107]1313号大楼进行的"相似性试验"，让一批致力于把研究人员的成果告诉实践者（反之亦然）的组织汇集在一起。[108]梅里亚姆及其同道中人希望能借此把每个管理项目转化为一个试验，而试验的成果也可以被纳入管理科学的庞大体系中。

这三种融合方法是紧密相连的，正如西蒙的试验所揭示的：作为一名研究生，他从自己1936年至1939年在国际城市管理人协会的工作中得到了支持，这个机构设在一座由洛克菲勒基金会斥资修建的大楼里，而建造建议则是由社会科学研究理事会根据地方社区研究理事会的计划提出的。然而，千万别忘了：所有这些综合性的努力对个人的依赖与对机构的依赖同样多，甚至更多。要是没有梅里亚姆、布朗、怀特以及拉姆尔这样的人在同一时期服务于多个类似的组织，做出那么多协调，这些联系可能会消失，也应该会消失。正如我们将在第七章里看到的，西蒙和其他战后社会科学的领导人在稍后的跨学科融合上，也会做出类似的尝试，而那也不过是在更大的规模上重复同样的循环罢了。

主观性

尽管客观的、"理性的"力量诸如市场和大规模组织的影响力与日俱增，但是，从世纪之交以来，社会科学家相信，人的行为受到了非理性信念和习惯的强大影响，最明显的是宗教和其他本土文化传统。[109] 对于 19 世纪 80 年代至 90 年代的大部分社会科学家来说，他们本身就成长于重视宗教及其所教化的美德的生活中，让这些主观因素在形成行为和信念的过程中具有重要意义不一定是坏事。对于他们来说，问题一直就是主观性不足，而不是主观性下降：在一个世俗世界里，价值观来自哪里？

然而，在 20 世纪初，主观性问题被重新解释。欧洲社会思想家，诸如西格蒙德·弗洛伊德（Sigmund Freud）和维尔弗雷多·帕累托（Vilfredo Pareto）认为对世界大战的恐惧源于非理性。[110] 在美国，对非理性的担心不会那么极端，但仍然带来了大量的研究 —— 当社会群体在现代城市环境中坚守传统价值时，为什么会出现社会解体的情况。芝加哥社会学派的工作是这一类关切的完美范例：例如，罗伯特·帕克对种族多样化的现代城市里的"社会控制"问题很感兴趣，威廉·I. 托马斯（William I. Thoma）研究"波兰农民在美国"

（Polish Peasant in America）的文化适应和不适应的性质，威廉·奥格本探讨"文化滞后"问题。[111]

类似地，在政治科学领域，人类行为的主观问题也让"其他"芝加哥学派着迷。例如，美国的主战宣传以及操纵公众舆论的非理性成分所带来的惊人力量，吸引了梅里亚姆和拉斯韦尔两人的兴趣。[112]梅里亚姆和戈斯内尔的《非投票》（Non-Voting）以及拉斯韦尔的《精神病理学与政治学》（Psychopathology and Politics）这样的著作，揭示了上一辈政治科学家如钢铁般坚定的信念正在锈蚀：人们不再认为专家的领导力和民主政治可以通过对理性公众的教育得到调和。现在，当公众不再冷静时，唯一的解释是他们的情绪已经被操纵了。

梅里亚姆和拉斯韦尔不是唯一被公众舆论的非理性惊得目瞪口呆的政治分析师。沃尔特·李普曼（Walter Lippmann）言辞犀利的《公众舆论》（Public Opinion）以及呼吁专家领导力的《随波逐流与尽在掌控》（Drift and Mastery），因清醒地认识到了民主如何"真正地"运行而获得了广泛的赞誉。[113]从华生的行为主义到弗洛伊德的心理学再到帕累托的社会学，那些否认理性的重要性（甚至否认理性存在）的理论，极大地激起了政治科学家们的兴趣。正如当时一位历史学家所言，这是一场"民主理论的危机"。[114]

芝加哥学派之所以对行为的非理性来源进行研究，是希望建立理性的社会控制。然而，社会控制可以以两种非常不同的方式来理解。一种是对于社会"自我控制"的理想，这个理想的目标是教导大众认识自我并因此主宰自我。另一种是作为治理模式的自我控制模型，这种模型的目标是由理性的精英控制非理性的其他人。[115] 从19世纪80年代至20世纪10年代，前一种解释占主导，形成了这种必须把研究和改革结合起来的信念的基础。然而，从20世纪10年代开始，第二种解释越来越占上风，芝加哥学派在人类行为的主观性中为自己对政治科学的工具主义方法找到了知识依据：大众无法被启蒙，但是可以被统治。

对社会参与者主观性的这种成见，也带来了社会观察者的主观性问题。对于社会科学家来说，这个问题很严重，因为他们知识的可信度和社会权威，是建立在他们对客观性的要求上的。因此，美国社会科学家努力发展控制自身主观性的技术，重弹这个耳熟能详的老调：要掌握别人，必须首先掌握自己。

这个任务并不简单，因为客观性的多种多样，并不是所有的主张在任何时候都适用。比如，你可以按照道德的方式来理解客观性，像史蒂文·夏平（Steven Shapin）在他的《社会史的真相》（*Social History of Truth*）中那样，把客观性定义为适合于绅士的诚实、适度以及自律。[116] 然而，对于很多处于世纪之交的社会科学家来说，这种对客观性的传统要求，不管是对他们自己，还是对他们希望领导的公众，都已经不再足够了。[117]

理解客观性的两种新方法在19世纪末期和20世纪初期被提了出来。第一种是把对客观性的要求建立在机械和度量的基础上，因为仪器没有议程，数字不会说谎——至少他们是这么说的。这种方法的例子包括爱德华·铁钦纳（Edward

Titchener）和 G. 史丹利·霍尔的"铜管乐器"心理学，以及欧文·费雪（Irving Fisher）和韦斯利·克莱尔·米切尔（Wesley Clair Mitchell）的经济学向定量分析的转变。[118] 在政治科学中，调查和投票技术的建立，对客观计算的依赖（比如到场的投票人人数），以及对管理效率的度量尝试，都属于为实现这种机械客观性的努力。

　　客观性要求的第二种新的基础是方法。正如卡尔·皮尔逊（Karl Pearson）在他脍炙人口的《科学的规范》（*Grammar of Science*，1895）一书中所写："所有科学的统一性都只包含于其方法中，而不在其材料中。"[119] 也就是说，鉴于科学家在揭示和证实自然秘密的尝试中所采用的程序，科学是客观的（而且也是强大的）。通过遵循基于严谨逻辑的统一程序，自然科学家和社会科学家都可以让自己以及赞助者确信，被排除掉的不只是个人偏见，还包括本性反复无常的可能。[120]

　　那么，具体来说是种什么样的方法呢？这是一个很难回答的问题。科学方法的钥匙是归纳吗？是推理吗？是试验吗？是统计推断吗？大体上说，芝加哥学派都是以机械和方法的某种组合来给这个问题找答案的。如果能够找到这样一种组合，那么社会科学就有望取得与自然科学同等的地位。正如我们将会看到的，对西蒙的工作来说，对这种组合的搜寻会变得相当关键。实际上，他认为计算机如此吸引人的原因就在于，它既是一种新的机器，也是一种新的方法。尽管他从田野试验转向了数学建模，转向了计算机模拟，西蒙还是在继续探寻他的导师们曾经探寻的那些问题，只不过采用了新的语言。

西蒙与芝加哥学派

西蒙是20世纪30年代芝加哥学派的典型产物。他的身上体现出融合研究和改革的深深的使命感，具体体现在他为国际城市管理人协会所做的工作中，以及后来在加利福尼亚公共事务管理局（California Bureau of Public Administration）、经济合作管理署（Economic Cooperation Administration，马歇尔计划组织），以及总统科学顾问委员会（President's Science Advisory Committee）的工作中。为了与他专家管理者的工作保持一致，西蒙跟他的导师一样，对知识的目的持有一种工具主义观点，坚决支持事实和价值的截然分离，并开发出工具（比如优化算法和计算机模拟），为大规模组织中的管理决策提供帮助。

西蒙的工作中也反映出了芝加哥学派对变革、相互依存以及主观性的关切。为了与20世纪30年代政治科学的非历史趋势保持一致，西蒙以研究流程和结构而不是它们的历史或者演变作为开端。类似地，他痴迷于相互依存、系统、平衡和组织这些概念，而且他习惯性地采用受这种痴迷启发的功能主义风格的分析方法。他高度认可专业化研究与跨学科协作，也感受到了这二者间的矛盾，并认为解决这种矛盾的关键主要在于个体而不在于机构。最后，西蒙研究了外部对个人决策的影响施加给理性的限制，他以机械和方法客观性的结合为指导，用计算机模拟让程序的严谨性和机械准则完美地融合在了一起。

西蒙也认同导师们的观点，认为解决这些问题要找到一种新的途径，协调好个人与集体利益、自由意志与决定论、民主政治与专家权威。他的观点是一种自由的管理政治学，而且与老师们一样，他相信，在让现代民主运转起来的过程中，科学起着至关重要的作用。

但是，西蒙不只是大环境的结晶。在他看来，对理性的限制不是由非理性的激情所施加，而是由一个简单的事实造成：我们总得在信息不完全的情况下做出决策，这就跟他的老师们大相径庭了。对于他来说，理性的敌人不是感情，而是愚昧。要击败这个敌人，就不能局限在政治科学里，要去看看其他科学如何处理知识的问题。对其他科学的这些探索，让西蒙接触到关于控制的科学和关于选择的科学，并因而引领他走上一条独特的道路。这条道路的起点是芝加哥学派的问题和关切，但很快就将通向未知的领域。

第三章

数学、逻辑以及关于选择的科学

　　西蒙政治学之外的教育背景，加上他独特的个性，让他能够用新的办法解决芝加哥学派所关心的核心问题。或许最为重要的是，西蒙对主观性问题的理解与导师们的理解存在很大差异。马克思曾经对自己有这样一个很著名的评述，说他站在了黑格尔的肩膀上。在有关理性的限制问题上，我们差不多也可以这样说，西蒙站在了梅里亚姆的肩膀上。

　　西蒙与他的芝加哥学派的老师们的不同之处，在于对人类理性力量的信心，尽管该理性或许是有限的。对他来说，人类理性总是受到限制，但那并不会使理性失效。所以治理的关键不是束缚激情，而是扩展知识，并放大理性。政治科学因而应该研究对理性行为的社会支持和社会限制，而不该是操控非理性信念的手段：西蒙研究的主题应该是决策，而不是宣传。

　　西蒙跟他的很多老师和研究生同学不同，他也学习数理经济学和数理生物学，而且深受逻辑经验主义哲学的影响。尽管这些领域以及这种哲学体系与西蒙在芝加哥学派所受的教育是相互兼容的，但是，这场相遇让他的脚踏上了一条新

的道路。这条道路通向了数理社会科学，走在这条道路上的
人通常是关于选择的科学的实践者，社会控制的分析师则很
少涉足。因而，西蒙早期在数理社会科学上的学习给了他一
套新的工具和一种新的视角。这些工具没有取代他的其他思
想武器，这种视角也不会使他受到的其他训练过时。相反，
西蒙试图把它们结合起来，继续重新定义传统概念的努力，
让它们适合于这种新出现的框架。他取得的结果意义非常重
大，而且出乎意料。

西蒙、舒尔茨与数理经济学

从很小的时候起，西蒙就相信，数学是科学的基本"发
现语言"。这个信念让西蒙成了20世纪30年代社会科学家中
的少数派。从刚进入现代的时候起，社会科学家就很仰慕数
学，但他们都是站在很远的地方投来渴慕的目光。走近一些
看，社会科学家和数学家之间的结合，前景并不被看好。人
类思想和行为实在很难度量，也很难数学化，所以很多社会
科学家对数学的价值持怀疑态度，认为它超不出基本的统计
分析。结果，数理社会科学发展曾经有过的预言很多只是浅
尝即止，一直鲜有成就。

尽管数学和社会科学的结合，是一部分人真心希望的圆
满结果，但是，一直到20世纪初，在所有社会科学领域的
专业入学资格中，对数学能力的要求都不超过基础水平。例
如，在20世纪30年代，芝加哥大学经济学系本科生的数学
只要求一个学期的课时，研究生只需再加修一门统计学课
程，尽管该系与以数学为主的计量经济学学会和考尔斯经济

研究委员会有着紧密的联系。一直到20世纪50年代，社会科学研究理事会主办的"社会科学（教师）暑期数学培训机构"都不要求其学员在入学前具备微积分知识。[1]

在20世纪初，虽然绝大多数社会科学家都没有学过高等数学，而且不太相信数学对于人文科学的价值，但是很多自然科学家和数学家却越来越多地被吸引到把数学应用到社会关系中的挑战上。哈佛大学的物理学家和统计学家E. B. 威尔逊（E. B. Wilson）是一个最典型的例子：他在20世纪20年代成了哈佛大学经济学系不可或缺的一分子，甚至在1929年成了社会科学研究理事会（SSRC）的主席。20世纪30年代的很多哈佛大学经济学系研究生，比如诺贝尔奖获得者保罗·萨缪尔森，称威尔逊为他们"真正的导师"[2]。

最初在20世纪30年代引起人们注意的工程师、数学家和自然科学家进入社会科学领域的这种变化，有一部分是由供给驱动的。对于所有人来说，大萧条都是一段艰难的时光，物理学家和数学家也不能幸免。工作很难找，尤其是大量欧洲移民的涌入，让本来已经很稀缺的工作岗位更加紧俏。正如历史学家菲利普·米洛斯基（Philip Mirowski）认为的，这些学习过数学的物理学家和工程师为自己的技能寻找新的市场时，首先想到的就是经济学，因为很多新古典经济学理论就是按照19世纪末期的物理学建模的。[3]另外，20世纪30年代的经济危机把所有知识分子的注意力都集中到了经济的问题上。大量的工程师（包括阿图尔·西蒙的一个朋友）尝试构建经济系统的物理模型，期望能够找到让这个国家的经济机器运行得更加平稳的方法。[4]

在把数学带进经济学的过程中，尽管精通数学的科学家和工程师的作为新供给起到了很重要的作用，但是需求端的变化也很关键。对数学和量化的新态度成了未来社会科学（尤其是经济学）领军人物的重要特征。这些更年轻的经济学家通常都很欢迎物理学家、工程师和数学家对他们的领域表现出的新兴趣。只要他们有心，这些新经济学家的数学技能和严谨分析，足以弥补他们所缺失的有关经济现实的知识。

另外，大型的官僚机构对定量分析的需求的增加，加上社会科学家证明自己是真正的科学家的永恒需要，让定量分析和数学处理在战时的广大领域中都存在需求。[5] 新的大型组织对定量社会学的需要的一个例子是美国农业部农业经济局。[6] 在20世纪20年代和30年代，这个由亨利·泰勒（Henry Taylor）领导的部门，不仅在收集经济活动资料上达到了新的规模，还支持对这些数据进行先进的数学分析。

这样做的不只有农业经济局一家：保险公司需要统计人员，大公司需要会计和财务总管，银行需要投资分析师。在对一般数学的需要不断增加的同时，对数理经济研究的支持也在增加，尤其是当"常识"经济学在处理大萧条问题上被证明无能为力的时候：富有的投资银行家阿尔弗雷德·考尔斯（Alfred Cowles）于1932年成立的考尔斯经济研究委员会就是证据。考尔斯知道，传统的经济学解决不了当下的问题，尤其对股票市场的崩溃束手无策。[7] 国家经济研究局（The National Bureau of Economic Research）是一个类似的产物，这个机构的目标是满足战时对商业周期进行复杂的定量分析的要求。[8]

　　由于有了这类新的需求，经济学家开始欢迎数学分析，恰好在这个时候，具备数学技能的物理学家和工程师也想把自己的才能应用到社会问题上。[9]供给和需求相互呼应、协同并进，尽管二者的进展都比数学化倡导者曾经希望的慢了一些。

　　在社会科学中，经济学是对数学的态度最早发生变化的学科，也是变化最大的学科。这种变化系由 W. 斯坦利·杰文斯（W. Stanley Jevons）、里昂·瓦尔拉斯（Leon Walrás）以及查尔斯·门格尔（Carl Menger）在 19 世纪 70 年代率先以"边际革命"作为发端，再由阿尔弗雷德·马歇尔（Alfred Marshall）、欧文·费雪以及约翰·贝兹·克拉克（John Bates Clark）在 19 世纪 90 年代和 20 世纪 00 年代梳理规范。[10]与芝加哥学派发起的政治科学革命一样，经济学中的边际革命是经济学的基本目的和概念的一场革命。它把经济学探寻的焦点从发展和贫穷转移到稀缺资源的有效配置上。它还涉及对经济学术语的重新定义，以便其基础概念可以被度量和量化。

　　朝可度量转变的最好例子，是边际理论对价值的重新定义：边际理论经济学家不把价值看作劳动的产物（这个概念天生就具有让 19 世纪末期的资本主义无法安宁的含义），而是交换的产物。对于边际主义者来说，商品或者服务的价值与其在公开市场上的价格是同样的概念。有了这个转变，劳动价值和使用价值这种传统概念，就从经济学理论中消失了，留下的只有交换价值。（毋庸讳言，马克思的剩余价值概念也消失了。）正如约翰·贝兹·克拉克的著作所揭示的，这次重新定义具有双重的目的，通过共同的度量单位（价格）的使用，让量化成为可能，同时又为保护经济现状提供了支撑。[11] 按照克拉克的说法，每个工人必定获得与他的劳动价值完全一致的收入：想让任何人的报酬低于他应得的收入是不可能的。

到 20 世纪 20 年代，对数学化日增的兴趣远超出了边际主义经济学的范畴。甚至边际主义的强劲竞争对手，由约翰·康芒斯（John Commons）、托斯坦·凡勃仑、克拉伦斯·艾尔斯（Clarence Ayres）以及韦斯利·C. 米切尔（Wesley C. Mitchell）领导的制度学派，也开始对定量分析产生了浓厚的兴趣，即便他们对边际理论推导出的数学模型持怀疑态度。[12] 边际主义与制度学派之间的争斗，常常被描绘为数学家与老派的文字 / 哲学经济学家之间的争斗，但那其实只是其中的一小部分。他们之间的差异本质上不是数学和量化，而在于对经济决策中非理性因素的重要性的不同理解，这些差异常常让他们自己对适宜经济分析的数学类型持截然相反的观点。

因而，20 世纪 30 年代是经济学转型的时期。年轻一代经济学家中的领军人物都是数学家，比如保罗·萨缪尔森和肯尼斯·阿罗（Kenneth Arrow），但他们的那些资深同事却不是。这种情况造成的结果就是，尽管经济学数学化的趋势显而易见，但是直到第二次世界大战之后，数学分析才成为专业经济学的必然特征。[13] 能够说明这一点的例子是约翰·M. 凯恩斯（John M. Keynes）的著作《就业、利息与货币通论》(*General Theory of Employment*, *Interest*, *and Money*)轻而易举就成为20世纪30年代最具影响力的经济学著作，其中的数学方程式屈指可数。[14]

芝加哥大学经济学系完美地反映了这种情况。这个系里最强大的知识分子或许是富兰克·奈特，但数学家却是比较年轻的同事亨利·舒尔茨，而且，让西蒙开窍的也是舒尔茨而不是奈特。

20世纪10年代，舒尔茨在哥伦比亚大学师从先锋数理经济学家亨利·摩尔(Henry Moore)，并于1916年获得博士学位，学位论文是关于食糖需求的。1918年至1919年，舒尔茨在伦敦跟随统计学家卡尔·皮尔逊一起学习，对现代统计学理论有了完整的理解。[15]在芝加哥大学，他把详尽的经验研究与对需求理论和度量理论的探索结合在一起，于1938年写出了他的代表作《需求的理论与度量》(*The Theory and Measurement of Demand*)。[16](遗憾的是，他在此书出版后不久就死于一场车祸。)

在这本巨著中，舒尔茨探讨了对几个经济学基础术语进行定义和度量的依据，他直接借鉴珀西·布里奇曼(Percy Bridgman)在《现代物理学的逻辑》(*The Logic of Modern Physics*)中提出的方式，对这些术语做了他自己的操作型定义。[17]舒尔茨借用布里奇曼的理论并不让人吃惊，因为布里奇曼的文章在社会学家间也与在自然科学家间一样地被广泛地阅读。事实上，诺贝尔奖得主被称为操作主义(operationalism)的思想，在20世纪30年代和40年代间对社会科学产生了异乎寻常的影响。[18]举个例子说，甚至（自称）反经验主义的塔尔科特·帕森斯在其《社会行为的结构》（*Structure of Social Actions*）一书中都认可了操作型定义的重要性，尽管他对这个概念持有特定的偏见。[19]

操作主义是经验主义思想的一种强大的变异。其基本宗旨是，所有的理论概念都必须通过度量来定义：长度通过比较一个物体与量尺上的一套标准符号的操作来定义，质量通过把一个物体放到天平上称量来定义，等等。一个概念如果不能进行操作，如果没有一套程序用于度量（或者至少是探测）其组成成分，那么，这个概念在科学中就没有位置。如果一个概念可以进行操作，那么它在科学中就有位置，这就意味着，只有在可以恰当地定义其概念的情况下，社会科学才可能成为"真正的科学"。

舒尔茨把这种操作型定义看得非常重要，因为"只要一个概念还无法操作，那期望它发展出量化方法就是白日做梦"。他的定义把数学在需求理论中的地位提高到了一个新的水平，而他详尽的资料收集（加上农业经济局所做的工作）也把对具体产品的需求曲线的量化分析的精确程度提升到了一个新的水平。他希望，把这些综合在一起，发展成一门"演绎和归纳的综合经济学，动态、经验而且具体"。[20]

西蒙跟着舒尔茨一起学习，以本科生的身份选修了他的研究生研讨课，而且他从舒尔茨的著作中发现了把数学应用到人类行为研究的令人欣喜的事例。事实上，西蒙把舒尔茨列举为芝加哥大学对他影响最大的三位教授之一。从舒尔茨身上，西蒙得到了对边际主义经济学的全面理解，对现代统计学非同寻常的独到领悟，以及对科学中关于度量和建模的认识论问题的赏识。

洛特卡、拉舍夫斯基与数理社会生理学

舒尔茨还给西蒙介绍了一本由阿尔弗雷德·洛特卡
（Alfred Lotka）撰写的名为《物理生物学原理》（*Elements of Physical Biology*）的书，西蒙发现这本书里的每一个字都与舒尔茨一样，令他感到兴奋。[21] 很多年以后，西蒙对这本书的重要意义仍然念念不忘，他这样写道：

> 在管理学的史前时代（控制论和伺服机制出现之前），对于少数几个看到社会科学的数学化前景的人来说，《物理生物学原理》是重要的教育和激励之源。我敢肯定，它对亨利·舒尔茨、保罗·萨缪尔森，也包括我和其他很多人，都产生了巨大的影响。事实上，诺伯特·维纳（Norbert Wiener）强调的很多核心思想，比如，熵与有组织的行为的关系，都可以从洛特卡那里找到出处，而且，对后者的贡献缺乏认可，总是让我感觉有些不舒服。[22]

洛特卡是生物学家和统计学家，1901 年至 1902 年曾在莱比锡大学师从威廉·奥斯特瓦尔德（Wilhelm Ostwald）学习物理化学。洛特卡打算用他的导师奥斯特瓦尔德重新定义化学的方式，重新定义生物学。正如历史学家莎伦·金斯兰所写："洛特卡试图开创一个被称之为'物理生物学'的全新科学领域，这个学科将用热力学的概念来分析生物系统。"

正如奥斯特瓦尔德的物理化学"强调热力学原则和数学分析，洛特卡也曾设想，物理生物学必须把有机世界当成是一个巨大的能量转换器"，其功能可以用数学的方式度量并描述。[23]

尽管洛特卡的物理生物学计划没有结出他期望的果实，但是他的工作在很多方面还是对 20 世纪 30 年代的社会科学产生了影响。对这本书怀有敬畏之心的人不只有西蒙一个，很多寻求社会分析数学化的人，比如经济学领域的保罗·萨缪尔森和社会学与生态学领域的霍华德·奥登姆（Howard Odum），都从洛特卡的工作中获得了启发。[24] 这些倾向于数学分析的社会科学家都怀有与洛特卡一样的雄心壮志，想把人类社会的行为纳入科学的疆界，并且痴迷于他对能量在均衡系统内流动的数学分析。

吸引他们的，还有洛特卡对进化论斯宾塞式的理解，即不仅把进化理解为多样性的增加，还理解为复杂性的增加，以及"现在人与机器形成了一个工作单元，一个产业系统"。[25]这套思想——部分源自洛特卡，部分源自具有类似想法的工程师、数学家和生理学家，比如诺伯特·维纳和 W. 罗斯·阿什比（W. Ross Ashby）——在 20 世纪 40 年代和 50 年代逐步成为控制论和系统科学的骨架。[26]

然而，对西蒙来说，洛特卡最重要的遗产，或许是他对数学在科学中的作用的理解。洛特卡坚定地认为，数学不只是一种用来度量或者检验由其他方式衍生出来的概念的工具。[27] 数学是发现的工具。它能做的不只是概念的验证；它还能够找出那些用其他方式看不到的关系。无论他对数学的理解是源自洛特卡，还是仅仅被洛特卡的认识进一步强化，西蒙肯定认同这种观点，即"数学是发现的语言"。[28]这种信念在他20世纪40年代末和20世纪50年代的数学化理论构建工作中，以及他从20世纪50年代起关于科学原理的著作中，扮演着重要的角色。

很显然，洛特卡的工作也显示，与20世纪20年代和30年代的物理学和工程学一样，数理生物学和数理生理学都可以作为数理社会科学的模型。当然，数理生物学本身也是按照物理学建模的，但物理学在生物学问题上的这种应用作为可资借鉴的中介物发挥了影响。具体来说，随着生理学的数学化，对躯体的理解也机械化了，这就为两大社会政治隐喻系统（社会/国家是一部机器，与社会/国家是一个有机体）提供了至关重要的联系，让适用于一个领域的方法和概念，顺理成章地也适用于另外一个领域。[29]沿着这条隐喻的大道，车流可以驶往两个方向：社会科学家尝试把科学方法应用到对社会的研究上，为社会性的治疗行为开发必要的基础科学，与此同时，自然科学家和工程师使用模拟，尝试把目的概念重新导入机械世界。[30]

洛特卡是这种思想转变的中介者，但不是唯一一个。例如，杰出的生理学家L. J.亨德森（L. J. Henderson）就是20世纪30年代哈佛大学社会学发展的主力推手。在这一代包括了塔尔科特·帕森斯、罗伯特·K.莫顿（Robert K. Merton）以及伯纳德·巴伯（Bernard Barber）的名人辈出的师生里，他给他们灌输把社会理解为由功能性的相互依存关系联结起来的有组织的系统的重要性。[31]亨德森在哈佛大学的同事，生理学家沃尔特·坎农（Walter Cannon），对"生理学躯体

（body physiologic）和政治躯体（body politic）"之间的关系也有类似的兴趣。[32]

在芝加哥大学工作的生理学家雅克·洛布（Jacques Loeb）也以自己对躯体的机械式理解激起了很多社会科学家的兴趣，尤其是像约翰·B.华生以及B. F.斯金纳（B. F. Skinner）这样的行为主义生理学家。[33]然而，洛布提倡的机械主义要远比L. J.亨德森或者沃尔特·坎农的更为死板，因为他不像他们那样，用整体主义来缓和机械主义。因而，在某些物理学家和工程师（例如诺伯特·维纳和埃尔温·薛定谔）千方百计想要把意识和目的这一类概念囊括进他们的工作中的同时，那些追随洛布的社会学科学家，与亨德森和坎农的追随者相反，则竭尽全力把它们从自己的工作中剔除出去。[34]西蒙没有选择洛布的道路，而是选择了洛特卡的，把职业生涯的大部分时间花在为某些老派的概念寻找新的操作性的数理定义上，诸如政治权力、因果、目的和理性。

边际主义经济学以及这种新的数理生物学，与19世纪的能量理论之间存在着紧密的联系。[35]从很多方面看，这并不令人吃惊：更早的热力学理论，尤其是与能量存储有关的，是生物学研究的产物，而且一直到20世纪初期，能量对生理学一直都具有深远的意义。[36]例如，生理学家L. J.亨德森工作的哈佛大学疲劳实验室，就是19世纪末期把工作和疲劳理解为相互关联的社会学、生物学和机械问题的一个直接的机构性产物。

边际主义经济学也极大地借鉴了古典热力学的知识，从能量效用方程出发将数学引入经济学。[37]E. B.威尔逊这位在哈佛大学教出很多数理经济学家的老师，跟J. 乌伊拉德·吉布斯（J. Willard Gibbs）这位撰写了19世纪末热力学书籍中数学部分的美国物理学家一起做研究，并不是出于偶然。威尔逊的学生保罗·萨缪尔森甚至把他那本着名的《经济分析基础》（*Foundation of Economics Analysis*）题献给了吉布斯。[38]

热力学、生理学和数理社会学分析之间更进一步的联系，是亨德森和洛特卡（更不用提亨利·舒尔茨）在社会思想方面都受到了由工程师转变而来的意大利经济学家维尔弗雷多·帕累托的强大影响。[39]帕累托的著作对那些虽然对公众的理性丧失了信心，但是对科学的理性没有丧失信心的社会科学家很有吸引力。亨德森就完全符合这种情况：他对帕累托的思想非常信服，甚至在20世纪30年代初期主办了哈佛大学关于帕累托的教师研讨会，他的论文"帕累托的通用社会学：一位生理学家的解读"（Pareto's General Sociology：A Physiologist's Interpretation）就是在那里写成的。[40]

帕累托的数理社会学分析建立在他从工程师的角度对均衡系统的热力学理解上。例如，帕累托的中心概念之一就是"满足度"（ophelimity），现在一般称为帕累托最优（Pareto optimality）。满足度是以完全的热力学概念对边际效用进行重新定义。根据帕累托的定义，在某个系统中，如果要增加任何一个成分的满足度，必定会降低某个（或者某些）其他成分的满足度，就说明这个系统拥有最大的满足度。因而，满足度就像能量一样，总是被保存在一个封闭的系统里，满足度的重新分配就是一个零和博弈。应该注意到，这个概念在很多不同的领域里都具有重大意义，尤其是在福利经济学领域，这个概念在保罗·萨缪尔森和埃布尔兰·伯格（Abram Berg）的工作中扮演着重要的角色。[41]

帕累托对行为由非逻辑因素决定的信念和他对非逻辑行为的理性数学分析，在 20 世纪 30 年代刮起了影响广泛的帕累托旋风。与舒尔茨不同，西蒙从来没有像他的社会科学家同事们那样对帕累托趋之若鹜。主要原因在于，他认为满足度是一种理想状态，在现实中没有太多基础，甚至根本没有基础：对于他来说，所有假定人类寻找最佳而不是"足够好的"结果的理论，都只能是空想。然而，西蒙确实认同帕累托的基本目标：对限制理性之物进行理性分析。

沿着数理生物学的方向对社会科学进行潜在的数学化改造的另外一个重要思想源泉，就是尼古拉斯·拉舍夫斯基（Nicholas Rashevsky）所做的工作。他是芝加哥大学的生物物理学家，西蒙曾经师从于他。与舒尔茨和西蒙一样，拉舍夫斯基对洛特卡充满了极大的敬仰。事实上，洛特卡著作曾经激发他在 1925 年至 1926 年尝试创立一门他称之为数理生物物理学的新学科。拉舍夫斯基对创建这个新领域的探索，最终导致他离开了西屋公司（Westinghouse Corporation），到芝加哥大学开设数理生物学课程。1940 年，拉舍夫斯基在芝加哥大学成功创立了一个能授予学位的数理生物学委员会，用自己的方式让洛特卡的梦想成为现实。对于拉舍夫斯基来说，科学的统一，其基础在于数学而不是物理学，这一点与洛特卡不一样。当拉舍夫斯基和他的盟友们安排重印洛特卡的经典文献的时候，书名就从《物理生物学原理》改成了《数理生物学原理》(*Elements of Mathematical Biology*)。[42]

西蒙与拉舍夫斯基的学生A. N. 豪斯霍尔德(A. N. Householder)和阿尔文·温伯格(Alvin Weinberg)的关系比他与拉舍夫斯基的关系更亲近，但是他仍然把拉舍夫斯基与舒尔茨一同列为在芝加哥大学对他影响最大的三位教授之一。[43]（第三位我们马上就会遇见。）

拉舍夫斯基最吸引西蒙的是以下这三个方面：把复杂的数学应用到经验问题上的技能；对组织是生物行为和社会行为的关键原则的坚定信念；以及在绝大多数情况下，集体、层级化的组织都比个人竞争更有效率的结论。经验证明，这些概念对于西蒙在组织领域的研究工作至关重要，因为它们帮助他把官僚体系看作扩展理性和效率的工具，而不是其成员思想的枷锁。

另外，拉舍夫斯基与他的学生A. N. 豪斯霍尔德和沃尔特·皮兹(Walter Pitts)对中枢神经系统有着非常浓厚的兴趣。他们与其他一些人首先意识到："这些单元（神经元）的基本交流特征就是，它们可以通过不同的电动装置或者机电装置进行模拟。所以，合理配置足量的这种装置，我们就能够从形式上模拟出大脑的某些功能。"[44] 因而，西蒙对拉舍夫斯基工作了如指掌，就意味着他了解使用计算装置为大脑建模的最初发展。当时西蒙还没有意识到，但拉舍夫斯基稍后开始探索的大脑和机器之间的平行发展，会把他带入两个全新的领域：认知科学和人工智能。

卡尔纳普与逻辑经验主义

芝加哥大学对西蒙影响最大的第三位教授是哲学家鲁道夫·卡尔纳普（Rudolf Carnap）。卡尔纳普给这个名叫西蒙的求知欲旺盛的学生提供了连贯的、严谨的哲学基础，让他得以在上面构建自己的社会理论，也为他了解形式逻辑和数学的本质及用途提供了框架。对于卡尔纳普的课，西蒙总是很积极。

卡尔纳普是逻辑经验主义（也叫逻辑经验主义）维也纳学派的核心人物（至少美国人是这样认为的），他在20世纪20年代和30年代初在国际上声名显赫。维也纳学派的正式名称是马赫学会（Verein Ernst Mach），由哲学家莫里兹·施利克（Moritz Schlick）组建，目的是鼓励马赫经验主义的发展。[45] 其成员个个声名显赫：除了施利克和卡尔纳普，还有奥图·纽拉特（Otto Neurath）、汉斯·哈恩（Hans Hahn）、赫伯特·费格尔（Herbert Feigl）、菲利普·弗兰克（Philipp Frank）、卡尔·门格尔（Karl Menger），以及约根·约根森（Joergen Joergensen）。他们还把很多人看作自己的盟友，包括理查德·冯·米塞斯（Richard von Mises）、汉斯·赖欣巴哈（Hans Reichenbach）、A. J. 艾耶尔（A. J. Ayer）、恩斯特·奈格尔（Ernst Nagel）、伯特朗·罗素、查尔斯·莫里斯（Charles Morris，来自芝加哥大学），以及珀西·布里奇曼，等等。[46]

逻辑经验主义是两次世界大战之间在欧洲打造的一种逻辑武器，用以反对正在崛起的保守势力。打造这种武器所需要的矿石，源自哲学传统的深层矿脉，但是它的成型和磨砺则由两次世界大战之间的西方危机来完成。这个学派攻击的中心目标是宗教，尤其是当时奥地利天主教中的保守派力量以及形而上学。这二者联系紧密：逻辑经验主义的第一条戒律就是"排除形而上学，限制关于给定之物的表达。例如：摒弃上帝的观念。"所有科学规律都建立在这条戒律上——而且就凭这条戒律，逻辑经验主义者可以绞死所有"血泪和历史"的先知。

卡尔纳普、纽拉特及其盟友认为宗教和形而上学通过"人民"（Volk）、"精神"（Geist）之类的观念，制造出了一种具有情绪感染力但又危险的错误信念，一种正走向独裁统治的错误信念。某些哲学问题或许无足轻重，但"上帝和灵魂"的"伪问题"则是危险的。[47]正如纽拉特所写："它的背后就站着希特勒……上帝和宗教走在前面，祖先的真理以及日耳曼人民来了，把刀捅进犹太社会主义者两根肋骨之间的所有理由也都齐备了。"[48]

相反，卡尔纳普和逻辑经验主义者们提出了一种让奥卡姆（Occam）引以为傲的像剃刀一样的哲学思想。这种哲学思想建立的基础，一个是恩斯特·马赫（Ernst Mash）的激进经验主义，另一个是由戈特洛布·弗雷格（Gottlob Frege）、伯特朗·罗素以及阿尔弗雷德·诺思·怀特海（Alfred North Whitehead）所发展的对数学的形式逻辑理解。逻辑经验主义者坚持认为，关于这个世界，我们能够确定的唯一事情，是我们对它的感官体验。[49]我们能够知道的全部，就只有我们察觉到的东西。如果不能依靠事物本身，那么关于那些事物我们又怎么才能达成共识呢？在逻辑和数学（他们认为它们是完全一致的概念）的王国，这不是什么大问题：逻辑规定了一套放之四海而皆准的运算，所以复杂的结构可以用简单的组件构建起来。但是，那些简单的组件从何而来？

卡尔纳普的答案是，如果撇开那些通常会被添加到感官体验中的形而上学偏见，就可以对观察到的现象做出有效的陈述。这些偏见常常隐含着一种无法证实的因果关系：对他来说，科学允许理解相关性，不允许理解因果关系。[50]例如，在物理领域，它意味着剔除所有关于力的说法：超出相对运动范畴，所有"力"都是形而上学的概念。在社会学领域，它意味着排除所有关于行为动机的说法。在被观察到的行为之上，并没有"目的"存在。这些基本的、中性的观察陈述将为"透明构建"更加复杂的现象陈述提供基础。[51]

显然，这种激进的经验主义把对人类行为的观察和对台球行为的观察当成一回事：社会科学和自然科学没有分开的必要。按照逻辑经验主义者的观点，只是由于形而上学的错误推导，这二者才会被看作截然不同的两种事业。所有有效的知识都建立在经验观察和逻辑分析之上。本质上，所有的科学都是统一的。[52]

逻辑经验主义者的做法的一个最为重要的后果就是，它把哲学关注的焦点从对事物的定义转移到对事物的讨论规则的定义。[53]因为卡尔纳普和他的马赫主义同伴们相信，真理的唯一标准是在观察者之间达成的，不是与绝对真理达成的（因为那是无法企及的），他们需要设计出一种新的办法以达成一致。他们希望通过为恰当的科学论述制定一套规则来达到这个目的。在他们看来，哲学正好就是科学语言的逻辑。因而，逻辑经验主义者在最基础的层面涉及朝方法论或程序客观性（在第二章中做过描述）的转向。

卡尔纳普对语言的逻辑结构所做的分析，让他得出这样一个结论——陈述有三种类型：综合的、分析的，以及荒谬的。[54] 综合陈述是关于世界的陈述，因而是关于可以观察到（至少原则上可以观察到）的现象的经验命题。分析陈述是那些必然是对的或是错的陈述。它们的真值是其所包含的定义，以及把它们相互关联起来的普遍逻辑定理的必然结果。对于卡尔纳普来说，数学是分析陈述系统的完美例子。第三类陈述是荒谬陈述。所有既非综合也非分析的陈述，包括大部分传统的哲学和所有神学，都被他归为第三类。逻辑经验主义因而是一种自觉的革命哲学。它是终结所有哲学的哲学。与之相配的说法只能是：它从战争的灰烬中出现，并将终结所有的战争。

西蒙如饥似渴地吸收卡尔纳普的教诲，而且按照自己的习惯自学形式逻辑，一口气看完了卡尔纳普的《语言的逻辑句法》（*The Logical Syntax of Language*）、《哲学与逻辑句法》（*Philosophy and Logic Syntax*）以及《可测性与意义》（*Testability and Meaning*），还有 A. J. 艾耶尔的《语言、真理与逻辑》（*Language, Truth, and Logic*），以及"一些拉姆齐（Ramsey）的论文、莫里斯的论文、赖欣巴哈的《概率论》（*Wahrscheinlichkeitslehre*）和维特根斯坦的《逻辑哲学论》（*Tractatus*）"，所有这些都是在 1937 年夏天完成的。[55]

这次对形式逻辑和经验主义哲学的强化学习对西蒙的思维方式产生了重大而持续的影响。例如，西蒙最初给论文起的题目是"一种管理科学的逻辑结构"（The Logic Structure of an Administrative Science），他的第一份提纲列出了3个问题作为他著作的中心思想：牛顿《自然哲学的数学原理》的语句逻辑结构是什么？经济价格理论的语句逻辑结构是什么？亚里士多德《伦理学》的语句逻辑结构是什么？[56] 所有科学都是统一的，从牛顿的物理学到经济学，甚至是伦理学。

然而，西蒙没有像卡尔纳普那样，变成一位激进的经验主义者，也没有太过于痴迷于形式化。到20世纪50年代，当数学的浪潮已经成为滔天洪水的时候，西蒙常常发现自己站在了批评数学家和逻辑学者过度形式化的奇怪立场上，他认为他们对精致的表达形式的兴趣超出了对经验准确性的兴趣。[57] 西蒙一直相信，他的理论确实代表了某种"明白无误"的真理，他不断尝试寻找拯救某一类老派概念的方法，比如因果关系、目的，以及大于个体的社会实体（也就是正式的组织）的现实。[58] 卡尔纳普和他维也纳学派的同志们已经认定这些概念没有意义，但是西蒙相信，它们含有能够满足经验主义标准的经验意义的内核，只是需要对它们进行恰当的定义而已。

西蒙与数理社会科学

1937年，就在修完卡尔纳普的课程后不久，西蒙给这位著名教授写了一封信，他在信中对卡尔纳普的著作《语言的逻辑句法》做出了评价。[59] 这封信是第一封也是最重要的一封，它表明，年轻的西蒙拥有一种强大的自信，这种自信他永远不会丧失，一刻都不会。另外，他批评的本意就像他敢于白纸黑字地把它写出来一样坦荡：西蒙认为卡尔纳普在判断科学命题的过程中，过高评价了形式上的"语言一致性"，而低估了与事实的印证。

西蒙在这一点上无法与卡尔纳普达成一致，因为对他来说，经验主义意味着理论一定要与数据相符。形式主义的分析，尤其是数学的形式化，是很有价值的，因为它有助于消除科学中的逻辑矛盾和定义不清。然而，对于西蒙来说，单是形式上的一致是不够的。科学的关键是数学形式化与经验检验的结合："在经验科学里，最后的检验不是数学上的精致或先验的合理性，而是让理论和数据相互印证。我当然在某处学到了这个教训，从根本上克服了我与生俱来的柏拉图主义，并且让我穿上了抵御新古典经济学审美诱惑的盔甲，不会对数学的优雅趋之若鹜，但却对数据麻木不仁。"[60] 类似地，在《关于发现的模型》(*Models of Discovery*) 一书中，西蒙写道："在严重忽视数学的领域里为数学做了很多宣传之后，我现在发现自己对过分形式主义的反应，要远多于针对形式主义不足，尤其是在经济学、统计学和逻辑学中。"[61]

西蒙给卡尔纳普的信中也暴露出他对逻辑经验主义的观点接受了多少。对于西蒙来说，概念必须是可操作的，假设必须是可检验的，而理论必须以一种形式化的语言来传递，最好是数学，这样才能让社会科学成为真正的科学。这些信念，让西蒙成为一位非比寻常的社会科学家；他从不怀疑这些都是能够实现的，这一点让他与众不同。

这些目标是可以做到的，因为西蒙的敌人跟逻辑经验论者的敌人不一样，这个敌人不是形而上学，而是无知；不是神学，而是没有认知能力。如果能够找到办法，利用科学扩展社会知识，并组织人类的认知，那么，研究就能带来真正根本性的革新。

第四章

研究与改革

1939 年 8 月，西蒙和妻子多萝西前往加利福尼亚，西蒙的事业和他们共同的生活进入了一个新的阶段。这次旅程以充满了戏剧性的方式开始：

> 从芝加哥到丹佛的伯灵顿铁路把丹佛和里约格兰德西部连在一起。火车从丹佛出发，向南行驶到科罗拉多州的普韦布洛，从皇家峡谷穿越前山，然后，缓慢而坚定地再次掉头向北，越过阿肯色山谷，东边是在阳光映射下泛出红色的前山，而西边则是山顶覆盖着白雪的萨沃奇岭。在这 5 个小时里，火车头有节奏地跳动着，每小时把它沉重的负载向上提升 1,000 英尺……一座接一座，普林斯顿、耶鲁、哈佛，大山纷纷从眼前掠过（三座几乎同等规模的金字塔，但后一座比前面的都要高出几百英尺）。[1]

西蒙夫妇在 8 月 30 日到达陈旧的度假小镇科罗拉多州的格林纳达斯普林斯，并小住了一日，次日去爬山。这是一个明媚的夏日，面对粗犷的西部山区的自然景色，西蒙顿时觉得精神一振（跟很多中西部人一样）。但是，那天晚上，山区的宁静被"一个巨大刺耳的声音"打破了。阿道夫·希特勒尖厉的声音从邻居家里的收音机里传过来，他正在宣告，德国军队已经侵入波兰。（1941年一宣战，西蒙就自愿参军，但因为是色盲而被拒绝了。）[2]

西蒙一到达加利福尼亚，就开始在加利福尼亚大学伯克利分校的公共事务管理局工作。他的工作是指导研究一项州救助项目的管理。1939年年末，大萧条最严峻的时期已经过去，但仅加利福尼亚一个州，就有100多万人仍然需要救助。[3]西蒙一家不是流动工人（Joads），但66号公路上那些疲惫的路人掀起的尘土，同样让他们头顶上明亮的加利福尼亚天空暗淡下来。

然而，战争的阴云和大萧条，并没有使西蒙夫妇的新生活黯然失色〔西蒙在1937年的圣诞节娶了多萝西·派耶（Dorothea Pye），他们是芝加哥大学政治科学系的研究生同学〕，也没有让司马贺的雄心壮志受挫。[4]反而，它们形成了一个滤镜，让西蒙的日常生活和工作变得多彩，也让平凡的生活更有意义。西蒙每天早晨离开他坐落在山顶可以俯瞰旧金山湾区的"寒舍"，走在维多利亚大街上时，他都坚信自己对政府组织和管理的研究是在为一项高尚的事业添砖加瓦。他每天晚上回家撰写论文时，连深奥的哲学和组织心理学问题都具有现实的意义。[5]西蒙如鱼得水，在一个既属于学术又属于政府的机构里工作，解决既属于理论又属于实践的问题。从这个方面来说，研究和改革紧密地联系起来了。

然而，这种联系无论有多紧密，都不是完全地结合。尽管对西蒙来说，敲打州政府官员的办公桌与敲打自己的打字机按键同样得心应手，但是山顶上的学者与下面城里的官僚之间，仍旧存在距离。集学者和管理者于一身的事实，意味着这个距离是可以桥接的，但并不意味着可以消除。

对于西蒙来说，桥接这个鸿沟的方式就是创立一门新的专业——管理科学。而管理科学家——通过学术训练获得了深厚的理论洞察力，装备了在实践和试验中收集的大量经验资料，而且只对高效的公共服务感兴趣——则是解决在城市和更广泛的世界中蔓延的社会失控问题的关键。具体来说，是帮助人们从价值判断中找出事实、区分政治问题与技术问题，开发出让管理者在工作中得心应手的中性工具和精准的度量标准，并让他获得公众的信任。要做到所有这些，管理科学家就需要一个广泛的理论框架：对于真正的改革来说，研究是至关重要的。

度量市政活动

在西蒙看来，建立这门新专业的关键是度量、实验和抽象。对他来说，令专家成其为专家的，是他们拥有一套完整的抽象知识体系，也就是一个理论框架；让这些专家发挥作用的，是他们把这些抽象的知识应用到具体环境中的能力。对于应用来说，度量就像实验一样至关重要，它拥有改进理论和实践的双重好处。[6]

为了与对度量和量化的重视保持一致，西蒙首次尝试将自己和自己的专业定位为对市政服务的度量的研究。这项研究开始于 1936 年 10 月，由国际城市管理人协会的克拉伦斯·里德利负责，资金来自以洛克菲勒基金会为中心的资助网络，网络成员还包括芝加哥大学的社会研究委员会、社会科学研究理事会的公共管理委员会和国际城市管理人协会。[7] 研究报告的各章节以连载的方式，从 1937 年 2 月至 1938 年 2 月间陆续发表在新出版的《公共管理》(*Public Management*) 杂志上。

　　该研究是旨在通过消除腐败和浪费来建立高效、理性的城市治理作为市政改革运动的自然成果。然而，研究的成果是用更为复杂、更注重分析的治理方法得出的，而不是对典型的进步主义 (Progressivism) 衣钵的传承，它代表着对管理科学的一次总结。通过这些努力，西蒙希望建立一门能够监督监管者的专业。

　　西蒙不是第一个梦想把科学和政府连接起来的人，也不会是最后一个。在 19 世纪的最后 25 年和 20 世纪的头 25 年间，做出这种尝试的人有很多，起初是局部的和专题性的，比如在改善卫生设施和提高公共卫生运动中，然后是更大范围的，比如在社会调查运动和创建市政研究机构中。[8] 这些后期的努力不只打算让政府能够用上科学，还想打造一门治理的科学。然而，在西蒙看来，管理科学仍然处于其婴儿期，因为它几乎尚未提出管理理论中必不可少的标准或者概念。

　　在打造任何科学的过程中，最初几步一定是提出精确的度量标准，而《度量市政活动》(*Measuring Municipal Activities*) 一开篇就为度量城市政府服务的重要性辩护。"一代人以前，"作者写道，"如果一个城市的政府是诚实的，它就会被视为一个好政府。今天，我们需要的公共服务远不止于此。它不仅要诚实，还要高效"。当然，"在我们目前所具备的知识状态下，这种说法也可能是对的：从市政厅的政治空气是香是臭，公民通常能够更好地判断地方政府的效率，这比任何度量公共服务的尝试都有用。"当然，进步"已经取得而且正在取得"，尤其是在预算工具的开发方面。"事实上，工具打造方面的进步已经在相当程度上超过了对工具的应用。"[9]

西蒙和里德利认为，应用上的不足不是因为这类工具抽象或者不切合实际，而是单纯的无知和对外部专业技能的不信任。正如他们所写："再怎么强调这些（新的）标准不是由学者设计的理论性概念都不为过。它们不是送给统计学家的玩物。它们是实用型的工具。应用这些工具，实际的立法者和管理者可以在多种备选方案中挑选出满足实际需要的方案。"这些工具的效用让作者满怀希望："或许某一天，这样的需要会被留意：在每个大城市的市政厅里，至少有一名受过一般统计学训练的人。"如若政府没有这种专业技能（而公众对此赞赏有加），公众自然会退回到用"最古老"但很危险的"大错特错的"方式——税率，来评估政府。对于西蒙和里德利来说，关于政府的施政质量，低税率给公众发出的一定是完全错误的信息。[10]

然而，对于西蒙来说，光有度量是不够的，计数不能令人满意。对于他来说，度量后面必须有一个一般性理论来支撑，让它们在知识上或专业上有意义。因而，在做了这些引导性的论述之后，西蒙和里德利开始描述作为其分析根基的"度量理论"。这个度量理论从 3 个观点入手："（1）度量单位至少有4种不同的类型：对成本、努力程度、绩效以及结果的度量，每种都与其余3种含义完全不同；（2）在对某个管理活动的结果进行度量之前，必须以可度量的概念对其目标进行定义；（3）度量可以回答两个十分不同的问题，（a）管理服务有多充分，以及（b）管理服务有多高效。"[11]

这些观点的意思乍一看似乎显而易见，但它们有几个重要却不那么显而易见的含义。首先，在成本之外又选取了3个度量单位，是把评价管理的重点从其支出转变到它所提供的服务上，间接地给扩大政府提供了合法依据。如果能够考虑的只有成本，那所有东西看起来都很贵；然而，如果可以度量收益，很多东西就好像就物有所值了。其次，要求以可度量的概念对政府的目标进行定义，就假定了大部分（如果不是全部）服务都有度量标准，并直接或者间接地认为，那些可以度量的服务的价值要高于那些不能度量的服务。再次，对充分（或者有效）与效率做出区分，暗示着政策决策和技术决策之间存在一条通常识别不出来的界线。正如里德利和西蒙所说："（与服务效率不同）服务充分……涉及社会和政治价值观，同时还有技术性的考虑，（因而）不能简单地委派给行政主管特别是部门的领导去决策。"[12]

紧接这个显然是"理论性的"章节，这本为一线管理者编写的"实操型"手册写的是历史追溯性的章节，探讨了评估政府的各种方法的起源。[13] 随后的章节对具体的政府职能进行了梳理，从消防到警察，再到公共工程和教育（以及更多的内容），为该报告所面对的"一线立法者和管理者"提供"切实可行的工具"，诸如具体服务度量标准的样表。那么，为什么这样一个宣称是实操型的报告里要放入这样两章介绍性的内容呢？

这两章是为了帮助管理科学在其两个主要的使用群体（职业管理者和支持改革的更广泛的公众）那里取得合法地位。例如，阐述"对管理进行度量的一般理论"对于一门新的学术性专业的倡导者来说是顺理成章的，也是必要的。说它是顺理成章的，因为西蒙和里德利相信，专家之所以成其为专家，不只因为他累积了经验，还因为他掌握了能够合理解读经验的理论框架——一个21岁的研究生凭什么认为自己有东西教给一位工作了一辈子的管理者？说它是必要的，也是基于同样的理由：只有声称掌握了一个理论体系，管理科学家才能成功主张对管理问题的裁判权（这里使用了安德鲁·阿伯特的术语），并因而被他们的委托人视为合法的权威。[14]

这些章节，尤其是讲历史的那一章，通过证明管理科学家对事实和效率的关注并不会让他们对他们所服务的公众的价值观和期望变得麻木，从而帮助管理科学在更广泛的公众眼里取得合法地位。西蒙和里德利呕心沥血，把管理科学描述为民主的盟友而不是敌人，因为他们的科学"诞生于公民在实际决策行动中的需要，'我应该投票给哪一位候选人？'"[15]

因而，虽然西蒙在管理科学领域的早期著作支持了西奥多·波特（Theodore Porter）的观点，认为量化是由弱势群体（比如社会科学家）为了获得社会权威而采取的策略，但它们也反映出西蒙那一代管理科学家对量化和度量的看法与波特眼里的19世纪的统计师或者20世纪的精算师是不一样的。[16]西蒙和20世纪30年代管理科学的实践者们近乎疯狂地进行度量，他们度量所有的东西，从旧金山可燃资产的总量，到芝加哥每周巡逻的街道里程数，无所不包。对于西蒙来说，在对抽象概念的更为广泛的追求中，量化是不可或缺的组成部分，因为一个数字本身就是一个抽象概念，它们在具体说明一般理论的应用案例方面非常有用。

所以，量化是实现理论归纳和实际应用这两种截然不同的目的的手段，但也只是手段，而不是目的本身。西蒙对那些错误地把手段当成目的的人毫不客气：他总是认为，真正科学的理论的标志，是它可以用一种形式化的语言进行表述，比如数学。但他也明白，量化不是数学化的唯一道路。对于西蒙来说，数学与量化之间的区别很重要，而他把搞不清这二者之间的区别，看作业余者的标志。[17]

西蒙对理论抽象的追求当然很合时宜，因为在20世纪中叶的30年里，在很多领域，理论的复杂性与数字的准确性共同成为专业权威的基石，有时候前者甚至完全取代了后者。例如，战后经济学家的崛起和管理学专业的出现，正好赶上两种新的一般性理论（凯恩斯经济学、西蒙管理理论）的发展，以及新的度量方法的创立。[18]对理论的态度发生转变的显著的标志出现在1951年，这时，考尔斯经济研究委员会把其口号从"科学就是度量"改成了"理论和度量。"

在这些构建了背景及法理依据的章节之后，报告对城市政府的主要部门逐一做了介绍，描述了对它们所提供的服务进行度量的不同方法，从清扫街道的里程到学校里每一名学生的支出，以及图书馆中流通的书籍数量。在对这些措施的描述中，他们反复强调为每个部门规定出清晰的、可度量的目标的重要性 —— 在意识到拥有多个（至少是部分）矛盾的目标是通过政治行动和立法妥协建立起来的组织的一种自然状态之前，这个呼吁听起来好像只是一个无足轻重的请求。

毫不令人吃惊，城市规划成了最难评估的政府职能，但正如作者们严肃指出的，它在所有职能中或许最为重要，因为它为其他所有机构设定目标和标准。需要注意的是，与前辈杜威一样，里德利和西蒙也把规划机构看作真正的民主治理的一个关键部门，而不是技术官僚对民主的威胁。对于他们来说，城市的规划机构是把公众的各种期望融合成一个有利于整个社会的理性规划的地方。

这种对融合、理性规划的赞美，在其他规划者、管理科学家和改革者听来很是悦耳。结果就是，建筑专业领域的管理研究者和改革者对西蒙张开了双臂（因为他们早已经有了里德利），热烈欢迎。通过这份报告，并通过他与里德利在《城市年鉴》（*Municipal Yearbook*）上的合作，西蒙在这个小而联系紧密的圈子里很快变得很有名气，尤其是在里德利很快对西蒙信任有加，让他自行提交他们的工作报告之后。[19] 不久之后，在有关政府服务的度量问题上，西蒙"像年轻的耶稣在庙堂里"那样，对着听众高谈阔论，这些听众中，有的人在西蒙看到天地间的第一缕阳光之前，就已经参加工作了。[20]

公共管理的政治学

获得认可自然就会出现机遇。1938 年春，加利福尼亚大学伯克利分校公共事务管理局的教授萨缪尔·梅（Samuel May）邀请西蒙到西部来过暑假，并让他给洛克菲勒基金会写份建议，就度量市政活动时出现的各种问题做一个为期3年的研究。[21] 急需资金的西蒙抓住了机会。在下一个暑假到来的时候，他荣幸地成了3万美元拨款（时间跨度为3年）的获得者。

这个项目从官方的角度说由梅领导，但是他还有其他很多工作。他几乎把整个项目的责任都委托给了西蒙，而西蒙在实际中的表现似乎把"几乎"和"整个"当成了一回事。他有一个3人（大都有博士学位）的研究团队，一个统计助理，一个秘书，其他成员数量在50～100多人不等，取决于研究工作的需要。在实际的工作中，他的责任甚至更大：在没有任何正式权力的情况下，西蒙有效地指挥着两个大型办公室以及数百名员工。[22] 他实际上是但法律上不是这些办公室的领导人，这让他意识到这样一个事实：组织结构图通常没有很好地描述职权。对于一个只是完成了博士论文提纲的人来说，这不是坏事。

西蒙的新项目既符合他的兴趣，也符合洛克菲勒基金会那些赞助人的兴趣，比如雷蒙德·福斯迪克（Raymond Fosdick），他在1936年出任基金会的主席。[23] 基金会对公共管理方面的兴趣相对较新，直到20世纪30年代初才出现。支持这个最实用的社会科学要冒很大的风险，因为基金会不希望卷入政治。然而，它又是基金会官员（诸如福斯迪克和比尔兹利·拉姆尔）与全国范围内的其他改革精英们所共同秉承的自由的管理政治学的自然产物。[24] 在他们看来，大萧条的混乱、腐败和（所有层级的）政府的失效，从根本上说都是缺乏明智协调的表现。经济、政府、整个社会都解体了；因而，要解决当下的问题，只能靠高效、理性的组织。这种组织要通过扩张公共和私营领域的集中管理能力来提供。

尽管站在发起者的角度看，以效率为目的的管理重组建议一般是中性的、非政治的理性呼吁，但还是会激起强烈的反对。正如哈罗德·赛德曼（Harold Seidman）、约翰·马克·汉森（John Mark Hanson）、修·赫克洛（Hugh Heclo）、萨缪尔·海斯（Samuel Hays）、刘易斯·高拉姆博斯（Louis Galambos）等人已经证明的，尽管我们倾向于认为掌管行政系统的是美国总统，但总统要实施对官僚体制的控制已经变得困难重重。20世纪初，由中央控制的预算制订被认为是确保总统（及其团队）制订的政策能够在官僚机构内得以贯彻的关键；因而预算局（后来的管理与预算办公室）以及总统办公室的重要性日渐提高。然而，国会和各机构一般都会卖力地抵制这些中心化举措，因为它们放大了总统对官僚机构的权力，同时相应地削减了他们自己的权力。[25]

在西蒙致力于加利福尼亚研究项目的同时，不少杰出的学者（其中的很多人都与芝加哥的“1313”机构有着千丝万缕的联系）被罗斯福总统召集起来，组成总统行政管理委员会。这个委员会在芝加哥公共管理清算所的刘易斯·布朗洛的领导下，进行了艰苦卓绝的工作，拿出了完全符合罗斯福总统意志的行政机构重组方案。他们提出了多项改革建议，目的都是把行政权力集中到总统手中，让权力运行得更快捷，并确保其在不断膨胀的联邦管理机构中得到贯彻。这份报告激起了一场政治上的轩然大波，方案中的绝大部分内容都被口水淹没了。能够幸免于难的都是不需要国会批准的。

洛克菲勒基金会的领导者们，从基金会总裁雷蒙德·福斯迪克到举足轻重的顾问，诸如查尔斯·梅里亚姆和比尔兹利·拉姆尔，都是自由管理改革精英集团的发起者，社会科学研究理事会（同样由洛克菲勒基金会支持）的领导者也大多如此。所以社会科学研究理事会在1933年成立了一个由"1313"老兵刘易斯·布朗洛领头、由基金会支持的新公共管理委员会，也就不足为奇了。[26] 在基金会领导人还没有耗尽他们对作为研究领域的公共管理的支持之前，西蒙代表公共事务管理局提出的建议书就交到了基金会里，当然也就自然地被接受了。然而，在加利福尼亚，西蒙很快就会发现，政治与管理科学之间联系的紧密程度，远远超出了他以及他的支持者当初的想象。

西蒙在西部所属的组织就是加利福尼亚大学伯克利分校公共事务管理局。这个公共事务管理局（现在以伯克利分校政府研究所的名义存续）是20世纪30年代政策研究的主要学术中心之一。公共事务管理局的指导思想在很多方面与国际城市管理人协会以及芝加哥大学的其他"1313"组织类似，尽管其使命从范围上说是本地化的，而不是全国性的。[27] 公共事务管理局只专注于加利福尼亚州级和地方政府的问题，与州政府的联系紧密。比如，西蒙曾经与公共事务管理局的局长一起为立法院的一个委员会撰写中央谷（Central Valley）地区水问题的报告，并帮助伯克利校长戈登·斯普劳尔（Gordon

Sproul）起草给州立法机构的年度报告。[28]

1919 年，公共事务管理局在战后革新主义最后一波浪潮中创建，其使命是为加利福尼亚各级政府进行应用研究。公共事务管理局的资金来自各基金会（主要是洛克菲勒基金会）和州政府（通过大学）的拨款。西蒙在的那些年里，局长是萨缪尔·梅，一位长期参与政治活动的政治科学家。[29]与公共事务管理局的大部分工作人员一样，梅的政治立场属于左翼，这时不时会给组织和其他成员带来麻烦。然而，通过与实际治理保持一定的距离，所有成员似乎都得以安全地化解了这种困扰。

例如，西蒙记得，他的同事弥尔顿·切尔宁（Milton Chernin）遭到了保守的大学官员的攻击。他非常欣慰地回忆道，切尔宁没有被诸如此类的攻击打倒，还成了社会福利学院的院长、伯克利地区学术界德高望重的学者。类似地，西蒙以藐视一切的自豪口吻提到，在离开公共事务管理局的时候，他获赠了一套马克思的多卷本《资本论》，他决定把这套书摆放在办公室的书架上，并发誓说如果出于政治的原因必须挪走的话，他就搬到新西兰去。西蒙当时的政治立场是十分自由化的：例如，在 20 世纪 40 年代，他加入了全国有色人种协进会（NAACP），并尝试组织美国政治科学协会（APSA）学术自由委员会（Committee on Academic Freedom），以便与歇斯底里的共产主义反对者战斗。[30]

与西蒙共事的公共事务管理局的主要成员有威廉·迪万（William Divine）、迈尔斯·库珀（Myles Cooper）、维克多·琼斯（Victor Jones）、罗纳德·谢泼德（Ronald Shephard）、弥尔顿·切尔宁以及弗雷德里克·夏普（Frederick Sharp）。在公共事务管理局工作期间建立起来的这些关系，在西蒙后来的职业生涯中将大有帮助：比如，琼斯1942年帮助西蒙在伊利诺伊理工学院获得了他的首个学术职位，谢泼德后来成为西蒙在兰德公司（RAND）的重要关系人。[31] 但是，这些人的个人品质比这些关系带来的专业上的帮助更为重要。这是一个年轻、自信、才华横溢而且雄心勃勃的群体，西蒙从他的这些同事尤其是谢泼德身上学到了很多。这也是一个充满活力的群体，西蒙显然很享受研究团队里的这种兄弟情谊。

在度量政府服务的公共事务管理局，西蒙项目其实有三个。第一个是为州救助管理局所做的公共管理"田野实验"。第二个是针对湾区的火灾风险和火灾损失的研究。第三个是"城市融合中的财政问题"（Fiscal Aspects of Metropolitan Consolidation）研究。通过这些研究，西蒙对于实验的好处、政治的险恶以及控制的各种问题，有了更多的了解。我们从中也学到了很多，因为它们揭示出西蒙的目标、方法和思维习惯。

至少可以这样说，西蒙在芝加哥大学受到的政治科学训练是"非标准的"。这种情况一直贯穿于他在加利福尼亚的岁月，为他以后的生活和工作确定了模式。他所受的训练不是以学科为中心的，而是以任务或者问题为中心的。在国际城市管理人协会以及公共事务管理局工作时，西蒙遇到了形形色色的问题，所有问题都与治理一个城市所面临的挑战有关，它们在传统的公共管理领域都没有现成的答案。他必须遍览各个学科的知识，同时与受其他领域训练的同事广泛交流，以寻找解决问题的办法。

　　这样做的结果就是，西蒙把学科看作工具包，他要从中选择这个或者那个工具来解决某个具体问题。城市治理问题的解决方案来自不同领域，从统计学到社会学、经济学再到心理学。因而，管理科学家必须能够把所有这些学科工具融合起来，用以应对管理领域的问题。一个运行良好的团队可以跨学科，但是在西蒙看来，跨学科最好由一个受过多领域训练的视野开阔的人来完成。

　　一旦掌握了这些工具，西蒙就会把它们应用到具体城市的具体问题上，但他在这样做的时候，总是想着这些工具在其他情况下的价值和适用性，总结出普遍性的结论。很多时候，对普遍性的热衷可能会压倒一切，把解决当前问题的初衷置于脑后。不过，西蒙从来不会忘记，他研究的根本出发点是需要解决实际问题，尽管有时候迫使自己从理论的高峰上走下来很是艰难。

　　除了以问题为中心，西蒙所受的训练大部分也是不正规的。这并不是说训练不够严谨；相反，当西蒙在某一门学科寻找工具的时候，他会对这门学科进行一次彻底的梳理。然而，当他钻研一门学科，看看它能提供什么的时候，主要按照自己的想法来做，所以不像其他实践者那样，融入该学科的圈子。例如，在公共事务管理局，他通过自学，以及与既是同事又是朋友（还是下属！）的罗纳德·谢泼德的长谈，培养了自己在数学、经济学和统计学方面的技能。从谢泼德这位师从统计学家耶日·内曼（Jerzy Neyman）和格里菲斯·伊万斯（Griffith Evans）的学生身上，西蒙了解到大量统计推断和经济建模技术的发展状况。[32] 谢泼德是 20 世纪 30 年代学成的新一代经济学家中的一位，他们在数学上的造诣可以同经济学比肩，谢泼德毕业论文写的就是简化模型在复杂系统比如经济系统分析上的用途。尽管西蒙没有马上理解谢泼德关于简化模型价值的想法，但是他确实看到了它们巨大的潜力，并将其收纳进了他的知识工具箱里。

通过与朋友和同事对话来学习某个问题，与跟随专业大师的课堂讲授来学习有着天壤之别：尽管西蒙的经济学技能游刃有余，但他从来就不是专业的经济学家。对于社会学、心理学、统计学和计算机科学，西蒙同样如此。甚至他与自己最初的专业政治科学的关联也非常弱，正如他相继把自己重新定义为组织理论家、认知心理学家以及计算机科学家所表明的那样。

西蒙真正认可的专业（至少这次是这样）是管理科学。很显然，这个职业理想兼顾了学术和专业：管理科学家从事对通用原则的研究，以便解决具体委托人的具体问题。因而，西蒙作为管理科学家的工作以委托人为中心，同时也以问题为中心。他需要拿出实际成果来帮助国际城市管理人协会和公共事务管理局解决其委托人的问题。他会尝试教育委托人（及其资助者），重新定义他们的问题以更符合他的研究目标，但是，这样的教育有其局限性，特别是在管理科学这个刚形成的领域还缺乏法律或者医学那样的文化权威的情况下。

对于期盼在改变周围世界方面能产生立竿见影效果的西蒙来说，这样的约束与其说是限制，不如说是机遇，但因为他希望探索得更深入也更自由，这种以委托人为中心的工作让他很受挫败。在论文写作过程中，西蒙对研究的痴迷战胜了他对改革的兴趣。只要时机成熟，他就会选择学术性的（以同伴为中心的）事业，而不是专业性的（以委托人为中心的）事业。

西蒙在公共事务管理局的首个研究题为"公共福利机构专业人员工作量的确定"（Determining Work Loads for Professional Staff in a Public Welfare Agency）。这项研究的源起是加利福尼亚州救助管理局计划与研究处要求公共事务管理局说明其研究人员的工作量，该处时任处长的是弥尔顿·切尔宁。州救助管理局作为一个应急机构成立于1933年，其目的是"减轻失业带来的贫困"。它通过给超出联邦配额的"有就业能力的失业者"提供帮助，有效地补充了联邦公共事业振兴署（WPA）的救助计划。州救助管理局是一个全州性的组织，它通过自己的区域办事处网络提供直接救济和工作救济。它独立于州社会福利部，因而只是救助计划这条巨大的被子上的一个小补丁。尽管如此，该机构1940年的年度预算大致是2,500万美元，而它该年处理的案件数量合计多达每月114,000件。[33]

研究的目的，是确定需要多少位社会工作者才能使州救助管理局的运行效率最高。这个应该是最中立、最没有政治色彩的技术分析要求了，或者表面上似乎如此。这份报告的前言由美国公共福利协会主席弗兰克·霍勒（Frank Hoehler）捉笔，他对围绕着这个请求的政治权术给出了暗示："尽管管理者知道，在救助计划的管理中，员工数量足够多才能对实

体经济产生影响，但是他们还是需要对抗这样的观念，即一
个机构花在管理上的钱越少，它的工作就越有效。"[34] 他认为，
这项研究证明，这种说法是站不住脚的。因而，这份报告可
以用来说明，增加州援助，以及增加州政府机构，对于救济
的有效运行来说是必要的。在当时，这些都是充满火药味的
话语，因为在整个田野实验期间州救助管理局遭遇了猛烈的
攻击。

　　那个时期加利福尼亚的政治局势极不稳定，至少可以这
样说。[35] 尽管以激进的改革计划出名，比如厄普顿·辛克莱
（Uptown Sinclair）的社会主义政治纲领（几年之前为他赢得
民主党州长提名的加州消除贫困计划），但加利福尼亚的保守
势力十分强大。辛克莱最终落败，一直到 1938 年，才有一位
公开支持新政的人（民主党人卡尔博特·奥尔森）当选州长。
奥尔森遭到了保守派州议员的激烈反对，尤其是在新任议长
戈登·加兰（Gordon Garland）1940 年上任之后。加兰认为
加利福尼亚和整个国家"日趋走向集体主义"，对此他坚决予
以抵制。州救助管理局是州长奥尔森与议长加兰争斗的焦点，
加兰相信："州救助管理局正被用来发展共产主义计划。"[36]

　　州长奥尔森在 1940 年 2 月召开了一次特别立法会议，重
新考虑州政府的救助拨款。正如西蒙在报告中提到的："在这
次会议期间，州救助管理局是持续不断的矛盾的中心。"[37] 西
蒙并没有夸大其词。一个由加兰领导的特别立法委员会被指
派去调查州救助管理局内部的"颠覆活动。"这个委员会的
报告坦言："本委员会拒绝与那些殷勤地为'消除'失业提供
保证的人为伍，并对此不做任何道歉。这样的计划比未经修

正的情况更加恶劣，因为会激起阶级间的对抗……这些计划的支持者意图或明或暗地发动一场革命……尽管当局反复否认，但是州救助管理局正被用来发展共产主义计划……共产主义者、共产主义的同情者以及所谓的'知识分子'仍然掌控着州救助管理局。"[38]

第二次特别大会紧随第一次大会的脚步艰难召开，在这次会议上，一个把州救助管理局的工作转移到县级政府的动议获得通过。州长奥尔森否决了这个动议，但给州救助管理局的拨款和州救济的总拨款都被削减，流程改变了，对申请援助的资格要求也更加严格了。[39]

所有这些争斗中的一个关键问题是州救助官僚机构的规模，州立法机构中的保守派把它看成社会主义正在蔓延的具体表现。他们意识到攻击膨胀的官僚机构是广大选民可以接受的，而攻击这些管理机构所提供的服务则不然，这为他们稍后对福利州的攻击埋下了伏笔。在议长加兰的带领下，在2月的特别会议上，这些保守派人士赢得了使救助项目管理成本削减15%的胜利。这迫使很多机构裁员，包括州救助管理局。[40]

西蒙和他在这项研究上的同事（包括切尔宁，他在提出该研究请求后就离开了州救助管理局，加入公共事务管理局）都希望，就管理中真正的节约存于何处进行一次认真、不带感情色彩的分析，有助于反击政府管理少即是多这种根深蒂固的信念。他们甚至希望在社会科学领域进行一次典型的田野实验，一种可以在不同地方对大量的问题重复进行的实验。这样的模型实验，例如著名的霍桑实验（Hawthorne experiment），对于真正的管理科学的发展以及建立起人们对该科学的信任，都是至关重要的。[41]

这样说来，西蒙和他的合作者把报告的大量篇幅留给对实验过程和分析方法的描述，也就不足为奇了。他们对实验的关切甚至掩盖了他们对解决手头问题的兴趣，因为报告的结论更多是关于社会实验的内容，关于救济服务的很少。例如，关于围绕州救助管理局进行的政治争斗，报告主要描述的是它们对实验有效性的影响，而不是它们对救济的影响。

为了尝试对这些扰动进行控制，实验者要求（而且做到了）他们控制下的两个地区办事处免受诸多政策变化的影响。类似地，研究者"特别小心"，以确保那些无法回避的变化"以尽可能有序的方式导入"。"尽量维持正常的运行条件。工作人员得到保证，在实验区域，人员数量维持正常，在实验结束之前，过程中所有的非强制性变化都不执行。"[42]

这种小心谨慎引起了人们对"霍桑效应（Hawthorne Effects）"的担忧。"霍桑效应"这个术语描述了这样一种情形，受试者的身份本身就是行为（尤其是士气）的重要影响因素。小心谨慎也揭示出真实生活与实验环境之间的显著差异，这种差异甚至出现在田野实验中：所有在大型组织中工作过的人都很清楚，上级的政治和政策这种"外部"世界会侵扰日常的任务。这样的侵扰可能不太频繁，但没有哪个组织会长时间不遭遇此类危机。因而，在异乎寻常的环境中处理寻常的任务是组织机构的"常态"。为了控制这类侵扰，即便是在处理那些似乎属于纯技术的问题的时候，一种明显不现实的因素也会被引入到实验情境中（就像所有同情迪尔伯特的人都会承认的）。这似乎是一种抽象的观点，但在组织理论以及更广泛意义上的系统科学中，一个最难以解决的缺陷恰恰就是无力处理此类"异乎寻常"但又属于常态的干扰。

西蒙和他的同事都很清楚这种潜在的霍桑效应，但是，他们从这个研究中获得的教训，与埃尔顿·梅奥（Elton Mayo）以及弗里兹·罗特利斯伯格（Fritz Roethlisberger）这两位最出色的霍桑效应研究员得到的差异很大。在西蒙看来，"研究期间由州救助管理局的艰难处境导致的很多延误和问题，明确地表明了对实验所有阶段进行集中控制是绝对必要的"。[43]西蒙和他的同事们（尤其是谢泼德和夏普）没有把这些"无法控制"的干扰排除在分析之外，而是寻找其他方式避开现实生活中的混乱状况。如果控制实验的所有阶段是绝对必要的，那么，对于社会实验来说，实验室环境就是最佳的地方，而且或许也是唯一的地方。

分析与控制

然而，城市是西蒙研究的焦点，而且很难找到把城市中的社会组织问题纳入掌控的办法，能进入实验室研究的就更少了。那么，关键的问题就是：有没有办法对环境进行"分析性地"控制而非"实质性地"控制？实验，因其与理论和观察、原因和结果的紧密联系，仍然是西蒙研究的理想方式，但是到1940年年底，他开始越来越多地寻求其他途径，对城市的问题进行分析性控制。

要对一个难以驾驭的世界建立分析性控制，西蒙有三种策略。第一种，他可以按照数理经济学和统计学的模式，收集可以度量的数据，并从这些观测数据出发找出行为世界之下的基础因果模式。我们可以把这种途径称为"统计推断"（statistical inference）。第二种，他可以借助内在的连贯性和与经验的普遍一致性，着手开发理论所需的分析工具和概念，这些工具和概念会提供对管理（和更普遍意义上的组织）更清晰、更透彻的理解。我们可以把这种途径称为"概念形成"（concept formation）。第三种，他可以进行哲学思考，这是理解科学本身所必需的，尝试弄清理论、模型或者实验这一类的人工构想如何与真实的世界相互关联。具体来说，这样一种关于理论的理论或许会揭示出，我们在何时何地允许把一个更大的整体的各个方面分离开来以做更周密的分析。我们可以把这种路径称为"应用认识论"（applied epistemology）。

西蒙在公共事务管理局所做的最后两项研究中，采用了这三种路径中的第一种，而后面两种路径则出现在他的学位论文里。在第一项研究"火灾损失和火灾风险"的分析里，西蒙和同事们为湾区收集了有关财产价值、保险费率、保险理赔以及火灾损失的数据。他们随后用这些数据建立了一个度量单位（每1,000美元估值的火灾损失），用它评估各个城市消防部门的效益。这份1942年发布的报告显示，西蒙在研究过程中发奋自学了经济学和统计学知识：尽管"现代统计学理论在（报告）第四章的问题上的应用几乎完全归功于谢泼德博士"，但是，当谢泼德在研究尚未完成之时离开后，西蒙有能力自己完成统计分析。[44]

到对火灾风险的研究结束之时，西蒙对自己的经济学和统计分析水平很有自信，这使他将注意力转向对城市问题更大规模的分析上。最后一个研究的主题更能触动所有城市规划者和城市改革者的内心，也更让他们难以割舍：都市融合。当时的大城市跟现在一样，都面临严重的经济困境。究其原因，部分是由于富裕阶层从都市区移居到郊区，在那里，低水平的财产税可以换取高水平的政府服务。矛盾的是，最需要政府服务的区域，往往是最缺乏资源为服务买单的区域。因而，每个大城市的都市区都由税率和服务水平不同的小区域组成的。另外，尽管社会问题和经济问题不会理会城市边界线，但是政治领导人肯定要理会。在规划者眼里，政治上的分歧会妨碍人们以整体的思维解决当地问题，而它们真的就是一个整体。[45]

公共事务管理局局长萨缪尔·梅在给西蒙的研究《都市融合的财政问题》（*Fiscal Aspects of Metropolitan Consolidation*）所作的序言中再次提及这些说法，他这样写道："研究政府的学者一直都很关注一个都市区域设置多个政府部门可能造成的浪费，而且长期以来也在倡导一体化或者融合。然而，克服地方利益和忠诚方面存在已久的实际困难，妨碍了很多实验的开展。"梅继续写道，"研究成果并没有证明融合是必要的"，而且"没有尝试……解决一体化过程中的政治问题"。（对于一名政治学家来说，这种沉默显得很奇怪，在对本章做出总结时，我们会重回这个话题。）然而，在梅看来，这项研究确实重新解读了"经济利益和政治势力的融合所造成的影响"。至于这个重新解读"对都市政府的民主控制问题"意味着什么，则留给公民自己去考虑。[46]

　　尽管存在这样的局限，这项研究所取得的突破还是显而易见的：各市政当局提供的服务差异巨大，这些差异不"代表公民或他们选出的议员的任何理性决定"。相反，"必须承认现有的服务水平整体上可以说是历史的偶然"。另一方面，理性的经济分析揭示："在旧金山湾区的都市圈，融合是高度可期的。"另外，"拉平整个区域的政府服务水平应该是现实的，也是可期待的"，尽管在此过程中，"消除现有的财产税差异并不可取"。[47]

　　尽管西蒙给出的总体结论支持了规划者的传统思想，但其依据并不同于支持融合的那些典型论据。西蒙没有为地方财产税率的差异做任何论证，而是提出，对都市融合的需要源于对消除服务水平差异的需要，与税率无关。事实上，按照他的意见，"现有的税率差异最好不要触动"。[48]

　　西蒙告诉读者，他能够得出这种惊人的结论，是因为掌握了别人没有掌握的两大工具："（1）城市财产税的归属理论（其他地方称为'税负归属一般理论'）……（2）度量都市收支情况'服务侧'的技术。"[49] 很显然，这两种工具几乎完全是他自己辛勤劳动的产物。

　　为准备这次研究，西蒙对关于税收的经济学文献做了一次彻底的回顾梳理，税收本身就是一个更普遍的供需理论（尤其是对资本的供需）的具体分支。他的回顾非常彻底，足以在 1943 年的《经济学季刊》（*Quarterly Journal of Economics*）上就这个问题发表自己的结论。这篇题为"城市不动产的税收归属"（The Incidence of a Tax on Urban

Real Property）的文章注意到，关于谁真正支付财产税这个问题，存在几个不同的思想学派。这些不同的学派全都知道那些发挥作用的普遍的经济学规律，而且（除了个别例外），他们全都把这些规律按照合乎逻辑的方式应用到了现实上。然而，他们不知为何得出了不同的结论。从这个分析中，西蒙的结论是，他们的差异植根于不同的基本假设，这些假设体现了他们对哪些经济规律属于根本性规律的认识。[50]

这篇文章里的论证代表了贯穿西蒙整个职业生涯的问题解决方法。他从一系列相互矛盾的说法入手，追溯到它们对人类本性的不同假设，然后，评价这些假设，确定哪套假设最好地描述了世界。在他分析的每一个步骤里，数学都是基础的工具。这篇文章的最终产品是关于税收归属的一般理论。

在《都市融合的财政问题》中，西蒙首先把这个一般理论（以例证的方式）应用在国际城市管理人协会收集的芝加哥都市区税收和服务的数据上，然后应用在公共事务管理局为湾区收集的数据上。西蒙的计算显示，要平衡服务水平，需要相当大地提高除中心城区和最富裕的郊区外的所有区域的支出。这些支出的增量非常巨大，要是由本地财产税的税源支付的话，增加的税负会特别沉重，在某些城镇里甚至与财产的全部价值相等。[51] 这样的结果在很多层面当然都是无法接受的。那么，唯一的解决方案就只能是把区域内的所有财产税源集中在一起（或者使用不同的税收方式，而不是被轻视但又地位稳固的财产税）。随之而来的问题是，如果为了平衡服务水平而汇拢区域内的财产税税源，那么社区间的税收差异是不是也应该拉平呢？

　　西蒙承认，这个逻辑在政治上很强大，但它反映出人们对经济力量的误解。由于存在资本化的现象，财产税税率的不公平影响的只是征税时（或者说，在广泛预期要征税时）财产的持有人。这个奇怪的结果源自这样一个事实，财产未来的出售价格会被调低，以反映征税带来的额外成本：更高的财产税率给物业持有者造成的损失，事实上已经通过更低的购买价格得到了补偿。[52]

　　因而，专家的知识工具立刻产生了具有实际意义的意外结果。一般理论应用到具体案例上，而且造成了实际的结果。甚至远不止于此，该结果显示，相较于历史和政治的"偶然性"，理性组织具有兼顾公平和效率的优越性，"公共经济的计划方法"因而提供了其他非专家、不干预主义者无法提出的解决方案。[53]

　　实际上，在这个研究过程中，西蒙成了理性计划的坚定倡导者。1941 年，他提出："为什么政府机构的收支流程就比私人的收支流程更缺乏'理性'或者'自由选择'？我们似乎找不到任何有效的理由来支持这一观点。"[54] 类似地，他坚持认为："没有任何先验的理由能够说明，为什么社区必须选择竞争性的市场作为组织活动的制度方式，而不是政府性的组织。只有在制度框架建成之后，消费者市场行为的理性在经济理论中才有意义 —— 而且，管理者以公共支出的方式执行社会价值尺度所表现出来的'理性'也具有同样的意义。"[55]

理论与实践

令人奇怪的是，这种解决城市问题的方法推翻了西蒙自己倡导的研究与改革之间的关系：研究已经揭示出了恰当的目标——融合，但对用以实现目标的政治手段却只字未提。这是一个值得注意的现象，尤其是对致力于解决现实问题的政治科学家来说。造成这种沉默的原因，是科学的愿望与融合的政治可行性之间脱节了。

这种脱节困扰着西蒙，正如他在论文"政治科学应用中的实用性问题"（*The Problem of Practicability in Applied Political Science*）中所揭示的。他在《都市融合的财政问题》完成几年后（并在他与伊利诺伊理工学院建筑系的规划师们的某次争辩的促动下）写成的这篇论文，把都市融合当作理想化的管理科学计划与城市政治现实之间的矛盾的最佳案例。在哀叹"不幸的是，计划的内在价值与其现实性之间通常（并不总是）存在负相关关系"的同时，西蒙辩称，"只有在实施理论，与我们对什么解决方案会令人满意的理解达到同样成熟的水平时，真正根本性的社会变革才有可能实现"。西蒙坚称，在这种有实施理论发展的过程中，关键的一步是"识别对逻辑行为重要的心理障碍"。[56]

或许这类障碍中最致命的，是本地利益与更大范围利益之间的障碍，也就是个人与群体之间的障碍。正如西蒙在公共事务管理局的工作中一再发现的，那些对奥克兰纳税人来说合理的事情，在他们成为（或者把自己看作）都市区的公民的时候，也许就不再合理了。如何设定并维护理性选择的

这些限制，这些限制又是如何影响决策的 —— 这些都是最具
广泛意义的关键问题。西蒙每天晚上结束在公共事务管理局
的工作后爬上山顶时都会面对这样的问题。

第五章

管理人或者受控的选择

　　西蒙在国际城市管理人协会以及公共事务管理局的工作，为他作为管理科学家的事业设定了模式。从毕业论文"管理行为"到划时代的《公共管理》，他坚持不懈地想要证明，在力图掌握复杂的现代城市生活的过程中，组织和专业知识的重要性。在努力的过程中，引领他的是规划可以提高民主可靠性的信念。他坚定地认为，如果可以为管理科学构建合适的框架，研究和改革就会相互补充，而不是相互竞争。因而，尽管常常被他眼中的利益、愚昧和保守的势力弄得垂头丧气，他从来没有对组织化的智慧的力量（尤其是他自己的）丧失过信心。

　　对于西蒙来说，弄清楚决策过程是弥合研究与改革之间的鸿沟的关键。对决策的研究让他感觉既有趣又重要，因为它具有连接研究与改革、民主与专业、理性与感性、选择与控制的潜能。例如，研究人们如何决策，就可以弄清事实与推理（相对于价值观与感性）在人类事务中所起的作用。类似地，通过研究决策，可以找到让个人行为由或者不由社会力量决定的办法。

　　这些有关事实、价值观以及决策的抽象问题，对于西蒙来说具有实际意义。例如，在大萧条时期，很少有什么事情能比公共救助管理更有现实意义。但是，要以决策科学的方式调和理论与实践，就必须做出一个艰难的决定：管理科学家是服务于人民还是服务于人民的领导人？

　　正如西蒙发现的，弄清决策的机制和背景对于管理别人和管理自己同样有用。但两种追求可能区别很大。国际城市管理人协会和公共事务管理局的委托人毫无疑问具有公德心，但是他们不属于公众。类似地，在诚实的管理者和他们所服务的公众之间，应该存在共同的利益，但是对于西蒙那一代的政治科学家来说，这种共同利益不再被视为理所当然的假定。如何调和效率、专长与担责、民主之间的关系？对于西蒙以及跟他一样相信只有更高效的社会组织才可以解决当下危机的人来说，这是个至关重要的问题。

　　对于西蒙在公共管理领域的所有工作来说，研究与改革之间的关系都是切入点，而且，尽管他的学位论文深入到哲学的诸领域中，但最终的归宿总是城市。例如，在《管理行为》中，西蒙对已有的管理理论最大的不满就是，这些理论在指导实践上比无用还糟糕。他的论证具体指向了4个基本的"管理原则"："（1）管理效率通过群组内部的专业化分工而提高。（2）管理效率通过按照明确的授权层级来安排群组成员而提高。（3）管理效率通过把层级中任何位置的控制范围限制在最小数量（比如说6个）而提高。（4）管理效率通过按照不同的控制目的对工作人员进行分组而提高，分组时可以参照（a）目的,（b）流程,（c）客户，或者（d）地点。"[1]

这些原则在《管理科学论文集》(*Papers of Science of Administration*)中备受推崇，该文集由卢瑟·古利克（Luther Gulick）和林德尔·厄威克（Lyndal Urwick）为便于总统的"行政管理委员会"使用而编撰。[2]这些原则表述得相对简单，但西蒙认为事实远非如此。他注意到实施这些原则的每次尝试都引发了争议，于是不禁问道："对最基础的管理原则的应用怎么会在专家中引起如此大的争议来？"[3]

当然，问题出在这些原则上。它们模棱两可、前后不一，而且逻辑混乱。例如，专业化"不是高效管理的条件；而是群体努力的一种必然特性"。管理真正的问题"不是要'专业化'，而是以特定的方式专业化……从而实现高效管理。"类似地，统一指挥的原则确实与专业化的原则相互矛盾，因为专业化的全部目的就是用多种专业资源来支撑一个决策。[4]

其他几个原则也好不到哪里去。每一个都暴露出逻辑上的混乱，而且从经验的角度看都是无效的。它们与其说是管理原则，倒不如说是"管理格言"。[5]在西蒙看来，这种混乱将传染整个专业领域，最终所有管理科学都将患上"脱离现实"的疾病。或许最应诟病的是，管理科学通常将只能处理官僚疾病的"症状"，而无法清除病根。尽管看起来抽象而且理论化，但实际上管理科学从整体上说"缺乏理论"，因为"还没有建立起一个综合性框架供人在其中进行讨论"。因此，西蒙对管理原则的分析显然是对现状的"控诉"。[6]

事实上，他的批判如此彻底，以至于不得不提出这样的问题：从管理理论的废墟中"可以抢救出点什么东西来吗"？在如此这般的抨击之后，他对这个诘问给出的答案令人意外："事实上，"他回答道，"几乎所有东西都可以抢救出来。"[7] 这次抢救行动的关键是对这个领域的概念性重组："一门科学在提出原则之前，必须拥有概念。在引力法则提出之前，必须要有'加速度'和'重量'的概念。管理理论的第一个任务，是提出一套概念，这套概念可以按照理论的需要描述管理。"[8]

然而，光有概念还不够。对于西蒙来说，概念只有在更普遍的理论框架下才有意义。如果一个新的理论框架被构建出来，那么，像专业化、层级、权力和效率这些有用的概念就能够被赋予准确的定义并因而得以保留。现有的数据和来之不易的实践经验，同样可以按照这种新框架的要求进行重新解读，从而得以保留。旧有的星可以继续存在，但是作为一个新的星系的组成部分，它们应该具有不同的意义。

因而，在《管理行为》中，西蒙采用第二种和第三种办法分析性地把握第四章中提到的城市问题：一个是开发分析工具和概念，以便从总体上理解管理（概念的形成）；另一个是构建一个哲学框架支撑起这样一门管理科学（应用认识论）。在西蒙看来，只有这种哲学和概念框架确立起来，有益的经验研究计划才可能推出，而且只有在这样的情况下，管理科学家才能正当地宣誓对组织问题的管辖权。因此，改革后的管理科学是把社会研究与社会改革联系起来的关键所在。

西蒙综合思想的几个来源

　　该理论框架的几个主要来源是塔尔科特·帕森斯、爱德华·C. 托尔曼（Edward C. Tolman）、切斯特·巴纳德（Chester Barnard）以及约翰·杜威的著作。[9]西蒙对前三人思想的借用不难分辨出来：他在引言中赞扬巴纳德、帕森斯以及托尔曼是对《管理行为》影响最大的三个人。杜威的影响只要稍做努力就能够发现，因为整本书里反复提到杜威，尤其是在对作为该论文理论核心的决策、习惯和注意力的心理学讨论中。另外，杜威相信科学的进步来自看似对立的观点的调和，而不是来自一种观点战胜另外一种观点。这种信念在西蒙的思想中也很重要。

　　尽管西蒙的论文主要致力于对其他文章进行分析，但那绝不是无聊的智力练习。西蒙以自己在多个组织中的经验为基础对这些作者的思想进行检验，这成了文中所举例子的主要来源之一。（组织决策的其他主要例子，来自军队的各种程序手册，也来自在受控环境中的类似行为研究，比如钻迷宫的老鼠以及下棋的人。）在《管理行为》中，西蒙把这些元素打造成一种关于组织中人类行为的综合理论，他希望这个理论能够为社会中的个体的实证科学奠定基础。

　　西蒙思想的四个主要文本来源也大多类似。从托尔曼及其"目的行为主义"到帕森斯及其"分析现实主义"，这些社会分析师全都寻求建立这样一种哲学理念，它更严谨科学，但又比维也纳学派的实证主义灵活，因而他们相信，这种理念能够更好地解释人类的行为。在所有这些方法中，一个关键的元素是，不仅承认有必要偶尔使用指代观察不到的实体的术语，也承认那些术语所指代的实体的现实性，只要这些实体在可被观察到的事物中表现出有规律的联系。例如，目的是观察不到的，因为大部分属于精神现象，但是对于这四位学者来说，这并不意味着它们不存在：你需要做的是把目的定义为以统一的方式把一种（可以观察的）状态转化成另外一种状态的机制。为了证明这种观点，他们采用了原子物理学的例子：人们从来没有见到过电子和质子。然而，人们确实看到了由它们产生出的有规律的影响。

这些人之间也存在另外一种更加实质性的联系。例如，帕森斯和巴纳德常常相互写信，而且当巴纳德频繁造访哈佛大学的时候，他们进行了很多讨论。另外，巴纳德在他最著名的著作《管理的职能》（*The Functions of the Executive*）中多次引用了杜威、托尔曼，也引用了帕森斯。类似地，尽管在帕森斯进入哈佛大学之前，托尔曼早已离开，但在20世纪40年代末和50年代，他的著作是帕森斯以及哈佛大学社会关系系其他人员的灵感来源，这一点由帕森斯请求托尔曼为《通向关于行为的一般理论之路》（*Toward a General Theory of Action*）一书撰写一个章节，为所有关于社会行为的一般理论奠定必要的心理学基础的做法所证实。[10]

西蒙发现这些作者的理论和哲学思想非常有吸引力，尽管他把它们看作理论构建的起点，而不是他赖以工作的框架。西蒙以此为基础建立的哲学思想，将作为芝加哥学派特征的获取知识的工具主义方法，与实证主义者的操作主义和帕森斯主义者的分析现实主义结合在了一起。在这个混合体中，西蒙加入了对综合的期望，以及对选择、自由意志和目的的关注。对于他所打造的这个理论综合来说，关键点是组织、层级和功能的概念，支点是决策。把这些视角结合起来，就是西蒙官僚主义世界观的早期形式：一种看待世界的方式——把选择牢牢置于控制之下。

在《管理行为》中，西蒙从讨论科学哲学入手来分析决策，因为他提出的决策理论根植于他的科学哲学，而他的管理理论又根植于他的决策理论。[11] 其科学哲学的主要来源并不难发现：引用查尔斯·莫里斯、鲁道夫·卡尔纳普、A. J. 艾耶尔以及珀西·布里奇曼的说法，西蒙声称"某个现代哲学学派（逻辑实证主义）得出的结论将被作为出发点，而他们对决策理论的影响将会接受检验"。[12]

或许，这些结论中最重要的是，只有可以进行经验检验的表述（至少原则上可以）才属于科学的范畴。无法检验的表述（确实具有某种意义时），属于价值判断，而在事实与价值判断之间，横亘着无法逾越的鸿沟。受布里奇曼的影响，西蒙也坚持认为，要想让表述明确而且可以检验，对术语的可操作定义至关重要。很简单，"概念要想在科学上有用，就必须是可操作的"。[13]

操作主义与逻辑实证主义一样，曾作为统一科学的一种方式发展起来。正如第三章中提到的，逻辑实证主义者坚定不移地相信科学的统一性，而且维也纳学派的主要成员中，很多都迫切希望把社会科学纳入统一的科学的旗帜下。然而，实证哲学在社会科学上的应用存在一个巨大的障碍：人类的思想。逻辑实证主义的核心原则表明，任何无法观察的陈述都将被排除在外，诸如思想、意识或者目的，只留下了可以观察到的行为作为社会科学的研究内容。然而，当人们感兴趣的话题就是人类行为的起因时，要想把目的的概念排除在外就异乎寻常地困难，或许根本不可能。[14]

20 世纪 30 年代，心理学家爱德华·C.托尔曼曾经以一种对西蒙产生了巨大影响的方式处理过这个问题。[15] 托尔曼通过为心理学的行为主义方法辩护来展开他里程碑式的著作《动物和人类的目的性行为》(*Purposive Behavior in Animals and Men*)，他认为："能够在人类和较之低级的动物身上观察到的就只有行为。其他有机体的思想，就算存在，也永远不会被了解。"类似地，在他论述"有意识的觉察与观念的形成"的章节里，托尔曼以"提出意识问题的可耻的必要性"的段落开始。然而，尽管有着"强烈的反神学和反自省偏好"，他还是发现，为了便于解释行为，引入诸如目的、认知和意识这样的概念是必要的。具体来说，目的是个重要概念，因为行为"似乎总是具有靠近或者远离某个具体对象或目标情境的特性"。[16]

托尔曼允许"目的"和"认知"这样的术语存在，因为他相信，如果对它们进行可操作的定义，就能够以"纯粹客观的"方式使用它们。关键是用"服从"来定义目的，或者让手段去适应目标："只要某个反应显示出对某些目标的服从——只要反应准备好（a）开始试错，以及（b）逐步或突然选择更高效的试错方式——这样的反应就表达并且定义了某些东西，为了便于表述，我们就把这种东西叫作目的。"目的因而被定义为生物采取行动达成特定目标的可观察的适应结果，而且它与学习和从特定的一组备选方案中进行挑选的行为选择密切相关。[17]

对于托尔曼来说，这种选择性行为的典范是小白鼠在迷宫中的行为。这种实验对于托尔曼的工作来说如此关键，以至于他把这部书题献给"M.N.A."——the mus norvegica albina（挪威白鼠），这种勇敢的动物"把它们日常存在的很大一部分高尚地奉献给迷宫"。老鼠在托尔曼思想里的作用也体现在他的定义中——把有意识的觉察定义为存于"跑前跑后"行为中的一致性，把观念的形成定义为"跑前跑后"的心理活动。[18]

在《管理行为》一书中，西蒙遵循托尔曼的引领，认为目的是理解人类行为的核心，并能以选择行为对目的进行可操作的定义。他相信，对目的进行这样的可操作定义能够促成一门真正的人类行为科学的诞生。这个以选择行为为特征的目的行为概念是基础性的，因为它为观察"引发一切行动的选择"提供了手段。选择，一般情况下被理解为决策，将成为重构管理科学的基石。[19]

西蒙对决策的兴趣正好符合他个人的这个信念：生活中"唯一真正的确定性"在于必须接受"个人道德选择的重担"。[20] 他不是唯一一个把决策与这种道德和哲学问题相联系的人。例如，切斯特·巴纳德这位具有哲学头脑的新泽西贝尔公司（New Jersey Bell）总裁，以一场关于自由意志的讨论作为他的代表作《管理的职能》（*The Function of the Executive*）的开篇，他提出了这样的问题："个人是什么？我们口中的个人是什么意思？人们拥有多大程度的选择权或者自由意志？"跟西蒙一样，巴纳德也试图把两个方面都说清楚，他写道："人类个体是一种离散的、独立的物质状态……然而，似乎有一点很明确，没有任何东西拥有个体的独立存在，包括人类的身体。"类似地，"选择权时常显现……个人在很大程度上或者说主要是（他遭遇的）当前和此前物理、生物和社会力量的结果"。[21] 因而，"自由和非自由，控制和被控制，选择和被选择，吸引和无法抵御诱惑，孕育权威和无法拒绝权威，独立和依赖，丰富的个性和因此丧失了个性；形成目标和被迫改变目标，寻找限制条件以便做出决策，追求特性但又心怀整体，寻找领袖但又拒绝其领导，想主宰地球但却被无形的力量主宰 —— 就是这几页讲述的社会中的人的故事"。[22] 同样，《管理行为》一书中讲述的也是"人的故事"。

唱完哲学赞美诗之后，西蒙着手对决策进行心理学分析，他认为，尽管"决定（decision）"这个词总是暗示着有意识的思考，而"选择（choise）"则不然，但是在决定与选择之间不可能画出一条清晰的界线。因而，他使用"决策（decision-making）"来表示"从所有可供选择的备选方案中挑选出一种备选行为来'执行'的过程"。[23] 因此，这种对决策的研究包含了理性的、有意识的决定以及非理性的、无意识的选择。

专有名词的这种似乎微乎其微的变化，却有着重大的意义，因为西蒙使用了实证主义的禁令，对观察不到的东西"不做任何假设"，使行为科学领域的主观内容合法化。他认为，决策涉及"意识和无意识、理性和非理性的元素"。

《管理行为》与塔尔科特·帕森斯的《社会行为结构》(*The Structure of Social Action*)的相似点显而易见：西蒙和帕森斯都发展出这样的哲学，确认了他们把人类行为的主观内容带入到科学分析领域的尝试。[23]

实际上，《管理行为》和《社会行为结构》基础论据之间的相似性是很惊人的：在《社会行为结构》中，帕森斯尝试通过重新认识社会秩序来解决经济学的属性和视野问题。帕森斯从他身处的哈佛环境中提炼出了一种哲学（分析现实主义），让社会科学获得了真正科学的地位，捍卫了理论和抽象作为科学基础的地位，并验证了自己的社会理论，将其作为把主观性带入科学分析的一次尝试。

为了与这种哲学保持一致（并以逻辑上源自这种哲学的方式表述），帕森斯明确提出了一种"社会行动唯意志论"，他尝试用这个理论描述社会在不否认个人力量和自由意志的情况下，塑造个人行为的方式。为此，帕森斯把社会描述为一个集成的行为系统，该系统受一系列体现在社会制度上的共同价值观支配。这种秩序和系统的哲学思想把作为理性行为的典型范例的经济行为放到了合适的位置：它通过把经济归结为一个更大的社会系统中的子系统和一整套制度和价值观，定义了经济理性的性质和视野。

总结帕森斯和托尔曼的观点，西蒙在学位论文中认为，谈到决策，首先需要弄清楚的就是决策不是随机的。决策是"综合的"以及"相互依存的"，因为它们是有目的的。这个说法适用于人们每天做出的成千上万的小决定，也适用于最重大的选择，因为，"支配具体行动的小决定无疑是与目的和方法有关的更大决定的应用实例"。目的性的概念因而"涉及决策层级的观念 —— 在层级中每往下一级都要执行直接上级设定的目标"。[25]

对于西蒙来说，层级（hierarchy）是一个重要的概念，不只是在《管理行为》中，它在他后来关于复杂系统的著作中同样重要。确实，这个概念对他来说在很多层面上都很重要。在知识层面，在对实验的理解，尤其是后来的"接近可分解性"理论的理解，以及在对因果性的分析中，层级所扮演的角色越来越重要。例如，西蒙后来提出，要想揭示方程组各元素之间的因果关系，就将它们归纳到一个层级结构中，该结构反映了该方程组所描绘的世界的因果结构。在西蒙战后的计算机科学工作中，这个概念也很重要：文件在计算机内存中的基础结构被称为"层级结构"，还有西蒙按照嵌套反馈回路的方式构思复杂程序，这些都不是偶然的。[26]

对于那些有意于为一门新科学开疆拓土来的人来说，层级的概念也是很有用的。例如，托尔曼在《动物和人类的目的性行为》一书中把这个概念作为在学科体系中区分心理学与生理学边界的方法："对我们（目的性行为主义者）来说，行为具有应急的模式和意义，（因而）不只是而且也不同于其生理组成部分的总和。"[27] 帕森斯也在《社会行为结构》一书中，使用行动的层级概念区分社会学与心理学，还将其视为社会系统分析的关键内容。[28] 西蒙更进一步，把管理科学说成是研究层级结构本身的学科。（这是把管理科学置于了学科的顶层，还是放到学科以外，并不是十分清楚。）

当然，层级是一个有着明显政治含义的概念。跟同时代的很多人一样，西蒙把组织层级与军队、大企业、中央集权国家（比如普鲁士）以及天主教会联系在一起，其中没有哪一个被认为是民主的。因而，对于作为政治思想家的西蒙来说，一个很致命的问题就是，如何将层级结构纳入民主社会。正如我们将在后面章节中看到的，西蒙将与这个问题奋战多年，在他对权力和权威进行定义的工作中与它正面交锋，并在他全部著作中数不胜数的角落里与它间接争斗。

事实与价值，手段与目的

在对决策的目的分析中，西蒙利用层级概念领先了托尔曼一步。西蒙认为，因为各种决定都被整合进了目标的层级，所以，它们要选择目的，同时也要选择达成这些目的的手段。在这里，理论回过头来帮助哲学，揭示出"事实"或者"价值"判断的相关属性。对于西蒙来说，"只要决定导向了最终目标的选择"，它们就是"价值判断"。只要它们"涉及这些目标的实施"，它们就是"事实判断"。[29]

由于组织的每一个层级都为它们的下级选择目标，判断因而很可能既是事实判断（实施较高层级的目标），又是价值判断（为较低层级选择实施目标）。只有最顶层（那里给出的目标很少）和最底层（那里不再有可以影响的下级），才是可能明确地看到事实判断或者价值判断的地方。因而，一个判断到底是事实判断还是价值判断，取决于该决定所处的结构。

事实和价值观之间的联系甚至更深，因为决定本身总是包含着事实和价值两种判断。对西蒙来说，"决定类似于从很多前提条件中得出结论，其中有些是事实前提，有些是道德前提"。对于所有的决定来说这种说法都是对的：所有的决定都建立在事实和价值观上，尽管总体上说，外部的观察者是把决定理解成价值判断还是事实判断，取决于观察者把它看作对更大目标的选择还是实施。[30]

当观察者的角度改变时，决定本身会作为一个单位从事实判断向价值判断变动，而作为决定基础的前提条件则可以被永久性地而且毫不含糊地区分为事实前提和价值前提。对于西蒙来说，事实前提很简单，就是可以凭经验检验的主张。结果就是，无论从任何角度看，事实前提就是事实前提，它不像事实判断那样取决于观察者的角度以及执行者的意愿。某个前提为什么会作为决定的基础被接受，与该前提被确定为事实前提还是价值前提无关：事实前提可以凭借权威而被采纳（所以不用被验证），就像价值前提会被误解为事实陈述一样。

西蒙坦率承认，在现实世界里，"问题不会把价值成分和事实成分分门别类地认真包装好，送到管理者面前"。尽管他对逻辑实证主义语言的使用可能会让人产生怀疑，但事实和价值在每个决定中都不可避免地纠缠在一起，是他对决策过程进行分析后得出的主要结论之一，而阐释其内涵则是《管理行为》一书的主要目的之一。[31]

西蒙以几乎完全平行的方式看待事实前提和价值前提。当然，它们的经验基础是不同的，但进入决策的方式都是类似的。尽管他在学位论文里详细论述这种想法，但他提出，人类大脑在把逻辑应用到这两种前提上的方式几乎是一样的，只不过是把价值前提看作事实前提加上祈使句。借用西蒙的例子："在战斗中突袭敌人是值得的"等于"突袭带来胜利"（可检验的事实性主张）加上"胜利就是好"并因而应该追寻（以祈使句形式出现的价值前提）。稍后，他将在伊利诺伊理工学院与数学家兼哲学家查尔斯·门格尔携手工作。门格尔也是一位对开发此类"模态逻辑"很有兴趣的人。

在对事实和价值的讨论中，西蒙明显借用了杜威的思想，因为在这部分讨论中，杜威对调和对立的渴望不断闪现。就像理论与实践一样，事实和价值存在区别，但并不是势不两立的。相反，它们必须在一个新的综合体中结合起来。[32]

对于实现这种综合的潜在可能，西蒙跟杜威一样是基本乐观的。阻碍知识综合的概念无论怎样分裂，世界上的行动总需要这样一种联合。因为人们明显有能力采取行动，那么对看似对立的两方的调和就不仅可能，而且平常了。不可能性只存在于哲学家的世界里，而不是行动者的世界里。

在一个地方，事实和价值的紧密联系显得特别重要，那就是划定民主政治与专家管理的适度范围时，这是西蒙反复引用杜威说法的一个主题。伍德罗·威尔逊以及其他第一代"科学的"公共管理学者中的领军人物，对事实和价值做了清晰的区分，以使专家管理者的开疆拓土合法化。然而，西蒙应用他有关事实与价值在决策中的作用的新概念，重新定义了该领域及其边界。他只是担心管理者受制于人民以及人民选出的代表的情况，因为他认为应从技术决策中排除政治算计。[33]

尽管西蒙中规中矩地宣称"区分价值与事实对于维持政

策制订与管理之间的合理关系非常重要"，但是在对合理关系的认识上，他与彻头彻尾的技术统治论者不一样。对他来说，"民主国家致力于让大众掌控价值因素"，但"通常基本的政策决定由机构中负责预算审查的技术人员做出，立法机构没有任何机会对其进行复审"。官僚滥权的危险必须防范，大众的无知也同样需要关注。[34]

对于西蒙来说，社会需要专家的领导力和民主的参与；只有在它们的关系被误解时，二者才是对立的。它们是互补的、不同的，但又对彼此至关重要。把它们联合在一起的一个关键是管理科学家。管理科学家是专家公民、职业的民主主义者，因此可以监管政策和管理的边界。

对于西蒙之后的批评者来说，这种方法产生的不是综合，而是混乱。在他们看来，西蒙误解了什么是真正的民主，因此把统治与控制混为一谈，尽管使用的是"民主的语言"，描绘的却是"统治"。[35]正如一位政治学家所说，这样做"等同于用农场的理论描述森林"。[36]这种批评具有一定的价值，因为西蒙的民主价值观总要经过"管理"这个滤镜的过滤。不过，把他对民主的信念看作装点门面（或是幼稚、自欺欺人）而不是其哲学的组成部分，仍然是错误的。

然而，这种批评是对西蒙为实现综合而进行区分的方法的自然反应。对于西蒙来说，尽管事实和价值前提在实践中会不可避免地纠缠在一起，不过，它们在分析时是可以分开的。"由于决定含有强制或者伦理的因素，同时还有事实的因素，因而不能以绝对的口吻说它们'正确'或者'不正确'。然而，把决定分成两种因素是可能的，其中一种纯粹是事实性的，然后把正确性的标准应用于这种事实因素。"[37]

　　为了更好地认识世界，人们常常会用到现实世界中并不存在的分析对象（决定中独立的、纯粹事实性的和纯粹价值性的前提条件），西蒙采用帕森斯的"分析现实主义"概念为此进行辩护。跟马克斯·韦伯一样，帕森斯把这样的分析对象称为"理想类型"。西蒙在《管理行为》中没有使用"分析现实主义"或者"理想类型"的说法，但他关于理论构建的思想在他职业生涯的这个时点上，显然极大地而且明确地借鉴了帕森斯和L. J.亨德森的思想。

　　有观点认为"科学知识的进步，根本上是由对'事实'的'发现'的不断累积构成"，理论只包括"对已知事实进行概括"。相反，帕森斯认为科学理论"在科学发展过程中，不只是一种因变量，也是一种自变量"。在《社会行为结构》中，帕森斯在这个说法的基础上进一步发挥，声称"不仅理论在科学发展中是一个自变量，而且理论在特定领域、特定时间并在一定程度上构成了一个完整的'系统'"。因而，帕森斯在世界的结构与思想的合理结构之间看到了相同点：世界以及关于世界的理论都必须被理解为系统。[38]

　　理论体系本身就是更大的思想体系的组成部分，因为"人类经验中不存在逻辑上的防水舱。理性知识是一个单一的有机整体"。在帕森斯看来，这些一体化的理论体系不但把我们已经知道的知识组织起来，也会告诉我们"我们想知道的，也就是那些需要回答的问题"。[39]

　　这样的理论遍地都是，无法回避。"从这个意义上讲，所有可以用经验检验的知识，甚至日常生活中的常识，全都或明或暗地涉及系统性理论。"帕森斯引用L. J.亨德森的《事实的近似定义》（*Approximate Definition of Fact*）写道："事实是按照概念框架陈述经验"，因而不是那种信口开河的事情。科学是把事实组织成概念框架的产物，科学的进步来自更先进、精致而且简约的理论体系的发展，而不是大量新事实的发现。[40]

　　这种概念框架的提法很像托马斯·库恩（Thomas Kuhn）的范式概念 —— 在战后西蒙参与领导的社会科学的行为革命中，这种思想扮演着重要的角色。按照亨德森的说法，在系统性的概念框架构建出来之前，知识只是一堆单纯的数据，而不是科学，就像对于库恩来说，前范式时期的知识不是科学那样。[41]正如我们将在第十一章中看到的，行为科学家都有意要成为跟库恩派站在一条战线上的科学革命者，相信自己对社会（以及经济、政治、文化和生理）系统的行为—功能分析，以及自己的将人视为理性但又受限的问题求解者的新模型，最终能够将他们带离前范式，亦即前科学。这种联系并不是偶然的，因为库恩的这种思想是在亨德森、帕森斯和认知心理学家乔治·A.米勒（George A. Miller）强烈影响下形成的。而乔治·A.米勒又受到了托尔曼以及西蒙的强烈影响。

　　西蒙对错误的"管理原则"的攻击表明他也有这样的信念，认为理论创新是科学进步的基石。正如西蒙在回复朋友对他论文的评论时所写的："总的来说，你的看法表达了对论文的经验结论的认可，但是对得出结论的方法有怀疑……我想向你特别强调，一般情况下理论都能得出结论，而不是相反，只要（你们）关注我思想的发展就会明白。"[42]1944 年，西蒙以类似的方式给美国政治科学协会项目委员会主席写信，要求增加一个理论和方法论的工作组："或许战争时期不是提出更多'理论性'建议的最佳时间，但是，在战争爆发前出现了大萧条，而战争结束后，我毫不怀疑同样会有这样或者那样的大屠杀和大动荡 —— 而如果我们政治科学家只是简单地坐等和平安宁时期的到来，再重新回到我们的理论追求上，恐怕永远也等不到这样的机会。"[43]

与西蒙著作中的所有其他东西一样，他这次为抽象所做的辩护也具有实际目的：它为管理理论家的工作合法化找到了依据。正如西蒙所写："如果管理理论只是对经验观察的累积，那么我们这些做学问的能为从业者做的除了记录实践并将其传承下去，就再也没有别的了。"不过，他仍然"足够乐观，相信以经验前提为基础的理论对实践会有所贡献，就像在其他科学一样"。[44]

深信理论是科学进步的引擎的，不只有亨德森、帕森斯和西蒙。20 世纪 30 年代的美国自然科学和社会科学界，对理论日愈浓厚的兴趣出现在一个又一个领域。这种对理论的重视对于美国科学家来说有些新鲜，因为他们有观察认真但理论基础不足的名声。另一方面，欧洲的科学家则以宏大理论体系的构建者而闻名，这些理论体系有的有合理的资料支撑，有的则太过于天马行空，很难找到确切的事实依据。

美国的社会学家曾经以妒忌但又轻蔑的眼光看待这些理论。要想被视为真正的科学家，美国的社会科学家无论属于哪个学科，都要走进田野进行度量或统计，或是把东西带回实验室进行再次度量和统计。当然，这并不是不动脑筋的经验主义，就连最虔诚的培根学派事实收集者也有一些理论做指导。尽管如此，战前的美国社会科学界对度量和统计的热情仍然随处可见，这种情况一直持续到20世纪30年代。在许多地方，比如在划时代的《最新社会趋势》（*Recent Social Trends*），人们几乎相信数字自己会说话，只要把它们找到即可。[45]

从世纪之交一直到20世纪30年代，美国社会科学界对所有没有留下可供统计或者度量的物理痕迹的理论、概念、术语一概不相信。这是一个"铜管乐器心理学"的时代，致力于对感情进行量化；这是一个行为心理学的时代，观察了在一系列精确测量的刺激之下，成千上万只小白鼠真实的反应；这是一个有数不胜数的社会调查和民意测验的时代，它们同样是具体行动的物理痕迹；这是一个数据采编的时代，人们采集一切可度量之物的数据。[46] 1929建成的芝加哥大学社会科学新楼门上的题词全面地代表了西蒙之前的那个时代，上面写的是："要是不会度量，你的知识就是贫乏而残缺的。"[47]

然而战争结束之后，战前这一代人的学生中，很多都是在远离该题词的教室里上课，他们开始相信，科学就是建立模型，并通过模拟进行检验。一种认为符号处理可以是正规科学的信念占了上风，尤其是在心理学和经济学中，而且理论抽象的技能变得与战前曾经广受推崇的设计新方法和新设施用来度量事物的技能同样地受追捧。社会学家伯纳德·巴伯走得更远，甚至写下了："科学史，尤其是现代的科学史，因其飞速进步，可被书写为概念框架越来越大跨度的发展，以及科学中经验主义成分的相应减少。柯南特校长总结说，好的概念框架是所有科学的基础累积成分。"[48]芝加哥大学社会学大楼石头上的题词不可能轻易改变，但是大楼里的那些研究实践肯定是可以的，而且也确实改变了。[49]

这种新的、抽象的实验主义的倡导者相信，他们自己是比老师更加严谨的经验主义者。对于他们来说，符号是真实的、物质的东西，甚至是赤裸裸的事实，就像一场选举中未做任何理论修饰的统计数字那样。[50]他们自认为是更好的经验主义者，因为他们必须把自己的假设和盘托出，以便让模型有用，让模拟运行。他们相信自己是更好的经验主义者，因为他们是实验主义者。他们不只是找出大自然留给他们的事实；他们还生产支持或否定自己假设的事实。[51]

这种对理论的新兴趣有很多来源。其中最重要的当属量子革命，它被广泛认为是由抽象理论而不是新事实引发的一场革命；还有20世纪30年代被迫移民到美国的欧洲科学家；以及美国科学家不断提高的数学能力。对这种把概念变革看作推动科学进步的动力的最具影响力的表述，或许应该算阿尔弗雷德·诺思·怀特海的《科学与现代世界》(*Science and the Modern World*)，这本书帮助塑造了整整一代美国科学家（尤其是人文科学领域）的科学观。[52]

然而，美国科学家的"经验主义品性"并没有被这种对理论抽象的重视所取代。在这个问题上，与很多其他问题的情况一样，西蒙那一代的科学家试图找到第三条道路，寻求可以把理论抽象和经验观察结合起来的哲学思想和实践，就像他们找到了囊括社会控制和个人选择的社会学，接受官僚组织和自由市场的经济学，以及让理性和激情都有发挥空间的心理学。考尔斯经济研究委员会，这家美国20世纪30年代至40年代经济研究领域最领先的研究中心的座右铭的变化，给了我们一个很能说明问题的例子：在20世纪30年代初，其座右铭是"科学就是度量"，到了1951年，座右铭变成了"理论和度量"。

知识的任务

在迄今为止的讨论中，我跟西蒙一样，都提到了"手段"和"目的"，并把它们作为"事实"和"价值"的逻辑搭档。然而，在《管理行为》的第三章，西蒙表达了对常见形式的手段—目的分析的不满。尽管这个术语有用（而且他常常使用它们），西蒙发现手段—目的方案不足以完整地描述决定。此时他又回到了最初的兴趣点——作为选择的决定，以"备选与可能性"来描述决策。西蒙也显示出了对托尔曼的借鉴，他说："简化的人类决策模型由小白鼠的行为提供，当它在心理学实验室里面对迷宫的时候，其中一条通道会把它带向食物。"[53]

选择是从可能的行为的浩瀚集合中挑选出某些行为或者行为集合来，选择者打算通过挑选来实现某种可能的状态或者状态的集合。借用维特根斯坦的观点，并使用多次使用过的国际象棋这个例子，西蒙把所有决策都描述成下象棋，从浩如烟海的可能下法中选出一种，形成世界棋盘上的新格局。在他看来，"选择的问题就是描述可能性、评估可能性并把它们与备选行为联系起来"。[54]

对于西蒙来说，"知识的任务是从全部的逻辑可能性中选出一种更有限的经验可能性子类，在描述可能性的所有变量之间建立确定的函数关系"。知识的"终极目标"因而是"确定过去及现在的已知事实与未来的事实的关系，因而每一种可能性都是当前事实的结果"。[55] 我想象不出对于知识的目的还有比这更工具主义的观点。

最初，这个任务似乎强人所难，因为似乎在备选方案之间做出的任何理性选择都必须涉及"完整地描述每个备选方案的可能后果，并对这些可能性进行的比较"。[56] 这里，多重相关性的问题开始冒头，这让计算只可能在最简单而且完全隔离的情形下进行。然而，由于人们都得做出选择，就一定存在某种手段，来限制我们需要考虑的备选方案的数量和深度。

为了回答这个问题，西蒙提出："渴求理性但知识有限的人类，发展出一些能够部分地克服这个困难的行为准则。使用该准则，他可以在世界上隔离出一个只包含有限变量和取值范围的封闭系统。"因而，"理性选择是可能的：决策所基于的有限的因子集，实质上对应一个封闭的变量系统，也就是说不考虑显著的间接影响"。[57]

这种假设常常是（但不总是）有效的，因为"描述自然规则的经验法则倾向于在相对孤立的子集中解决问题"。换句话说，多重相关性确实存在，但在明确定义的系统边界之外是可以忽略的。他认为，这个事实"给科学家和实践者提供了极大的帮助，因为科学家可以在实验室里隔离这些封闭的系统，研究他们的行为，而实践者可以利用科学家发现的规律改变某些环境参数，而不对环境中的其余部分造成重大干扰"。这就是西蒙实验哲学以及他后来在"几近可分解"领域的工作的核心问题。[58]

然而，大部头的《管理行为》并不致力于实验分析和建模。相反，它所关注的是限制备选方案的手段。按照西蒙的说法，这个过程的关键因素是组织的成员。这是西蒙的决策理论与管理和组织问题交叉的地方，也是西蒙为颠覆对组织的传统理解奠定基础的地方。

对西蒙来说，没有限制，选择就不可能；没有束缚，自由就不存在。组织通过限制需要考虑的备选条件让其成员得以做出决策。实际上，促成决策是所有组织的终极目标，而组织本身就是决策机器。[59]结果就是，组织的结构与个人选择的结构相同——都是金字塔似的层级，管理层级中的上级和下级对应目标和次目标，从决定大政方针的首席执行官下行到执行这些方针的操作工人。

西蒙直接借用巴纳德的《管理的职能》中的观点，认为组织成员制造了两种现象，限制了我们所考虑的备选方案，从而让我们能够做出决策：权威（authority）和组织认同（organizational identification）。权威，用最简单的话来说，就是有权做出指导他人行动的决策。作为组织成员，个人"给自己制定了通用的规则，不必经过深思熟虑，就允许另外一个人的决定指导自己的选择"。这种通用规则只适用于特定领域，也就是员工的"无差异区"（indifference zone，这是他从巴纳德处借用的说法），但它促成了"决策功能的"集中化，

"以使一般的运行计划可以管控组织所有成员的活动"。[60]

显然，这种对权威的理解，使权威取决于下属的行动而不是上级的地位，帮助西蒙调和了权威的层级本质与民主理想之间的关系。当下属不允许自己的决定被上级指导的时候，"就没有权威，不管'纸上的'组织理论怎么说"。[61] 那么，如果不受强迫，个人为什么要牺牲自己的选择权呢，哪怕仅在一个有限的领域内？

西蒙认为，首先，在更广义的社会里，任何特定组织里上级和下级的本质，都存在一套被广泛接受的前提。这些制度化的角色帮助个人形成了对他人行为的可靠预期，并教会他们在某个范围内放弃独立判断。不同的组织会把界限划在不同的位置，他们不必教育其成员知道有这些界限存在，也不必告诉他们这些界限意味着什么。[62]

其次，个人选择接受组织（以及组织内部的上级）的权威，因为他或者她认同组织，同意组织的基本目标以及它作为实现目标的手段而构建的广泛的权力结构。认同组织的个人"按照备选方案对特定群组造成的后果来评估它们"，而不是按照它们对自己造成的后果来进行评估。个人这样做有几个原因，其中最重要的或许是：认同使理性决策成为可能。正如西蒙所写："因而，认同在人类心理应对理性选择问题的局限方面具有坚实的基础……从这个观点来看，认同是一种构建决策环境的重要机制，（因为）它允许人类理性克服收窄注意的范围所造成的局限。"[63]

组织认同因而在组织需要和个人需要之间提供了一种至关重要的联系。这是一种强大且无处不在的现象，没有它，理性协调行动的所有好处都将无法实现。

然而，其影响并不总是好的，因为人们倾向于认同指导他们当前决定的子目标，认同他们最常接触的组织中的子单位。（具体来说，个人总是认同"单位组织"——为应对外部环境，组织目标可被转换为直接行动的最高的那个层级。）这种认同子目标的倾向源自这样一个事实：根本前提和基础价值观通常会被它们与日常决定之间的决策链条或者组织层级所掩盖。在当前决定与基础目标之间的联系变得模糊时，组织内部不同单位的利益就会发生冲突。[64]

西蒙在生活中处处看到这种认同子目标和子单位的情况，那些从认同奥克兰而不认同湾区的纳税人的行为，到认同自己的部门而不认同城市整体需求的消防队领导，再到认同自己的专业而不认同公众利益的专家，不一而足。这样的认同是自然的、普遍的而且危险的：没有大局意识，"成年人的有序忙碌只是一种比小孩子的随机运动和注意力转变更模式化的忙碌。由它构成的有组织的整体更大、更复杂，但作为一个整体，却没有更大的意义"。幸运的是，有意识的人类能够"问自己的，不只是哪种手段合适于目的，还包括更大的'我想生活在什么样的世界，哪些备选行为能够（把我们）带向这样的世界'"。[65]

当然，人们不可能在做每个决定之前都问这样的问题，但是可以构建一个"选择的环境"来引导未来的决定。也就是说，人们可以根据自己对未来选择的期望和他人的选择制订计划。西蒙言之凿凿地说："我们现在触及了分析中一个极端重要的点……就是因为人类可以有意识地塑造决策的心理环境，而这些决策组合在一起，可以构建高度理性的整合模式。"因而，我们得出了"'一个概念——计划行为，它是维持高水平理性的合理手段"。[66]

在个人行为中，为自己做计划对于维持高水平的理性至关重要；同样，为社会做计划对于维持社会成员行为高水平的理性也至关重要。正如西蒙所写："有意识地控制决策环境，除了允许对选择进行整合，还允许对其进行社会化。"由于社会制度"极大地决定了参与者的心理定式，这些制度为服从行为设定条件，因而也为人类社会的理性行为设定了条件"。他接着说，理性的最高层次是对个人活动的制度环境的规划。[67]

对于西蒙来说，在更广义的制度环境中，最重要的成分是正式的组织。在这个信念里，西蒙再一次紧跟帕森斯和巴纳德的步伐，他们相信，"正式组织（是）社会生活最重要的特征，而且（是）社会本身首要的结构特征"。正式组织之所以重要，是因为它是"传统、风俗习惯……态度、动机（等）与大众行动之间"沟通的桥梁。[68] 因而，对西蒙来说，尽管"行政组织或许不能与人类基本价值观的宝库相提并论，因为这些宝藏掌握在历史更悠久的传统机构，例如家庭里"，然而，"随着人们的经济依存度不断提高，以及对基本政府服务的社会依赖不断增长，正式组织正快速地显示出前所未有的更为广泛的重要性"。于是，"我们称之为组织的行为模式是（已经变成）……实现人类理性的基础"。实际上，对于西蒙来说，"理性的个人是，而且必须是，一个有组织且制度化的个体"。[69] 官僚组织因而不是韦伯式的"铁笼"，而是思想必要的脚手架。

更进一步说，不只是理性的个体必须被"组织起来"并"制度化"，理性（对西蒙来说是人类存在）本身也从组织设定中获得意义。"如果人类理性具有道德意义，如果它不只是一场快乐的博弈，那么它就获得了意义，即它的更高目标和整体性，而这些都来自它运行的制度设定，而且它也由这个设定塑造。"毫不奇怪，理性的最高水平，人类思想和行动的意义的最高水平，"在于把一套现有制度作为一个备选项，并将它与其他制度做比较"，这是理想的公民（也就是管理科学家）的任务。[70]

西蒙的综合：一门管理的科学

西蒙对周遭世界变化的感知，形成了他对管理科学及其在当今世界中的位置的认识。他与很多生活在20世纪头30年里的人一样，深深地感受到了新老更替。现代世界好像被一个巨大的鸿沟一分为二，而这个鸿沟甚至来自一代人以前的世界。一个新的系统已经出现，需要有一个新阶层来领导这个极度复杂、依存度更高的城市社会，这个阶层就是他希望影响其决策的管理阶层。

西蒙这位管理科学家声称自己适合领导这个社会适应过程，主要因为他已经能够对主观行为进行客观分析。他的行为主义方法、他根据操作性定义的术语、他的逻辑，以及他用来度量至今无法度量的事物的技能，已经证明了他这个管理理论家就是真正的科学家。[71]

这位管理科学家不只掌握了确保客观性的流程，他还拥有了了解主观性本身所必需的理论框架。在《管理行为》中，西蒙认为，主观行为是"非主观矩阵"中简单的理性行为，因而可以由科学进行理性分析。他还证明主观性也是无法回避的、基础的、危险的，而科学的目标不是消灭主观性，而是教育并控制它。[72]

在西蒙的分析里奇怪地缺失了情感、激情和个性，尽管他对行为的主观方面兴趣浓厚。对于情感，他不太像要回避，而更像是遗漏。这给读者留下了这样的印象，好像丈夫和妻子之间的爱情，只是对家庭组织的认同，或是一套作为父母或者情人的习得行为的角色扮演。[73]

类似地，在《管理行为》中，个人好像只是一块"干净的石板，组织可以在上面写下自己的愿望"。[74]西蒙后来就是这样承认的。确实，个体在西蒙的分析中似乎只不过是其组织隶属关系的总和。或许每个人都是独特的，但这种独特只是很多集合的交集所构成的一个单点，而不在于个人灵魂是一个独特的整体。

如何理解个人与群体的关系？这个问题把我们带到相互依存这件事情上，因而也带到了或许是对所有社会科学来说最重要的问题上：个人的运动是像原子似的单位的运动，还是作为更大系统的组成部分的运动？很多人相信，社会科学的未来，甚至社会的未来，都有赖于对这个问题的解答。

西蒙对这个问题给出的答案是把组织理解为一种决策环境，自由选择在其中发生而且有意义。某些环境会比其他的环境限制更多，但要是没有限制，就不可能选择。没有束缚，自由就不可能存在；如果不能与更大的目标体系相融合，选择就没有意义。

选择和控制的这种综合，一个关键的方面是对依存层级的看法。就像组织和决策存在层级一样，世界等各种系统中也有相互依存的层级。从长期看，没有哪个系统是完全闭合的，但如果划分边界时足够小心，短期内所有重要的相互作用都能够被捕捉到。这样，你可以按照组织（或者你的直接老板）定下的常规处理日常事务，不用担心你的决定会影响遥远的他者。最终，一种需要就会应运而生，那就是质疑这些习惯性决策的前提，但这种大问题会留给那些层级高出很多的人，或者留给层级之外的人，比如管理科学家。

总之，在《管理行为》中，西蒙实现了科学哲学、心理学理论以及政治论证的惊人融合。通过经验主义哲学和决策心理学的联合，西蒙为管理科学搭建了一个新的理论架构，并为积极、可靠的政府建立起新的理论依据。这个新架构的基石就是决策的概念 —— 在备选方案中进行选择，这种选择建立在事实和价值判断这两种前提上。这种政治论证的关键是有必要规划个人的"决策环境"，从而使他（和社会）能够理性行动。这些思想威力很大，它们成了更广泛的知识政治运动的重要组成部分，该运动促成了国家运行所必不可少的"行政国家"以及"系统科学"的创立。但是，在西蒙（或者他的思想）在世界上发挥作用之前，他需要找到进入比城市改革更广阔的世界的入场券。

第六章

决策与修正

1942 年，西蒙回了两次芝加哥，第一次是在春天，去做论文答辩，第二次在秋天，去刚刚成立的伊利诺伊理工学院（IIT）就任政治科学助理教授的新职位。论文答辩总体来说进行得很顺利。按照西蒙的说法，"考试中"唯一真正的困难"源于我顽固的实证主义思想。考官，尤其是虔诚的天主教教徒杰瑞·科尔温（Jerry Kerwin）和英国工党党员赫尔曼·芬纳（Herman Finer）难以相信，从不言自明的前提出发，居然无法证明希特勒是个坏人。如果证明不了，还怎么相信这种说法是对的？我怀疑他们是否买我实证主义解释的账，我告诉他们选择始于对价值前提的信仰，而不是对其正确性的证明"。[1]

尽管西蒙有惊无险地通过了考试，但他是带着一种耿耿于怀的感觉离开的，他觉得他跟这些曾经的导师们说的不是同一种语言。然而，在伊利诺伊理工学院，西蒙找到了一大帮跟他讲同样语言的人。例如，他能够对政治科学专业的学生制定微积分的学业要求，尽管"这个异想天开的具体做法"是怎样"通过了课程委员会的审查"着实让他疑惑不解。[2]

西蒙很享受伊利诺伊理工学院对其科学雄心的支持，他也将把职业追求的余生花在在理工学院研究行为科学上面。

　　起初，西蒙发现"给工程师们上宪法课，如你所想，不是想象中最令人激动的工作"，这让他不由得考虑"如何把好奇灌输到大家的心里？没有好奇，'教育'的过程就是想溜走的学生与想抓住他的老师之间的持续搏斗"。[3]但之后不久，西蒙就熟悉了周边的环境，感觉"总体来说，工程师不是一群难教的坏学生"，前提是老师要以他们能够理解的方式解释问题，"既然学生是工程师，如果你能够在黑板上像画电路图那样，用开关表示法庭支持或者反对，他们就能更好地理解最高法院案例的逻辑。马伯里诉麦迪逊案画出来的接线图非常怪异，让学生们笑个不停"。[4]

　　尽管伊利诺伊理工学院提倡科技导向，但在西蒙入职政治科学系的时候，当然还是会教授一些传统的课程，比如"宪法"和"美国政治体制及思想"。另外，由于战时的艰难，教员的配备十分稀少。"下学期是教政治科学还是数学或者化学，我现在还不知道。"这位苦恼的年轻教授在信中这样向朋友诉苦。[5]西蒙决定"小心谨慎且传统地熬过明年或者还有后年 —— 但是不会无限期地这样熬下去"，并以他典型的工作强度投身于工作。最后，他发现，回顾美国政府的经典文献，尽管"不是特别科学"，但还是"相当有意思"。[6]

　　西蒙很快就对讲述美国政府的标准教科书感到不满了。检视了主要的10本教材后，他发现所有这些教材在对"民主"和"自由主义"这样的关键术语的定义上全都"不一致"而且"模棱两可"。[7]西蒙觉得这样的理论空白很烦，因为对他来说，这种情况使得教材对理解当前的政治问题没有任何用处。正如他所写的："学习政治理论的目的不是要构建一个政治理论的分类系统"，而是要帮助大家做出当下的政治决定。[8] 政治理论，像所有科学一样，应该是改进决策的工具。

西蒙讲授大量传统政治学课程的经历，以及对现有课本的不满，激励他进一步扩展其毕业论文中已经形成的框架。于是，就在西蒙离开伊利诺伊理工学院之前，他与同事唐纳德·史密斯伯格（Donald Smithburg）和维克多·汤普生（Victor Thompson）共同编写了《公共管理》（*Public Adminstration*），这本教材用非常广阔的视角来看待管理学。《公共管理》把这门课程定义得如此广泛，让它实质上适用于一人以上的所有人类活动，它一开始就表明："当两个人合作推动一块两人中谁也无法单独推动的石头的时候，管理的萌芽就已经出现了。"[9]

然而，西蒙在《管理行为》第一版与《公共管理》的写作之间发生了很多变化，在伊利诺伊理工学院的环境中，很多资源等待他去利用，很多刺激要他去应对。在这些刺激中，最重要的三个是："与建筑系的老师一起解决该系'存在的理由'问题"、考尔斯经济研究委员会的数学热，以及他与数学家查尔斯·门格尔一起组织的科学哲学研讨会的学术激励。[10] 这些经历的综合效果让西蒙相信，他为理解决策而建立的框架需要采用新的技术和新的方法精心搭建。他的论文已经把关于选择的科学纳入了由关于控制的科学设定的框架，这种做法在他后来的工作中也仍然保留，但他越来越多地认识到，必须扩展并改变那个框架，让它不那么强求一致。选择不可能被轻而易举地控制。

伊利诺伊理工学院与规划的危险性

1940 年，阿默科技学院（Armour Institute of Technology）与刘易斯学院（Lewis College）合并组建伊利诺伊理工学院。跟芝加哥大学一样，伊利诺伊理工学院与芝加哥的城市改革界以及全国性的慈善基金会的联系也很紧密。然而，与"1313"组织不同，伊利诺伊理工学院的联系主要在建筑领域，而不是政治圈：例如，霍拉伯德－鲁特事务所（Holabird and Root）的詹姆斯·霍拉伯德（James Holabird）是伊利诺伊理工学院理事会的理事，他在大学事务中起到了积极的作用，帮助把路德维希·密斯·范·德·罗（Ludwig Mies van der Rohe）找来领导伊利诺伊理工学院最负盛名的建筑学院。[11]

这让西蒙如虎添翼，因为密斯·范·德·罗和他的弟子们既是城市规划师，也是建筑师，比如路德维希·希尔伯塞默（Ludwig Hilberscheimer）。正如第四章和第五章中在《都市融合的财政问题》和《管理行为》的讨论中提到过的，西蒙是"政治经济学的规划方法"的坚定倡导者。实际上，他对管理行为的深入研究，部分原因就是要证明"并没有任何切实的理由说社会选择竞争性的市场作为组织社会活动的制度手段，就一定比选择政府组织强"。[12]

然而，西蒙发现，密斯·范·德·罗、希尔伯塞默和建筑学院的其他人所推崇的那种规划是专制且不切实际的。正如他在给朋友的信中所写，在建筑学院"他们教的是一种非常乌托邦的城市规划"。其结果是，西蒙发现，在他讲授的"规划的管理问题"和"城市规划经济学"课堂上，当他告诉学生，这些建筑师所倡导的规划类型在一个民主社会中不合法时，学生常常会很"困惑"而且"垂头丧气"。[13]

很简单，密斯式的规划跟杜威式的规划不是一回事，而西蒙发现自己对伊利诺伊理工学院环境中的这一面很是排斥。正如他后来所写："在这种情况下，我感觉自己不太像教师，而更像牧师，一面宣扬不要容忍异端邪说，另一方面却对另一种信念坚信不疑。"[14]看一眼城市规划经济学的教学大纲，眼前不由得浮现出这样的场面：西蒙这位加利福尼亚政治战争中的老将，正在呵斥他的学生，说他们无视政治和经济的现实。或许，对于一个久经考验的理论家来说，这是一个颇具讽刺意味的形象，但是也符合西蒙喜欢对公认的观点挑毛病的习惯。

西蒙把经济学看作专制规划的解药绝非偶然，因为经济学有着重视（实际上几近崇拜）自由市场的悠久传统。然而，西蒙不是新古典经济学家。例如，在城市规划经济学里，他试图把自由选择和集体责任综合起来，他认为："在有规划的城市和没有规划的城市之间，并不存在明显的或者完全的界限。城市规划……永远不可能完全取代让未经规划的城市建设起来的机制，而只能作为它们的补充……规划根本不是用中央控制取代个人决定，只是通过建立个人行为必须遵守的特定规则，简单地做出改变或者限制。"[15]与通常的情况一样，对于西蒙来说，选择是存在的，而且也是有意义的，尽管它存于限制之内。

西蒙对城市规划的研究（以及他在加利福尼亚的经历）让他相信："给未经规划的城市建立起模式的，从根本上说是一种经济机制。"[16] 尽管没有哪一个决策本质上是纯粹经济上的，但是，决策中的经济因素在催生城市模式方面具有最为重要的意义。这个信念，再加上对经济学中完善的数学手段的欣赏，让西蒙急迫地加入考尔斯经济研究委员会每两周一次的讨论中，当时该委员会正值鼎盛。

考尔斯经济研究委员会的经济学

考尔斯经济研究委员会成员的经历对西蒙影响很大。委员会里的氛围激人奋进，他从中找到了志同道合的伙伴，他们对把数学的严谨引入社会科学的可能性深信不疑。在实践的层面，他也在那里与正在崛起的数理经济学家、统计师和应用数学家圈子建立起关系，这个圈子在他整个职业生涯中都有帮助，给他带来了与兰德公司、海军研究办公室（ONR）的第一批合同。另外，这里的系列研讨会成了他进行高水平学术讨论的典范，该组织则成为研究机构的范本。

从1932年创办起一直到1956年搬迁到耶鲁大学，考尔斯经济研究委员会或许是现代经济学数学化转型过程中最为重要的单一机构。[17] 它由一位富有的分析师阿尔弗雷德·考尔斯于1932年创建。他从1929年的崩盘中得出结论：股票分析师并不知道自己在做什么。在他看来，必须有更好的数据和更先进的统计知识，经济分析才可能对生意人有点实际的用处。

通过各种关系（主要是数学家哈罗德·T. 戴维斯），考尔斯在1932年接触了刚刚建立起来的计量经济学学会。计量经济学会于1930年由一小群怀有数学梦想的经济学家组建。这个学会由拉格纳·弗里希（Ragnar Frisch）、查尔斯·鲁斯（Charles Roos）以及欧文·费雪领导，预算少得可怜，能为全球范围内的大约80名成员提供的支持更多是道义上的。毫不意外，当考尔斯从科罗拉多州的荒原赶来，提供每年12,000美元的资金创办一份杂志和一个研究所的时候，费雪简直不敢相信自己会有这么好的运气。简单考虑之后，费雪和这个学会接受了考尔斯的资助，新组成的考尔斯经济研究委员会就设在学会里，并为学会、会刊《计量经济学》（Econometrica）以及少数几位研究人员提供资金。一直到20世纪50年代，学会的管理人员、杂志社和委员会仍然保持着紧密的联系，《计量经济学》成了战后经济领域"计量经济学"革命的主要阵地。[18]

1939年，委员会（加上学会和《计量经济学》）从其原来在科罗拉多州斯普林斯的大本营搬到了芝加哥，因为考尔斯要到这个风之城接管父亲的生意。委员会希望与一所大学建立联系，并很快就在芝加哥大学安顿下来，因为这所大学很高兴以社会科学大楼里的一些办公空间，换取与顶级数理经济学家的接触——亨利·舒尔茨于1938年去世，他在学校的项目中留下了一个大窟窿。委员会与芝加哥大学之间的紧密合作一直持续到1956年，其间，委员会的研究人员一般都在大学拥有职位，而大学的教职人员在委员会的理事会里也拥有席位。[19]

在芝加哥期间，说委员会汇聚的人才蔚为壮观一点都不为过：西奥多·因特马（Theodore Yntema）、加林·库普曼斯（Tjalling Koopmans）、雅各布·马尔沙克（Jacob Marschak）、弗兰科·莫迪利亚尼（Franco Modigliani）、吉拉德·德布鲁（Gerard Debreu）、亨德里克·霍萨克（Hendrik Houthakker）、肯尼斯·阿罗、莱昂尼德·赫维奇（Leonid Hurwicz）、奥斯卡·兰奇（Oskar Lange）、劳伦斯·克莱恩（Lawrence Klein），当然还有西蒙，这些都是在此期间的活跃分子。另外，米尔顿·弗里德曼（Milton Friedman）、乔治·斯蒂格勒、特里夫·哈维默（Trygve Haavelmo）以及拉格纳·弗里希也是系列研讨会上的常客，另外还有很多其他的重要成员和来宾。上面的名单中包括了至少10位未来的诺贝尔经济学奖得主，除了巅峰时期的欧内斯特·卢瑟福（Ernest Rutherford）所在的卡文迪什实验室（Cavendish Laboratory）以及曼哈顿计划（Manhattan Project），任何科学门类中的任何研究流派都无法与之相比。[20]

就经济学的发展而言，考尔斯经济研究委员会在某些方面既向前看又向后看。它的研究人员中，有半数以上拥有数学、统计学或者物理学高级学位，体现了20世纪二三十年代受过良好数学教育的人才从其他学科涌入经济学领域的热潮。与此同时，委员会一半以上的成员也拥有经济学或者其他社会科学的高级学位，这体现出在经济学领域学习的人数学水平的提高。[21]（这两组数字都超过半数，因为有好几位成员同时拥有数学和经济学的高级学位。）

20世纪40年代期间的78位研究人员中，有15位曾经是战前的规划组织的成员，还有十几位战时在与规划有关的岗位上为军队效力。这种与政府规划部门的关系持续到冷战时期。1951年，有10名成员以合同的方式为兰德公司工作。兰德公司成立于1948年，目的是帮助空军对武器研发、后勤保障和战略进行规划。在后来的10年间，更多的人还会踏上同样的道路，西蒙就是其中之一。西蒙因而肯定不是他那一代人中唯一一位从经济系统规划转向国防系统规划（并且再次回来）的人，这有助于解释为什么兰德公司的国防分析师会如此急迫地把他们的新技能应用到20世纪60年代的脱贫战争上面：从很多方面看，他们回到了自己学术的根上。[22]

考尔斯经济研究委员会的目的很明确。它的使命是："从事并鼓励经济、金融、商业、产业以及技术领域的研究，包括这些活动的组织问题，以及普遍意义上的社会问题。其方法是鼓励并扩大逻辑、数学以及统计学方法在分析中的应用。"[23] 委员会成员的心态被他们在某次年会上所唱的一首歌表现得淋漓尽致。［用《美国巡逻兵》(the American Patrol) 的曲调］：

我们一定要严谨，我们一定要严谨，
我们必须完成自己的任务。
如果我们踌躇或者推诿，
就无法实现我们的目标。
我们必须研究错综复杂的系统，
让我们的模型完整。
计量经济学带来了，

统计学的控制！

我们深奥的研讨会，

聚集了大量的统计人。

要找这样的经济学家，

他们不认为代数麻烦。

啊，我们必须敦促你，

更加热爱数学，

以便我们所有的成果，

终有被应用的一天！[24]

意识到"考尔斯经济研究委员会的大部分工作具有抽象性，而且其果实很多都不会在近期内成熟"，大家不难从歌词中感受到某种失落。然而，其成员相信，他们的工作"以一种非常真实的方式与自由民主社会的基本问题相联系。为实现大家期望的目标，在不依靠对个体经济行为的直接控制的情况下，我们能够提出的最好的经济和社会总方针会产生什么具体的后果？要想对此做出预测，只能靠学习"。[25]

委员会关注的具体问题，都和让理论与数据相符的问题有关，这些问题西蒙曾经也有兴趣，因为他曾与罗纳德·谢泼德在伯克利公共事务管理局一起工作（参见第四章），与亨利·舒尔茨共事（参见第三章）。具体来说，在马尔沙克的领导下，委员会的研究人员对以下情况进行了研究：（1）理论是一系列联立的方程组，（2）方程含有随机项，（3）数据是时间序列的形式，以及（4）数据指的是加总的数据，而不是个体数据。[26]

　　这四个标准描述了各种各样的数理模型，但对相互依存的复杂系统的规划和预测问题尤其重要。因而，这个时期委员会成员们的主要追求——活动分析、线性规划、博弈论以及"识别问题"的研究——全与其对规划、推断和预测的重要意义联系在一起。如何预测别人的决策？如何确定当前世界的真实状态？明天它将会怎样？如何规划自己的应对策略？这些都是委员会成员的核心问题，他们的工作将会形成战后选择科学，尤其是运筹学的基础。[27]西蒙把所有这些都纳入了决策理论的大类里。

　　有效规划和预测的一个关键障碍是科技变革，核武器的横空出世把这一切都展示得再清楚不过了。原子弹对战时和战后地缘政治的巨大影响，让很多人相信它标志着一个突如其来的断裂；人类已经趟过了历史的卢比肯河。比如，物理学家拉尔夫·拉普（Ralph Lapp）写道："物理学家把这个世纪，以及所有的时间一分为二；历史被二分为前原子时代以及原子时代。"[28]核力量会把类似的惊人转型带入经济领域吗？用经济学家的语言来说，技术变革仅是以这样或者那样的方式移动了生产函数，还是重塑了这些曲线，或许甚至创造出新的曲线？或许，甚至更为重要的是，这些变革的后果能否能够被预测并因而做出规划？

　　这些问题形成了西蒙为考尔斯经济研究委员会所做的首批研究项目的基础。[29]在一系列有关科技变革提升了生产力的经济问题上，西蒙把他对城市模式的长期兴趣与这种对技术变革的新关注结合在一起，尝试揭示生产力的提高对人口城市化的影响。按照已然成为西蒙特点的研究方式，这篇文章以一连串的质询开始，最终指引他调查大量显然由类似机制产生的不同现象。例如，这篇文章引领他去分析城市的规模分布，对这个问题的描述，统计学家 G. 伍迪尼·尤里（G. Udny Yule）设计的一个公式尤为精彩。西蒙后来发现，尤里分布与商业企业的规模分布和英语词汇的使用频率紧密相关。（有意思的是，这种相关性是因为尤里分布产生于存在马太效应的环境里：已经拥有的人更有可能得到，而且会按照已经拥有的比例得到更多。）[30]

这种对科技变革问题的兴趣的另外一个产物是一份名为"原子能的经济问题"（Economic Aspects of Atomic Power）的报告，由雅各布·马尔沙克、山姆·舒尔（Sam Schurr）和西蒙撰写。[31] 在这份报告中，作者针对的是一种当时颇为流行的观点，即认为核能将会提供"便宜到无需计量的能源"。[32] 与这种夸张的看法相反，他们得出的结论是，核能不会对经济造成明显的影响；只有在没有廉价的燃料来源的情况下，它才可能产生明显的影响。他们的预测已被证明十分准确。

与西蒙在1947年发表《管理行为》之前的大部分著作一样，这份报告好像沉入了政策分析的汪洋大海，没有留下任何踪迹。但是，对西蒙来说这仍然是一次有价值的经历，因为这次参与让他与一群在科技和政治领域影响力日趋强大的新兴人群联系在一起。举个例子说，由于在核能的经济意义方面的专长，西蒙后来成了核科学与工程公司的理事，在这里，他跟尤金·扎科特（Eugene Zuckert）成了朋友，而后者不久之后出任空军部长。[33]

　　另外，考尔斯经济研究委员会是西蒙与兰德公司和海军研究办公室（ONR）接触的起点，因而也是战后与军方、产业、学术研究综合体接触的起点。这种联系对于西蒙来说尤为重要，因为他不像其他很多同事那样在第二次世界大战期间就投身到国防研究中。如果不是考尔斯，西蒙要想进入行为科学的圈子可能困难重重。例如，1949 年西蒙开始研究"资源分配理论"，这是一个来自考尔斯经济研究委员会的分包合同，原始合同来自兰德公司，另一个分包合同是"不确定下的决策"研究，原始合同来自海军研究办公室。[34]

　　然而，这些合同都是在西蒙离开芝加哥以后才开始执行的。在伊利诺伊理工学院工作的几年里，考尔斯经济研究委员会的成员身份对于他而言，作为学术激励之源的意义要高于作为资助之源的意义。接触数理建模、公式化分析、统计推断以及所有战后数理经济学工具，对于他的学术发展起到了至关重要的作用，因为在这些工具里，他发现了一种新的语言 —— 关于选择的科学的语言，用于实现对非实验环境的分析性把握。

　　西蒙与数学家查尔斯·门格尔的关系也激励了他对模型、推断和决策的研究。门格尔是先锋边际主义经济学家卡尔·门格尔的儿子，他曾经参与维也纳学派的活动，还是一位杰出的数学拓扑专家。另外，西蒙和考尔斯经济研究委员会成员感兴趣的那些与统计推断和数学建模有关的问题，他同样很有兴趣。门格尔战前的学生亚伯拉罕·瓦尔德（Abraham Wald）是统计决策理论杰出的创建者。[35]

　　1947 年至 1948 年，西蒙、门格尔以及他们在伊利诺伊理工学院的几位同事，组织了一个为期一年的科学哲学教师研讨会。[36] 研讨会的哲学导向决定了其实证主义和操作主义的特征：这个系列研讨会以"浅谈经验科学的逻辑结构，介绍操作主义的观念"开篇，随后是关于现代逻辑、公理化以及理论建模的几次研讨。[37]

西蒙对该论坛的贡献在于他对科学哲学中一个重大问题的新颖分析：质量。自从 17 世纪以来，质量就一直是西方科学的一个中心概念，但西蒙并不认为有人曾以哲学的严谨方式对其进行定义。在西蒙对质量的分析中，我们可以看到，可以使用一种彻底的操作主义令概念性抽象合法化，同时将这种抽象排除。比如，在他为研讨会提交的关于牛顿定理的讲稿中，西蒙对"质量"和"力"这样的术语的操作性定义，就做得比恩斯特·马赫更好。在他的讲稿中，西蒙通过证明马赫的定义不符合操作主义的标准入手。扫清障碍后，西蒙随之开始建立自己的符合标准的定义。[38]

显然，在这次讲座里，西蒙按照系统里物体之间的关系定义质量。一个单独的物体没有质量。质量只存在于与别的物体的关系中，因为一个物体的质量只有在操作的状态下，在它对系统的其他元素中造成影响时才能定义。由此，西蒙得出结论，在定义术语的基本进程中，与指导现实世界的实际行动一样，弄清楚因果关系是必要的。

西蒙的兴趣同时出现在如下这些挑战上 —— 因果问题、术语的操作型定义以及从统计数据中得出结论，而这最终致使他采取各种方式将它们联系起来，而这些方式对他理解科学、实验，以及在复杂系统中进行干预的可能性具有重大意义。[39]具体来说，西蒙（以及其他人）将会采用这种操作性的方法，为"思想"和"目的"之类的术语在实验心理学中的重新引入找到依据，也为利用计算机模拟人类认知找到了正当性。[40]这个研究领域的成果要在未来几年之后才会显现，西蒙还不知道他会把操作型定义或者因果关系的想法应用于哪些目的，但是他已经有了敏锐的意识，知道了什么类型的项目会得出有用的东西来。就像一位手艺娴熟的厨师一样，他在橱柜里放满了精选的食材，某一天将会用它们一起烹制出一道新菜。

从《管理行为》到《公共管理》

1945 年，西蒙认为修订再版《管理行为》的时机已经到来。他知道为了便于理解，可能需要对某些部分推翻重写，但是他对该书的价值非常有信心，并发起了一场雄心勃勃的直邮运动，用系里的油印机把自己的论文印出了 200 册，并把它们邮寄给他认为会感兴趣的人。[41]他原始的邮递名单已经无从查找，但是从他收到的回复中明显可以看出，他没有把目标读者局限于本学科之内。尽管绝大部分的回复来自政治科学家，但是西蒙也收到了来自心理学家、经济学家、社会学家、数学家和企业界人士的回复。这种表面上的疯狂说明了什么？除了管理学领域的专家这个显而易见的目标群体之外，所有回函的人都是对决策、（广泛意义上的）组织问题，以及把数学应用到人类行为感兴趣的人。西蒙后来把这个研究决策心理学和组织体系性质的群体称为一所"无形的大学"。

　　这个挑选出来的读者群完全如他所愿，西蒙收到的回复是一边倒地肯定。大家都同意他的论点，认为决策是管理的核心问题，坚决支持他区分（但也联系）事实和价值的尝试，对他揭下错误管理原则的遮羞布也都是一片喝彩。[42]

　　然而，《管理行为》的预印版还是受到了甚至来自这个友好读者群的无情批判。很多人认为它太抽象、太形式主义而且太功能主义，没有考虑个人动机和感情。甚至像政治科学家詹姆斯·麦卡米（James McCamy）这样狂热的功能主义者都觉得，在《管理行为》里，个人消失在组织里，而且感情在对理性的鼓吹中没了踪影。[43]

　　迄今为止，对西蒙论文最重要的批评来自切斯特·巴纳德。巴纳德相信，西蒙的著作是"讲管理的第一本好书"，所以，他在审读稿子的过程中尤为仔细，给西蒙先是发了6页的详细意见，后来又发了19页。[44]西蒙对这位全面的批评家非常感激，回信给巴纳德说，这是"我真正需要的分析，甚至（或许我应该说'尤其是'）我的论文评审委员会也没有给我提出来"。[45]

　　在信中，巴纳德对西蒙的总体方法表达了强烈认同，一而再地向他保证，尽管"你所写的或许真和你对它的叫法一样，是'闭门造车'"，但它不是"在真空中造出来的"。[46]在他看来，这样的理论工作是非常重要的，因为（引用阿尔弗雷德·诺思·怀特海的说法）"只有事实，没有理论的话，就不可能有任何成就，因为没有理论，就没有依据确定什么样的事实是重要的和可以作为证据的。"[47]

　　当然，巴纳德还是在《管理行为》的这个预印版本中发现了一些严重的不足。按照他的看法，西蒙正试图"制造出一门'物理学'，与此同时，还想解开宇宙的谜语"。[48]这个晦涩的批评归结为四个主要的批评意见：西蒙的论文（1）在对"理性"和"效率"这两个术语的使用上前后不一致；（2）没有考虑在大多数决策中都有的大量的不确定性；（3）对组织内部的沟通流程没有给予足够关注；（4）没有采取恰当中立的政治立场。西蒙把所有这四点批评意见都牢记于心。

对于第一点，巴纳德发现，西蒙把关于理性的几种观点混在了一起，有时从个人决策者的角度去定义它，有时将其定义为某些外部观察者对为了实现特定目的而采取的行动的效果的评估，有时将其定义为对塑造个人决策的整体环境的理性做出神一般的判断。特别地，西蒙认为，"用以检验理性的，是决策结果的适应能力，而不是行为的特征。[49]按照这种看法，蜂巢是极度理性的结果"，而对理性的这种理解与该术语的通常用法相矛盾。而这也与西蒙"认为'理性决策'含有非理性成分，而且理性决策是在无意中做出的"的说法不一致。[50]这些问题的严重程度足以让巴纳德提出警告："你肯定得对此（理性的定义）进行澄清，否则，有些批评家会把你的心肝掏出来放在砧板上，（切碎）并扔给狗吃。"[51]

关于不确定性，巴纳德多次指出，就算事实清楚，通常"也不能确定哪个备选方案更好或者有可能更好"。[52]决策一般是在预测和推断的基础上做出，因为"关于未来的知识是最让人怀疑的事情"。[53]结果人们在做决策时，对待"明确的事实"与对待预测和推断的态度是不同的。把这种推断称为"事实前提"，就是过分强调决策过程中科学、逻辑一面。巴纳德相信，这种对精确和理性的过度强调，导致西蒙做出了一些错误论断，例如，他声称，根据特定情况的价值和事实，理性的个人只会做出一种决定。巴纳德指出："这个'唯一答案'的把戏你玩了好几次。"然而，在他看来，两位同样理性的人对同一种情况常常做出不同的预测。这个世界并不像西蒙认为的那样确定。"我想起了第一次知道二次方程有两个解时的那种惊讶。"他冷冷地评论道。[54]

由于正在适应新泽西贝尔公司总裁的职务，巴纳德亲身体验了组织中沟通的重要性，他批评西蒙把沟通视为理所当然。对于巴纳德来说，沟通不是层级中简单地向上传递信息，并向下做出决策。反之，它是一个复杂的过程，会通过正式的途径发生，也会通过非正式的途径发生，会在层级之内发生，也会在层级之外发生。另外，在他看来，沟通对于一个组织的威权结构来说是很基础的。因而，尝试分析"解剖一个组织"而不研究其神经系统，是对其大脑的忽视。

最后，巴纳德责怪西蒙频繁提及"社会价值"的问题，也就是评估系统作为一个整体的理性的问题。他写道："用现在流行的强大的意识形态潮流来看，一本书只要有迹象表明缺乏科学客观性和完全的中立，你就会弱化它的影响。"[55]巴纳德质疑西蒙对于把公共经济计划的元素引入自由经济的可能性的结论，问："你想要以科学的方式，还是以社会哲学的推断方式写作？"顺着同样的思路，他指责西蒙："在一本设置了第三章的书中，你没有权利放弃定义你所使用的术语（比如社会成本或者社会价值）。"[56]

尽管这些批评很伤人（质疑西蒙对科学的决心一定让他非常痛苦），但西蒙认真地思考了巴纳德的意见。在给巴纳德的回信中，西蒙写道："根据你的建议，关于'效率'的这一章将要彻底重写，关于沟通的材料要增加，对非正式组织决策的影响的材料同样要增加。"另外，他同意，这份论文要做"修订，以避免对当前的经济问题选边站"，尤其是"那些听起来像是为'新政'经济学辩护的内容"。[57]

西蒙对其他的批评声音也同样重视，而且，最终，这份书稿被彻底地推翻重写。正如他告诉一个朋友的："应读者大众的要求，我要从第三章中删除'可能性'，从第四章中删除那些胡说八道，把对管理原则的批评材料调整到新的第二章里。"[58]另外，西蒙信守诺言，增加了关于沟通和非正式组织的材料，并删除了大部分的"政治"语言。数学附录也取消了。

这样一次彻底修订"需要大量的自我反省"，因为它涉及移除论文中西蒙曾经觉得很关键的几个部分。[59]他确实保留了基础的理论框架，但是它的哲学支撑不见了。最终于1947年出版发行的著作因而不那么哲学化，也不那么政治化。它的棱角不那么锋利，因而更具可读性，广大的读者也更能接受。然而，它不是一部完美的著作，在对理性、个体及其与群体的关系，以及理论及其与实践的关系的理解中的内在矛盾，一直在暗中涌动。

尽管存在这些未能解决的矛盾，《管理行为》的出版得到了很多非常正面的评价。它尤其深受政治学家的重视，比如詹姆斯·费斯勒（James Fesler）和约翰·米利特（John

Millet），他们非常认同政治科学领域新出现的"行为"方法。[60] 切斯特·巴纳德满是溢美之词的前言也帮助它获得了认可。然而，在出版后的头5年里，它卖得远没有西蒙期望的那么好。尽管从1952年开始，销量开始出现了显著的增长。

《管理行为》在20世纪50年代的兴起是一件很有意思的事情，因为它被接受一半得益于批评，一半得益于赞誉。除了正面的评价，这本书也收到了一些蔑视和批评的回馈。[61] 它没有让世界沸腾。然而，从20世纪50年代初开始，它与另外一些著作，诸如戴维·杜鲁门的《政府程序》（The Governmental Process）和哈罗德·拉斯韦尔以及亚伯拉罕·卡普兰（Abraham Kaplan）的《权力与社会》（Power and Society）一起，成为政治科学领域"行为革命"的标志。[62] 行为浪潮的反对者，诸如赫尔伯特·斯托林（Herbert Storing）和亨利·摩根索（Henry Morgenthau），常常以西蒙为靶子，他们或许怀有这样一种错误的印象，即认为这个知名度相对低的人可能更容易攻击。

1952年，当德怀特·沃尔多为《美国政治科学评论》写了一篇评论文章，对西蒙和另一位新晋管理分析师彼得·德鲁克（Peter Drucker）进行强烈批评的时候，事情终于到了了结的时刻。[63] 西蒙和德鲁克二人都在下一期杂志上做了回应。西蒙表现得很轻松，辩称："沃尔多分析中的错误，正是那些自称为'政治理论家'，而且时刻准备着对实证主义和经验主义口诛笔伐的人的文章的特征。""爱我，就是爱我的逻辑，"西蒙显然对沃尔多的评论非常生气，他声明，"科学家不会因为有人说他的结论是对的，但不是来自他的前提就认为自己受到了奉承。"[64]

西蒙继续教训沃尔多，责备他误读了《管理行为》的具体论据，以及实证主义的普遍观点。他以严厉指责的语气总结道：

> 哲学是门严肃的学问。人类犯错的历史反复地证明，哲学家必然会得到他们想要的结论，除非他们把自己置于无情的严格纪律之下……姑且不论沃尔多先生的前提是对是错，如果我们继续以他和大部分政治理论家所采用的那种散漫的文学式的、满是隐喻的风格思考和写作，我不知道如何才能够在政治哲学领域取得进步。在政治理论中能够得到容忍的不严谨，在逻辑、亚里士多德哲学或者的初级课程中连及格的分数都得不到。
>
> 如果政治哲学家想要保护民主不受到他们认为的实证主义白蚁钻孔般的侵蚀，我建议第一步他们要有足够的现代逻辑分析技能，再从自己的立场出发去攻击实证主义者。到那时，我所认识的大多数实证主义者和经验主义者将很愿意接纳他们，把他们当成探寻真理道路上的盟友，而不是敌人。[65]

西蒙严谨的回复，再加上他的其他著作得到的赞誉越来越多，使大家对《管理行为》的兴趣重新迸发出来。正如历史学家约翰·甘内尔（John Gunnell）在给沃尔多的回复中所写的："西蒙明确地给出了科学的解释，在接下来的几年里，对这种解释的认同将会成为行为政治科学家们习以为常的事情。"[66] 得益于西蒙的新"恶名",也得益于对"行为"政治科学接受度的不断提高,《管理行为》的销量开始稳步增长。到 20 世纪 50 年代末,该书的第二版已经成为商业学院和公共管理课程的必读书。从此以后这本书的地位就一直保持着,到 2004 年的时候已经出到了第四版。

《管理行为》不是唯一一本成为课程标准的西蒙教材。正如稍早前提到过的,西蒙对关于美国政府的教材不满意,于是亲自编写了一本关于公共管理的综合性著作。西蒙不是自己单独完成这项工作的,而是与他在伊利诺伊理工学院的同事维克多·汤普生和唐纳德·史密斯伯格合作编写的。然而,从思想上说,他显然是三人中的带头者,这一点可以从作者们关注的焦点都集中在组织对决策的影响上,以及他们采用西蒙的想法把决策分为事实和价值前提上看出端倪。[67]

《公共管理》各章节的早期草稿也收到了很多与《管理行为》同样的回馈:称赞其理论的精微以及对决策的重视,批评它把个体描述为全部由正式组织所塑造的倾向。[68] 不过,《公共管理》在终稿中直接论述了《管理行为》中只是点到为止的很多问题,把一些章节奉献给了"个人与组织""群组的形成""沟通过程"以及对行为的"正式和非正式控制"。

正如每章的标题所揭示的,《公共管理》是一项野心勃勃的工程,其覆盖的范围远远超出标题所指。事实上,它是基础社会学和社会心理学应用于管理问题的教科书。它如此重视"作为具体规则和'专项技能'对立面的基础社会学和心理学现象"，以至于作者们对它会得到什么样的反响非常担心。[69] 例如，史密斯伯格在1950年年初写信给西蒙，认为"只是炒炒韦伯、涂尔干、帕森斯、巴纳德和西蒙的冷饭"——尽管这样做无法避免，因为他们是"唯一的资料来源"——或许不会惹毛写过公共管理方面文章的"所有籍籍无名的人士"。[70] 按照同样的思路，史密斯伯格也担心，在大多数公共管理学院里，教材中的有些内容学生们可能"理解不了，甚至老师也是"。[71] 对于史密斯伯格来说，1951年美国政治科学协会（APSA）年会上为讨论《公共管理》而召开的一次专题研讨会似乎证实了他的担心："专家小组的愚蠢让我震惊。困扰我的问题是常见的这两点：（1）对事实—价值问题的理解完全错误（之前，沃尔多曾断言我们用新的名称重新引入了政策—管理二分法的概念）；（2）普遍认为我们的方法有些不道德……这些该死的政治科学家从来就没有受过什么教育……只有希普曼（Shipman）和温格特（Wengert）似乎明白我们想要表达的是什么……然而，我很沮丧，因为政治科学比其他社会科学落后太多了。"[72]

史密斯伯格不是唯一一个感到自己不被欣赏的人；西蒙把那些理应引证他的著作但是没有这样做的人记在了他的著作的内封里。他还有一事很出名，就是把自己的文章主动寄给那些他认为需要读它的人，还会给同事散发他的年度论文篇目（以便他们能够向他索要感兴趣的复印内容）。由于在20世纪50年代和60年代期间，西蒙平均每年发表的论文为10～15篇，这种友好的举动还是很有威慑力的。[73]

然而，最终，他们的新观点还是找到了有接纳意愿的读者，尤其是在较年轻的政治科学家中间。正如《政治学期刊》（*Journal of Politics*）的评论家所说："站在他们的角度，西蒙、史密斯伯格和汤普森为公共管理所做的事，就是杰里米·边沁（Jeremy Bentham）为《黑石评论》（*Blackstone's Commentaries*）所做的事。没有什么是神圣不可侵犯的，所有原则都是可以质疑的。他们为探索新的思想，对产业社会学、非理性行为（继弗洛伊德之后）、社会人类学以及科学哲学进行了坚持不懈的研究。他们当然也大获成功。"[74]

哲学、政治学和管理科学

西蒙大获成功。到1950年，他已经出版的代表作不是一本而是两本，他不再只是一名熟练工了。他已经建立起了一套综合性的实证主义哲学作为他工作的基础，并在此基础上建立起一个理论架构，让他能够解决当代的那些关键问题：个人与集体的关系、有限理性的本质，以及专家在民主体制中的作用。你可以不同意西蒙给出的答案，但是他肯定会提出正确的问题。

正如"组织""层级"，以及"计划"这样的词汇在西蒙的著作中频频出现所揭示的，这种综合性的实证正义观点对于社会组织以及社会科学组织来说很有意义。西蒙的函授导师切斯特·巴纳德把这种关系讲得很清楚：

> 人们现在被世界解体的各种证据彻底震惊了……然而，对我来说，当下的质疑和沮丧似乎不只来自经济动荡和国际冲突。它们更多地从关于合作的信念的深层

冲突中产生。有两种迥然不同的信念，二者不仅相互对抗，而且也与未识别的限制条件对抗。它们中的一种以个人自由为中心，认为人是社会万物的中心……第二种极端信念是谄媚且乐观的。它把重点放在合作所决定的大量未曾言明的具体行为的秩序、预测、连贯性、有效性上……持此观点的人很可能不加辨别地提倡巨大的集体组织，以及无休止的服从……这样，我们又一次面对最开始的那个问题；这些信念之间的问题，我认为，在不知不觉间又集中到自由意志和宿命论这个老问题上……我发现（这个问题）不是与人类日常生活无关的抽象问题，而是现实合作崩溃的证据，也是生活着的男女道德蜕变的证据。我认为，感到自己的个性淹没在了有组织的体系中的人，也会觉得这个体系同样属于他，因为他的自由意志让他做出了这样的选择。[75]

对于巴纳德和西蒙来说，自由意志与宿命论的抽象问题与社会组织的实际问题之间的联系再清楚不过了。他们也并不是唯一这样想的人：从20世纪30年代一直到20世纪60年代，从市政厅到白宫，从主大街到华尔街，民主计划、理性协调以及专家指导都被看作治疗这个国家病患的灵丹妙药，同时也被视为合理、科学地理解社会的逻辑结果。西蒙对此是认可的。他的政治学就跟他的科学世界观一样，彻底地官僚化了。

然而，西蒙、巴纳德以及他们在企业界和政府中的那些读者，都强烈希望他们的理论和政策能为自由、理性的个人选择保留一个角色。无论对于体系还是个人，社会都需要相信管理和自由选择的专家，这种需要有助于解释战后在公共政策制订过程中作用最大的学科为什么会是经济学；社会科学领域的诸学科中，也恰恰是经济学对个人理性选择的美德和力量保持着最强的信念，甚至在管理从跨国公司到国家经济体那样的大型复杂系统时，经济学也提供了必要的工具。

再者，经济学家作为决策者的关键顾问的崛起，碰巧遇到两种与官僚主义世界观不谋而合的经济学流派：博弈论与运筹学，以及凯恩斯的通论。前者用于规划一切事情，从武器采购到生产排程；后者则被保罗·萨缪尔森精心完善成为"新古典综合理论"。20世纪80年代以来凯恩斯理论的衰落，以及对一种更为原子化的以选择为中心的经济分析风格（假定一种全能的理性而不是西蒙描述的那种有限的理性）的采纳，让经济学家的所做（为管理从生产线到公司再到国家这样的经济系统开发并使用工具）与所信（个体的经济参与者可以自由选择，秩序在自由市场中会自然而然地出现）之间产生了矛盾。[76]

正如人们可以期待出现一种建立在矛盾双方的统一之上的哲学一样，在官僚主义世界观与相关的社会计划之间存在着深刻的矛盾。西蒙、帕森斯、巴纳德以及他们的同事所研究的系统全都拥有均衡机制（否则它们不可能被研究那么长时间），但是在一个自我维护的系统里，哪里会需要专家的指导？把描述性科学的主观性与应用科学的指示混合起来真的可能吗？限制理性是把它与非理性融合在一起，还是相互隔离？个体只是功能或者角色的集合，又或是别的什么东西？如果用操作性的术语去定义目的、思想、情感以及类似的名词，它们仍然表示某种有意义的东西吗，还是因而失去了意义？有恰恰是因为无法度量而存在意义的人类品质吗？

尽管面临这些问题，西蒙与其同道者相信，他们已经开创出了一种实用的哲学，有助于指导个人和社会走出萧条和战争中最严峻的时刻。与巴纳德（以及他之前的柏拉图）一样，西蒙相信，尽管这门科学还远算不上完美，"在风暴中能借助于领航技术，肯定是一个巨大的优势"。[77]

1949 年，西蒙离开伊利诺伊理工学院，进入卡内基理工学院，因为他在那里看到了一个异乎寻常的机会，去建立一个传授那种"领航技术"的机构。

第七章

构建自己的环境

　　1946 年，西蒙得到了伊利诺伊理工学院的政治科学系主任的位置，在（相对）稚嫩的30岁的年纪就掌起了舵。由于这个精力旺盛的年轻系主任明显处于上升通道，西蒙成了伊利诺伊理工学院校长亨利·希尔德的爱将，也是伊利诺伊理工学院大家庭里一位活跃的成员。[1]伊利诺伊理工学院的环境很适合他，西蒙认为自己应该会在那里待上一段不短的时间，至少得等到哈佛大学和芝加哥大学发出召唤。（他从未怀疑他们会召唤他。）然而，1949 年年初，西蒙收到了一份无法拒绝的工作邀请。这份邀请不是来自声名显赫的大学，而是来自一个不起眼的技术学院——坐落于匹兹堡冒着浓烟的中心地带的卡内基理工学院（CIT）。尽管卡内基理工学院不是常春藤学校，但是它与西蒙一样，都有很大的野心，而且也有实现这些野心的手段。

　　经过几个月的考虑（以及对方开出的工作条件越来越慷慨），西蒙决定离开芝加哥前往匹兹堡，从海德公园来到申利公园。[2]他的新头衔是工业管理系主任，该系是刚刚成立的工业管理研究生院（GSIA）的两个核心系之一。他的薪水

（10,000 美元）也足以让西蒙、多萝西以及他们的 3 个孩子在郊区距离卡内基理工学院的黄砖墙校园大约 1 英里的松鼠山缓坡地带住上一幢很不错的住宅，西蒙对这个校园的喜爱程度要高于密斯·凡德罗的伊利诺伊理工学院。[3]西蒙将会把他余下的职业生涯全部花在卡内基理工学院（后来改名为卡内基梅隆大学），甚至在芝加哥大学、麻省理工学院和哈佛大学真的发出召唤的时候，他也仍然选择留下。其中，芝加哥大学的工作邀请尤具吸引力：1945 年，芝加哥大学社会科学学院的院长莫顿·格罗津思（Morton Grodzins）给西蒙提供了一个"超级教授资格"，让西蒙"自己决定教学职责和工作量"，并且"按照过去富兰克·奈特的方式自行其是"。[4]尽管有荣归母校的诱惑，西蒙还是留在了卡内基理工学院。

他这样做对于卡内基理工学院来说好当然是件好事，因为西蒙和工业管理研究生院是把卡内基理工学院带进重点研究大学行列的关键。学院非常清楚他们的重要性，赋予西蒙和工业管理研究生院的 G. L.巴赫和理查德·希尔特（Richard Cyert）院长在更广泛的大学事务中更大的领导地位。例如，希尔特在担任工业管理研究生院院长 10 年后，于 1972 年成为卡内基梅隆大学的校长。类似地，西蒙在 1972 年成为终生理事，并被授予了一个专门为他打造的讲席教授资格。[5]他后来的一位同事把卡内基梅隆大学描绘为一所"按照西蒙的想象建成"的大学。[6]

尽管工业管理研究生院最终证明是一座桥梁而不是终点，但是它的环境在形成西蒙和他的工作的过程中起到了主要的作用，正像他在定义学院使命的过程中起到的关键作用一样。具体来说，工业管理研究生院的环境促成了他从管理科学向认知科学的转变，这为他改造社会科学的努力提供了一种模式。

尽管在工业管理研究生院的岁月里，西蒙和他的工作发生了很多变化，但是某些事情确实保持了（相对）恒定。这些恒定不变的事情中最重要的或许是西蒙对社会科学的愿景。在工业管理研究生院的那些年里，西蒙一直秉持一种持续的策略，打算通过建立一个跨学科的社会研究中心网络并促成网络内部的互联，来改造社会科学。在西蒙的心里，这些目标的实现，取决于两件事情。第一件，要扩展社会科学更前沿领域的研究，尤其是以对社会系统中决策的数学、行为分析为特色的跨学科研究。第二件，需要拓展与多个强大的资助人的定期联系，以使该领域的工作得以开展并合法化。

在西蒙看来，可供使用的资源（既包括资金也包括人力）需要集中到几个顶尖的项目上。反过来，这些项目需要通过一个定期沟通和松散地协调研究的网络相互联系。西蒙倡导集中资源，因为他相信社会科学领域真正称得上科学家的人不多。（然而，不多并不是说一个都没有：甚至在西蒙把尖酸刻薄的批评转向那些喜欢"效力较弱的药"更胜于他的数学化、行为主义方法的人身上的时候，他还是固执地为把这些工作交给最好的社会科学家来做的益处进行辩解。）[7]

西蒙寻求把这些中心在一个松散的网络中连接起来的办法，源于他相信协调研究而不是指导研究的好处，就像查尔斯·梅里亚姆在芝加哥大学所做的那样。为了实践他的计划理论，西蒙想在他的研究人员之间构建决策环境，以便跨学科工作成为一种自然（但不是唯一）的选择。于是，西蒙试图制定激励措施，以使研究人员选择共同工作，尤其是进行跨越学科边界的合作。当社区成员有了共同的使命感，而且没有哪个内部群体拥有与众不同的稳定的、单独的资源管道的时候，用激励措施进行协调就最有效。当目标出现分歧，而且资金流开始在深层的、泾渭分明的管道中流动的时候，西蒙和同事们就开始走上了各自的道路。

西蒙把对社会科学的愿景打造为现实的第一步，是把工业管理研究生院建设成一个领先的跨学科社会研究中心。由于没有一个熟悉这个研究领域的资助人网络，也没有这类中心的研究成果的现成市场，西蒙和他在工业管理研究生院的盟友们面临着实实在在的挑战。他们不得不展现出熊彼得学说中的全部企业家才能，把所有对此有兴趣的人和资源引入一个新的组织模式里，同时为这个新组织的研究成果开发市场。[8]这个工作可不简单，而且牵涉很多风险。然而，西蒙很有信心，认为他的雄心壮志符合时代的需要。在他看来，卡内基理工学院的环境，以及社会科学的总体环境，很适合按照他的想法来塑造。

多元的利益诉求需要组织协调好各种目标。短时间内，西蒙的目标和其他主要利益相关者（诸如卡内基理工学院的管理层和工业管理研究生院的经济学家、学生和资助人）的目标足够接近，这让他们可以彼此支持。然而，从一开始，各种不同的利益诉求之间就存在矛盾，这些矛盾与西蒙在芝加哥大学时起就一直试图解决的那些裂痕是一样的：工业管理研究生院应该由关于选择的科学还是由关于控制的科学主导？它应该是一个研究中心、还是教育和改革中心？

随着工业管理研究生院的成长和繁荣，这些分歧也在变大。最终，西蒙开始相信，要想达成目标，就必须形成一个新的利益和资源集群。于是，系统和通信科学领域出现了一个新的跨学科项目，这个项目很快就发展成了卡内基梅隆大学著名的计算机科学系。

这个故事讲的是一个具体的人与他所属机构的奋斗不仅受当地环境渲染，也由当地环境塑造，它同样教会了我们更多。它不仅帮助我们了解西蒙以及他在创建开创性的科研机构的过程中的作用，也让我们发现了弥漫在战后美国科学界的一种现象：跨学科研究团体的创建与解散。相应地，西蒙和工业管理研究生院的这个传奇故事力求把区域与全球联系起来，就像西蒙所做的那样。

两种愿景

西蒙1949年来到卡内基理工学院的时候，他看到的是一所正在向研究型大学转型的技术学院。尽管这所大学原本是为那些想要提升自己水平的机械师提供实用型的教育而建立的，但是在最初的40年里，卡内基理工学院跟其他的技术学院一样，积极主动地扩展其教育计划，纳入了更多而且水平更高的学科。走向这个目标的最初几个步骤发生在1912年和1922年：在1912年，卡内基理工学院成为一家成熟的学位授予机构；而在1922年，托马斯·贝克（Thomas Baker）就任卡内基理工学院院长，开始鼓励在校园里建立研究实验室。[9]然而，卡内基理工学院最大的变化发生在1936年，也就是罗伯特·道尔蒂（Robert Doherty）就任院长之后。

道尔蒂曾经在康奈尔大学学习电气工程，在来到卡内基理工学院之前曾经是耶鲁大学工程系主任，他希望能把那种让研究型大学生机勃勃的精神同样灌注在卡内基理工学院的老师心里。另外，他在通用电气公司的工作经历以及在耶鲁大学的教学经历也让他明白，专业人士，具体说来就是工程师，所学的知识太过狭隘了。在他看来，专业教育应该"稍稍降低对日常技巧以及五花八门的技术信息的重视，而更多地重视思想技能（以及）基础知识……这些都是应对实际环境的基本技能"。[10]跟西蒙一样，道尔蒂也认为，要培养广阔的视野，基础研究是必须的，二者并不抵触。

为了与这种教育理念（道尔蒂很准确地描述为"与传统教育的重大决裂"）保持一致，道尔蒂在1940年公布了一套指导意见，并很快成为了著名的工程教育的"卡内基计划"（Carnegie Plan）。[11]按照这份计划，卡内基理工学院将致力于培养"（1）独立思考的能力；（2）解决整体而不仅是局部问题或者情况的能力；（3）从每一次新经验中学习的能力；（4）承担公民责任的能力和兴趣"。[12]简言之，卡内基理工学院将要把工程师培养成专业人士和公民，而不仅仅是技术员。

这种工程教育非同寻常的广阔视野的一个关键的元素，是对工程的社会方面的教育。道尔蒂相信，学习经济学至关重要，因为工程师总是必须在成本的限制下进行设计。类似地，他知道，成功的工程师一般来说会晋升到管理岗位，在这个时候，光有技术是不够的。结果就是，道尔蒂亲自开发了经济学和管理学的相关项目，作为卡内基计划的组成部分。[13]

战争结束之后，道尔蒂和他的教务长艾略特·邓立普·史密斯（Elliot Dunlap Smith）认为进入卡内基计划下一步的时机已经成熟。所以，在1946年年初，他们聘用了经济学家G. L.（李）·巴赫，并赋予他在卡内基理工学院重振经济学的重任。巴赫在芝加哥大学获得博士学位，而且像西蒙一样，他吸收了典型的芝加哥信念，认为跨学科对创新至关重要；社会科学应该与公共服务相联系；社会科学必须有完善的理论，能够用于指导实际的行动。

为了与这种观点保持一致，巴赫吸收那些结合了理论技能和在实际工作中应用理论经验的人组建自己的部门，他利用自己与华盛顿的关系，聘用有实际政府工作经验的人：最先聘用的15名人员中，有10名曾在战争期间为政府工作。[14]例如，他聘用的第一位是W. W.（比尔·）库珀，巴赫认识他的时候，他正在领导一个跨部门的政府战时统计系统工作团队。[15]库珀同样是一位毕业于芝加哥大学的博士，而且与考尔斯经济研究委员会有着松散的联系，他的朋友名单中包括了伯特·霍塞利茨（Bert Hoselitz）、弗兰科·莫迪利亚尼以及西蒙。这三位杰出的学者都在20世纪40年代末期和20世纪50年代初期紧随库珀之后，加入了卡内基理工学院。

1947年，随着经济学改革计划在卡内基理工学院如火如荼地进行，道尔蒂把注意力转向管理学的教育问题上，要求巴赫接管工业管理学课程计划，并授权史密斯教务长开发人事管理的课程计划。巴赫分配给库珀的任务是修订工业管理学的课程设置，他很快就设计出了一个为期两年的新"商业量化控制"课程计划，很好地配合了史密斯教务长的新课程。[16] 正因为握有这些新的武器，道尔蒂才在 1948 年年末找到威廉·拉里默·梅隆（William Larimer Mellon），探讨新建一所工业管理学院的可能性。

道尔蒂设想这所学院有一个五年制的专业，考试通过后能获得一个工程学士学位和一个管理硕士学位。这样的课程设置会造成与传统教育的又一个显著决裂，因为在当时，MBA 还是一个新生事物。在 20 世纪 40 年代的 10 年间，全美范围内授予的商业管理硕士学位不超过 10,000 个，而到了世纪之交的时候，美国每年授予的 MBA 学位接近 100,000 个。[17] 工业管理研究生院是造成这种膨胀主要原因，因为巴赫、西蒙和库珀在卡内基理工学院创建的这个机构很快在 20 世纪 50 年代和 20 世纪 60 年代的商业教育爆炸性增长时期成了模范商业学院。[18]

梅隆的捐赠也涉及与另外一种传统的决裂，因为梅隆家族一向把他们的慈善款项投入到匹兹堡大学，而不是卡内基理工学院。[19] 然而，这个计划的新颖之处对梅隆很有吸引力，而且他很容易就被说服，认同工程师是最好的经理人选，而且管理教育在美国既重要，而且缺口也很大。在强烈而审慎的追求过程中，道尔蒂很好地利用了这些共同的情感，也利用了梅隆对芝加哥大学日益增长的不满。1949 年年初，关系建立起来了，梅隆同意捐赠 600 万美元，建立一个新的工业管理学院。这在当时真是一份厚礼：只有哈佛大学收到过这样的礼物。[20]

　　道尔蒂任命巴赫为新学院的院长，而巴赫聘请的第一个人就是西蒙，他当时还只是一位对公共管理和经济学感兴趣的前途远大的年轻政治科学家。西蒙的加入，对于工业管理研究生院来说是一个标志性的事件，因为就算西蒙会帮着一起实现学院的目标，但是他一定会对这些目标做出改变。

　　道尔蒂和梅隆设想把工业管理研究生院打造成专业的管理教育中心。他们"把教学计划看得高于一切，而且期望毕业生成为学院最伟大的产品"。[21] 然而，西蒙却有不同的想法，这个想法很大程度来源于他在芝加哥大学接受的教育，以及他后来在国际城市管理人协会和公共事务管理局的经历。正如前面章节中所显示的，这些经历让西蒙知道，改革计划需要建立在基础的知识和理论上。在他看来，太多的人仍然依赖"管理格言"，而不是管理科学的发现来指导。[22] 对组织社会学和社会心理学，尤其是组织对其成员决策的影响方式进行基础性研究，是真正的改革所不可或缺的。

　　另外，西蒙在数学上的天分，以及他狂热的实证主义思想，让他采用了一种人类思想和行为研究中从未有过的严格的数学和行为主义方法，这种方法是他以真正信仰者的无尽精力来推广的。他与考尔斯经济研究委员会的关系更加坚定了他的信念，他时刻准备着在一个新的讲台上给更多的听众宣讲他的信念。

　　对于西蒙来说，这些思想和影响的综合结果是构成其抱负的相互关联的三种基本信念，这个抱负既是知识层面上的，也是制度层面上的。首先，他相信各门选择和控制的科学开始聚集到一套共同的问题和方法上，全都与"在社会环境里人类行为的原子现象"有关。[23] 这个聚集的连接点存在于选择的问题里：社会环境如何影响人类做出决定？在1949年，西蒙仍然认为在这个跨学科的联系中，共同的概念语言应该是关于控制的科学的语言，但他越来越欣赏关于选择的科学的分析工具展现出来的力量，并希望使用这些新工具来回答他的老问题。

　　其次，西蒙相信跨学科领域的工作要综合的不只是选择和控制，也包括理论和实践、研究和改革。这个信念的一个重要结果就是，研究应该是以问题为中心的；也就是说，除了对理论要有重要意义外，研究还应该是有形的、可检验的、具有现实意义的。这种"以问题为中心的"研究不是简单地换一个名字，而是更成熟、更普遍的理论的逐步细化与专注于现实世界问题一样重要。[24] 以问题为中心的研究应该是对抽象和行为的综合，就像实验是理论与经验实践的综合一样。对于西蒙来说，理论只可能通过放到实验环境中检验才会进步，而问题只有通过理论的进步才能解决。

　　再次，西蒙觉得进行这类跨学科、以问题为中心的研究的恰当方法是让研究团队在为数不多的模范研究中心做由外部合同和赠款提供资金的项目。理想的研究中心应该可以进行经验和理论两种工作，并把来自几个不同学科的专家集合在一起，为主要由基金会和军队研究机构资助的项目工作。[25] 工作应该由对现实问题的关切引发，并从这里转向理论和基础研究，然后再回到切实可行的解决方案。令人欣喜的是，这个愿望的三个组成部分是相辅相成的：对问题的重视会吸引有实际问题要解决的资助人，而现实世界的问题是没有学科界限的，故西蒙所热切期望的"各门社会科学的再融合"也会因而实现。

拥有这种愿景的人并不止西蒙一个；在整个国家里，跨学科的社会科学研究中心在战后的头20年里大量诞生。其中最负盛名的几个是哈佛大学社会关系学系及实验室、密歇根大学社会研究院以及心理健康研究院、麻省理工学院国际研究中心、哥伦比亚大学应用社会学研究局、芝加哥大学国家舆情研究中心、隶属空军的兰德公司的行为科学高级研究中心。这些研究中心也只是冰山一角：美国国家科学院1968年对行为和社会科学发展现状的研究记录了超过400家社会学研究机构，几乎所有机构都是第二次世界大战以后创建的，将近300家涉及多学科。[26] 这些中心依靠的是私人慈善捐赠，或者与联邦（主要是军队）机构的合同，而且，他们都尝试把基础研究和应用研究融合在一起。

按照道尔蒂和梅隆的想法，工业管理研究生院不应该是这样的研究中心，巴赫也不想过于偏离其创始人的目标。然而，西蒙看到了工业管理研究生院创建跨学科社会研究的潜力。[27] 他猜想，这个学院拥有吸引各种重要资源的潜力，而且他能够说服巴赫在最重大的问题上跟他站在一边。他猜对了。

最初吸引西蒙到卡内基理工学院的部分原因就是他将被任命为工业管理系（工业管理研究生院的两个基础机构之一）的主任，他拥有在系里聘用和解聘人员的自由，他将成为学院的三人行政委员会成员之一（所以在所有的政策和人事决定上有话语权），以及他会作为学院的代表参加监管学院运行的卡内基学院外部委员会等一系列承诺。[28] 这些任命赋予了西蒙在工业管理研究生院里非同寻常的地位，正如学校简介中的排名所显示的，他的排位没有按照字母顺序，而是位列顶部，仅次于院长。[29] 后来，他被任命为副院长，而且最终还当了一年的院长，不过他对此并不以为然。与亲自掌握大权相比，他更喜欢成为背后的力量。

西蒙大刀阔斧地使用他的官方权力，组建了一个年轻、才华横溢而且志同道合的社会心理学以及组织理论的教师队伍，充实到工业管理的课程中。他聘用了很多现在在该领域耳熟能详的名字，比如乔治·柯兹梅斯基（George Kozmetsky）、哈罗德·格兹考（Harold Guetzkow）、詹姆斯·马奇（James March）、艾伦·纽厄尔以及理查德·希尔特，希尔特后来成了工业管理研究生院院长和卡内基梅隆大学校长。西蒙也很乐意使用他的否决权，解聘几位与他不对眼的老师（尤其是经济学专业的）。1950 年夏季，道尔蒂和梅隆双双忽然去世之后，他的官方权力进一步放大。新任校长杰克·华纳（Jake Warner）对管理教育的兴趣没有道尔蒂那么大，便放手让西蒙和这个学院按照自己的想法去折腾。

除了这种正式权限之外，西蒙还拥有很大的非正式权力。他的非正式权力有很多来源，包括他对巴赫和卡内基理工学院其他管理者的个人影响力，以及以拍桌子这种方式贯彻他对学院的构想的气势，还有他显而易见的学术造诣。很多老师，尤其是工业管理系的老师，对他充满了敬畏，会用类似"天哪，老赫，你真是个天才"这样的语句给他写留言。他对这种做法很是受用。[30]

　　另外，在学院成立后的第二年，"一个经选举产生的非正式的三人教师委员会"成立，"作为非正式的研究指导和协调组织"，这个委员会由西蒙领导。尽管没有"想让这个组织对什么研究项目由谁承担做出指示"，但它确实"积极地参与了 S.I.A 资金按照研究目的进行分配的决策"以及"对学院接受外部研究工作合同的决策"。[31] 因而，西蒙能够把自己定位在外部资源与内部政策和计划的连接处。正如所有战略大师都会发现的，控制接口（也就是本地与全球的连接点）会带来财富和权势。西蒙的组织社会学学得真是不赖。

动员资助：革命的资助者

　　西蒙想要与之建立联系的更大的资助界变化得非常快。最明显的变化出现在规模上，因为第二次世界大战结束后，可用于支持社会科学研究的资源是战前的很多倍，支持社会科学的人数、可用设备的数量和精密程度以及研究项目的规模和领域，都出现了巨大的增长。尽管与历史学家常常看到的用于核能或者电气研究方面数十亿的金额相比，社会科学领域的数字似乎很小，但是它们给该领域带来了惊人的变化。例如，拿西蒙很快就会进入的心理学领域来说：1947年，美国心理学协会（APA）拥有 4,661 名会员，已成为社会科学领域第二大的专业协会。10 年之后，会员规模增加了 3 倍，达到 15,545 人。下一个 10 年又新增了 1 万名会员。1945 年，获得博士学位的心理学家会在一个 5～10 人的系当副教授，等到他或者她成为教授的时候，同事人数会有 30人，40 人，50 人或者更多。专业研究领域也与人数一样同步增长：比如说，对语言感兴趣的心理学家很快成为心理语言学家，随后成为幼儿语言学习专家。[32]

　　突然涌现的资金来源也与它们的规模一样让人眼前一亮。尽管洛克菲勒基金会（RF）持续强劲，但是它不再是社会科学资助网络中占主导地位的资助人了。实际上，战前和战后社会科学资助系统的一个主要区别就是，在20世纪50年代和20世纪60年代初期，不存在起主导作用的单一资助人了。没有哪家机构能够单独以洛克菲勒基金会在20世纪20年代和30年代那样的方式为研究定调。另外，到20世纪60年代初期，美国国家科学基金会（NSF）和国家卫生研究院（尤其是国家心理健康研究院NIMH），也成了行为科学研究的主要资助人。[33]

　　然而，这些机构中的项目官员确实拥有一些共同的目标，尤其是卡内基基金会和洛克菲勒基金会以及海军研究办公室、空军的兰德公司和陆军研究机构里的项目官员。[34]［更偏向纯科学的联邦赞助人，比如美国国防部高级研究计划署（DARPA）、美国国家科学基金会和国家心理健康研究院则是另外一种情形，详细情况将在第十一章中讨论］。在20世纪40年代、50年代以及60年代初，各基金会和军队研究机构的项目官员都支持以行为—功能为方法、以数学为技术、以问题中心为重点、以跨学科为组织的社会科学。

　　这种共同的议程可以在梅里尔·弗拉德（Merrill Flood）的职业生涯中看出端倪。梅里尔·弗拉德是一位数学家，跟西蒙一样，也对决策流程很有兴趣。在很多军队研究机构中，弗拉德都是一个举足轻重的人物，而且他有能力从一个机构轻易地转换到另一个机构，这种能力表明这四个基础目标成为共识的范围有多大。弗拉德在第二次世界大战期间负责陆军消防研究办公室，资助诺伯特·维纳（Norbert Weiner）、马斯顿·摩斯（Marston Morse）、阿尔伯塔·塔克（Albert Tucker）以及其他运筹学和控制论开拓者的研究工作。战后，他成为战争部的首席文职科学家，利用这个职务，他资助了对运筹学、博弈论、用于后勤分析的线性规划和其他应用于人类行为的数学方法的研究。弗拉德后来转到海军研究办公室，在那里负责行为模型项目（Behavioral Models Project），这个项目在20世纪50年代中期是数理行为科学的重要资金来源。

西蒙第一次遇见弗拉德是在1952年暑假参加兰德公司主办的一个关于"决策流程中的实验设计"的会议上。这次会议表明，在一个社会系统中的决策问题上看到多个学科的聚集，并不是西蒙的想象。很多的参与者要么曾经是，要么将继续是经济学、社会学或心理学领域声名显赫的人物，比如吉拉德·德布鲁、约翰·纳什、约翰·冯·诺依曼、弗雷德里克·莫斯特勒（Frederick Mosteller）以及霍华德·拉伊法（Howard Raiffa）。这次会议也揭示出该领域工作的主要资金来源：47位参与者分别由兰德公司、由海军研究办公室、考尔斯经济研究委员会等机构资助。另外，7位大会发言者提及的研究工作都有上述机构中的至少1家的资助。例如，海军研究办公室和兰德公司都资助了密歇根大学的行为模型小组，同时它们也同样资助了卡内基理工学院的西蒙小组。[35]

所以，西蒙的机构目标完美契合了资助者的要求。这种契合是如此完美，以至于很难说到底是西蒙让自己去适应环境，是他创建了那个环境来适应自己，还是他被它选中。他是机会主义者吗？是空想家吗？或者他碰巧就是那个型号和形状的完美楔子？他表现出来的行为可以用这些方式中的任何一种来解读。尽管，西蒙最终更像一个幸运的传教士，而不是聪明的事业狂：他发现自己与所处的制度环境就是按照他想要的方式布置的。

西蒙对战后社会科学领域新资助体系的影响力越来越大的情况，在他到达卡内基理工学院之前就开始显现了。1949年，昆西·赖特邀请西蒙加入美国政治科学协会的研究委员会，这个委员会由哈罗德·拉斯韦尔领导，他也是西蒙在芝加哥大学的老师之一。[36] 这只是西蒙在很多委员会中的任职的第一个，他在委员会中的工作如鱼得水。

西蒙通过委员会的职务进入协会、政府机构和基金会并非偶然。很多学者注意到，在"1940年后的科学界"，管理大型项目的能力成为一个有追求的科学家技能体系的重要组成部分，但是，战后的科学既是委员会的世界，也是项目的世界，这一点历史学家并没有完全认识到。[37]

委员会的工作可能是团队性质的；也就是说，可能是项目或者任务导向型的。然而，委员会一般起协调作用，而不是去行使行政管理的职能，它们通常用来向利益相关者提供保证，让他们知道自己的利益是有代表的。在现代专业化、任务导向型的官僚体系下，这类协调型的委员会是一种至关重要的联系机制，能够在多个委员会里服务的人往往不只是系沟通者，而且也是经纪人 —— 通过把正确的人和利益融合到一起从而间接地发挥作用。

像西蒙这样成熟的经纪人，具有巨大的价值，不只对于他所代表的那些人，也对于把他们联系在一起的整个组织网络。结果就是，他们常常发现自己面对着极大的需求 —— 这种需求当然是他们帮助创造出来的。比如，西蒙跟我提起过好几次，"我只在别人提请的时候才去任职"，说的是很多个他曾任职的政策制定委员会。严格来说，他说的是实情，他从来没有为自己想要的职位游说过。他总是那些组建委员会的人最显而易见的选择：在 X 委员会里没有其他人还能同时是 Y 委员会的成员，更不用说再加上 Z 委员会了，这点他心里明白得很。

西蒙对待他在委员会的工作十分认真，并让这些工作成为自己的优势。他是委员会的政治大师，知道何时以及如何坚定立场、发脾气或者施展魅力。西蒙甚至把他在多个协调委员会的成员资格用到了极致。西蒙的多个委员会成员资格使他能够成为经纪人甚至是特命全权大使，在协调多个机构的政策的同时，还能推进自己的利益和工作进程。[38]

团队工作

西蒙与那些影响力巨大的资助人之间的密切联系，让他在把工业管理研究生院打造成自己理想的研究中心的过程中如虎添翼。与此同时，随着工业管理研究生院成为行为科学研究的模范中心，他在研究生院外的身份也得以提高，这个中心也为他和资助人寻求推广的那些品质 —— 以问题为中心（因而是跨学科的）、数学化、行为—功能分析 —— 提供了例证。

　　然而，西蒙在工业管理研究生院那种无处不在的影响力的最直接来源不是他赢得资金的能力，而是他参与了学院成立前五年所有重要团队研究项目这一独特地位。他的多重委员资格，加上他强势的个性以及令人折服的智慧，使他能够协调各种项目中的工作，并鼓舞大家为他的行为科学愿景出力。

　　前五个主要项目显示，西蒙眼中的科学资助来源十分多样：（1）通过考尔斯经济研究委员会获得兰德公司关于资源分配的工作理论项目的分包；（2）为海军研究办公室做的与不确定情况下的决策紧密相关的研究；（3）与空军和预算局为SCOOP项目签订的合同，这是一项对公司内部生产的计划和控制的研究；（4）为管理控制基金会（Controllership Foundation）做的一项研究，其中就预算中分权和集权的好处进行比较；以及（5）由某基金会资助的对组织理论的梳理，这个项目导致了《组织》（*Organizations*）一书的出版，由詹姆斯·马奇、哈罗德·格兹考与西蒙合著。[39]

　　与空军和考尔斯－兰德公司的合同在1950年年初签订，这些合同不仅覆盖了项目研究费用，还提供了足够的管理费用，为"下一年分配给研究计划和开发的几乎所有老师的工作时间"支付了费用。[40]这是十分幸运的，因为600万美元的资助并没有像想象中那么经花，光是学校的新建筑就已经超出了预算。[41]尽管存在这些意外支出，但这些合同以及紧随其后的其他合同，还是让这个学院在最初几年能够免除硕士生的学费。它们也支撑了很高的师生比率，让老师能够把绝大部分的工作时间花在研究上。这么说吧，这个金额对于当时的社会科学研究来说绝对非同寻常。作为解除西蒙行政管理权力的尝试的一部分，1951年西蒙的一个同事提出，为西蒙设立一个每年100,000美元的研究预算（10倍于他的工资）以换取他放弃权力。[42] 很令人感慨，西蒙拒绝了。

如此丰富的资源让学院能够吸引到天才的研究人员，并给他们提供良好的条件。研究成果让老师们很快获得了相当的知名度，尤其是在经济学和组织理论领域。很多商业学院，包括麻省理工学院、芝加哥大学和斯坦福大学，都遵循了工业管理研究生院的模式，常常聘请工业管理研究生院的老师来推行他们的做法。巴赫在这个方面扮演了尤其重要的宣传者角色，因为他与两份很有影响力的商业教育报告关系密切：罗伯特·戈登（Robert Gordon）和詹姆斯·豪厄尔（James Howell）的《商业高等教育》（*Higher Education in Business*），以及弗兰克·皮尔森（Frank Pierson）的《美国商人的教育》（*The Education of American Businessman*）。[43] 与这两份堪称"商业教育的弗莱克斯纳报告"相伴而来的是私人基金会给商业学校提供的3,500万美元的拨款计划，而且，两份报告都把工业管理研究生院描述为商业学校的典范。西蒙通过与托马斯·卡罗尔（北卡罗来纳大学商学院院长）的友谊，以及参与社会科学研究理事会商业企业研究委员会的机会，也为宣传工业管理研究生院的模式发挥了自己应有的作用。[44]

然而，这些合同的作用不只是支付费用；它们在基本的层面上构建了学院里的生活和工作。在工业管理研究生院，人才都被组织进各种研究小组里，这与战前由个人负责大部分社会科学研究的情况形成了鲜明的对比。说明这种趋势的一个指标就是，发表在社会科学核心期刊上的论文中，多人署名的文章占比在第二次世界大战后急剧飙升。[45] 工业管理研究生院的研究小组是跨学科的，他们常常开会（通常每周一次）讨论工作进展。项目人员撰写永远也写不完的各种备忘录和更新，项目负责人写年度或者半年度报告提交给资助人和院长，院长进行汇总编排后提交年度报告。

学校的这种项目组织方式让组长和积极或强势的组员有机会对整个小组的工作施加强大的影响。作为5个初期重要项目中2个项目的负责人，以及最喜欢对别人大喊大叫的人，西蒙关于决策、有限理性和系统组织的思想成为很多学院老师的研究特征。结果就是诞生了一种明显的卡内基理工学院风格（或者甚至有人称之为"教条"）。事实上，长时间与西蒙接触可能影响巨大，正如一封哈佛大学社会关系实验室的 R. 福瑞德·博尔斯（R. Freed Bales）写给西蒙的信中所揭示的。在对卡内基理工学院做了短暂访问之后，博尔斯写道："不要把你对我产生影响的可怕事实告诉任何人。我的想法甚至比刚来的时候更加疯狂……我考虑放弃随机法，怀疑多个加权因子法，并对可怕的基础复杂信息处理与问题求解怪兽法有些犹豫。我的哲学理念似乎已经受到影响了。"[46]

这种项目组织形式的另一个结果就是员工的产品导向。尽管兰德公司和海军研究办公室不像其他军事研究机构（这些机构一般都有很强的任务和技术关注点）那么狭隘地以结果为导向，但是，它们的资助确实还是鼓励学院的老师按照打造可识别产品的方式进行思考，也就是说，项目产出的不只是出版物，而且还有定理、模型、发现和容易进行包装的技术，越新颖越好。[47] 例如，工业管理研究生院的员工不只研究生产控制系统，而且还研发出了一套可以上市销售的"二次规划"技术，比"线性规划"更胜一筹。[48]

这些合同和资助构建学校工作的最后一种方式，也是一种常常被忽视的方式，就是它们带来了与卡内基理工学院之外的世界的联系，这正是西蒙想要的。兰德公司、空军、海军研究办公室和类似机构中的项目官员参与了很多地方的很多项目，他们很自然地想要确保能够做好项目之间的交流。作为为兰德公司的合同工作的人员，西蒙和他的一些同事被邀请来到圣莫尼卡——不只是来参加周末会议，还要来这里度过整个暑假。类似地，在很多情况下，考尔斯的人员也会来访卡内基理工学院，做报告、举办会议、与他们的协作人员连续开几个小时的会。

按照类似的思路，部分源于西蒙的请求，洛克菲勒基金会等私人基金会为研究人员提供了补助，让他们在西蒙认可的跨学科领域的不同研究中心进行研修。利用这些补助，参观者源源不断地来到匹兹堡讨论大家共同感兴趣的话题，帮助他们在其他地方安排实验（西蒙相信社会科学领域需要建立起复制实验的传统），并参加研讨会。[49]

另外，从1953年开始，社会科学研究理事会使用来自基金会的资金，组织了一系列为期6～8周的暑期优秀年轻教师强化研讨班。[50] 所有这些研讨班都会宣传推广数学、行为—功能方法在社会科学中的运用，而且其中有好几期都明确聚焦西蒙的跨学科整合领域（如今被历史学家称为"系统科学"）。这绝非偶然，因为西蒙在组织暑期研讨班项目方面起到了很大的作用，而且主持了最著名的两期，包括1958年在兰德公司举办的一期，这次研讨班在人工智能（AI）和认知心理学界已经成为几近传奇的盛事。

1958年的暑期模拟技术研讨班是一个经典例子，充分证明了西蒙以他综合的视野把多元的资源整合在一起的能力。西蒙和他在工业管理研究生院的同事艾伦·纽厄尔在社会科学研究理事会的支持下，用基金会和兰德公司提供的资金组织了这期研讨班。作为卡内基理工学院与兰德公司之间关系紧密的明证，在整个20世纪50年代，纽厄尔的工资一直由兰德公司发放，尽管他在1954年秋季就搬到工业管理研究生院加入了西蒙的团队。

研讨班计划在1957年的暑期开班，当时西蒙和纽厄尔（两人都在为社会科学研究理事会运营另一个讨论组织理论的暑期研讨班）发现，他们对用计算机模拟他们在决策方面的工作的兴趣越来越大。他们给社会科学研究理事会的朋友提出建议，认为教授年轻学者计算机模拟技术的研讨班很有价值。[51] 西蒙将在次年入选社会科学研究理事会的董事会。他此时已经是社会科学研究理事会的重要成员，而且与私人基金会关系很好，这一点我们在前面已经谈到。通过他的影响力，某基金会（通过社会科学研究理事会）同意负担参会者的差旅费，而社会科学研究理事会提供正式赞助以及某些管理协助。兰德公司提供设备，并让不少成员为研讨会服务，提供技术支持。不同的赞助机构分摊了参与者的食宿费用，其中，兰德公司负担大头——对于一个为期8周，与会者超过30人的研讨会，这笔费用不是小数目。

这样的研讨班、项目和联系，把西蒙、他在卡内基理工学院的同事以及其他研究中心的研究人员捆绑在一起，形成一个拥有自我意识的小群体。这个群体缺少正式的组织，但他们以频繁紧密的联系、协作和竞争，通用的数学语言和行为——功能方法的使用，以及对理解决策在社会系统中的重要意义的共同的使命感，很好地弥补了这种缺失。

然而，这种共同的使命感并没有能够把工业管理研究生院的所有人都团结在一起。西蒙很快成为学院里说一不二的知识分子，而且是最老辣的管理政治家。他的作用如此重要，以至于很快就在教师中造成了紧张气氛。例如，西蒙是一个把"行为"方法用于经济学和管理学的强势的倡导者，而且还是一个对作为新古典经济学核心的"先验"理性假设和收益最大化行为的尖锐批评者。事实上，他"时刻准备着向经济学家们宣讲《管理行为》第5章中有限理性的异端邪说"。[52] 当然，经济学的教职员工不想让别人告诉他们如何教授经济学，而且这些人的脾气常常一点就燃。

这些分歧的第一次爆发是在1951年夏季，发生在一位名叫戴维·罗森布拉特（David Rosenblatt）的年轻经济学家在暴风雨中离去之后。正如西蒙在1951年给巴赫的一份备忘录中所详述的，比尔·库珀（Bill Cooper）来找他说："经济学的教职员工现在处于一种无精打采的状态中，主要因为我迫使他们觉得，必须在行政处罚的压力下学习社会心理学。"西蒙说，库珀继续对西蒙"作为一个管理政治学家的马基雅维利手腕"深感失望，指出西蒙是"他碰到的少数几个在政治权术上可以与自己匹敌的人之一"——说这话的可是一位预算局的老油条。[53]

在此类早期的争斗中，争论的焦点都在人事问题上。具体来说，罗森布拉特的离开给人留下了"一种强烈的感觉：在这里，一个人的晋升概率很大程度取决于他对官方教条的坚持"，很多老师都不敢与西蒙争执，甚至对学术问题也不敢，因为担心他"可能把不同意见解读成异端邪说或认为它愚蠢至极"。[54]与这种观点相印证，经济学家们常常把自己说成"仆从"，而且很多人感觉"教师会议上提出的问题在会前就已经预先决定好了"，做决定的是巴赫、库珀和西蒙组成的三人组，大部分决定在投票时都以2∶1的结果与经济学家们的利益相左。[55]

西蒙把这些抱怨看作"通常与组织的快速变革同时出现的压力"的正常产物，而且他不认为学院的"基本方向"需要改变。在西蒙心里，经济学家们"对学院活动的特别关注点并不是真的强烈反对，而是极力要维持他们作为经济学家的专业角色"。[56]因而，他得出结论，只有允许经济学家对他们自己的计划拥有更大的控制权，才能平复他们对权力的不满。

当时，除了并不真正代表他们的巴赫院长，经济学老师们没有正式的领导，所以，西蒙建议，建立一个"主要由经济学家"组成的委员会，负责指导经济学的新研究生课程。如果这样还不够，还可以设立一个经济学的系主任，尽管这只是个下下策，因为存在他被经济学家"俘虏"，并因而成为另一个

"中心，和跨学科方向上进一步前进的障碍"的危险。[57]

这些变化加上不满情绪最重的老师的离去，以及西蒙有意识地努力不那么咄咄逼人（但并不是完全成功），确实有助于平复他的小组与经济学家之间的分歧。然而，平静的表面之下仍然暗流涌动，经济学家们获得的自主权越大，学校离西蒙的愿景就越远。

类似地，那些更注重实实在在的本科生和研究生培养，而对理论或者研究不太重视的员工，也感受到了满足西蒙对研究的重视所带来的压力。这些压力在 1954 年之后变得越来越突出，因为这个时候，为了应对员工数量的增加，学院的硕士研究班也在规模上翻了一番。[58] 一位名叫梅尔文·安申（Melvin Anshen）的管理学教授，对研究工作和抽象知识的优先地位的不满日益严重，最终在长长的备忘录里发泄了他的怨气。他写道："有些年纪较大的毕业生"认为，"老师越来越多地去钻研那些越来越没用的东西"。[59] 另外，很多毕业生"找不到把他们的量化技能用于工作的机会"，希望当初多学一些"实际的人际关系技能"。[60]

这些经济学与工业管理，研究与实践教育之间的斗争，很大程度上是西蒙对把工业管理研究生院建成跨学科研究中心的愿景，与学院的官方章程中规定的商业学院的性质之间内在矛盾的产物。这种矛盾可以是建设性的，也可以是毁灭性的。在第一个十年，成为"革命领导者"的共同意识，帮助老师们在研究和教学领域把差异当作创新的支柱。在第二个十年，这种内部动能变化了，而各种派系之间的分裂开始增加。

在工业管理研究生院的第一个十年，西蒙在维持共同目标方面扮演了关键角色。尽管他的尖锐意见会造成员工之间的分裂，但是，他在更高层面吸引经济学家的能力，以及在学校研究项目团队里的成员资格，又能把老师们团结在一起。从另外一个角度说，西蒙在学校之外迅速崛起的声望，以及在学校内的权威地位，都很清楚地表明，跟他合作要比跟他作对更能确保成功。（心理学系主任就接受了惨痛的教训，这一点我们将在第十一章中看到。）

然而，在20世纪50年代后期，西蒙在工业管理研究生院的角色开始变化。1955年之后，他的研究工作安排出现了剧烈的变动，因为他变得前所未有地专注于使用计算机来研究认知。他退出了工业管理研究生院的其他研究项目，而且学校里的其他人谁也不愿意（或者没有能力）接替他的协调角色。

与此同时，工业管理研究生院的经济学家研究的主要课题（运筹学和博弈论）在20世纪50年代期间，也从经济学的边缘进入到经济学的中心，加强了他们与其母学科之间的联系。另外，弗兰科·莫迪利亚尼、杰克·穆斯（Jack Muth）、查尔斯·霍尔特（Charles Holt）、威廉·库珀以及其他人也开发出了西蒙的项目之外的稳定的资助来源，而且，随着经济学家自主权的提高，他们与行为科学家之间的分歧也变得更加尖锐。最终，西蒙发现他需要一套新的合作班子以及资助人来推进他想要做的跨学科研究。

对主题的变奏

在西蒙与工业管理研究生院的故事里，我们看到了一种熟悉的模式，一种战后在美国很多机构和学科常见的模式。一次又一次，一个跨学科研究中心的建立和繁荣，通常都与类似的研究中心有着紧密的联系，一起组成跨学科、多机构的研究社群，主要由军方研究机构和洛克菲勒基金会和卡内基基金会等资助。[61] 类似的研究中心和社群通常都很高产，但也不稳定。造成这种不稳定的原因主要是太过依赖任务导向型的资助机构中项目官员变幻不定的议程安排，以及那些可以整合多个群体利益的能力超群的个人的努力。如果议程变了，或者当这些人的关注点转向了别的事情，这种围绕西蒙的跨学科"融合"建立起来的群体总是会分解成单独的学科，或是综合成新的符合传统大学结构的学科，比如计算机科学。

工业管理研究生院这样的研究中心也在重复上述模式，它们要么在内部再生为传统类型的学科部门，变身为大学的系，要么从大学的世界里完全分离出来，重新组织为企业实体。它们到底会走哪条道路，与资金支持的性质有很大的关系：由多家以问题为导向的资助人资助的机构，倾向于维持跨学科的关注点，而由一两家主要资助人资助的机构则倾向于形成与资助人的兴趣一致的学科院系，尤其在资助人属于（相对）"纯"科学的学科导向型时（如美国国家科学基金会、美国国防部高级研究计划局，或者美国国家卫生研究院）更是如此。[62] 最后，生产可供销售的产品或者服务为自己提供资金的机构倾向于成为企业，例如MITRE（麻省理工学院的林肯实验室的一个分拆机构）和系统开发公司（兰德公司的系统研究实验室的一个分拆机构）[63]。

科技史家习惯于在这些社群发展成学科时，以及这些研究中心成为永久性的系、实验室或公司时，对其进行研究。我们喜欢实质性的结论以便提供一种明确的技术，我们也喜欢正式的组织，因为它们能够产生出大量的档案。非正式的研究组织（西蒙识别出来的跨学科融合领域）研究起来更为棘手。我们知道它们确实存在，因为能够观察到拥有共同使命感的研究者之间模式化的关系。但由于这样的社群通常都不稳定且容易消失，人们就倾向于把它们看作失败的或"不成熟的"，尤其是在它们没有正式地组织起来的情况下。对于这种观点，有很多例子可以佐证，因为寻求社群存续（或在社群内拥有更大的个人权力）的领导人，都会尽力把自己的愿景制度化，就像西蒙在卡内基理工学院所做的那样。

然而，在很多情况下，把这种非正式社群看成"不成熟的"学科不是了解它们的最佳途径。这些社群和他们从中找到归属感的特殊系科的跨学科中心网络，已经跻身于战后科学界最重要的创新源头之列。它们的兴盛是因为他们正好为弥漫在学术界的日趋专业化的持续压力提供了一种根本性的抵消。

西蒙在卡内基理工学院的事业，很好地解释了在这种跨学科模式基础上的社群建设和制度建设。从一开始，他就寻求把工业管理研究生院建设成一个以社会系统决策的数学化、行为—功能研究为中心的跨学科研究机构。同时，他寻求把工业管理研究生院与其他此类中心联系起来，通过共同的观点、共同的语言以及共同的资助人网络形成一个社群。在这些任务中，难点一直是在没有正式中心发出强制指导的情况下，灌输观点并传授语言。要做到这一点，最常见的方法就是在研究团队和协调委员会中建立一个相互交织的成员网络。

西蒙的抱负正逢其时，因为社会科学领域没有任何占主导地位的单一资助来源，而这意味着那些有能力把不同的利益群体——一边是科技企业家，一边是经纪人——融合起来的人能够吃得开。那些习惯于稳定、有序系统的人，或者那些希望独立自主的人，最终只能成为看热闹的局外人，他们面对变得如此复杂的世界满是疑惑和惊恐。西蒙把这种复杂看作机遇。实际上，他很喜欢告诉他的研究生，他们"需要学会在混乱中生活一段时间"。[64] 这或许是个好建议，但是西蒙之所以能够对混乱应付自如，是因为他总是相信里面隐藏着秩序。与之类似，他喜欢领导力而不是形式上的控制，是因为他确信在找到真理的时候，别人也会看到光明。如果他们没有看到，或者甚至说他们看到了，也总能找到另外一种模式，建立另外一种程序，也会有另外一帮资助人提供资金。

第八章

理论的孤岛群

在卡内基理工学院，西蒙着力打造社会科学的新机构、新社群以及新关系。他致力于为社会科学研究营造一个新的环境，一种为跨学科、数学化和行为科学研究打造的没有中央指令式的强制标准的环境。这种不断变化的环境对西蒙的学术工作产生了深远的影响，西蒙帮助建立的这些社群反过来也塑造了他。

在机构建设方面，西蒙努力的关键在于对各种资助来源的动员；与之类似，在理念构建方面，他也尝试把不同领域的概念、实践和技术融合在一起。他寻求融合的两个主要领域是组织理论和决策理论。尽管他认为这两个领域以各种重要的方式紧密相连，但是在1950年前后它们其实是截然不同的两个领域。组织理论主要从机构社会学和社会心理学中发展而来；而决策理论则包括博弈论、效用理论以及统计决策理论，全都属于数量经济学的范畴。简单来说，组织理论是关于影响和控制的科学的产物，而决策理论是关于选择的科学，尤其是理性选择的科学的产物。

西蒙1949年来到卡内基理工学院的时候，心中已经知道这两个领域结合在一起会是什么样子。融合的产物应该是一门数学化的、行为—功能的、经验的社会科学，一门把选择和控制都纳入进来的学科。

对于通向该目标的道路，西蒙心里也有着清晰的认识。然而，与其他旅程别无二致，这段旅程也很快获得了自身的生命。在这一旅程中，目的地发生了微妙的变化。解决问题取代了决策成为他探寻的目标。明白了这一点，他的目标显然可以通过新的途径更好地接近：构建个人如何解决问题的形式模型。

通向这个目的地的金光大道是新的机器科学。这种科学最常见的称呼是"控制论"，这给它的从业者树立了一种高级且令人振奋的形象。从这个抽象的高地看去，关于选择的科学和关于控制的科学就只是一条大河的支流，一条大道的岔路。这条大道是自适应系统（adaptive system）的功能分析——一种把组织中的决策研究转化为系统生存研究的方法。这种关于人的新模型既不是关于选择的科学中的完全理性的"经济人"，也不是关于控制的科学中完全可塑的"管理人"；而应该是自适应人（homo adaptivus），具有有限但真实的权力的主动的问题求解者。

在这条道路上，西蒙遭遇的主要障碍是形式模型与实证经验之间的巨大的鸿沟。在计算机里，而且主要是在"程序"的概念里，西蒙会找到办法桥接这道鸿沟。一旦跨过这座桥梁，他就进入了一个陌生而精彩的新世界。

关于选择和控制的科学

关于选择的科学与关于控制的科学一样，在20世纪40年代经历了快速的成长。比如，塔尔科特·帕森斯（Talcott Parsons）的结构功能社会理论，融合了弗洛伊德关于个人对群体价值的内在化的思想、"文化与个性"的人类学调查，以及态度、抱负和个人对群体调适的社会心理学研究。[1]军方对忠诚、领导力以及宣传的兴趣，更促进了这些思想的交汇，产生了一波研究小群体的热潮。[2]

这次交汇让很多人，尤其是与哈佛大学社会关系学系和密歇根大学心理健康研究院有关的人，期待出现一门建立在社会系统的功能分析之上的统一的社会科学。塔尔科特·帕森斯就相信，这门科学很快就会诞生。他在1944年写道："一次飞跃式的科技发展正在快速地积蓄力量。"他声称会把自己"全部的专业声望"押上，赌它将是"现代科技思想的一次真正伟大的运动"。[3]类似地，主办《行为科学》（Behavioral Science）杂志的心理健康研究院发言人詹姆斯·G.米勒（James G. Miller）相信，是时候"朝着行为科学的一般理论"前进了，而这种理论的基础应该是"一般行为系统理论"。[4]

尽管对这场运动的伟大意义可能存在争议，但运动的力度，以及其拥护者的信心，在20世纪40年代和50年代都是毋庸置疑的。帕森斯的《社会体系》（The Social System, 1951），罗伯特·K.莫顿的《社会理论与社会结构》（Social Theory and Social Structure, 1949），以及乔治·霍曼斯（George

Homans）的《人类群组》（*The Human Group*，1950）都在阐述着相同的理论，这些理论的基础都是对作为更大的社会系统成员的个人的功能分析。克莱德·克鲁克霍恩（Clyd Kluckhohn）与亨利·默里（Henry Murray）的《个性与文化》（*Personality and Culture*，1948）以及艾略特·查普尔（Eliot Chapple）和卡尔顿·库恩（Carleton Coon）的《人类学原理》（*Principles of Anthropology*，1947），这两部战后人类学再造运动中的重磅教材也遵循了类似的思路，政治科学家戴维·伊斯顿（David Easton）在他的代表作《政治体系》（*The Political System*，1953）一书中也是如此。甚至20世纪40年代末最重要的主流经济学教科书——保罗·萨缪尔森的《经济分析基础》（*Foundations of Economic Analysis*，1947）和《经济学：分析入门》（*Economics: An Introductory Analysis*，1948），都凭借这个假说做出预言，认为经济参与者是高度相互依存的系统的有机组成部分，因而不可能完全自由地做出选择。[5]

20世纪40年代，关于选择的科学也快速成长。关于控制的科学关注的是个人如何接受游戏规则，而关于选择的科学则专注于在具体的游戏中如何取胜。当然，在战时，所有人都在玩同一个游戏。数不胜数的人类欲望可以简化为寻求胜利（或者避免失败），余下的就只是寻找取胜的最有效途径。

在这个边界明确的沃野里，关于选择的科学繁荣了起来。20世纪40年代，研究在既定目标下对稀缺资源进行优化配置的诸多领域都取得了巨大进步，诸如博弈论、运筹学、效用理论以及统计决策理论。例如，运筹学脱胎于军方对配置稀缺资源（比如护航或者反潜机）以求最大程度发挥优势的需要。类似地，博弈论希望找到应对纷争的最佳策略，尤其是"冷战"双方的零和冲突。统计决策理论把早期统计验证理论所做的工作与博弈论结合在一起，把科学质询看作与大自然的竞争。[6]

关于选择的科学的发展具有四个共同的特征。第一，它们是高水平但非传统的数学的产物，尤其是集合论与统计学。第二，它们本质上是概率性的，而不是确定性的。第三，这些科学建构的模型总是（尽管并非必须是）静态的，而不是动态的。第四，它们都建立在个体恒定的效用函数的存在的基础上，也就是说，它们都认为环境不会形成个体的目标和偏好。环境仅呈现出备选项，个人可以自由地，而且是理性地从中选择。[7]

这些特征结合在一起，让决策理论对于数理经济学圈子以外的人来说非常强势、非常抽象，而且很难令人满意。例如，统计分析被作为评估数据可靠性的一种方式被广为接受，但是，世界由偶然性支配的观点则很难为很多社会科学家接受。西蒙尤其不喜欢对人类行为做随机分析，他相信"认为人类行为本质上是随机的，而规则性只是平均后的表现（按照统计学习理论的说法）似乎不那么自然；相反，弗洛伊德认为所有行为都是有原因的想法似乎更自然些"。[8]

这些科学所构建的模型的静态属性也存在问题。尽管游戏的参与者确实做出了一系列动作，但是这一系列的动作一般被视为最开始就被选中的单一策略。更有甚者，在关于选择的科学里，游戏不会变化，参与者也不会，而很多社会科学家相信，如果说有什么东西可以代表人类行为世界，那就是变化。另外，关于选择的科学依赖于预先确定的效用函数，以及参与者试图在博弈进程中最大化这些函数的假设，对于受过社会学和心理学教育的人来说，似乎是不现实的。例如，西蒙就常常说这类假设"很大胆"。

尽管这类假设困扰着西蒙，但是和很多社会科学家一样，西蒙依然相信关于选择的科学和关于控制的科学已经做好了重新融合的准备。正如他在20世纪50年代那份最著名的论文"对构建社会科学模型的一点策略性思考"中所写："在遭遇了经济学家、政治学家、社会学家、人类学家以及社会心理学家长达半个世纪的分裂之后，社会科学目前经历着一个重新快速融合的过程。"在西蒙看来，"对于参与到这个进程中的科学家来说，通用的外交语言是社会学和社会心理学的语言，而理论的共同核心 —— 如果你愿意，也可以说是国际法准则 —— 就是主要从这两个领域中总结出来的理论"。[9]

他认为，社会科学之所以朝重新融合的方向前进，是因为"在尝试理解和分析政治和经济现象中的重大事件（战争、选举和衰退）的过程中，社会科学家被迫形成一种认知：所有这类事件都是人类行为共同作用的结果……这种认知一步步且不可逆转地把社会科学驱赶回人类行为在社会环境中的原子现象"。[10]西蒙承认，这些现象异常复杂；所以，社会科学历史性地分化为各种专业化学科。不过，把这些专业化的学科重新融合起来的时机到了。在他看来，它们融合在一起后的产物不应该是一种单一的、标准化的理论（近期要实现它是不现实的），它应该包括一套完整的方法论标准，而且应该建立在综合关于选择的科学和关于控制的科学的基础之上。

行为革命

在西蒙看来，重新融合社会科学的标准，就应该是数学的，就应该是行为和功能性的，就应该既有经验的脚踏实地，又有理论的精深。这些观点让他站到了社会科学"行为革命"的前列。确实，这些观点很好地定义了行为革命。

行为主义者是社会科学家中的一个群体，他们致力于按照现代物理科学的面貌重构社会科学。一般说来，他们力求价值中性、客观、量化、数学化，对术语进行可操作定义，并将认真的经验数据收集和严谨的形式理论创建（一般通过形式建模）结合起来。在他们眼里，这些目标与传统的社会科学形成了鲜明的对照，它们在方法上更像历史学而风格上更像伦理学。[11]

行为革命不是无声的政变；相反，它通常会引发自诩"少壮派"的朝气蓬勃的群体与保卫社会科学传统方法和利益的年长（大体而言）一代的激烈争论。[12] 行为革命远比一场简单的"古老对现代"的战斗复杂得多，但这种特点确实抓住了这场战斗的重点。

把行为革命看成20世纪30年代芝加哥学派为应对相互依存、主观和变革而发展出来的思想和方法的延伸（在第二章里讨论过），可以更好地理解行为革命。在政治科学领域里，行为革命的很多领袖人物，比如西蒙、戴维·杜鲁门、V. O. 凯伊以及加布里埃尔·阿尔蒙德，在20世纪30年代期间都曾经在芝加哥大学学习，也都从导师那里继承了对知识及其目的的工具主义观点。他们持续不断地尝试组合个人专业与团队研究，并采用一种系统的观念来把握相互依存。为应对主观性的挑战，他们信奉曾经令梅里亚姆和拉斯韦尔迟疑不决的操作主义认识论，并且继承了导师们对人类理性的局限性的认识（但不是恐惧），而这一问题曾经长期困扰着他们的导师。最后，他们也都具有芝加哥学派对过程的兴趣，认为过程是理解系统内部变化的科学方法。

　　政治科学，仍然是西蒙联系最紧密的领域，在各机构针对行为主义的争斗中，最主要的事件有：1939年创建的以行为主义为导向的《政治学杂志》（*Journal of Politcs*）；1945年美国政治科学协会政治行为委员会的建立（最初由彭德尔顿·赫尔林领导，之后由戴维·杜鲁门领导）；1949年弗里德里克·奥格（Frederick Ogg）从《美国政治科学评论》（*American Political Science Review*，APSR）编辑部退休；当然，还有1951年基金会行为科学领项目的出现。政府，尤其是军方，对行为政治科学的资助也起到了很大的作用，正如《美国政治科学评论》编辑修·艾尔斯布里（Hugh Elsbree）在20世纪50年代中期所指出的："很多（行为导向的文章）都是政府资助项目的产物，反映了资助人和作者对培养数学技术的浓厚兴趣。"[13]

　　一个影响行为主义战斗进程和结果的主要因素，是第二次世界大战结束后20年间社会科学的巨大发展。再拿政治科学来举例，1947年美国政治科学协会拥有4,598名会员，其中有相当一部分没有系统学习过政治科学；1967年，它拥有

14,685名会员，其中取得政治科学博士学位的会员的比例增长了很多。这种急剧的增长出现在所有的社会科学领域，这意味着活跃在20世纪50年代和60年代的社会科学家中，有很大一部分是在战后学习这门专业的。因而，那个时期被认为在该领域"干得漂亮"的个人和机构，对该领域的形成产生了巨大的影响。这些领导者在导向上明显是行为主义的。然而，快速的发展也意味着非行为主义的社会科学尽管遭到了沉重的打击但是并没有绝迹。

战后行为主义者为芝加哥典范添加的新元素，是他们对数学和形式理论，尤其是模型构建的钟爱。对于西蒙来说，改革后的社会科学毫无疑问应该是数学化的。实际上，数学分析对于西蒙以及很多行为主义盟友们来说就是目标中的目标。正如他在《策略性考虑》（*Strategic Consideration*）中所写："首先，我会摒弃数学在社会科学中是否有用这一问题。我和J. 威拉德·吉布斯（J. Willard Gibbs）坚持认为，数学是一种语言，一种有时候比其他任何语言都能让我把事情表述得更清楚的语言，一种有时候能帮助我揭示用其他语言无法揭示的事情的语言。"[14]

以类似的思路，西蒙启动了他的著作《人的模型》（*Model of Man*），这是一本"关于社会背景下的理性行为的数学论文"集，摘录了傅立叶对数学的赞美："数学分析就像自然本身一样充满无限可能；它明确了所有可以认识的关系，度量时间、空间、力、温度……它最大的属性是清晰；它没有表达模糊概念的符号。它把最多样化的现象集中在一起，并揭示把它们结合在一起的隐藏的相似性……它似乎是人类心灵的一种能力，注定要弥补生命的短暂和感情的不完美。"[15]

对于西蒙来说，数学是一种思考的方法，也是一种表达思想的方法。它是看待世界的方式，也是交流关于世界的想法的方式。具体来说，要把诸多"理论的孤岛"统一为更广阔、更广泛的理论，数学是不可或缺的，因为几个"窄轨"理论使用了相似的数学形式，常常揭示出了相似的机制。在西蒙的著作中，最能说明这种情况的例子是他有关尤里分布（Yule distribution）的论文，他在论文中推演出一个模型："（A）通过词语出现的频率描述词语在散文样本中的分布；（B）通过论文发表数量描述科学家的分布；（C）通过人口描述城市的分布；（D）通过规模描述收入的分布；（E）通过物种数描述生物种类的分布。"[16] 在这个例子中，"机制"是一个概率，其中某种东西出现的概率与它已经出现过的次数正相关。这些现象的相似性存在于描述它们的数学模型的层级上，非数学的任何领悟都不太可能发觉它们之间的相似性。

对于西蒙来说，数学还有一种道德意义，下面这段话清楚地说明了这一点：

我们需要写下代表某些机制的所有可能的动态系统，在这些系统中已经知道有数学解的只占非常小的比例。然而，非数学家从这个事实中得不到任何安慰。因为如果不可能用数学的方法确定微分方程组已经清楚写下来的那些动态系统的路径，我们就会好奇，从对系统机制的模棱两可的文字描述入手的文字推理，如何能够得到同一个问题的答案。当然，得到答案是不可能的——除非通过某种伎俩，在文字论证的每一步都采用大量语焉不详而且不被认可的假设。数学的贫困是一种坦诚的贫困，不会在世界的面前炫耀想象出来的富有。[17]

鉴于数学在科学中的重要意义，西蒙相信，对社会科学家进行数学强化训练是很重要的事情。光靠与数学家或者统计学家合作，"购买"某人的数学技能是不够的，大家都必须学习数学，以便能用科学的方法思考世界。因此，西蒙热情地支持会科学研究理事会的暑期培训学院在数学方面的工作。[18]

然而，西蒙也秉持"数学工具，就像汉普蒂·邓普蒂（Humpty Dumpty，童谣中的蛋形矮胖子）所说的，必须是奴仆而不能是主人"。[19]具体来说，"数学化的理论创建主要必须来自需要进行理论创建的领域。语言的目的是说点什么——不仅只说有关语言自身的东西"。[20]正如他写给公共事务管理局的老朋友肯尼斯·梅（Kenneth May）的信中所说："数学是一种语言。我们想让科学家能够读懂它、说出它并且写下它。但是我们并不是要把他们都培养成语法家。"[21]

走向数学化的关键一步是采用行为—功能方法。尽管这两种方式是相互独立的，但在20世纪40年代至60年代，它们几乎总是一同出现。它们之间的紧密关系不是偶然的。

或许，这二者间最重要的联系是它们都在以系统的方法去理解人类行为。在这里，行为主义和功能主义之间的联系既是实践性的，又是认识论的。在西蒙看来，要认识一个人只能通过他的行为才能做到，而他的行为只能通过他对自己所属的系统中的其他元素的影响才能被了解和识别。所以，西蒙早期对质量的操作性定义具有重要意义：甚至物体的质量这样一种似乎"天然"和"个体化"的属性，实际上也属于科学家和系统，而不属于这个物体本身。[22] 人类的行为就更是如此了。

行为主义和功能主义也是系统观念的产物，二者都通过专注于系统成分的表现形式而不是内在性质，极大地简化了对现象的分析。执行一种功能的个体要远比拥有独特历史和属性的个体更容易了解，而且只有在成为系统的组成部分的时候，个体才能按照其功能进行分析。

类似地，在这种功能分析中重要的是功能的表现，而它的表现方式远没有那么重要，只要输出的结果符合必要的操作参数。按照这种观点，重要的不是你使用锤子还是木板把钉子钉进去，只要钉子在适当的时间和地点被钉进去即可。行为主义方法也是一样：产生某个行为的内部机制的特性，只有在它们影响到该行为的时候才是重要的。这些内部机制可以是个"黑箱"，大家可以像工程师那样，专注于盒子必须履行的功能（不管采用什么办法），以便把某个输入转换成为某个输出。

行为—功能分析并不必然导致数学分析（以塔尔科特·帕森斯为证），但是，它让数学化的社会科学的发展更具可行性，也更令人期待。它通过几种方式来实现。首先，数学模型的构建要求简单化。个人和位置的大量细节必须被剔除。把个体作为系统组成部分来分析让这样的简化成为可能，因为它把科学家的注意力限制在有限的函数集里。类似地，行为—功能方法允许研究者根据一个有限的现象集的系统的、可度量的影响来定义理论术语，这不仅让关系的量化成为可能，也让在数学上把一种行为描述为另一种行为的函数成为可能。函数（function）是一个数学术语，也是一个机械术语，用以描述两个（或者多个）变量间的关系，西蒙完全按照这个概念使用这个术语。例如，在他的《社会群体互动的形式理论》（*Formal Theory of Interaction in Social Groups*）里，"友谊"（首先）是"互动"的函数。[23]

西蒙对重新融合的社会科学的愿景的第三个关键元素是经验研究。西蒙在"战略思考"（Strategic Considerations）一文中，对经验研究必要性的讨论要比在其他地方少，但是这是他的知识进程的重要组成部分。（比如，回想一下，第四章谈到的实验对西蒙的重要性，以及在第二章和第五章讨论过的他对维也纳学派激进经验主义的推崇）。

20世纪中叶时，人们对社会行为进行实验调查的能力有限，但一直在提高。战争显著推进了以小组形式对行为进行实验分析，以及以技术系统形式对"人文因素"进行实验分析的工作，而且，这些工作在20世纪40年代末和50年代仍然继续获得了军方的广泛支持。类似地，始于20世纪20年代和30年代的调查、民意测验以及大规模的资料收集和分析项目在战后急剧扩张，因为社会科学对一切都在进行调查，从总统偏好到性偏好。（然而，对总统性偏好的分析还要等到20世纪90年代。）

在20世纪50年代初，社会科学中最广泛使用的实验系统仍然是老鼠走迷宫（或者这一基础模型的某种变形）。电子计算机作为社会科学（尤其是心理学）研究工具的潜能暂时还没有人看到，尽管计算机对西蒙以及对总体的社会科学的重大意义很快就会显现出来。由于计算机的这种用途还在很远的未来才会出现，西蒙也不是民意调查员，所以他的经验主义就是 1950 年时候的样子，还是那种因陋就简的类型。与日常经验相符的是他在理论构建中使用的常规检验方法，其中会对分析做出更详细的规定，但并不付诸实践，起码绝大部分是这样。因而，他的同事詹姆斯·马奇把西蒙的全部作品说成"序言汇编"，虽不厚道但也不是完全没有道理。[24]

西蒙行为主义进程中的最后一个要素是形式理论和形式模型的开发。西蒙和他的行为主义者同事试图将美国社会科学在经验数据收集方面的特长与欧洲社会思想缜密的理论构建结合起来，目标是建立严谨的经验理论，把赤裸裸的事实组织起来并赋予它们意义，同时避开形而上学迷雾的诱惑。在美国社会科学强大的经验主义背景下，这个目标很大程度上被转化为在社会科学领域齐心协力让理论合法化。对于行为主义者来说，科学是从把事实组织成为概念框架的过程中得来的，科学的进步主要源于更先进、精致且简约的理论体系的发展，而不是简单地发现新的事实。[25]西蒙在计算机和模拟技术方面的经验，以及这些技术所引发的批评，稍后会让他走向坚定的归纳主义。然而，20 世纪 50 年代初，他对形式理论和形式模型很感兴趣。

与这种以理论为中心的观点一致，西蒙相信改革后的社会科学的恰当产物应该是形式理论模型。在他的学科里，建模的重要性可以从他不计其数的汇编著作的书名中看出来:《人的模型》(*Models of Man*)、《发现的模型》(*Models of Discovery*)、《思维的模型》(*Models of Thought*)，以及《有限理性模型》(*Models of Bounded Rationality*)。西蒙甚至给自己的传记取名为《我生命的模型》(*Models of My Life*)。

模型的主题以及它们与理论的关系值得做更细致的探索，因为西蒙开始把建模看作所有学科的基础。实际上，在20世纪50年代的进程中，西蒙越来越把建模看作所有认知（无论是一般的还是科学的）的中心特征。所有思想都涉及构建世界的简化模型。科学只是通过形式语言（比如数学）以及对假设的经验检验，让这个过程严谨且系统。

对于西蒙来说，科学模型必须是对真实世界的简单描述。这是它的属性和目的。因而，说模型是对世界的简化描述，这种批评就没说到点上。一个与它所代表的事物同样复杂的模型，就是他所代表的事物本身，因而没有任何用处。

如果形式理论模型是科学的归属，那么它的起点就是对变量之间持续关系的经验观察。理论的目的就是对该关系做出解释。模型的目的是按照理论描述一个具体的（可以以物理形态实现的）系统。因此，人们用实验检验的不是理论，而是模型。表达同一个理论的模型可能有很多，而被检验的只是其中的一个。（实际上，正如西蒙后来认为的，模型或许不是从理论中总结出来的，而是从经验归纳中构建出来的。）西蒙用"微观理论"这个词来描述单一的具体系统模型。

西蒙使用这些词语的微妙之处在于，由于模型描述的是一个具体的可以实现的系统，也由于世界是复杂的，其中充满了很多相互作用的系统和亚系统，所以在你想建模的那种情形下，起作用的显著变量集通常不止一个。结果就是，试图准确预测某种情况的模型，几乎不可避免地会用到不止一种理论。因而，在某种意义上，模型可以"大于"理论，因为它会囊括多个理论的元素，以便把握具体系统的复杂性。与此同时，理论也可以"大于"模型，因为某个单独的理论可能是很多模型的组成部分。

与其他人一样，西蒙也以另外一种方式使用"模型"这个词：把模型考虑为启发式的，而不是具体系统的表达。尽管具体的系统模型是为了以一种抽象但有足够的细节可以进行经验检验的方式表达一个系统的基本特性，启发式模型则更多地用作思想指导。它们启迪理论构建，而不是根据理论进行构建。启发式模型因而更像是根隐喻（root metaphors）或者基本假设集，而不太像具体的系统模型。[26] 尽管他没有明确规范这两种模型的差异，但是很明显，西蒙（以及很多其他科学家）一直使用"模型"这个词来指这两种不同的构建类型。

某些例子或许能够帮助我们说明这些术语。那我们就举一个对西蒙具有重大意义的例子：进化论。达尔文提出，进化是通过自然选择完成的。该理论的核心的基础经验是：尽管所有的物种都有自己的特质，有机世界仍能被划分为具备很多相同特质的物种群，证据是我们能够把物种分为界、门、纲、目等。通过自然选择完成进化是达尔文对这个层级制的物种群的主要理论，也是他的基本解释。[27] 他的进化论经多年完善，已经建成了大量的具体系统模型，从具体的生态系统模型（切萨皮克湾分水岭、高草普列利群落）到个体种群的进化模型。通过自然选择完成进化的理论已结出硕果，产生出众多强大的具体系统模型，成为很多启发式模型的根，其中，最基础的就是经济就像一个生态系统（公司和个人就像物种）。[28]

再朝我们的主题接近一点，按照《管理行为》和《公共管理》的论述，西蒙的组织决策理论建立在大量的经验归纳的基础上，其中最重要的就是组织中的个人通常服从其上级，但并不总是如此。关于这个问题，西蒙的一项理论就是：只要指令不超出他们的无差异区域，也就是说，只要指令符合他们对上级可能下达的指令的期望，个人就会服从上级。按照西蒙的理论，这个区域的规模和形状取决于个人对组织基本目标的认可程度、个人价值体系的具体特性（很大程度上来自更广大的社会），以及组织在社会中的结构和职能。

因而，尽管西蒙的权威理论打算用到所有组织上，但他用这个理论构建的具体的系统模型则是具体某类组织的决策模型。尽管这些模型具有很多共同特征，但是军队决策的模型不同于民用机构、政党或者商业企业。特定组织决策的具体系统模型也涉及其他理论，这些理论涉及不同组织类型的结构和使命、社会价值体系的内化、组织内部的沟通模式等。[29]于是，他具体的决策系统模型跟他的权威理论相比，既更普遍，又更不普遍，既更大，又更小。

1950 年前后，与西蒙的权威理论相关的基础启发式模型包括了三种基本思想：第一，人是可塑的；第二，人倾向于理性；第三，人脑很像官僚组织，二者都具有层级结构，层级越低选择就越受局限。正如后面两章里将要讲到的，在20世纪50年代，西蒙的基础启发式模型发生了微妙但很重要的变化，因为他向大脑和官僚组织的方程里加入了第三种概念：到20世纪50年代中期，对于西蒙来说，大脑就如同官僚组织，像是编好程序的电子计算机。

关于理论、具体的系统模型以及启发式模型，要说的就是这么多了。但是，"形式"理论和"形式"模型是什么？建立形式模型或者形式理论，就是用一种形式语言，比如数学，来表达该模型或者理论。形式语言是一种有规则的语言，强制其用户实现内部兼容；换句话说，表述的形式有严格的规则。例如，你不需要为了判断是否内部一致，就去了解方程式是否经过经验检验，因为代数和微积分都是形式语言。

对于西蒙来说，形式模型是所有真正的社会科学的终极目标，但理解该目标的社会科学家实在太少。太多的社会科学家在观察或者实验的基础上，开发了诸多"理论的孤岛"，但是没有继续下一步，进入把这些语言理论进行形式化处理的关键阶段。[30] 因而，西蒙相信，把这类语言理论"翻译"成数学语言"本身就是对理论的巨大贡献"。[31] 最终，当他在兰德公司看到能存储程序的电子计算机之后，西蒙开始相信，计算机程序是构建人类行为理论的理想的形式语言。

两座孤岛

在《战略思考》一文中，西蒙曾经提出，以开发关于人类行为的多个局部理论作为序幕，最终融合成更大的结构，这是很重要的事情。在1950年至1951年，西蒙自己亲自把这个战略付诸行动，构建自己的"理论的孤岛"。在这些岛屿中，"雇佣关系"（Employment Relation）理论和"社会群组中的互动"（Interaction in Social Groups）理论就是其中的两座。[32] 为了与他的"分步实施再融合"的方法相一致，这两种理论都没有尝试完全融合关于选择和关于控制的理论。前者主要从经济学的决策理论进行推导，并且得到了考尔斯经济研究委员会的支持，而后者则从社会学进行推导，由控制研究发展而来。[33] 然而，二者都是走向最终融合的步骤。

在《雇佣关系的形式理论》（*A Formal Theory of the Employment Relation*）中，西蒙从正要决定是否加入一家企业的个人的角度，以及从正要决定是否雇佣他或者她的老板的角度来看待组织。在这两种情况下，组织都只是"单纯的工具"，雇主和雇员两者都不把组织的成员资格当成自身的目的。[34] 为了与关于选择的科学的传统保持一致，这种情况被视为"两人间的非零和博弈，使用的是冯·诺依曼和摩根施特恩的概念"。[35]

这篇文章开篇即指出，关于聘用合同的传统经济学理论"涉及高度抽象的概念，事实上，高到根本不考虑我们在现实世界观察到的那些最惊人的经验事实"。因而，西蒙定下了目标，要有限制地把"某些更为重要的经验现实"重新纳入"经济学模型"里。[36]

经验现实重新进入模型的桥梁是权威的概念，这是我们在《管理行为》中很熟悉的一个概念。西蒙发现，聘用合同不同于销售合同，一种具体的商品不是以一个具体的价格进行交换的，而是被聘用者同意接受聘用者对他的行为（在一定范围内）的管理权以换取工资。[37]

在这场博弈中，聘用者和被聘用者是竞争者，因为每一方都有自己的效用函数，都想尽量让对方的某些成本最大化。这是一场非零和博弈，聘用者和被聘用者二者都从博弈中获得了某种东西（当然他们也可以选择放弃）。他们得到的是什么？他们得到了在面对不确定性时确定的"流动性"，把选择具体行动路径的需要推迟到了了解了更多情况的时候。因而，聘用合同本质上是用于解决"在面对不确定性时做计划"的问题。[38]

西蒙承认，尽管这个模型比传统的模型更加现实，但仍然没有考虑"现实环境中数不胜数的重要问题"。具体来说，"这是在制度史和其他非理性因素非常重要的领域出现的一个理性行为模型"。他认为，有几种方法可以扩展他的模型，把这一类的关切囊括进来，但这仍然建立在"假设行为是理性的效用最大化"的强大基础上。[39]

1950 年西蒙数学形式化的其他主要项目与此不同。他把乔治·霍曼斯的《人类群组》（*The Human Group*）"翻译"成"社会群组中互动的形式理论"。西蒙的"霍曼斯模型"没有采用博弈论的形式，而是被构建为相互依存的变量系统，它们之间的关系通过一组微分方程来描述。实际上，西蒙选择《人类群组》作为精确数学化的模型，是因为霍曼斯描述的系统，其特征可以用微分方程组来描述，因而有机会使用数学家为分析此类系统行为而研发出来的复杂工具。[40]

西蒙在文章开篇宣称："对于沉迷于数学应用的人来说，在非数学著作中，任何含有'增加''大于''倾向于'这种词语的语句，都等同于一次挑战。"西蒙很愿意接受这种挑战，把论文的目的确定为通过"具体的例子证明，数学化如何能够帮助澄清概念、检查假设是否独立以及提出新命题，这些新命题指明了让理论接受经验检验的其他方法"。[41]

做了这样的导入之后，西蒙把社会群组简单地描述为一个系统，参照四个变量对它做了限定，四个变量全都是时间的函数。这些变量是成员间的相互影响、他们之间的友谊、群组成员间的活动量，以及环境（"外部系统"）强加于群组的活动量。[42]

与其他大部分计量经济学模型不同，西蒙的霍曼斯模型假定了变量间存在三组动态关系。因而，在这个模型中，系统本身随着时间而改变。例如，相互关系的强度"取决于友谊的水平以及群体内部的活动量，并且随着这两个变量的增大而增强"。[43] 结果就是，友谊的改变反馈到系统里，又会再次改变影响友谊水平的其他变量。

这种模型让西蒙能够使用原本为分析其他以反馈机制为特征的系统的"时间路径"和平衡位置而开发的数学工具。系统的时间路径分析要求大量的经验研究，以确定该系统的系数值，而平衡分析可以在这些调查之前就着手去做。比如"检查平衡稳定性的条件"，而且"从平衡和稳定性的假设出发"可以预测"如果自变量或者系统的常量发生改变，会出现什么情况"。西蒙认为，这种"比较静态分析"的方法是一种强大的工具，可以"发掘总体定性特征，这些特征用粗略的数据就可以检验"。[44]

多样的项目，多样的资助人

20世纪50年代初，西蒙采用了各种办法来解决一个基本问题，那就是如何理解社会环境里的人类行为。他唤起了各类资助人的兴趣，为多样的项目找到了支持者。对于关于控制的科学的其他资助人来说，西蒙是行为革命的领袖，他将把社会科学变成行为科学，并因而把这个领域带入对群体如何影响个人的一种新理解上。对于空军、考尔斯经济研究委员会以及其他关于选择的科学的资助人来说，他是一位应用数学家，寻求把自己的工具应用到新的领域。尽管他把自己看作局外人，但是他能够在两个阵营里像局内人一样无所顾忌地呈现自己。所以，他与两个阵营的主流若即若离的关系被视为创造力的产物，而不是愚昧的结果。在西蒙看来，他参与了他们各自的游戏，因为他们没有意识到，大家玩的其实是同一个游戏。

20世纪50年代期间，西蒙对不同资助人的依赖对他的工作产生了几种不同的后果。第一，这鼓励了他去追求多样的、局部性的主题，而不是单一的宏大愿景。第二，这鼓励了他从一系列领域中选择容易相互解释的概念、理论和技术，尤其是数学建模技术和行为—功能分析。第三，这鼓励了他借助抽象化来完成这样的转变。

这些资助人的特殊属性，以及20世纪40年代末和50年代初的特殊背景，在促成西蒙追求其多元化研究方面起到了一定作用，因为这些资助人全都认同"基础研究"的价值，并同意赋予科学家巨大的自由去追求自己的兴趣。基金会和军方研究机构都有意推动能力建设，也想推进各自的使命，因此支持发展方法论和基础知识体系，并培养一批有能力的行为科学家。

尽管西蒙的资助人停止支持西蒙对关于选择的科学和关于控制的科学的融合，但是他们的这种做法只是间接的，至少在20世纪50年代初是如此。他对融合的追求尽管备受尊重，但是资助人并不要求他这样做，甚至不希望他这样做。融合的驱动力来自西蒙自身，而且，只要关于选择的科学与关于控制的科学之间还存在距离，人们就只能够找到有局限的表达。因而，西蒙在1950年只是决策理论家和组织理论家，尽管他想要成为超越二者的人物。

在西蒙看来，这两个隔离的领域之间确实存在某种联系：它们都是用一种系统的方法来看待世界和看待人类行为。那么，融合所需要的，就是一门新的系统科学，这门科学包括了选择和控制，以及能够让一门新的跨学科的科学得以成型的环境。在伺服机制理论中，西蒙会找到这样一门科学的种子；而在兰德公司的系统研究实验室里，他找到了一种环境，让这些种子可以生根发芽。

第九章

大脑和机器的新模型

　　西蒙寻求社会科学领域的融合。这种融合是多层面的，不仅把选择和控制结合起来，而且也把理论和实践、研究和改革结合了起来。在机构层面，他努力打造一系列的跨学科研究中心，以及一个从事并支持数学、行为—功能以及以问题为中心的社会科学的资助人网络。在知识层面，他希望通过关注已知的跨学科"融合领域"——社会系统中的决策研究，把关于选择的科学和关于控制的科学统一起来。

　　接下来，走向这种融合的关键步骤就是发展出一种新的人的模型，取代完全理性、完全自由的选择科学的"经济人"（homo economicus），以及完全可塑的、完全驯化的控制科学的"管理人"（homo administrativus）。这种新的人的模型或许应称为"自适应人（homo adaptivus）"，因为在其中，人类是一种被束缚但是有理性、被限制但是有能力的问题求解者，而解决问题则被视为自适应过程的中心流程。

　　自适应人模型的发展，在某些方面看，是一个非常复杂的过程，因为西蒙用很多的模块搭建出这个新模型，其中有些是他找到而且适合他自己使用的，有些则是他自己建构的。从另一些方面看，这又是一个非常简单、非常熟悉的故事：西蒙采纳了很多的想法，其中绝大部分也单独发生在其他人身上，他把这些想法用一种新的方式摆放到一起，并赋予了它们以新的意义。

被西蒙组合进新的人的模型的思想主要有三个来源：（1）他自己之前在管理决策方面的工作；（2）当代控制论和伺服机制理论，尤其是 W. 罗斯·阿什比的工作；以及（3）格式塔心理学（Gestalt psychology），尤其是它在解决问题和"创造性思维"方面的成果。西蒙之前在管理决策方面的工作让他认识到了有限理性原则的重要意义，以及关于选择的问题的重要性，这些工作还让他学会了把个人和组织都看作决策机器。从控制论和伺服理论中，他获得了：有机体、组织以及自适应机器从功能上看都是同等的，而不仅仅是类似；反馈是所有自适应系统（包括有机的和机械的）的基本组成部分；自适应系统可以进化出极端复杂的行为，因为它使用的是"嵌套"机制而不是把简单行为链接起来。这里的"进化"说法尤其重要，因为在西蒙看来，这是一种类似于自然选择的过程，既产生出了自适应行为，也让它们的组织进入了一种层级制的行为系统。最后，从格式塔理论中，西蒙学会了把学习和解决问题看作认知适应的过程：动物通过学习针对环境构建简化的心智模型来适应环境，这些模型不仅是生物体决定如何达成目标的参照点，而且也是确定它们自身目标的基础。

所有这些思想都建立在两种基本的信念上：有限理性原则和世界是一个系统的思想。这两种信念的产物，也就是自适应人模型，从始至终都反映了那些思想。这个模型中的人类是一种简单的误差控制型生物，他们在随机遭遇如此复杂以致无法全面了解的环境的过程中，学会构建关于这种环境的简化模型，这些模型能够实现其目标，尽管不是以最优的方式。

所有这些思想都是西蒙1952年在兰德公司的系统研究实验室（SRL）里综合起来的。实际上，尽管人们一般把1956年看作人工智能（AI）和认知革命的元年，但1952年是西蒙的丰收年。系统研究实验室是节点，而西蒙是接口，所有思想都在此相遇并融合。在系统研究实验室，西蒙首次见到了电子计算机，并接触到程序和模拟的概念，更重要的是遇到了他的灵魂伴侣艾伦·纽厄尔（Allen Newell）。西蒙将与纽厄尔一起，在战后心理学的中心（也是人类作为终极的问题求解者的自适应人的中心）发展出启发式模型，并发展出了20世纪50年代至70年代作为认知心理学和人工智能典范的具体的模型。

输入：自适应机器与格式塔场景

西蒙刚到卡内基理工学院不久就开始研究伺服机制理论，希望从中找到构建动态系统模型的途径。伺服理论与西蒙的科学思想以及他当前的学术目标产生了共鸣，因为在1950年前后，他正处于开发强大而实用的工具以及包罗万象的科学的过程中。这种科学是关于机器的科学，包括物理意义上的、社会意义上的，以及象征意义上的所有机器。

就像关于选择和关于控制的科学一样，关于机器的科学在20世纪40年代期间发展得同样很快。与第二次世界大战期间在所有领域突然爆发的科技进步一样，对机器的研究在战争爆发之前就已经走了很长一段路。例如，20世纪初，日趋复杂的机械和机电系统就已发展起来，用于分析这类系统行为的强大的概念和数学工具也已经着手开发。[1]

在该世纪的头30年，复杂的发电和电话通信系统的创建者遭遇了后来的系统设计人员必须解决的很多问题：相互依存、复杂性和规模化。所以他们的工作为战后的"控制学家"提供了许多概念也就不足为奇了。最基础的思想是：机器是一个系统，这个系统必须按照功能来规范。也就是说，机器就是一种按照某种规则，在一定的误差范围内，把输入转换成输出的系统。按照这个定义，机器可以用金属制成，也可以用肉体或者符号制成。这种广泛的框架支撑了所有的机器科学，从控制理论到伺服机制理论；结果就是，越来越多的科技史学家开始给20世纪三四十年代出现的分析复杂动态系统，尤其是人机系统的科学贴上了"系统科学"的标签。[2]

20世纪初，伟大的电力和电信系统也为战后机器科学创造了另外两件具有重要意义的事情：电气工程师和电子通信技术。当然，电气工程师是为了满足发电、电话以及后来的无线电广播系统的需要而培养的。因而他们被培养成了按照系统，尤其是封闭系统进行思考的人。他们按照功能的方式理解系统，不怎么关心"黑箱"内部发生的事情，而更多地关注箱子以一种规律的方式把输入转换为输出。另外，尽管电气工程师受过高深的数学教育，但他们仍然是工程师，这就意味着他们的兴趣在于建造有形的工作机器，而不只是算法。[3]

　　与此同时，机械的电气化让以新的方式理解机器成为可能。电气化的机械可以通过"实时"运行的反馈回路进行控制。也就是说，电气化控制的机器至少可以与人工操作者一样快捷地调整工作状态（而且通常比人工更为精准）。这种能力在纯粹的机械系统中并非前所未有，况且带有同步运行的机械调节器的自动系统（诸如钟表控制的自动机器以及瓦特的蒸汽机）很久以来就是人机模拟的来源。然而，电子机械的出现让这种能力更加常见，让人印象深刻，从而促进了机器和它们的人类操作者之间一整套新的模拟的出现。[4]

　　机器系统内部通信的快捷，让把更大规模的机器集群想象成单个、统一的系统成为可能。结果，系统的边界在概念上可以更加宽泛。实时参与把输入转变为输出的任何事物都可以被想象成同一个系统的组成部分。20世纪40年代，"任何事物"开始包括人类，把系统中所有的组成部分联系起来的无形事物开始被称为"信息"（information）。[5]

　　正如彼得·加里森（Peter Galison）曾经认为的，到第二次世界大战结束的时候，任何复杂机械的人类操作者通常都被看作系统的组成部分。[6]例如，飞行员与他的飞机密不可分，防空炮炮手被看作火炮系统的组成部分。这种把人类包括进机器里的情况主要取决于相互关联的两方面的发展：赋予目的让机器人类化，以及按照功能定义人员让人类机器化。

　　"行为、目的及目的论"（Behavior, Purpose, and Teleology）这篇1943年由诺伯特·维纳、阿托诺·罗森布鲁（Arturo Rosenblueth）以及朱利安·比奇洛（Julian Bigelow）撰写的

论文，清楚地说明了人与机器的这种交汇。[7]这篇论文显而易见是一位数学家（维纳）、一位研究人类系统的科学家（生理学家罗森布鲁）及一位电气工程师（比奇洛）的联合产物。差异如此巨大的学科视角能够结合到一起，说明把人类身体重新定义为生理机器以及把电气设备重新定义为有目的的自适应系统的时代已经来临。

他们在文章中论述，如果机器由反馈控制，那么完全可以把这些机器描述为有目的的行为主体。在他们的广义公式里，任何执行把输入转换为输出的事物都是机器。一种称为伺服系统的特殊机器能够把这种输出与一套预先确定的目标进行比较。输出与目标之间的差异就是误差，而且这种误差会被反馈回系统（作为二次输入），去影响系统的表现。这样来看，伺服系统就是调整其表现从而达成目标的误差控制设施。因而，它们既是目的性的也是动态的。维纳后来在他颇具影响力的著作《控制论》（*Cybernetics*）中进一步详细阐述了这种思想。在这本书里，他把控制论定义为所有（包括机械和人类）系统的"通信和控制的科学"。[8]

正如史蒂芬·海姆斯（Steven Heims）在《控制论小组》（*The Cybernetics Group*）中所展现的，对于社会学家来说，有机会建立一种动态系统的科学，无疑具有巨大的吸引力。[9]战后的最初几年里，很多关于控制的科学的实践者，比如社会学家塔尔科特·帕森斯、人类学家格雷戈里·贝特森（Gregory Bateson），以及心理学家库尔特·勒温（Kurt Lewin），都读维纳的书，出席有关"反馈机制"的梅西大会，并采用大量的控制论的词汇。例如，帕森斯用一种越来越抽象的基于系统的语言来描述社会进程，按照社会机构在自适应、目标实现情况、一体化以及模式维护中的作用来分析社会机构。[10] 尽管他的《社会系统》（ *The Social System* ）常常被批评为太静态，但是帕森斯对系统中自适应机制的兴趣把他带回了社会科学中的一个曾经的而且也是未来的信条上：进化。

然而，西蒙并没有被维纳的控制论构想迷住，也没有被帕森斯对它的解读吸引。西蒙总是说他关于自适应系统的想法植根于控制论出现前的"古典伺服理论"，而且他觉得W. 罗斯·阿什比的著作在把伺服系统应用到生物系统的部分更令人兴奋。[11] 西蒙对阿什比的第一本着作《设计一个大脑》（ *Design for a Brain* ）如此痴迷，以至于在1953年给阿什比写信，告诉他这本书是"我在这10年里读过的最令人激动的书。"[12]

西蒙如此偏爱阿什比的构想，确切原因不是很清楚。或许是维纳的傲慢让他反感；或许是他觉得阿什比对系统的物理性质有着更好的感觉，方便他进行概括；也可能是维纳的思想已经流传得太广，让西蒙不想引用。不管是什么情况，西蒙反复强调自己对阿什比的仰慕，以及对维纳的冷淡，这就说明如果我们想知道西蒙从新机器科学汲取了什么，需要研究的是阿什比的著作而不是维纳的著作。

阿什比是一位生物化学家和神经生理学家，在英国一家精神病研究和治疗中心巴恩伍德豪斯（ Barnwood House ）医院担任研究主任。[13] 阿什比的主要研究领域是内分泌系统和大脑功能的生物化学。跟所有深受 L. J. 亨德森和沃尔特·坎农影响的生理学家一样，阿什比对生物在变化的环境里维持内部平衡的能力很是着迷。[14] 他明白，在产生维持平衡所必要的自适应行为方面，中枢神经系统是关键的行为主体。所以，在《设计》一书里，他把揭示"神经系统产生自适应行为的独特能力的源头"作为目的。[15] 书中把"神经系统的自适应行为的事实，以及根本性的机械论的假设作为基础；它进一步假设，这两组数据并非不能兼容"。[16] 因而，阿什比很快把他的问题重新表述为："哪类机器能够'自适应'？"[17]

阿什比的推论是，不仅自适应系统，所有这类机械系统都必须是误差控制型的，必须能够根据环境的变化从一种"行为方式"转换到另一种方式。他认为，这样的系统可以既是"完全自动化的"，又是"以复杂的方式主动进行搜寻的"。实际上，"一旦认同反馈可以用来按照我们的意愿修正任何偏差，那就很容易理解，即便是缺乏'关键因子'或者'智慧因子'的机器，其目标搜寻的复杂程度也可能是无限的。因而，自动防空火炮可以通过从目标飞行器或弹壳反射回来的雷达脉冲进行控制"。"这样的系统是完全自动化的，从其行为上根本无法与人类操控的火炮区分开来。"[18]

在这些段落里，我们看到了20世纪40年代出现的新的机器理论的很多关键特点：电子通信的导入（通过"雷达脉冲"）让系统的实时调整成为可能，让机器具有目的性，并因此模糊了人和机器之间的界限。这种模糊不是意外的疏漏。在一封写给西蒙的信中，阿什比这样写道："我坚定地相信，'组织'的原则从根本上说是相同的，无论是大脑里的神经元组织、社会上的个人组织、机器里的零部件组织，还是工厂里的工人组织。"阿什比继续说："我长期以来一直持有这样的观点，100亿个神经细胞如何在大脑里和谐地一起工作，跟20亿人如何能够在一个社会上和谐地共同工作，其实是同一个问题。"他总结说，《设计》一书给出了以生物学方式创建这种和谐组织的方法。[19]

　　阿什比认为，和谐、自我平衡的组织是通过"超稳定原则"建立的。正如他所解释的，反馈系统要么主动稳定，要么主动不稳定，这主要取决于是反馈修正还是强化误差。简单反馈是一种机制，通过这种机制人们可以在一个不变的环境里选择系统的不同状态——系统进程的加速、减速或者其他改变，从而把系统的"关键变量"维持在一个可以承受的范围内。

　　然而，在变化的环境里，只有稳定是不够的。系统必须能够改变它作为整体的"行为方式"，并能针对它可能选择的各种行为方式"有选择性地行动"，排除那些导致不稳定的，并保留那些维持稳定的。一句话，系统必须能够对其参数中的变化做出反应，也能对其变量值的变化做出反应。阿什比把这种系统称之为"超稳定系统"。[20]

　　想象一个自动恒温控制的熔炉系统。它把输出（期望的空气温度）与输入（当前的空气温度）进行比较，相应增加或者降低熔炉产生的热空气的流动。在一定的范围内，这样一个系统是稳定的，这个范围由外部的空气温度、熔炉的热容量、隔热层的厚度，以及其他类似的参数设定。系统将会达到平衡（或者围绕它小幅波动），并保持在那里，甚至还可以应对微小干扰，诸如门被打开或者关上。然而，现在我们改变系统的参数，打开所有窗子并一直开着，或者封上一个主要风口，那么，加热系统就会过热，或者发生稳定波动，或者表现出其他的不稳定迹象。除非加热系统是超稳定的 —— 能够选择一种新的运行模式，并因而适应已经变化的环境 —— 它就不能形成均衡。

在阿什比的构想中，超稳定系统是那些能够自然地选择行为以适应环境的系统。各种"行为方式"随机产生，然后针对环境进行检验。如果系统的时间路径趋于稳定，行为方式就保持不变，直到环境参数再次发生改变。如果时间路径不稳定，系统就变换到另一种随机的行为方式。超稳定因而是对行为的自然选择，而且是所有自适应系统的基本特点，甚至包括复杂的有机体和社会组织。[21]

把自然选择原则应用到行为上的这种尝试并不新鲜。反而，它们早已深藏在行为心理学的中心，从巴甫洛夫创立的条件反射，到斯金纳通过"强化"连接刺激与反应。[22] 这些心理学体系是强大的，但又总是碰触复杂性的暗礁。复杂的人类行为，比如语言，把如此众多细微的行为组成更大的行动。这让我们很难看清楚，人类怎么能够通过选择性强化学会所有这些事情。比如，如果把刺激—反应—强化模型应用到语言的学习上，或许能够解释孩子们如何学习单词，因为词汇的数量是有限的，但是对于孩子们如何学习语句则永远解释不清，因为语句的数量是无限的，这一点，心理学家乔治·A. 米勒在20世纪50年代就指出来了。[23]

阿什比意识到了这个问题，并提出了一种新的解决方案。他认为，理解复杂行为的关键是要记住：系统，包括超稳定系统，都是由子系统组成的。如果一个单独的有机体由大量的超稳定系统组成，每个系统都很独立，而且每个系统都在适应其所处的环境（包括它们所从属的更高层级的系统），那么，整个系统就能够产生惊人的复杂适应性。因而，复杂行为的产生不是把简单行为链接（chaining）在一起，而是把它们相互嵌套（nesting）在一起。结果："到人发展出成年人的技能和知识的时候，他反复屈从于超稳定行动的程度已经可以与现有物种屈从于自然选择的程度相提并论了。如果真是这样，超稳定完全承担自适应行为的发展就是可能的，甚至在这种适应的复杂性与人类行为相当的情况下。"[24]

因而，在《设计一个大脑》一书中，阿什比提出了很多不只是针对某个"具体问题"的解决方案。他打造了一门普遍的自适应性机器的科学，它包罗万象，从学习到进化，再到视线范围内的火炮控制。按照阿什比的说法："首先假设我们面前存在某种动态系统，意即某种会随着时间改变的东西。我们想要研究它。我们把这种东西称为'机器'，但是这个单词必须按照它最广泛的概念来理解，因为除了它必须客观以外，没有任何其他限制的意思。"因而，看到《设计》第三章的时候，我们就知道"动物……是一部机器"。[25]

总的来说，西蒙从伺服机制理论中汲取的是这种对机器的扩展性的功能主义定义，以及把自适应机器看作误差控制，并因而永远处于以目标状态检验其当前状态的过程中的思想。尤其需要注意的是，西蒙还继承了阿什比把行为看作与自然选择一样的过程的产物这种思想：备选行为是随机产生的，选择是基于可行性做出，而不是选择最优的。进化论告诉我们，"适者"，而不是"最适者"生存。正如西蒙后来所写："将满足（条件）与达尔文的理论（进化论）说成一回事可能自相矛盾，因为进化论者有时候会讲到最适者生存。但是，事实上，自然选择只是认为生存者必须足够合适，也就是比那些失败的竞争者更加合适；它假定的是满足而不是最佳。"[26]

　　尽管把行为看成通过有组织的试错来做出选择的思想，与西蒙从 E. C. 托尔曼那里学到的心理学知识能够很好地契合，但是它与进化论的这种更直接的联系对他来说还很新鲜。与他那一代学习生命科学和社会科学的几乎所有学生一样，他对进化论自然很是熟悉。然而，与很多同事不同的是，在 20 世纪 50 年代初期之前，自然选择在他的思想中没有起到很大的作用。与托尔曼、帕森斯以及其他功能主义者一样，他也曾经提到过手段要适应目的，但"适应"（adaption）这个术语的在这里的用意相当模糊。现在，西蒙开始相信，按照超稳定性的意思来理解，进化论中的适应可能会提供把选择和控制的科学结合在一起的启发式模型。

　　在动态系统中，某些从"古典伺服理论"中总结出来的，与反馈和自我调节行为有关的概念，间接地出现在西蒙的"人的模型"中。然而，西蒙直接使用这种思想的首次尝试直到一年之后才出现。当时他写了一篇文章，标题是"伺服机制理论在生产控制中的应用"（Application of Servomechanism Theory to Production Control）[27]。这篇文章以一种全新的方式把关于选择的科学和关于控制的科学联系起来，连接的机制就是自适应行为的概念。为了显示这个理论在西蒙后来的著作中有多么重要，他把这篇文章作为他的计算机程序"逻辑理论家（Logic Theorist）"和"通用解题者（General Problem Solver）"这两项获奖发明最初的部分直接思想来源。

西蒙在文章的开篇中写道："在过去10年间，分析电子和机械控制系统以及伺服系统的强大而且通用的技术已经研发出来了。在这些系统和人类系统之间存在着明显的相似之处，这些系统通常称为生产控制系统，用于计划和生产排程。"他承认，"设想一种与人存在关联的伺服机制，并不是什么新想法"，因为"很多自动枪炮瞄准器都存在这种关联"。然而，在他看来，"只有不是从纯粹的生理学角度而是从社会的角度来看，这种关联才比较新颖"。[28]

从这个起点出发，西蒙随之定义了输入、输出、负荷以及误差这些术语，强调伺服机制系统由控制回路（反馈回路）来定义，在控制回路中，输出与输入做比较，差异被反馈回系统。然而，他还观察到，输入和负荷二者都对系统产生影响，但不受系统影响；它们与其他系统元素"单向耦合"。因而，他对伺服系统的定义与其他控制论学者的稍有不同。对于西蒙来说："伺服系统是这样一种系统,（1）与输入和负荷单向耦合,（2）拥有一个或者以上的反馈回路，因而输出可以与输入进行比较，以及（3）拥有由误差控制的能量源，以便让输出尽量与输入保持一致。"[29]西蒙解释说，普通的家用暖气炉就是这类系统的常见例子，他还强调，这类系统总是用常系数线性微分方程组来表示的。

利用伺服系统的这个广泛的功能性定义，西蒙随之提出，他在文章中描述的生产控制系统（他坚信是个典型的系统）确实也是一个伺服系统。在这个系统中，消费者订单是负荷，最优存货规模是输入。系统的运行由反馈回路控制，在这个回路中，生产（输出）与最优存货规模之差（误差）影响生产计划。接着，生产计划影响实际生产，实际生产影响存货，存货与最优存货比较产生出一个新的误差指标，回路再次开始。[30]

这样一种系统既是自适应的也是优化的。该理论允许"代入实际的数字构建针对实际环境的具体决策规则"，而这些规则引导系统向之前计算好的最优状态（最优存货）发展。后来，随着西蒙对个体决策机制的心理学研究更加深入，他重新按照稳定性和存货对优化进行定义；真实环境中的生物不会计算最优状态，它们（或者它们的环境）选择可行的或者满意的状态。这些发展在未来才能实现，不过西蒙很高兴在优选服务中加入了自适应。

西蒙对机器科学的下一个运用是研究政治权力，它是关于控制的科学的核心问题。正如西蒙曾在他关于雇佣关系的文章中强调的，人类行为在组织化的群体中的一种显著特征就是权威的存在。从《管理行为》开始，权威就一直是西蒙著作的一个重要概念。实际上，这个概念的重要性足以让他把所有以社会学为基础的科学（关于控制的科学）组合在一起，因为它们都要处理影响力、权力和权威的机制问题。[31]

关注权力和权威问题的，不只有西蒙一个人；很多政治科学家在战后的那几年里都拼命想弄清楚独裁国家对人民的控制，而且，甚至在自由的社会里，强大的利益集团必须规范（或者对抗）"公共利益"。[32] 这些著作中，没有一本是对民主的未来（或者甚至对现实）抱有太大乐观态度的：例如，戴维·杜鲁门的《政府流程》（*The Governmental Process*）把民主政治单纯地看成有组织的利益集团之间的竞争，而哈罗德·拉斯韦尔和亚伯拉罕·卡普兰的《权力和社会》（*Power and Society*）强调，权力和权威的层级是无法回避的；民主只是挑选在层级中地位更高的人的一种方式。然而，这些对权力和权威的分析并不能让西蒙满意，他认为这些说法都太宽泛而且不正式，也太过于悲观。与此同时，肯尼斯·阿罗和他的学生安东尼·唐斯（Anthony Downs）二者试图开发正式的政治流程数学模型，从关于选择的科学的优势地位入手。西蒙很欣赏阿罗的《社会选择与个人价值》（*Social Choice and Individual Values*）和唐斯的《民主的经济理论》（*An Economic Theory of Democracy*）的正式和严谨，但他认为，两本书都存在缺乏现实意义的硬伤。[33]

然而，通向规范化的每一条道路似乎都要经过错综复杂的因果分析过程，而这对于任何一个好的实证主义者来说都是禁区。休谟曾经教导所有的经验主义者不提因果，只讲相关，像西蒙这样的实证主义者就很把休谟的禁令很当回事。另外，对权力和影响的研究被引入了更为幽暗的思维领域。政治权力有可能来自枪杆子，但关键在于枪杆子很少出现。权力通常都是无形的，它同时也是无法回避的。如何在行动中洞察到影响发生的机制？何以度量权力？而如果无法度量，那又该如何科学地对它进行研究？

这些关切似乎与伺服机制理论风马牛不相及，但是，西蒙在伺服机制中看到了理解影响和变化的模型。用他通常的方式，首先解决的是最广泛的哲学问题：如何理解起因，起因是否能以被验证和度量的方式来定义？

西蒙直接通过一系列的文章来解决这个问题，最开始是"论因果关系的定义"（On the Definition of the Causal Relation）和"因果顺序及辨识性"（Causal Ordering and Identifiability）。[34] 在这些写于1951年至1952年的文章中，西蒙认为，如果恰当地定义了概念，对因果概念的习惯性回避是不必要的。在他看来，理解因果的最好方式不是弄清现实世界里事件间的关系，而是找到科学家建立起来的世界模型中的变量之间的关系。很简单，"需要定义的概念全都指向一个模型（方程组），而不是指向模型打算描述的那个'真实'的世界"。[35]

他认为，如果采用这个有限的因果概念，就可以以一种在哲学上有效而且操作上有意义的方式来定义因果关系。因果关系可以定义为方程组中变量之间的非对称关系，让"休谟的批判、宿命论以及关于自由意志论的争论……不再重要"。[36]

但是，这种变量之间的非对称关系在所有关于世界的科学模型中都能够找到吗？西蒙的回答是肯定的。在坎农和亨德森的自我平衡生物学系统中、在伺服系统的运行中都可以看到这种关系。实际上，"我们的因果序概念，与联系（这种）动态系统的单向耦合概念，从本质上来说是一致的"。[37] 在这里，没有数学的话，分析会很难表述，但是其中的细节很重要，因为这些细节与西蒙在计算方面的工作，以及他正在形成的有关模型和实验的想法有着十分直接的关系。

西蒙在方程组中揭示因果关系的过程如下：假定线性方程组是一个自含系统（self-contained system）。（自含系统是变量数量与方程数量完全相同的系统。）随后，通过反复的因式分解把这个系统分解为方程集和子集的层级系统。当余下的方程集如果不变成非自含系统就不再能够往下分解时，过程停止。这些子集中的每一个都可以被看成一个更大方程组的组成部分，也可以作为一个完全自主的完整的方程组。后一种情况中，较高层级系统中的变量，如果已经通过置换从子集中消去，它们就成了参数，而不再是变量。如此说来，它们就是"单向耦合"到子系统里的，它们影响子系统中的变量，而不受这些变量的影响。[38]

这个分析的结果就是一个方程组，在这个方程组中，方程式按层级组成系统、子系统和子子系统，层级中每一层的"已知条件"由系统中的更高层级确定。把这个模型翻译成西蒙的组织理论语言不是太困难，其中每个系统或者子系统成为机构中的部门，而"已知条件"就是"决策前提"，而不是系数。在这些文章里，西蒙已经预计到在这种因果关系层级和"程序"开发之间的关系，而程序可以"设定方程解的计算顺序"，能够"轻易地"在"电子计算设备"上运行。[39]

如何让这种抽象的因果模型在现实世界里拥有意义？西蒙很有兴趣回答这个问题，尽管应用它的最初尝试不是在已经初现端倪的"电子计算设备"上。相反，让这些概念付诸操作的是实验和政治的力量。正如他在"因果序与辨识性"一文中所写："那么，因果关系具有操作意义，起码在对结构的具体改变或者'干预'可以与具体完整的方程子集联系起来的情况下。我们可以这样描画这种情形（或许以隐喻的手法），假定有一群人，我们把他们称之为'实验者'……我们可以说他们直接控制着非零系数……（同时）间接控制着这些变量的值。"[40] 如此，西蒙通过对现实世界的实验性干预，把科学家和管理者看成复杂的层级系统的经理人，使他的因果思想获得了可操作性。

就在"论因果关系的定义"完成后不就，他又写出了"政治权力的观察和度量说明"（Notes on the Observation and Measurement of Political Power）。在此文中，西蒙通过探讨权威问题，把他关于因果关系的思想应用到现实世界里。[41] 尽管这篇文章可以被"看作对拉斯韦尔和卡普兰的影响力和权力分析的一系列注释"，其严谨的操作主义和让其观点正规化的数学风格还是表现得非常的彻底。[42]《美国政治科学评论》（American Political Science Review）审稿人对该文的态度有着巨大的分歧，一位审稿人这样写道："大部分的观察都是初级的，但是却以抽象的语言表述，这破坏并且阻碍了读者的关注意愿……他所做的，就只是以一种抽象的方式重提那些显而易见的事情。"[43] 甚至一位更富有同情心的审稿人也承认，这篇文章或许不适合在《美国政治科学评论》上发表，因为它是"其他很多杂志上正在进行的冗长的哲学争论的实际组成部分……或许，如果这种材料的一般读者能在他们习惯阅读的那些杂志中看到它，这篇文章才能够发挥出它最大的影响力"。[44]

这样的反馈几乎让西蒙陷入绝望，他不愿再接触政治学家，这些人对他来说越来越像外国的"原始"人。正如他在给近来"经常走动的"德怀特·沃尔多的一封长信中所写：

> 反击文章的结尾的一句话或许最能表达我的愤怒（如果"愤怒"是准确的用词）："在政治理论中能被容忍的不严谨的标准，在逻辑学的初级课程中或许都及格不了。"我想我有理由为那个说法辩解，而且如果我把它用到你的文章上（尽管你在清晰和严谨上远超出政治理论家的平均水平），那是因为我对你还抱有希望，尽管我对大部分政治理论家几乎不再抱有什么希望了……我说"希望"的时候，指的并不是要你们"转变"为实证主义者的那种希望。我说希望的意思是你们要迫使自己的思维和表达具备一定的行为准则，因为很遗憾，你们的专业没有赋予你们这种行为准则。[45]

西蒙对那些没有理解他的论点的人没有任何的同情，因为这些论点对他们来说太难理解或者说太过深奥，比如《美国政治科学评论》的审稿人："只要我尽了最大的努力，用通俗易懂的英文表达，我就不能接受额外的限制，要求我所写的东西必须让那些不愿意掌握解决问题所必须掌握的知识的人也读得懂。"在信的结尾，他用一种有点无奈的语气写道："或许我将只与很少几个人交流，但另一方面，这些人也是值得交流的对象。重新看了看我刚写下的内容，我感觉自己好像有些傲慢。要是不傲慢一点，我不知道如何表达我对当下政治科学专业现状的感受，而且我并不总是觉得自己喜欢保持沉默。"[46]

尽管历经艰难，"政治权力的观察和度量说明"（Notes on the Observation and Measurement of Political Power）最终还是在《政治学杂志》（*Journal of Politics*）上刊发，这份杂志创建于1939年，主要是为更具行为科学倾向的政治科学实践者提供一个出版的出口。

西蒙用观察开始了"说明"一文，因为权力是政治科学的核心现象之一，"政治科学的语句"包含像"A的权力比B的权力大"，或者"A的权力增加（或者减少）"这样的短语。西蒙坚持认为，这些说法的存在表明，权力和影响力是动态系统的属性，就像"友谊"和"互动"在"霍曼斯模型"中一样。这样说来，对影响力的正确定义，就必须涉及与时间有关的变量之间的关系。另外，由于权力被定义为"影响他人的政策而不是自己的政策"的能力，因而就需要"在影响者与被影响者之间存在一种非对称关系"。[47]

在这个问题上，西蒙观察到："在社会科学中，对于非对称关系，我们都小心翼翼。它们让我们想起休谟之前和牛顿之前的因果概念。我们已经改弦更张，相信没有因果，只有功能上的相关性，而且功能上的相关性是完全对称的。"他根据自己对因果的研究，反击说因果确实存在，因为它已经被"真实可信的"而且"值得尊敬的"电气和机械系统中的单向耦合现象所证实了。[48]

西蒙继续把影响机制描述为关于反馈的机制，政治结构看上去类似于微分方程的线性结构。例如，二者都被划分为非对称关系的层级结构，而且在两种情况里，科学的观察者感兴趣的是政权如何支撑其平衡（生存）而不是成员如何主张他们的个性。

西蒙认为，这个模拟使得对权力系统的数学分析既是可能的，也是有用的。这类系统中的关系甚至可以量化，因为"在社会科学中碰到的大部分针对'量化'或者'度量''定性'变量的论据，都源自对'定量'概念的灵活性，以及定量和定性之间的界限的不确定性的忽视"。[49]在政治权力的例子中，恰当的定量类型不是由基数代表的计数，而是由序数代表的"偏序"。偏序的概念随着博弈论在20世纪40年代和50年代初期的兴起再次受到关注，但是，对于大部分社会科学家甚至很多数学家来说，它仍然属于一个比较陌生的领域。基数（1、2、3等）是统一标度基础上的全序，而序数（第一、第二、第三等）只是偏序，因为没有它们可以对应的统一标度。序数在处理集合间的关系，以及描述多或少的关系方面有用，但不适合绝对量化，也不适合进行精确计算。

在"说明"一文里，西蒙开始把关于选择的科学和关于控制的科学融合在一起，采用了博弈论（偏序）、他关于因果关系的著作（变量系统中的非线性关系），以及他对伺服系统理论的研究（单向耦合、反馈馈和自我调节）中的概念，所有这一切都是为了尝试建立一个动态的影响力模型。然而，这个影响力理论只做到了部分融合，它是一个关于群体如何适应个体以满足其需要的理论。参与者是群体，而不是个体。西蒙自己就不是被动的主体，他想延展并扩展这个控制模型，把主动的个体选择者（就算他不是独立的）囊括进去。

个体如何且为什么要让自己适应群体？她如何且为什么要接受群体强加于她所考虑的备选方案上的限制？习惯使然，西蒙试图找出这种适应发生的机制，而且，在1951年年末，他开始在心理学而不是经济学、社会学里寻找。具体来说，他研究了学习理论，把学习看作与人选择的范围相联系的适应过程。

西蒙对学习的看法十分新颖，但与实验心理学家（比如西蒙的老朋友和新同事哈罗德·格兹考）的观点异曲同工。格兹考和西蒙的首次见面发生在多年以前的密尔沃基火车站台上，当时他们两人都在去往芝加哥大学的求学路上。他们在大学里成了好朋友，但毕业之后各奔东西，走上了不同的道路。在当了一段时间的高中老师之后，格兹考继续攻读心理学硕士学位，并在密西根大学师从诺曼·梅尔（Norman Maier），获得了博士学位。诺曼·梅尔是一位着眼于解决问题的格式塔心理学家。格式塔心理学是格兹考思想的一个强大来源，西蒙很快就接受了很多关于问题解决的格式塔主义思想。实际上，西蒙曾经这样写道，要是格式塔心理学家接触过电子计算机，他们或许会写出那些让西蒙功成名就的问题解决程序。[50]

格兹考专注于研究问题解决行为的模式，他把很多来自格式塔心理学的概念引入到"学习"这个实验心理学最传统的课题中。[51] 在他的著作里，学习是为了学会解决问题，而学会解决问题就是培养心理"定式"（set）的过程。这种心理定式把注意力引向问题情形的特定因素上，而不是其他，让人们对经常遇到的问题养成高效的例行反应。

格兹考跟E.C.托尔曼就像是一个模子里出来的，后者本身就深受格式塔心理学的影响。他的心理学属于行为类型，但他不是行为科学家，他研究的重点是人类的学习，而不是动物的条件反射，这就让他与学习人类认知和交流的学生联系在了一起，比如乔治·米勒（George Miller）和杰罗姆·布鲁纳（Jerome Bruner），也与格式塔心理学家如马克斯·韦特海默（Max Wertheimer）和卡尔·邓克尔（Karl Duncker）联系起来。[52]这类以行为为导向但又关注认知的心理学家很愿意接受介于刺激与反应之间的心理过程的存在，只要这些过程的定义是具有操作性的。如此，格兹考为西蒙提供了对认知的补充性的新视角，而且，他们的协作对俩人来说都具有重大意义。

1951年秋，格兹考在卡内基理工学院加入了西蒙的团队。他们合作的首个项目是为社会科学研究建立一个实验室（后来被称为组织行为实验室）。[53]在这个实验室里，他们将探索个人如何学会让自己的行为适应群体需要。为了与这个使命保持一致，他们的首项研究是复制社会心理学家阿列克斯·贝维勒斯（Alex Bavelas）的一些实验，这些实验旨在检验通信网络对解决群体问题的影响和博弈论在理解小型群体行为上的意义。[54]

西蒙和格兹考很快把他们的研究扩展到对从众的群体压力的分析上。[55]按照他们的理解，成为一个群体或者组织的一员，涉及学习适用于该群体的心理定式。[56]在他们看来，这个学习恰当举止的过程，由各种不同的选择机制指导。这是一种自适应的动态过程，在很多方面看，与伺服系统系统维持其平衡的过程很类似。学习理论因而混合了西蒙从机器科学中总结出来的想法。这种交汇教给他们很多东西，但是通常来说，最重要的一点是，学习问题解决的过程不是一个寻求最佳解决办法的过程。跟其他的自我调节过程一样，它是为了找到可行的而不是最佳的解决方案。存活下来就是最好的验证。

接口：系统研究实验室

尽管 1951 年至 1952 年西蒙对有关学习的心理学文献进行了认真的研究，但他真正进入这个领域还是在兰德公司的系统研究实验室。由于他在指导大型组织行为研究（公共事务管理局的研究）方面的经验，系统研究实验室的创建者罗伯特·查普曼（Robert Chapman）、约翰·L.肯尼迪（John L. Kennedy）、威廉·贝尔（William Biel）和艾伦·纽厄尔在 1952 年年初邀请西蒙出任实验室的设计顾问。[57] 西蒙同意了，一次联合从此开始了，这次联合将会改变他事业的轨迹，带领他走上融合选择和控制的新道路。

系统研究实验室是空军"关心当前复杂的军事系统的性能"的产物。[58] 它分析的具体军事系统是半自动地面防御系统（SAGE，Semi-Automatic Ground Environment），是美国防空系统核心的指挥中心网络。半自动地面防御系统是一个巨型项目，对美国科学和社会的影响现在仍然还在探讨之中。[59] 它是国际商业机器公司（IBM）赖以雄霸计算机产业的关键，引领了计算机革命所依赖的很多新技术的发展，诸如调制解调器、阴极射线管显示器、模拟—数字转换技术，以及作为实时控制设备的电子计算机。半自动地面防御系统花费了数十亿美元，培养出了数千人。它确保了"旋风"（Whirlwind）计算机（电子、数码、串行、中央信息处理）一统天下，美国以此从既是盟友又是竞争者的英国手中夺取计算领域的领导地位。

除了向半自动地面防御系统的技术研究提供巨额资金之外，空军也对人员的研究提供了不菲的资助。空军在飞行仿真器、战斗指挥中心以及火炮控制系统方面的经验，让它的领导人知道，此类系统中的人员成分至关重要。于是在1951年，他们启动了一个"人员因素"研究的大型计划。[60]

拥有不同背景的人员在多个地点进行着这项研究。其中最重要的是设在麻省理工学院的人力资源研究实验室（HRRL，麻省理工学院林肯实验室的一部分，这是空军为构建半自动地面防御系统而创建的大型机构），以及兰德公司的系统研究实验室。兰德公司负责半自动地面防御系统的计算机程序设计，而系统研究实验室负责分析半自动地面防御系统的控制中心的表现。[61]

这两个大规模的研究中心把物理学家、数学家、电气工程师以及心理学家的跨学科团队召集在一起，他们都有超强的数学能力。在人力资源实验室，这些团队专注于人类个体的表现，研究半自动地面防御系统机械操作者的知觉、反应时间以及学习能力。[62]系统研究实验室团队更倾向于群组和过程导向。它研究整个"任务环境"的结构，包括人员和人际交流的组织。为了与这些不同的关注点保持一致，对系统研究实验室员工进行研究的心理学家们多为社会心理学家，而在人力资源实验室工作的心理学家，总的说来，则是拥有精神物理学背景的实验心理学家。[63]

尽管存在这些差异，两个项目的人员也拥有很多的共同点。首先，尽管他们是行为科学家，但他们不是斯金纳学派的行为科学家：他们相信在刺激和反应之间起干扰作用的机制是心理学家常规的研究范畴。两个研究中心的人员还具有共同的信念，认为具有重大意义的"汇聚"正在发生。[64]他们相信这些研究将会找到连接个人与群组行为的方法，关键在于要把个人理解为人机系统的组成部分。

查普曼和肯尼迪是这样描述系统研究实验室的："系统研究实验室研究具体的模型类型——那些由金属、肉体和血液造就的模型。很多人类与硬件交互的杂乱且虚幻的变量会被引入实验室。""为什么要把它们引入实验室？"，因为"实验室（是）一台特别的计算机，会产出人与硬件以及人与人（因为只有他们知道如何进行）互动的大量结果。"[65]

这些由人和机器构成的"特殊的计算机"被称为"信息处理中心（IPC）"。设计这些信息处理中心是为了模拟半自动地面防御系统控制中心的运作。现实世界中约有23个类似的中心，它们每一个都是巨大的、无窗的混凝土大楼，主要通过电子通信网络与外界联系（据推测，应该还有供员工出入的大门）。

这些中心近似于封闭系统的事实，让模拟它们变得轻而易举。实验室世界和真实世界之间比这更接近的关系几乎不可能再找得到了。然而，系统研究实验室的实验人员从来没有把自己束缚于某个具体事务上。他们把信息处理中心理解为一般组织的模型和抽象。对于他们来说，信息处理中心就是人机系统，用以实验所有组织中的交流和决策的性质，而不只是那些安置无窗的小房间里的组织。按照艾伦·纽厄尔的说法，系统研究实验室实践的是"微缩的组织理论"[66]。

对于查普曼和肯尼迪来说，组成实验室的正是信息处理中心——一个由人员、机器、任务和实验者组成的完整的复合体。整个实验室，也就是完整的实验系统，是一个"有机体。"正如他们所定义的："有机体是一种高度复杂的结构，其组成部分如此完整统一，致使它们之间的关系受它们与整体之间的关系支配。"很显然，这意味着："尽管在更广泛意义上的自适应行为或许还是人类的领地，但故事的寓意是一样的。某种有规律的相互作用或者相互依存的形式把各个组成部分组合在一起，其表现只能够作为一个整体单元进行研究。"[67]是有机体，而不是肉体，不是骨头也不是钢铁造成了功能的相互依存。这样定义，有机体就相当于机器或者一个由人和机器组成的组织。因而，一个有机体的模型就可以用在其他有机体上。

那么，为什么要用一个有机体替代另一个有机体？通过选择"由很多人和机器组成的有机体取代了个体，实验者事实上放大了他想要研究的对象。信息流于是出现在一系列交流管道里而不是在个体的神经网络里。大量的相互作用就被呈现在可观察的开放窗口之中"。[68]

查普曼和肯尼迪竭尽全力要把所有可观察的东西都展示出来。实际上，"观察设施是规划布局的组成部分"。信息处理中心设计了一个观察走廊，长度占了整整一面墙，比地板平面高出几英尺，实验者可以看到整个信息处理中心的全貌。信息处理中心 40 多名人员的行动被拍摄下来，而且他们讲话时要对着麦克风，以便进行录音。另外，"麦克风拾音系统让实验者不接入电话网络就可以听清对话"，而且"每个电话回路和麦克风输出都会被引入监控台，以便实验者随心所欲地监听所有对话"。如此一来，信息处理中心就成了一个真正"理想的实验室"，在里面"事实就是最好的校平器"。[69]

当然，信息处理中心并不完全屈从于实验者的控制。某些妥协是必须的。例如，查普曼和肯尼迪决定，在"运行"过程中，信息处理中心设备的种类、数量以及运行规则都不做改变，而且他们集中精力挑选任务，"让任务的完成效果不依赖于个人的社会历史、社会观念或者个人价值观"。[70] 因而，他们在实验室里研究的行为是在一个受到严格限制的领域内的行为。

为了实现这种受控的条件，挑选参与人员必须像挑选设备一样谨慎。例如，一次初始运行被说成是"一次有益的失败"，因为实验群组中的大学生们觉得自己的任务太容易，没有按照实验者的要求，如同肩负着整个自由世界的安全那样工作。（只要没有危机发生，学生们显然更愿意赶作业，或者打个盹。）后来的实验调用了真正的军事人员，尽管实验者确实发现，为了精确模拟战士们的军事生活，需要"发布一些有点莫名其妙的"而且"偶尔前后矛盾的"指令。[71]

西蒙被他在系统研究实验室看到的这一切迷住了。在 20 世纪 50 年代，他每个暑假都要回到兰德公司，与系统研究实验室员工以及兰德公司的计算机科学家一起工作。在与系统研究实验室的合作中，西蒙获得了对他后来的工作具有重大意义的三件收获。第一件是认识了艾伦·纽厄尔，他将在西蒙后来做出最杰出贡献的计算机科学和心理学领域与之携手合作，此外他还让西蒙"认识到了钱的重要性"。第二件是体验并持续接触当时最先进的计算机。这种接触对于西蒙的工作来说至关重要，他后来甚至说这是自己在心理学研究中的秘密武器。[72] 第三件是他把计算机用作模拟设备的经验。

　　最后这个经验或许最为重要。尽管西蒙花了些时间才弄清楚它的全部意义，但是他很快就相信，在系统研究实验室构建模拟环境的计算机不只是又大又快的计算器。它们是某种更加伟大的东西：它是通用的符号处理器。此外，他相信，对于实验来说，模拟是一种强大的技术，还相信，在人类操作者处理屏幕上的符号信息的过程中，有些相当有意思的事情被卷入了进来。这些想法在他的心里播下了种子，一条通向融合选择和控制的金光大道就要出现，这条道路将会让西蒙跨过桥梁，爬上"高山之巅"。[73]

输出

　　这条路上的首批重要里程碑是两篇文章，他在这些文章中勾勒出通向理性选择的新途径。这两篇文章就是"理性选择的行为模型"（A Behavioral Model of Rational Choice）以及"理性选择与环境的结构"（Rational Choise and the Structure of the Environment）。[74] 尽管这两篇文章是独立成篇的，发表时间存在 1 年的间隔，一篇在 1955 年，一篇在 1956 年，但它们是在同一段时间内写就的，两篇文章的萌芽也出现于"1952年暑假在兰德公司的一系列讨论中"。[75]这两篇文章始于发生在兰德公司的几次谈话,谈话的内容与考尔斯经济研究委员会的一份合同有关,这份合同是一个由海军研究办公室提供资金的项目的组成部分,而私人基金会的拨款让合同工作最终得以完成。因而,在构建有关理性选择的模型时,西蒙找到了在一个项目中把所有主要资助人的兴趣联系起来的办法。

这些种子并没有马上发芽。在接下来的3年时间里西蒙对它们认真呵护,让它们与其他品类杂交,尤其是 W. 罗斯·阿什比关于自适应、超稳定机器的思想。结果成就了一株苗壮的杂交苗,它很快在西蒙的思想生态系统里占据了主要地位。从很多方面看,这株杂交苗是把西蒙早期在组织理论上的工作翻译为更精准、更规范的数学格式。然而,就像他对"霍曼斯模型"的"翻译"一样,这不仅只是简单的文字转换:理性选择和解决问题的新语言微妙地改变了他的思维模式和日常实践。其累积效应是惊人的。

在上面两篇文章发表不久之后出版的文集《人的模型》(表明西蒙认为他的事业已经到了结束一个阶段并开启另一个阶段的时刻)中,西蒙这样介绍这两篇文章:"冯·诺依曼和摩根施特恩于1945年出版的《博弈论与经济行为》(*Theory of Games and Economic Behavior*)引起了人们对理性选择理论的极大关注。这种关注因数理统计的平行发展而得到了进一步加强和扩大……数理统计重新把统计检验理论解读为一种理性决策理论。"尽管关于选择的科学的这些进展"具有重要意义",西蒙认为"博弈论和统计决策理论中针对理性选择问题所采取的方式从根本上说是错误的"。在他的心里，这个错误"与古典经济学理论所犯的错误如出一辙——假定理性选择是在客观给定的备选方案中，根据能够准确反映现实世界全部复杂性的客观给定的结果做出的选择"。一句话，它的错误在于"忽视了有限理性的原则，寻求在不现实的、虚幻的全知全能且计算能力无限的假设基础之上建立人类选择理论"。[76]

因而，为了"根本性地改变我们的方法"，是时候"考虑（而不仅作为一个剩余范畴）人类理性的经验局限，考虑理性与其必须应对的那个世界的复杂性相比的局限性"。在西蒙看来，这种根本改变的关键是研究理性行为的心理；也就是考虑个人选择者的心理学特质和局限。"这些论文中采用的选择方法建立在我称之为'有限理性原则'的基础上：相较于问题的规模来说，构想并解决复杂问题的人类思维能力微不足道，而这些问题的解决方案正是现实世界中理性行为所要求的——甚至是对客观理性的合理近似所要求的。"[77]

为了与这个观点保持一致，"行为模型"的任务是："用一种与信息获取以及计算能力兼容的理性行为代替经济人的全能理性，这种行为由生物（包括人）在它置身于其间的环境中真实拥有。"西蒙承认，关于理性选择的"决定性的理论所需要的……各种经验知识"仍旧不足。不过，他也认为："我们对这种选择发生的环境的认知并非一片空白。"因而，西蒙觉得，完全可以"把这种共同经验当作假设的一种来源，形成关于人类和世界属性的理论。"[78]

西蒙以他的典型方式，通过对主要从博弈论中总结出来的理性选择进行讨论，开始了"行为模型"的写作，从"不现实的"人类行为模型过渡到一个假设不那么"夸张的"的模型。这样就能得到一个非常简洁而且具有普遍性的模型。例如，他的"选择机制"可以应用于任何情况下的任何有机体，对它的分析可以考虑可行的行为备选集、真正纳入考量的行为子集、未来可能的事态发展，以及有机体参与这些事态中的"收益"等几方面。

　　西蒙随后勾勒出已经开发出来指导有机体选择的基本博弈论和概率规则。然而，他这样做的目的只是为了指出它们的局限性，说明这些"经典的"理性概念对有机体形成了"过于苛刻的要求"，从而为这些讨论画上句号。例如，有机体必须能够"把明确的收益（至少是收益的明确范围）与每种可能的结果联系起来"。[79]因此，这类模型里没有"出乎意料的结果"或者不完整的偏好序列。西蒙认为，这种规定上的收紧让旧有的理论失效了。实际上，他认为："完全没有证据显示，在复杂的实际人类选择中，这些计算有可能或实际上执行了。"[80]正如他写给心理学家沃德·爱德华兹（Ward Edwards）的信中所说："对于最大化模型，我能够说的客气话至多就是，人类这种驯服的动物，有时可以诱导他们（在现实生活中或者在实验室里以那样的方式定义博弈）尽量按照理性人的模型来表现（如果你把选择环境做得足够单纯）。"[81]

　　在他看来，选择机制所受的限制，不仅只有博弈论者发现的外部条件对于选择的限制，还包括内部条件的限制："在问题优化过程中，有些限制必须被视为给定的前提，那就是有机体的生理学或者心理学限制。"[82]尤其是，一个有机体的"计算能力极限"是一种强大的约束条件，要求有机体极大地简化选择背后的计算工作："有限理性原则的第一个结论是，为了应对现实，行动者有意识的理性要求他为真实的情况构建一个简化模型。在模型中，他的行为很理性，而这种行为在现实世界中甚至连接近优化都谈不上。为了预测他的行为，我们必须弄清楚这种简化模型的构建方法，而它的构建当然关系到他作为有意识、有思想和会学习的动物的心理属性。"[83]

在西蒙看来，有机体在构建自己的世界模型的过程中，最显著的简化之一就是采用了一种极度简单的收益函数。有机体倾向于按照满意或者不满意来判断结果，而不是创建一个所有可能结果的巨大的精确排序，按照比下一个好多少或者差多少列举出所有的结果。有机体不是生存就是死亡；博弈要么胜要么输。就拿西蒙最喜欢的一个例子来说：棋手不需要以最好、最有效率的招数击败对手。他赢了就行。他不用选出最佳的走法（或者策略）；只需要选择很多潜在制胜招数中的一种。这种简化极大地减少了生物体所需的计算，让它可以对可能的行动进行简单的验证，并挑选最先遇到的那个可以接受的选项。

生物体可以通过提高或者降低期望水平，按照现实情况重新定义满意的标准这样的简单机制，学会做出更高效、更接近最优策略的选择。这样一种较高水平的期望调节机制可以被理解为一种反馈或者控制机制。与简单的选择机制结合后得到的系统就会具备阿什比式的"超稳定"系统的属性。

西蒙相信，这种简单的理性选择模式是融合选择与控

制的关键。"当我们用知识和能力有限的选择有机体替换掉
'经济人'或者'管理人'的时候，矛盾消失了，理论的轮
廓开始显现。"[84] 在《理性选择和环境结构》一书中，西蒙描
述了让有机体得以生存的选择机制和环境的属性。[85]

　　西蒙在《理性选择》的开篇要求读者考虑，一种极度简
单的有机体只有一个需求（食物），而且只有 3 种活动模式
（休息、探索以及获取食物）。有机体可以在构成它的"生活
空间"的散落着"一小堆一小堆食物"的"光秃秃的地面"
上穿行。（或者，回想我们在第一章里讨论过的西蒙的小说
《苹果》：雨果在城堡里穿行，给他的食物摆放在某些房间
里，而其他的房间里则没有。）这个有机体拥有有限的感知
能力，这种能力能让它沿着"像迷宫一样的道路分岔系统"
看到出现在面前的几"步"（房间），这些构成了它的精神世
界。另外，这个有机体的"需要是可以满足的，因而不需要
平衡满意度的边际增量"，这是让它进一步区别于"经济人"
的特质。既然是如此简单的生物，"理性选择的问题"也就简
单了：如何"选择一条自己不会挨饿的路径"。[86]

　　西蒙把这个简单模型一步步地复杂化，首先增加了为实
现多个目标而分配时间的选择机制。随后，他又增加了在环
境中探索"线索"的能力，让有机体更快捷地获得食物，以
及让它拥有期望调整机制，以适应环境的富饶或者贫瘠。就
算增加了这些内容，最后的结果仍然是一个非常简单的理性
选择模型，一个更加适合"老鼠心理"而不是人类心理的模
型。尽管如此，西蒙仍然坚信："经济学和管理理论都需要这
样一种理性选择模型，其中的选择者不那么像上帝，而更像

老鼠。效用函数模型（utility function model）中的全知和智慧假设真的很荒诞。"[87]

西蒙相信，甚至这种把不同机制简单串联起来产生自适应行为的能力，都是模型力量的一种表现。正如阿什比曾经争辩的，如果超稳定系统由层级分明的子系统组成，这个系统的自适应力几乎可以无限放大，西蒙同样认为复杂行为可以从一组嵌套的系统中构建。系统中的每一层级或许只是由小型的简单机制集组成，用于挑选备选项、按照标准检验它们、从这些经验中学习去哪里寻找更多的选项，以及为日后的检验设立标准。然而，这种系统中的系统可以输出极度复杂的自适应行为。

格兹考和纽厄尔对西蒙思想的影响在这些文章中显而易见，因为在这些文章里，他重新定义了关于选择的问题——从决策变成了问题求解，选择的目标也从做出最佳决策变为找到可行的解决方案。"因为有机体既没有感官也没有才智来揭示'最优路径'……我们只关心找出一种能够带领它找到'满意'路径的选择机制。"[88]

这种对选择的重新定义也涉及对理性和理性选择理论范畴的重新定义。正如西蒙在《人的模型》一书中所写："那么，这些论文的中心任务，不是在对人类行为的解释中用理性替换掉非理性，而是重新构建理性理论。"西蒙相信，如果这项任务完成了，那么"钟摆就将开始回摆"，而且"我们将开始把现在解释为情感的人类行为很多方面，解读为理性的和合理的"。[89]西蒙后来扩展了理性的范围，让它涵盖（几乎）所有的心理活动，包括与虚无缥缈的创造力，以及与最

深层情感源泉有关的似乎深不可测的灵感行为（参见第十一
章和第十二章）。

尽管西蒙相信，他有关理性选择的论文已经指出了通向
融合的正确道路，但在 20 世纪 50 年代中期，他还是继续在
另外一条平行的道路上前行。例如，在 1954 年，尽管他和纽
厄尔有过几次彻夜长谈，讨论了如何为有机体的选择建模，
但是，西蒙、格兹考以及他们的同事詹姆斯·马奇还是继续
为私人基金会做着组织理论的“梳理”工作。[90] 西蒙也还继
续着他与杰克·穆斯、查尔斯·霍尔特以及弗兰科·莫迪利亚
尼为考尔斯经济研究委员会和海军研究办公室所做的线性和
“动态”程序设计的技术工作。[91]

西蒙在这些项目中的协作者很少跨越项目的边界，但是
他却跨越了。尽管他在每个项目领域承担的角色不同，甚至
在他建立了新的身份后，也依然保持着组织理论家和计量经
济学家的身份，但是，他仍然还是他。与他所研究的系统不
同，他的大脑不是“可以分解的”，也不可以完全区隔开。
因而，甚至在他和纽厄尔开发出了他们的简单问题求解机制
模型的时候，西蒙还是尽力想把这些理性选择的模型融合进
他的复杂组织模型中。

他对这种融合最重要的尝试出现在为私人基金会项目
组撰写的一系列工作文件中：一份属于“部门划分理论”
（theory of departmentalization），两份属于“功能分析与组
织理论”（Functional Analysis and Organization Theory）。[92]
在这些形成了《组织》一书概念结构的文件里，西蒙重新把
组织解读为一个有机体，在官僚组织、进化的有机体和自适

应机器之间，形成了一种功能对等的联系。[93]最终，计算机对西蒙来说成了一个典型的有机体，因为在他的眼里，计算机就是一个典型的官僚机构。

西蒙在"功能分析与组织理论"的开篇，承认他借鉴了帕森斯学派的社会理论："结构功能分析的概念框架支撑了大部分现有的组织理论。这一点在下面这些情况里中显而易见：巴纳德－西蒙的诱导贡献纲要这样的'生存'理论；他们在部门划分的描述中对'目的'和'过程'等术语的使用；一般把组织看作自适应的自我维护系统。"结构功能分析让西蒙可以在组织和有机体之间，因而也在社会学和生理学之间，建立起联系。正如他所写的："由于功能分析在生物学，尤其是生理学中得到了很大的发展，又因为在这个领域要比在社会学中更容易避开令人讨厌的形而上学，我将自由地引用生理学的例子。"很显然，西蒙相信："在分析的抽象层面，它们将作为真正的例子，而不是模拟。"[94]

这个基础搭建好之后，西蒙随之开始定义两个关键术语："单元"（unit）和"功能"（function）。"单元指的是一个变量系统，在其中，某些不会随时间而改变的关系使识别带有时间（通常也带有空间）连续性的'个体'成为可能。在组织理论中，我们一般关注至少两个层面的单元：（1）个人，以及（2）组织。在生物学里，我们一般也关注两个层面的单元：（1）细胞，和（2）有机体。"[95]

以如此抽象、功能化的术语来定义个体单位，可以在不同的组织层级把单元理解为不同于其组成成分的实体。"细胞代表了稳定的分子结构（也就是说，它们之间的某些关系是稳定的），尽管结构中的个体分子可能会发生变化。类似地，组织（取另外一个极端）可以通过人际关系的稳定系统来认识，尽管组成这个组织的个体可能会随着时间而变化。"[96]

定义了这些概念之后，西蒙随之转而分析"过程和结构"。在这个标题之下，他分析"器官和组织"，也分析它们组成的"系统"。对西蒙来说，"器官是一个局部化了的子系统"，而组织"一般是以其单元之间流程和功能的同质为特征的子器官"。尽管这些术语在组织分析中一般不会用到，但是西蒙认为它们是完全适用的："按照上面的定义来看，工厂里的调度部门就是一个'器官'……这两种系统（组织理论的和有机体的）分析的问题，在这个抽象的层面上是一样的（而不仅是类似的）"。类似地，对他来说，"系统是由类似的流程联系起来的组织集合，链条中的一个器官的输出，成为下一个器官的输入。循环系统是一个显而易见的生物学案例；装配线是组织学的案例。"[97]

继续这个对系统功能的分析，西蒙发现，同样的手段（或者"发挥功能的手段"）可以用来达成很多目的。例如，器官是"一般性的手段"，因为它们为过程提供场所和机制，这些过程会进入后续手段—目的链条，而这些链条则是有机体的功能所必要的。它们"构成现成的元素，使用这些元素可以构建手段—目的链条，并成为目标导向行为的大型结构的建造模块"。因此，"工厂是'制造东西'的一般性手段；销售部是'出售东西'的一般性手段"。[98]

重新提起阿什比超稳定系统这个概念，西蒙认为"器官作为一般性手段的能力基于两个特征：（1）器官的输出与信号的输入肯定不同……（2）信号系统包括允许器官适应系统中其他各种关系的可切换组件"。由于一般性手段意味着"接受多重的手段—目的链条，系统要想存在下去，就必须通过程序设计机制，合理处理由多种功能性要求导致的对不同手段的需要"。在这个模型中，学习成了一个过程，通过学习，生物体培养出了高效的切换机制。也就是说，"学习的内容有很大一部分是开发应对各种局面的预置反馈（或者反馈元素）"。[99]

因而，个人的思维"定式"，以前他的价值观和信念集，现在已经变成一段"程序"，根据这段程序，"为了对这样或那样的信号和刺激做出反应，特定的活动就要执行特定的次数"。[100] 在同期的其他文献中，西蒙开始越来越多地用这种功能机械术语描述所有的人类行为，使用"负荷平衡""误差控制""切换规则"，以及信息"存储与过滤"这样的词汇描述人类个体和组织的活动。[101]

但是，这种程序化的条件反射性的活动是如何学会的？新的程序是如何开发的？西蒙现在把新程序的开发叫做问题求解。他依靠"归纳而不是推导的逻辑过程"，把问题求解与"日常"行为区分开来，这说明问题求解是以找到一种"可行而不是最佳的做法"为导向的。[102]

西蒙相信，他，还有其他人，把推导、程序化的反馈牢牢地把控在手中。为了给"日常的"优化问题找出最佳解决方案，关于选择的科学，尤其是运筹学，发展出了强大的算法。然而，用于开发这类程序的归纳、自适应过程，大部分还处于未知状态。西蒙知道生物体为了生存所必须执行的那些功能，但这还不够。大量的机制都可以执行这类功能，但这些机制中只有一部分真正被人类选用。如何能够揭示人类行为在根源上到底存在哪些机制？对于他来说，在编写出一个能够以人类的方式学习、适应并解决人类问题的"程序"之前，大脑一直是一个谜。

决策、价值观和问题

作为打造"微型组织理论"的一部分，为了把决策带入实验室，调查的主题必须转换。决策变成了问题求解，而个体变成了行为系统。西蒙曾经在《管理行为》中这样写道："在给定的情形和价值体系里，个体理性选择的行动路线只有一种。"在人类行为丰富而且混乱的大背景下，情形永远不会完全给定，价值观也永远无法真正从事实中独立出来，这一点西蒙很清楚。[103] 但是在实验室里，情形和价值体系可以设定，几乎是完全地设定，只把选择留给设计者。结果就是，这种新的问题求解的科学系统将与关于选择的科学和关于控制的科学存在明显的差异。

尽管在西蒙看来，在一个"给定的"情景里，问题求解是一种比较基础的活动，但它的包容性要小于决策。问题求解者假定了决策者所必须选择的一些目标。作为多个目标各异的组织的成员，我们所有人都必须面对的决策，包括是否接受组织权威的这种关键决策，已经被简化成为一种争议不那么大，也不那么政治性地把"处理器的时间"分配给不同任务的过程。现在的选择是，关于接受哪套价值观的决策越来越少，关于处理哪套数据的决策越来越多。

　　从决策转为问题求解所带来的一个后果就是，西蒙的研究开始越来越多地关注那些可以明确描述的情形。西蒙最初的研究都是在加利福尼亚州救助管理局和大企业的控制办公室这种真实存在的官僚系统中所做的大规模田野实验：城市就是他的实验室，公司也是。他的实验现在要模拟人类在棋局中，或是在解答数学证明时的行为，而不是描述那些为了完成任务努力按照规则工作的社会工作者的行为："行为的模型"在附录里收录了一个下棋程序的概念方案，而不是对管理者决策的描述。[104] 为了与这种缩小焦点的做法保持一致，他后来的研究也对地点做出了限制。最初的实验室是城市，后来他研究的边界收得更紧，实验主题和实验环境都在计算机里。这种最具适应性的机器很快成为他模拟自适应人的手段，它同时也成为他的人机模型。

第十章

程序即理论

在系统研究实验室工作期间，西蒙尝试用机器科学把关于选择和关于控制的科学融合在一起。融合的产物是一种定义抽象的行为系统的新科学，而且这种新科学的目标是建立理性选择的心理学形式模型。

在构建这种模型的努力中，西蒙取得的关键进展是采用电子计算机作为主要的研究工具。计算机是重新定义西蒙这门科学的载体，而且他在这条路上走得很远。例如，到20世纪50年代末期，西蒙的理论采用了计算机程序的形式，而他的研究是用这些程序的运行与求解具体问题的个人进行比较，在实践中，这明显不同于他早期在公共管理领域的田野实验。

对机器科学进行重新定义和重新定向，并没有让西蒙丧失宏观视野，因为他明白，计算机是一种万能的机器，能够模拟任何机制集合的行为。因此，它是机器的机器，系统的系统。那些跟西蒙一样对计算机科学的发展做出贡献的人，将颠覆我们对机械、物理学、生物学以及社会学的理解。对于西蒙来说，万能的机器科学成为了万能机器的科学。这种观点背后的反讽是，计算机模拟任何机器的能力让它独一无二，而不是让它成为典型。

因为采用计算机作为主要的研究工具对西蒙的工作具有如此重要的影响，也因为计算机成为一种建模技术和建模工具，研究计算机在西蒙科研工作中的作用，将会让我们在更广泛的意义上了解设备在现代科学研究中的作用。实际上，人们最近对工具在科学研究中作用的兴趣，很大程度上就是由认识到计算机在当前的科研，以及在我们日常生活中的强大作用而引发的。[1]

工具，尤其是强大而又昂贵的那些，可以成为塑造学科范式的重要组成部分。它们的功能类似于乔治·莱考夫（George Lakoff）和马克·约翰逊（Mark Johnson）口中的"生成性隐喻"，而我称之为"启发式模型"，因为它们把经验组织在一起。[2]工具、模型和隐喻可以成为把完全不同的领域结合在一起的载体，作为概念、语言以及经验的共同基础，促成跨学科"交易区"中的交流。[3]在研究人员想要检验机器的极限或者类比的边界时，工具和隐喻的应用本身往往就会成为目的，这个事实或许最能够说明工具和隐喻的威力有多强。

工具也能塑造科学的社会层面和实践层面，因为科学范式包括了技术和学术实践这两方面的模型。也就是说，学科范式是围绕着特定技术和工具，以及特定社会关系和具体概念组织起来的。这些技术模型和智慧实践模型都是相关的，尽管不是以严格确定的方式。每一个集合都与另外的集合相连，不需要完全确定界限内有什么，而这两种模型都建立在关于世界的本质和我们了解世界的能力的基本假设的共同集合上。

西蒙围绕计算机重新确定了他思想和技术实践的方向。在技术层面上，电子计算机成为他工作的一个焦点，因为他尝试给计算机设计模仿人类行为的程序。在知识层面，他的研究安排变成了对大脑信息处理模型的精细化。他的基本问题和答案，全都翻译成信息处理语言。采用计算机作为主要研究工具，也涉及建立一系列新的专业关系，包括新的专业身份以及为工作重新搭建资助网络。在首个计算机大脑模型"逻辑理论家"（the Logic Theorist）程序中，西蒙在技术和思想实践上面的这些变化显而易见，这些变化同时反映在他最重要的主张中：认知心理学领域的"程序即理论"思想。

逻辑理论家

任何有关"逻辑理论家"的讨论，必然要从1952年2月份的兰德公司着手，在此期间，西蒙首次遇到了艾伦·纽厄尔。这两人马上就发现彼此志趣相投。西蒙回忆："在我们交谈的头5分钟，艾伦和我就发现彼此在意识形态上很接近。我们马上就开始了热烈的讨论，尽管我们的用词不同，但都把人类的大脑看成符号操控系统（我的说法）或者信息处理系统（他的说法）。"[4]除了共同的见解，西蒙还在纽厄尔身上看到了伟大的智慧力量：对西蒙来说，纽厄尔是"我所认识的人中唯——位能够把'天才'这个词以其原本的含义应用到身上的人。"西蒙的朋友中很快就将有十几位戴上诺贝尔奖桂冠，这句话出自这样的人之口，应该很能说明问题。[5]

就这样，俩人开始了一场持续 20 多年的智慧合作，以及一段一直持续到纽厄尔 1992 年去世的友谊。这次合作成果丰硕，让那些想要挑拨离间（或者想让他们相互指责）的人大失所望。在西蒙看到本书的初稿时，他提出的三条主要的批评意见就是，在他与纽厄尔的合作部分，对纽厄尔贡献的评价不够。（另外两个是我让西蒙的形象"高于生活"，以及比他自己想象中的精明太多，尤其是在机构创建的活动中。）他建议我在讨论他们的合作成果时说"纽厄尔－西蒙，或者西蒙－纽厄尔"，而不是单独用某个人的名字。对于传记作者来说，这是一个很难接受的建议：从"西蒙"改成"西蒙－纽厄尔"听起来好像我书中的主人公突然间冒出来了第二个脑袋。

然而，尽管他们在智慧兴趣和方法方面具有相似性，纽厄尔和西蒙确实是不同的人。一般说来，纽厄尔更感兴趣的是创造形式语言和符号系统来描述行为，而西蒙更关注的是如何确保他们的模型与观察到的人类行为相符。因而，尽管"信息处理语言"是合作的产物（也有克利福德·肖的帮助），但是纽厄尔的贡献要更大一些。类似地，为了检验他们的模拟，两人都在做人的实验，但是讨论把"口头报告作为数据"使用的人是西蒙。[6] 另外，西蒙对他们的工作对其他领域（经济学、政治科学、生物学）的意义更感兴趣。

在某些方面，纽厄尔和西蒙表现得就像是一个人。1955年寒假，纽厄尔到卡内基理工学院工业管理研究生院跟随西蒙攻读博士学位之后，如果我们想确定纽厄尔在哪里停止，西蒙又从哪里开始，就变得十分困难。下面介绍纽厄尔的一些背景资料。

纽厄尔本科在斯坦福大学学习物理，在此期间他遇到了数学家乔治·波利亚（George Polya），后者的著作《如何解题》（*How to Solve It*）让他了解了解题过程中的启发式概念。纽厄尔随后于1949年到普林斯顿大学学习数学，师从约翰·冯·诺依曼和阿隆佐·丘奇（Alonzo Church）。他继承了两位导师对形式化数学分析的共同兴趣，尤其是逻辑和博弈论，尽管他很快就感觉普林斯顿大学的氛围太过迂腐，太脱离实际。一年之后，他离开普林斯顿大学，进入兰德公司，在约翰·威廉姆斯（John Williams）领导的部门从事数学方面的工作。约翰·威廉姆斯当时聘用了很多普林斯顿大学的研究生加入他的部门。

在兰德公司，纽厄尔的第一个项目是按照博弈论的思路对组织理论进行形式化处理。在从事这项工作的过程中，纽厄尔对小型群体的决策实验发生了兴趣，把R.福瑞德·博尔斯（来自哈佛大学社会关系学系）和阿列克斯·贝维勒斯（来自麻省理工学院的群体动力学中心）的工作看成在经验现实中建立决策理论的一种途径。怀着进一步延伸这种对决策的实验性调查的期望，他在兰德公司社会科学部找到心理学家，与罗伯特·查普曼、约翰·L.肯尼迪以及威廉·贝尔一起努力，创建了系统研究实验室。

纽厄尔在系统研究实验室的作用是帮助建立一个"深厚、丰富"的模拟环境，以便让被他们观察的决策能够尽可能像在现实生活中一样真实。打造这种模拟环境的关键就是控制提供给研究对象的信息：模拟过程包括给研究对象提供不同的但是相互一致的数据集，开始是以打印的方式，后来改为屏幕显示。纽厄尔熟知香农的信息论，而且他学过逻辑学，所以不难把决策看成在前提条件的基础上得出结论的逻辑过程。这些思想在系统研究实验室的环境里得到融合，使他能够按照交流与信息处理的方式来思考决策。

因此，纽厄尔赞同西蒙对决策、信息处理以及形式理论的看法，此外，他还痴迷于模拟并且拥有使用计算机作为模拟设备的早期经验。对于纽厄尔来说，这些兴趣在1954年9月很突然就连接在了一起，这时他获得了后来被他称为"皈依体验"的经历。奥利弗·塞尔福里奇（Oliver Selfridge）是一位由电气工程师转行过来的计算机科学家，一次他发表讲话，讲的是他设计的计算机程序可以识别字母和其他图形。尽管纽厄尔早就意识到了计算机不单是快捷的大型数字处理机，但是计算机处理一般符号的能力他还没有想到。尽管塞尔福里奇的程序还很原始，纽厄尔还是从中得到了启发：他忽然明白了，"智能自适应系统可以建得比现在能做的任何事情都复杂"。[7]他决定下一个寒假去卡内基理工学院加入西蒙的团队，以便构建出这样一种系统来。

当艾伦·纽厄尔于1955年春季学期在卡内基理工学院加入西蒙团队时，二人都把建立可以解决问题的计算机程序当成自己的使命。他们决定专注于那些非常复杂，而且定义模糊，无法靠演绎算法解决的问题，但是这些问题的定义又不至于模糊到连它们的解决方案是成是败都分不清楚的地步。为了实现这些目标（并兼顾自己的爱好），他们选择研究下棋和几何证明：这二者都是复杂的任务，逻辑推断难奈其何，但是它们又都有确定的结果。

如何执行这样的程序？如何验证？这些问题困扰着西蒙和纽厄尔。找出定义明确的问题的解的运算，都有一种类似的格式——形式逻辑证明，而且它们可以用一种标准语言写下来——集合理论，或者概率数学。但是，对于描述复杂、定义不清的问题可以用什么语言呢？对于用假设的有机体做的实验，哪些技术合适呢？

系统研究实验室为这种有机体模型的实验研究提供了最有操作性的模型，而且自从1952年到兰德公司的第一个暑假起，西蒙就致力于以系统研究实验室为榜样，建立工业管理研究生院的"组织行为实验室"。[8]显然，尽管西蒙和他的同事有意在实验室里研究组织行为，但是建造适合长期、大规模使用人类作为实验对象的模拟环境太过昂贵。尽管西蒙在找资助方面很有一套，但在卡内基理工学院的实验室，他从来就没能拥有像系统研究实验室在构建模拟实验时聘用上千人的支持团队。这种资源方面的局限意味着在系统研究实验室"运行"数周的实验，在卡内基理工学院通常只能进行大约90分钟——这种改变显著降低了某些社交类型的重要性，并限制了可分配给小组的任务类型。[9]在这样一种环境里，采用计算机对行动者和环境进行模拟似乎非常具有吸引力，因为它可以在不牺牲任何过去需要牺牲的东西的情况下，更有效地利用现有资源。

然而，在按照这种方式使用计算机之前，首先要把计算机理解成某种超越了超级快捷的算术计算机的东西。把计算机想象成一般用途的信息或者符号处理器，今天对于我们来说是一件自然得不能再自然的事情，以至于很少会想到，这种理解是经由构建才得出的。最初的电子计算机，比如霍华德·艾肯（Howard Aiken）的马克 1 号（Mark I）或者埃克特（Eckert）和莫奇利（Mauchly）的恩尼亚克（ENIAC，电子数字积分计算机），都只是大型的计算器，用于计算射表这一类的东西。甚至杰伊·福利斯特（Jay Forrester）这位"旋风"的总设计师，都把计算机想象成一种控制设备，而不是通用的信息处理器，而阿兰·图灵（Alan Turing）的"通用机器"是一种算法狂想（尽管是一种很有启发性的想法），因为要运行它，需要有一条"无限长的纸带"。[10]

　　然而，系统研究实验室已经使用计算机生成防空控制官的模拟环境。西蒙"对艾伦（纽厄尔）和 J. C.（克里夫·）肖……设计出的方法产生了浓厚的兴趣，他们用卡片编程计算器，为防空模拟生成了模拟雷达图"："计算机生成的不是数字，而是位置，是二维图上的点。"[11]如果计算机可以生成位置并把它转换成二维图形，那为什么不可以生成三维的？如果能生成三维的，为什么不可以生成多维向量？

　　西蒙对符号逻辑的研究让他懂得了数字就是符号，就像别的符号类型一样。另外，他也知道，单独的符号（像地图上的一个位置），可以用来代表多维向量，而且反过来看，代表这种向量的符号可以分解成代表整体中的某个方面的更简单的符号集。正如乔治·布尔（George Boole）在 19 世纪和阿兰·图灵在 20 世纪曾经证明的：元素能够简单到什么程度，综合体能够复杂到什么程度，是没有实际限制的。[12]就像克劳德·香农（Claude Shannon）曾经为电子线路证明，以及沃伦·麦卡洛（Warren McCulloug）和沃尔特·皮兹为神经元所证明的，这只是对1和0（开和关）进行计数、加法运算和减法运算的机器，可以使用这种二进制数码的字符串，代表任何数字，而且，经过扩展后，代表任何符号。电子计算器可以是一台逻辑机器（香农），而逻辑机器可以是通用的符号处理器（图灵）。正如约翰·冯·诺依曼在1946年时所认为的，这条逻辑链的终点就是，过去仅仅被看作大型、快捷电子计算器的电子计算机，实际上是通用的符号处理器。

西蒙在20世纪40年代末开始认识到冯·诺依曼在计算方面的工作，而且他在精神上已经做好了准备，通过他对组织、有机体和机器在功能上等价的信念，在人类和机器之间建立了联系。然而，要把人类和计算机理解为通用的信号处理器，需要长期的计算机编程工作，并使这台计算机能够在其内存中存储程序。需要这种实质性推进的，不仅只是西蒙：在遇到能够在其内存中存储程序的电子计算机之前，没有人会把计算机想象成一台通用的符号处理器。

存储程序的能力为什么会如此重要？最初的计算机，比如像恩尼亚克、自动延迟存储电子计算机（EDSAC）或者哈佛大学的马克1号，每次改变程序的时候，都需要人的直接干预。[13] 程序，或者说"行为方式"，是机器要执行的一组输入的操作顺序。像恩尼亚克这样的机器，是用物理方式"编程的"，每次要运行新的"程序"时，那些把这台长达上百英尺，由真空管、电容器和电阻组成的机器元器件连接起来的密密麻麻的电线都得重新安排。[14] 用"程序"这个词来描述这种运行是一个时代的错误；计划并执行这种重新安排的人一般把这种做法叫作"设定"机器。[15]

　　然而，在1945年年中，约翰·冯·诺依曼开始与J.普雷斯博·埃克特（J. Presper Eckert）和约翰·莫奇利（John Mauchly）一起着手设计电子离散变量自动计算机（EDVAC），作为埃克特和莫奇利的首台计算机恩尼亚克的换代产品。冯·诺依曼在他的"关于电子离散变量自动计算机的报告初稿"中提出，可以把指令当成符号集进行处理，就像数据一样。[16]这种做法的意义在于，可以以电子的形式存储这些指令，而不必以安排线路和开关位置的形式存储它们。这就意味着计算机可以进行程序设计，而且这些程序可以存储在计算机的内存里。[17]

　　把程序存储在计算机的内存里，是在机器和人类之间建立联系的关键一步，也是对探索的合理且富有成效的激励。存储程序的概念如此重要的原因主要有三个：其一，如果能够存储一个程序，就可以存储两个、三个甚至更多。通过增加更高水平的机制（也是另外一个程序）把一个程序转换到另外一个程序，就能够完成W.罗斯·阿什比的梦想——一个能够实时做出惊人的适应行为的真正"超稳定"系统。其二，这种实时的适应将在计算机内发生，没有人类的直接干预，让机器更像一个实际的存在，而不太像一个物体。[18]其三，把指令，而不只是数字数据，存放在内存里，就意味着要在计算机的内存里存储非数值符号。（当然，真正存储的，是1和0的形式，但是这些1和0代表了非数值的符号，而不只是其他数字。）因而，存储程序的概念，其中包含了计算机是一种通用的符号处理器，而不单单是用于计算的机器的意思。

要注意，程序存储的观念认为，计算机是一种数码机器，而不是模拟设备。对思考中的系统做物理模拟从而进行计算的机器，必定是一种具体化的装置；让这种机器变成另一种"程序"，就需要对其进行物理改造，一般通过人工的干预。数据和指令不能存储在同一个内存里，除非他们以同一种格式存储，而数码化提供了这样的格式。这个概念在构思计算机的结构时也起到了重要的作用，因为数码化本质上是一种抽象、概括的技术：成为"万能机器"的是电子计算机，而不是模拟机。

1954 年暑期在兰德公司，西蒙学会了 IBM701 型计算机的编程，这是 IBM 的首台程序存储计算机。这次经历让他受益良多，让他看到了计算机标识方位而不只是一维数字的能力的重要性。暑期结束的时候，他跟纽厄尔一样，已经开始把人类和计算机想象成处理信号以适应环境的行为系统。从这个角度说，把一个系统想象成另一个系统的模型，就是顺理成章的事情了。

在计算机上构建人类的问题求解模型的想法令人激动，西蒙几乎欣喜若狂。当然，适应最好和最新的科技是令人激动的，而以一种新的方式使用就更是令人兴奋了。另外，巨大的资源倾泻到计算机和计算工作的研发中，其数额远远超出了传统社会科学所能得到的。因而，把社会科学捆绑到计算机科学上，吸引资金和人才进入人类行为研究领域也就成了可能。

但是，在激动之后，西蒙还感觉到了某些其他的东西。用计算机模拟人类行为，等于把人类与机器相提并论，而这种等式就是在故意挑衅。这是对每一位人文主义信徒严格遵守的禁忌的公然蔑视，而揭穿别人的虚伪是最让西蒙开心的事情。额外的刺激来自他揭下了骗子的面具，削弱了最不理性的信念——认为人类是不同的、特殊的、异于其他生物的。正如他和纽厄尔在1959年所写："计算机只能做你告诉它去做的事情……这似乎给了那些担心计算机挑战人类独特性的人以很大的安慰——同样的挑战一个世纪以前就出现了，发起挑战的是达尔文主义；这种挑战四个世纪前也出现了，发起挑战的是哥白尼的宇宙图。"[19]

计算机对人类行为的模拟也暗含攻击，攻击的对象是那些让实践的困难成为认识论上的不可能的人，比如极端行为主义者或者"经济人"的信奉者。西蒙相信，计算机构建人类问题求解模型的成功，会验证他关于人类认知的具体理论，也会验证他对科学的整体认识，以及他对人类在自然中的地位的基本理解。逻辑理论家远不只是一个程序，正是因为它只是一个程序。

虚拟的机器

计算机构建人类问题求解模型的首次成功应用出现在1956年年末，当时，西蒙、纽厄尔和肖成功地在兰德公司的JOHNNIAC（约翰·冯·诺伊曼积分器和自动计算机）上运行了他们编写的逻辑理论家程序。[20] 然而，对于西蒙来说，首次在计算机上成功运行并不等于对逻辑理论家的首次成功验证：首次成功验证出现在 1955 年 12 月 15 日。

西蒙把逻辑理论家的首次运行看成他职业生涯的分水岭。他在自传中写道，1955 年和 1956 年是"我作为科学家生命中最为重要的年份"，因为他的知识目标、理论和实践发生了里程碑式的变化：

> 在之前的 20 年里，我的研究主要解决的是组织以及组织管理者如何决策。我的经验工作曾经把我带到现实世界的组织里，我观察它们，偶尔还对它们进行实验。我的理论采用普通的语言，或是当时普遍应用于经济学中的数学手段……在 1955 年的最后几个月里，所有这些都发生了巨大的变化……我关注的焦点和努力方向，急剧转向人类问题求解的心理学上，具体来说，转到揭示人们思考时使用的符号流程上。从此以后，我在心理学实验室里研究这些流程，并以用于计算机程序设计的特殊的形式语言撰写我的理论。很快，我从专业上转型为认知心理学家和计算机科学家，几乎完全放弃了我早期的专业身份。[21]

按照西蒙所述，1955 年 10 月，他和纽厄尔在纽约出席管理科学学会的一个会议，他（在晨曦高地地区沿着哈德逊河做午休散步时）"忽然坚信"，他们可以给计算机编程，让它解几何证明题。他相信，这应该是一个比编程下棋要简单得多的工作，纽厄尔当时的项目就是这个下棋程序。西蒙马上去找纽厄尔，最后在梅里尔·弗拉德的酒店房间里见到了他，他们随即为一个用于解决问题的程序设计出了大致的计划，（他们想用它完成几何题的证明）。[22]

然而，几何也像国际象棋一样，遭遇了图形表达的难题。从另一个方面看，符号逻辑就不存在这种问题，而且由于程序设计者不用把象棋的移动（或者几何图形）简化为符号逻辑，在程序设计过程中省去了很大一个步骤。到该年的12月15日，西蒙已经研究出了启发式，指导程序达到他能够"手动模拟"其运行的水平，完整地证明了罗素和怀特海在《数学原理》一书中提出的一个定理。

到1月，该程序已经做好了进行更严格测试的准备：

> 在等待逻辑理论家的运行期间，艾尔（纽厄尔）和我用英文在索引卡片上编写了程序元件（子程序）的规则，也为内存的内容（逻辑公理）准备了卡片。1956年1月一个漆黑的冬夜，在工业管理研究生院大楼，我们与我妻子和3个孩子以及一些研究生聚在一起。我们给在场的每一个人发一张卡片，让他们成了逻辑理论家计算机程序的实际组成部分……所以，我们能够用按照计算机组建起来的人类元件模拟逻辑理论家的行为。于是，模仿自然的工艺品又被自然所模仿。[23]

在西蒙的心里，官僚组织和可编程的计算机之间存在着非常接近的相似性。正如他一年之后在运筹学学会（Operaitons Research Society）上的著名谈话所指出的："你们将看到，物理学家和电气工程师与电子计算机的发明不会有太大关系……真正的发明者是经济学家亚当·斯密（Adam Smith），经过两位数学家普罗尼（Prony）和巴贝奇（Babbage）的接力开发，他的思想被转换为硬件。"[24] 西蒙指的是亚当·斯密的劳动分工概念，以一家大头钉工厂作为典型，普罗尼把劳动分工用于对数的计算中（巴贝奇把它做成了机械的方式）。电子计算机很强大，因为它把劳动分工扩展到了极致：工作人员（逻辑闸）做着打开或者关闭的动作。

　　春季学期开始的时候，西蒙对团队的成就信心满满，在卡内基理工学院对学生们宣布："寒假期间，艾尔·纽厄尔和我发明了一台会思考的机器。"[25] 不久，逻辑理论家继续证明了《数学原理》中的三个定理，包括一种以比罗素和怀特海的方法"更为简练"的证明方法。以这些成就为证据，1957年，西蒙对一群惊得目瞪口呆的运筹学研究人员宣称："直觉、领悟和学习，不再只属于人类：任何大型高速计算机也可以通过程序设计展现出这些特质。"[26]

　　尽管"逻辑理论家"确实是一部卓越的机器，西蒙的结论还是有些令人不可思议。他与同伴究竟做了什么？首先，一个人模拟了另一个人解决问题的过程。然后，一组人以同样的方式模拟了同样的过程，多个人组合起来完成了过去由西蒙一个人完成的工作。一直到差不多一年之后，一部非人的机器才完成了同样的模拟。重点在于西蒙说"会思考的机器"时，指的其实是由纽厄尔、肖和他共同研发的"程序"，而不是指真正的有形机器。[27]

　　这台无形的机器如何工作呢？"逻辑理论家"是一套以

符号形式表现的伺服系统。它是一台误差控制器，对照目标状态来测试当前状态，测算二者间的差异，在一系列运行中选出某一个来缩小差异。[28] 它适用于两个层级：把某一运行的结果反馈回机器，测算新的误差，触发其他的运行（仍然以减少当前状态和目标状态之间的差异为目的），成功完成一次证明意味着有新证明的定理被添加进公理库中，这个公理库可以用于检验新的定理。

逻辑理论家通过试错向前推进，就像阿什比的超稳定系统，试错的过程由被西蒙称为"启发式"的"经验法则"指导。对于西蒙来说，启发式的概念很重要，足以让他把逻辑理论家证实了的那些程序称为"启发式问题求解者"。[29]

对启发式问题求解方案的追求，把西蒙和纽厄尔在（现在被认为是）人工智能领域的工作与该领域的其他拓荒者区别开来。其他研究者，比如约翰·麦卡锡（John McCarthy）与马文·明斯基（Marvin Minsky），一开始就寻求建立严谨的运算程序。然而，启发式不是一种算法。它是一种经验法则，而不是规则。其目的不是寻求所有可能的答案，而是缩小备选方案的"搜寻范围"。在这个范围内，挑选备选方案进行测试，一般情况下，选中的是第一个符合条件的备选方案。一个启发式可以与另一个结合使用，从而进一步限制搜寻范围，保证产生和测试备选方案的最后阶段能够获得尽可能充分的时间。

举个例子，拿一个普通的问题来说，比如找出以你能够负担的价格为你修车的技师。一种启发式是打电话给朋友，问问他们有什么建议；另外一种则是从电话黄页中寻找。随后，对每种方式产生的备选方案进行随机测试，直到找出符合标准的那一个。当然，这些启发式可以做进一步提炼，可以把致电的朋友限制在你知道最近刚刚修过车的那些人中，也可以只打电话给那些在黄页上的广告中写明有能力维修你的汽车型号的技师。对于某个具体目的来说，启发式可能得到比别的更好或者更差的结果，但却没有绝对的对或错。事实上，启发式的一个基本特征就是，它可能在某种情况下把你带入死胡同，而运算却总是可以找出一种解决方案，只要有这样的方案存在，因为它搜寻的是所有的可能性。当然，运算的问题在于，搜寻的范围总是大到让你无法穷尽：对于上面的问题，一种运算解决方案，就是打遍电话簿上的所有电话。

西蒙和纽厄尔的启发性程序概念，显然源自西蒙的有限理性（bounded rationality）概念。正如稍早前所提到的，对于西蒙来说，有机体对于其认知局限的一种补偿方式，就是对考虑中的备选方案做极端简化的测试，判断是满意还是不满意，是会导致生存还是会导致死亡。尽管这个策略大大地简化了问题，但这还不够。人类也采用启发式，缩小接受检验的备选方案的范围，并把成功的启发式纳入"思维定式"中。

启发式对有机体解决问题能力的提升堪称惊人。这种提升远远不止于可以想见的处理速度的提高。用一个经典的例子来说，西蒙发现，国际象棋大概有 10^{120} 种结果。这是一个非常大的数字；在一场棋局中，不太可能在决定的迷宫中计算出最佳的路径。然而，人们确实在下棋，而且更有意思的是，有些人下得就是比别人好很多。国际象棋大师几乎总是能够在对弈中击败新手。这是如何做到的？西蒙的回答是，国际象棋大师拥有更好的启发式。在任何确定的布局中，他们都能够专注于更小的选择集合进行分析，让他们能够计算到后面的好多步之后。

在另一个西蒙很感兴趣的类似例子里，他请读者想象窃贼打开一个有10把密码锁，每把锁有100个数字的保险箱的情况。那么，可能的数字组合就是100的10次方，或者10的20次方。如果要把这些组合都试一遍，（或者甚至只试其中的一半），那么耗尽世上的所有时间都不足以打开保险箱。然而，如果采用问题"因式分解"的启发式（把大问题分解为子问题），而且如果这些子问题能够独立解决，情况会出现巨大的改善。例如，假定密码锁在转到正确数字上时会出现微弱的咔嗒声，那么保险箱窃贼可以把他的大问题"因式分解"成10个较小的问题，因为他可以确定在解锁的过程中把它们各个击破。这个不可能完成的任务现在变得微不足道了：不用再试10的20次方的一半次数，平均来说他只要试500个组合（10组中每组50次）。另外，在这个案例中，每次验证的结果都是简单的是或者不是，进一步降低了问题的复杂性。

"逻辑理论家"采用了几种基本的启发式，其中最重要的是因式分解和手段—目的分析（比较目标和当前状态，并选择将会减少二者之间差异的步骤）。"逻辑理论家"用它的成功证明，非常复杂的行为也可以用一系列非常小的简单操作（总计7种），按照可定义的启发式依次被模拟出来。正如西蒙后来所写，逻辑理论家证明，"计算机可以通过使用具有人类特点的启发式进行启发式搜索，在复杂的非数字领域找出问题的解决方案"。[30] 对于他来说，这就意味着那是一部"会思考的机器"。

西蒙和纽厄尔用逻辑理论家来证明他们对人和机器的理解。他们爬到了"山巅"，看到广阔的大地展现在他们的眼前："我们现在为一个伟大的进步做好了充分的准备，这个进步将会让电子计算机和数学工具以及行为科学对管理活动的最核心部分产生影响 —— 影响判断和直觉的产生，影响做出复杂决定的流程。"[31] 事实上，逻辑理论家的成功极大地鼓舞了西蒙，他情不自禁地预言：

　　1. 10 年之内，电子计算机将成为国际象棋世界冠军，除非制定规则禁止它参赛。

　　2. 10 年之内，电子计算机将发现并证明一项新的重要的数学定理。

　　3. 10 年之内，电子计算机将创作出被批评家认为具有相当美学价值的音乐来。

　　4. 10 年之内，大部分心理学理论将采用计算机程序的形式，或者采用计算机程序特征的定性化说法。[32]

简言之，西蒙坚称："现在世界上拥有了会思考、会学习而且会创造的机器。更为重要的是，它们做这些事情的能力，会在一个可以预见的未来快速提升，一直到它们能够解决的问题范围与人类大脑的应用范围同样广泛为止。"[33]

程序即理论

西蒙和纽厄尔为他们的创新所做的最引人侧目的声明或许是"程序即理论",尽管它吸引的关注无法与他们关于智能机器潜力的振聋发聩的宣言相提并论。他们相信,他们已经在程序里发现了适合描述和解释复杂的自适应系统行为的形式语言。对于他们来说,程序是对自适应行为的解释,就像微分方程组是对非自适应系统的解释一样,比如,桥梁、台球或者行星。简单来说,"在理论的层面,对观察到的有机体行为的解释,由产生这种行为的原始信息流程的程序提供"。[34] 要理解这个说法的重大意义,必须注意到,这个说法把他们对计算机的形式语言(信息处理语言)的开发,与牛顿对微积分的创造等同起来,他们聪明地在自己的著作里留下了这种暗示,而没有明目张胆地讲出来。

为了理解"程序即理论"的意思,需要对西蒙和纽厄尔对"解释"的理解做些解释:对他们来说,解释什么事情,就是写下一系列对该事情的产生机制的描述。重物的跌落,就是通过描述控制其跌落的各种力的作用的方程式来解释的。这种机制必须用一种适合于被研究对象的形式语言来描述,因为形式语言有局限,没有任何一种语言能够描述所有现象,甚至微积分也不行。形式语言局限于它们所适用的现象,因为所有这类语言都建立在关于世界的特定假设基础之上,该假设在某些条件下成立,在其他条件下则不成立。

例如,欧几里德几何(Euclidean geometry)和黎曼几何(Riemannian geometry)的形式语言建立在对世界的不同假设上（最著名的就是平行线是否会相交），这些假设对于我们如何理解现象具有显著的意义。在欧几里德几何语言中，爱因斯坦的相对论无法表述，甚至无法想象。类似地，微积分建立在几个基本的假设上，其中就包括，我们经历的连续世界是几近无穷的离散单元阵列组合在一起的产物（或许应该把这种情况称为数字信念），而且时间序列可以被忽略。

后一种说法似乎很奇怪，因为微积分一般用来描述动态系统，也就是那些组成成分处于相对运动之中的系统，其位置因而会随着时间而改变。然而，微积分不是特别适合描述会受意外事件影响的系统的时间路径。就微积分不关心时间是否倒流，尽管在物质世界里时间确实是有方向的。微积分也不太适合描述解决问题所必须的步骤顺序，尽管其中的每一步本身会用到微积分：例如，当被要求计算球的体积时，学生首先会想找出球的半径，然后把那个结果带入一个方程，然后求体积的解。在这个例子中，学生用到了微积分，他用到（甚至或许是推导出）一个球的体积与半径相关的公式，但是解决这个问题的步骤不能用微积分的语言来描述。甚至当这些单个的运算都用微积分语言描述的时候，对运算顺序的描述还是需要一些别的形式语言。

尽管处于微积分心脏地位的数字信念在20世纪几乎畅行无阻 —— 实际上，电子计算机的发展强化了这种信念，并把它带入了一个新的时代，但是微积分在描述路径依赖（偶然或者不可逆）现象和运行顺序方面遇到的困难吸引了大批数学家、物理科学家和工程师，他们都尝试开发新的数学形式。有些人遵从伯特朗·罗素、库尔特·哥德尔（Kurt Godel）以及阿兰·图灵的传统，研究"可判定"的问题，尝试找出能够在所有情况下都确定某一给定的说法是否有效的运算顺序。尽管哥德尔证明了这样的万能方式不存在，但是，图灵和其他人改变了可判定性问题，尝试找到一种基础性的可以用于复制任何运算的运算集。[35]

为描述路径依赖系统和运算顺序而建立形式语言的类似尝试在20世纪30年代和40年代大量涌现。其中最为引人瞩目的两个是对伺服机制以及其他反馈系统的数学分析，以克劳德·香农、诺伯特·维纳和罗斯·阿什比的著作以及由约翰·冯·诺依曼和奥斯卡·莫根施特恩（Oskar Morgenstern）提出的博弈论为代表。[36] 社会科学家（至少数学技能出众的那些）在20世纪40年代和50年代马上对这两种新的数学形式语言表现出了浓厚兴趣。心理学家，比如像乔治·米勒、温德尔·加纳（Wendell Garner）和戴维·格兰特（David Grant）为了弄清楚序贯行为，尝试把香农的信息论和博弈论混合起来，就像诸如亚伯拉罕·瓦尔德和梅里尔·弗拉德这样的决策理论家所做的一样。与此同时，运筹学研究者发明了各种排班和排队技术，诸如乔治·丹齐格（George Dantzig）的线性规划技术，采用一种综合性的方法，其中包括了伺服机制理论、香农的信息论、维纳使用时间序列预测未来事件的分析，以及冯·诺依曼的博弈论。[37]

所有这些创新都拥有一个共同的源头，那就是对开发出新的可以用于描述紧急的有先后顺序的行动的形式语言的需要，这些创新中有很多都与一个共同的机构和时点有关：国防研究理事会（National Defense Research Council）和军事研究机构致力于把数学应用到现代的战争，主要是火力控制和后勤问题时。[38] 这些创新也都拥有一系列关于世界的有趣假设：它们用系统的方法分析现象，这让它们成了关于控制的科学的盟友；但它们又假定这些系统的执行者以理性的行动追求最优的结果，这又让它们成了关于选择的科学盟军。

对于西蒙和纽厄尔来说，这些都是正确方向上的几个步骤。无论如何，他们相信，信息论、博弈论和伺服理论，在描述人类行为时都有缺陷。程序是描述复杂、自适应系统的唯一合适的形式语言，因为只有程序才能允许科学家以准确、高标准的语言描述紧急的有顺序事件。[39] 只有程序才能够把复杂的自适应行为转换为一系列层级分明的基础过程。只有程序才能从确定的简单性中产生出无法预知的复杂性。

计算机在西蒙科研工作中的地位

西蒙和纽厄尔开发出来的程序设计语言，也就是信息处理语言（IPLs），居于一套对人类思想本性的具体假设之上。具体来说，他们假定信息以符号形式存储，与人类记忆的基础结构相互关联，而且是分层级的（意思是，信息存储在列表里，列表中的元素会涉及别的元素或者别的列表），以及人类的信息处理系统本质上是一台串行处理器。因而，西蒙和纽厄尔关于大脑的假设构成了他们对计算机和程序的理解。

与此同时，西蒙在计算机方面的经验开始反馈到他对大脑的理解上。从最世俗的层面看，他在计算机方面的经历，影响到他为不同的研究工作分配的时间：计算机程序设计是一件困难的、耗时的而且令人痴迷的工作，这种工作几乎耗尽了西蒙所有的时间和精力。从另一个（尽管同样平淡无奇的）角度看，采用计算机作为他基本的研究工具，让西蒙可以从一些新的资助人处得到支持，这些资助人的目标和期待不同于他以往的资助人。从方法论的层面看，西蒙对计算机模拟的倡导，以及他程序即理论的说法，都处于饱受争议的位置，让他承担起很多以证明这两者为主要目的研究项目，这些研究改变了他对人类问题求解行为的理解，尤其是在涉及创造力和科学发现的时候。最终，在一个更为基础的层面上，西蒙对计算机模拟人类认知过程的关注，让他优先关注人类思想中那些最可能被模拟的方面，或是对证明他的观点来说最需要模拟的那些方面。用他自己的话来说，他的启发式思想认为，计算机可以通过编程模拟人类的问题求解过程；这种启发式思想成果丰硕，但就像所有启发式思想一样，它之所以成果丰硕，是因为限制了纳入考虑的备选条件。

第十一章

认知革命

尽管是一台（勉强称得上的）机器，但逻辑理论家是按照"人类"问题求解的理论而打造的。因而，它属于心理学范畴，与工程无关。无论在形式上还是内容上，它都是一种新的心理学理论，但在极短的时间里，就赢得了数量惊人的支持者。能够做到这一点，是因为它的出现恰逢其时。很多心理学家，尤其是那些参与交流、模拟和人机系统的军事研究的人［比如乔治·A. 米勒、乌尔里克·奈瑟尔（Ulric Neisser）、J. C. R. 利克莱德、杰罗姆·布鲁纳、卡尔·霍夫兰（Carl Hovland），以及伯特·格林（Bert Green）］都对20世纪50年代行为科学家正统思想所造成的种种限制十分不满。对他们来说，逻辑理论家就是灵感之源。

此类心理学家认为，把程序和大脑进行类比，具有很强烈的反行为主义暗示。正如我在其他地方解释的，他们这样做主要有三个理由。[1] 首先，计算机的比喻与一种语言方法——诺姆·乔姆斯基（Noam Chomsky）的数理语言学相关，认为大脑对于解释人类语言是必要的。其次，计算机的比喻与心理学的一种跨学科方法相关，这种方法完全不同于行为科学家寻求心理学独立性的努力。再次，用计算机的比喻意味着要对实验心理学使用一种的新研究方式，即试图用人机系统取代实验室的小白鼠，作为心理学数据的主要来源。

这三个因素解释了程序和大脑之间的类比为什么会被理解为具有"革命性的"反行为主义意义。但是，为什么这种心理学的新方法会如此成功？为什么西蒙和逻辑理论家会在这样一个他们完全陌生的学科领域大受欢迎？在认知革命中，西蒙和逻辑理论家扮演了什么角色？要回答这些问题，就必须回顾战后实验心理学的时代背景，了解西蒙一头扎进了一个什么样的知识和体制环境中。

革命的背景：行为主义和操作主义

西蒙、米勒、布鲁纳和其他认知主义者所反叛的行为主义心理学是什么？行为主义是20世纪初在心理学领域出现的一场运动，它的出现是为了应对主观、相互依存以及社会变革带来的挑战，所有这些挑战都引发了人们对现代社会是否有能力对越来越多元的人口保持控制的深切关注（参见第二章）。[2]

尽管约翰·布罗德斯·华生（John Broadus Watson）没有凭空创造行为主义运动，但他1913年的文章"行为主义者眼中的心理学"（Psychology as the Behaviorist View It）成了心理学家区分传统的"铜管乐"实验心理学和西格蒙德·弗洛伊德"神秘的"新心理学的标准。华生认为，为了让心理学变成为真正的科学，它必须建立在坚实的经验观察基础上。传统心理学的经验是不够的，因为它尝试研究无法观察到的现象，比如意识。相反，华生的科学心理学从一个非常不同的基础上开始："按照行为科学家的观点，心理学是自然科学中纯粹客观实验的分支。其理论目标是预测并控制行为。内省不是其方法的根基，数据的科学价值也不取决于他们是否有意愿对自己的意识做出解释。"[3]

华生宣布，传统的冯特式（Wountian）的内省方法无效，因为它处理的是无法观察的东西，比如像思想、意愿、目的和意识。[4]在他看来，为了成为真正的科学，这样的精神术语必须从心理学中清除。具体来说，目的论的语言被归为非科学，因为目的跟思想一样无法观察。因为能够被观察的只有行动，而不是意图，华生认为，对于科学的心理学来说，合适的舞台就是可观察的动物行为。

人类可以被看作动物王国的一部分，所以，行为科学家原则上可以像研究小白鼠和鸽子的行为那样研究人类行为。然而，人类独有的行为，比如复杂的口头和书面语言，不适合纳入行为科学的研究计划中，同时，一些人类和其他动物共有的行为，比如"学习"也不适合，因为学习被理解为对环境刺激的适应。[5]

华生的纲领性声明对于规范行为科学运动起到了很大作用，它为人们对前一代人的"老派的'新'心理学"（E. G. 波林的原话）的广泛而零散的不满赋予了共同的形式和焦点。[6]华生和他的盟友们为这个学科设定了新的目标，并勾勒出了一些新的研究计划。行为心理学要研究动物"学习"各种行为的条件反射。实验可以确定哪些种类以及哪些模式的强化最为有效，发现多次重复简单的刺激—反应能够形成复杂的行为，并揭示能与具体刺激相联系的反馈机制。

对该领域的重新定义，是有意识地把心理学建设成为独立的科学的努力的一部分。华生和他的行为科学家盟友们付出了极大的努力，把这个领域与其他学科，尤其是与生物学这个心理学的近亲区分开来。他们对"行为科学从根本上必须是对生理学的研究"的这种观点很是担心。[7] 为了捍卫心理学的自主权，很多行为科学家在区分"分子"和"摩尔"的行动中唯E. C.托尔曼的马首是瞻。他们认为，生物学应该研究神经心理学意义上的分子，而心理学应该专注于更大型的行为的摩尔单位。以类似的方式，这些术语通常在心理学内部用于区分不同的行动水平：肌肉或者肌肉群的"分子"行为相对于生物体整体的"摩尔"行为。然而，在实践中，这样一种区分很难实施，因为分子和摩尔很快就表现出含义上的接近。[8]

与此同时，他们也捍卫心理学相对于其他科学的独立性，试图证明心理学在科学中的地位。为此，很多人相信，他们需要识别出相同其他真正的科学的基础特征，并按照那些原则来重新塑造心理学。华生对精神术语的禁用一直都是至关重要的第一步，但是，对于有哲学精神的人来说，这还远远不够。华生已经说明，心理学不应该是什么样子；而克拉克·赫尔（Clark Hull）这样的新行为科学家则想要寻求一种建立在模型科学上的系统哲学，它能为正宗的心理学提供一个正面的形象。

20世纪30年代，赫尔和很多其他行为心理学家在逻辑实证主义里，或者作为其近亲的操作主义里，找到了他们一直在寻求的系统的科学哲学，并在实验物理学中找到了重建心理学的蓝图。[9] 实证主义无论是从逻辑上还是操作上，都为行为主义提供了连贯而系统的哲学基础。实证主义原则如机械的物理因果和简约性被大量采用，心理学论述中隐喻的概念和语言也被尝试清除。[10] 任何没有按照严格的操作理念定义的概念都要受到质疑，而奥卡姆剃刀原则（Occam's Razor）则被随心所欲地使用。

例如，赫尔的经典著作，《行为的原则》（*The Principles of Behavior*，1943），以科学哲学的讨论作为开篇，其中借鉴了珀西·布里奇曼的《现代物理学的逻辑》（*Logic of Modern Physics*）。[11] 从这个实证主义—操作主义的基础上，赫尔随之得出了他对心理学的研究方法。把他的"假设—演绎"法应用到有限的几个假设上，他随之推导出了大量关于行为的定理。结果就产生了综合性的心理学"数学—演绎"系统。[12]

为了与其实证主义根源保持一致，赫尔提出了"预防拟人论"（Prophylaxis against Anthropomorphism），以抵制把精神概念引入心理学分析的趋势。这次预防是把"行为机制尽可能完整地看成自我维持的机器人，用尽可能与自己不一样的材料构建。"[13] 赫尔时刻把自己的建议牢记在心，构建各种"学习的机器"，用于证明大脑不是学习所必须的。[14] 因而，对于赫尔来说，说人类是一台机器，就意味着不用牵涉内部的意识机构（或者遗传）就可以解释人类的行为。具有讽刺意味的是，仅在赫尔去世几年之后，西蒙和乔治·米勒这样的认知学家就把赫尔的论据彻底推翻，使用一个与人类似的更加强大、更加有意义的机器（也就是经过编程的计算机，具体来说就是逻辑理论家）提出精神确实存在，而且可以用科学的手段进行研究。

尽管操作主义影响广泛，但是在对理论一直都怀有强烈不信任感的心理学界，赫尔的数学演绎系统几乎没有赢得什么支持者。[15] 对于埃德温·波林（Edwin Boring）和很多其他经验主义者来说，稳定的、实在的实验数据收集，而非演绎系统构建，才是把心理学建设成为科学的关键所在。但是，从什么实验中获取什么样的数据呢？有些人，比如 S. S. 史蒂文斯（S. S. Stevens），提倡把心理物理学的研究作为严谨、实证的实验心理学的基础。[16] 其他人，比如卡尔·拉什利（Karl Lashley）和他的学生唐纳德·赫布（Donald Hebb）则在大脑功能神经学中寻找数据，并把外科技术作为他们实验方法的基础。[17] 对于美国实验心理学家来说，第三种途径就是 B. F. 斯金纳的更为激进的行为主义，他观察盒子里的小白鼠（或者鸽子）以获取数据。[18] 斯金纳的方法对于那些有意于维护学科的自主性和自身作为"意志坚定"的科学家的美名的心理学家们很有吸引力，但是，他的极端观点让那些对把人类行为与老鼠、鸽子以及其他低级动物联系起来的实验很不舒服的人很难接受。[19]

还有第四条道路，但那是一条很少有人走的路。那就是格式塔理论。正如米切尔·阿什（Mitchell Ash）曾经认为的，格式塔心理学并不是不分青红皂白地拒绝"客观"行为心理学。[20] 反之，它同样激励着华生、斯金纳和行为科学家们的对客观性的探索。格式塔和行为心理学之间的差异其实源自心理学在德国和美国的不同社会地位。在20世纪上半叶的德国，心理学仍然被当成哲学的一部分，其核心问题出现在以实验为导向的心理学家与他们的哲学家同事的复杂竞争中，当时，他们中的大部分人还都属于新康德学派。美国的情况恰恰相反，行为心理学与生物学的关系要远比与哲学的关系更近。由于所在地不同，格式塔主义者和行为主义者关注的问题不同：格式塔主义者对知识的问题，包括感觉、思想和行为有着深切的关注，而行为主义者主要关注动物行为的可塑性问题。

很多杰出的德国新心理学家，比如哈罗德·格兹考的老师诺曼·梅尔，在20世纪30年代和40年代来到了美国，而且格式塔心理学家马克斯·韦特海默、库尔特·考夫卡（Kurt Koffka）以及沃尔夫冈·柯勒（Wolfgang Kohler）的著作译本战后也出现在了美国。结果就是，到20世纪40年代末期，格式塔思想在美国心理学界广为人知，尽管这些著作还没有进入该学科的主流。[21]

格式塔心理学对于有意脱离行为主义路径的实验心理学家来说是一个不错的选择，但是军方的兴趣在于通信、仿真和人机系统，它们在第二次世界大战之后的很多年里对学科的重新定位产生了巨大影响。对于愿意尝试新事物的心理学家来说，这些领域的国防研究堪称一片沃土，因为在这些领域工作的心理学家是采取与他们的导师不同的方式进入到专业的圈子中的。例如，西蒙从来没有接受过正式的心理学教育，而乔治·米勒和他在哈佛大学心理声学实验室（这个实验室培养出了很多早期的认知心理学家）的同事，"成了专业的军方研究员，更像是工程师而不是心理学家"。[22] 这样的心理学家通常在跨学科团队工作，他们习惯的实验对象是人类和机器，而不是 T 型迷宫里的老鼠。

军方资金的诱惑对心理学产生了强大的影响，甚至激进如斯金纳这样的行为科学家也来捉通信的虫子。[23] 然而，语言是一种复杂的现象，它抵制了所有把它纳入刺激—反应领域的企图。其结果是，在 20 世纪 50 年代初期，那些对通信、仿真和人机系统有兴趣的心理学家开始跳出行为心理学去寻找灵感，他们在军事研究领域的经验让他们深信，"草长在学科之间的缝隙中"。[24]

他们首先盯上的是信息论，这是一种关于通信（也关于选择）的强大的数学视角。[25] 在香农对信息的新颖定义以及对消息娴熟的数学分析中，乔治·米勒和弗雷德里克·弗里克这样的早期认知学家看到了通过系统分析语言和交流把心理学统一起来的机会。尽管他们心怀重塑行为主义的目标去追寻香农的信息论，但是很快就走上了一条非常不同的道路。信息论是一种关于语言表达的理论，米勒等人发现，要开发一套完整的语言表达理论，就要有一套关于语言发生器的理论，也就是关于大脑的理论。

20 世纪 50 年代，信息论就像野火一样在实验心理学领域蔓延。如此急迫地接受它的一个原因是，行为主义心理学家习惯把人体看作一个通信系统。对于行为科学家来说，心理学是对刺激与反应的关系的研究。刺激很容易与语言来源画等号，大脑则与电话交换台画等号，而神经就是发射器和接收器。[26] 现在，距离信息论似乎就只差一小步了。

尽管从理论上看，即便是与最激进的行为主义完全兼容，但建立在信息论基础上的心理学研究计划还是与标准的行为主义不一样。20 世纪 40 年代末和 50 年代初期的行为主义者专注于对动物行为的研究，他们从华生时代开始就一直这样做。T 型迷宫里的小白鼠和斯金纳盒子里的鸽子都是经典实验。当然，行为主义者并没有完全忽视对人类行为的研究，但他们一般专注于人性的"动物"方面，而不是"更高级的特质"，比如语言。[27] 正如华生曾经写下的："我把一生中将近 12 年的时光奉献给了动物实验。进入与实验工作相一致的理论立场是很自然的事情。"[28]

相反，信息论设定的研究计划瞄准的是建立人类交流系统的规范。各类刺激的感觉临界点、一次接触能够获取的信息量、人类神经系统的信道容量、各种环境中的"噪音"或干扰的数量、人类身体信号传送的频率和通信路径的长度 —— 这些都是对信息论感兴趣的人实验的重要对象。[29] 信息论设定的这些实验项目最终都将把心理学带离动物行为实验室，也带离心理学的行为主义哲学范畴。

麻省理工学院的人类资源研究实验室是系统研究实验室的心理学姐妹实验室，乔治·米勒在这个实验室里研究半自动地面防御系统中计算机的人类操作者的操控方式。他观察他们如何发现并处理机器呈现给他们的信息（以灯光、开关或者信号数组的方式），尝试揭示人体组织中通信系统的局限。

在那篇开创性的论文"神奇的数字 7"（The Magic Number

Seven）中，米勒综合了这些"绝对判断"研究的结果，其中采用的方法对他和西蒙都具有重大的意义。绝对判断指的是在一维的感觉刺激之中做出区分的能力，例如，某人如何能够通过音调的高低或者音量的大小识别出一种声音，而不是同时依赖这两个条件。米勒总结道，在对绝对判断的实验中，"观察者被看成一种交流管道"。绝对判断的实验目的是确定观察者的"管道容量"；也就是"观察者的反应能够适应我们给他的刺激的容量的上限"。[30]

　　米勒研究了此类不同实验的结果，并得出结论："我们身上似乎存在某种局限，可能是后天习得的，也可能是我们神经系统的设计造成的。"这种局限小得惊人：大约 3 比特的信息量。3 比特的信道容量意味着，如果只在一个维度上存在差异（而且单独呈现），我们差不多可以识别出大约 7 件东西，上下浮动 2 件。在 7 件东西左右的绝对判断上反复出现局限，促使米勒做出评论："我一直被一个整数困扰。这个数字 7 年来一直如影随形地跟着我，闯入我最私密的资料，在最受关注的杂志页面上攻击我……借用一位著名参议员的话说，它的背后一定有精心的阴谋。"[31]

　　米勒没有停止对神奇数字 7 的揭示。他留意到这个巧合，实时记忆可以记住的东西也是大约 7 个。最初，或许有人会怀疑，绝对判断和实时记忆的范围怎么可能是同样的东西。然而，米勒很快就证明，这种毕达哥拉斯式的洞察力在误导我们。他这样描述二者的区别："绝对判断受限于信息量（按比特计算）。实时记忆受限于事物的个数。为了以某种生动的方式抓住这种区别，我养成了区分信息比特和信息组块的习惯。"[32]

米勒随后展示了他的发现："实时记忆的范围与每段内容的比特数位基本无关。"[33]（在另外一本著作里，他把实时记忆比喻为一个钱包，只能装 7 个硬币，至于硬币是 1 分钱的还是 1 块钱的则没有关系。）[34] 实时记忆的这种奇特特质很关键，因为它允许我们"通过简单地构建一个比一个大的组块，使每块所含的信息比之前的多，从而增加（我们记忆）所包含的信息的比特数量"。为了给这个持续不断的信息"组块"一个名字，米勒从通信理论中借来了一个术语："重新编码"。[35]

尽管重新编码的概念来自信息论，米勒对这个术语的使用还是受到了他早期的计算机经验的强烈影响。例如，他建立重新编码思想的一个关键实验是把二进制数码的顺序"组块"为更大的单位，这正是他操作的计算机（以及计算机操作员）每天在做的事情。米勒曾经说过，重新编码的思想来自对控制室里的人类操作者的观察，他们关注灯光和开关的复杂矩阵，并在心里把这些矩阵"重新编码"成更容易识别的灯光和开关的排列形式。[36]

重新编码标志着一个思想集合，也预示了一个转变，因为重新编码解决的是信息如何处理，而不是如何传送。研究信息传送，电话系统似乎是一个很好的模型。然而，要了解信息处理，就需要新的模型。米勒和心理学找到了两个：诺姆·乔姆斯基的语言学和西蒙与纽厄尔的逻辑理论家。[37]

米勒和乔姆斯基在麻省理工学院和哈佛大学时是亲密的朋友，而且他在这位同事的思想里看到了新心理学的基础。两人从 1955 年开始了紧密的合作，在接下来的几年里合作撰写了好几篇很有影响力的文章。米勒讲述乔姆斯基的语言学在大学的讲座圈里非常有名，而且，听起来很神奇的一件事情是，米勒从哈佛大学纪念馆的火灾里抢救出了乔姆斯基的《语言学理论的逻辑结构》(*The Logical Structure of Linguistic Theory*) 唯一的一部手稿。两人非常亲密地相互认同，甚至使 B. F. 斯金纳明确表示，米勒就是乔姆斯基对斯金纳的著作《语言行为科学》(*Verbal Behavior*) 无情批判的幕后推手。[38]

乔姆斯基认为，对交流的统计分析不足以说明自然语言的复杂性和规律性。[39] 他坚持认为，当人们听到或者读到某种东西的时候，他们记住的只是"核心的"语句。核心语句是最简单的陈述形式，语句的思想由此被表达出来。之后，核心语句被按照符合当时情况的规则进行转换。乔姆斯基从这个分析中得出结论，表达意思的关键是语法，而不是措辞。语法支配语义。另外，他还得出结论，句法由规则支配，而且可以通过符号逻辑进行分析。

乔姆斯基随后尝试揭示生成语句必须遵循什么样的规则。为了做到这一点，他把语言定义为可能语句的确定集合。规定了特定语句集合（一种语言里所有的句法正确的语句）的规则，乔姆斯基称之为语法。更进一步说，乔姆斯基认为，每种语言的语法都源自一种通用的"转换语法"（他认为这种语法的存在，已经被我们能够在各种语言之间相互翻译的事实证实了）。[40]

乔姆斯基对语法的定义让语法与计算机程序几乎一致

了，因为二者都是连续使用一套逻辑规则对符号进行操纵。重新编码显然是一种类似的过程。重新编码产生的信息块，是按照一套类似于语法或者程序的规则，形成、组织并相互关联的符号表达。如果每种语言的语法就像程序，那么转换语法就像是人脑的操作系统。程序、语法和大脑之间的这种联系，被乔姆斯基后来的证据表述得一清二楚，转换语法从形式上相当于图灵机，因而，对于很多认知心理学家来说，就相当于大脑。[41]

当米勒和其他实验心理学家谈论大脑的时候，他们心里想的具体程序就是逻辑理论家。在实验心理学的这个分支、乔姆斯基语言学和计算机科学这三者的一次大会师中，西蒙和纽厄尔提交了他们关于逻辑理论家的第一篇论文，乔姆斯基发布了他新的语言生成方法的论文提纲，米勒提交了他的论文"神奇的数字7"，这些都出现在了同一个大会上。[42] 对于西蒙和其他与会者（所有的早期认知学家和早期人工智能研究者）来说，一场革命显然正在酝酿。

信息处理的福音传播

尽管出现了很多可喜的迹象，但是在1956至1957年，真正相信新认知主义心理学方法的群体仍然很小。当时，能够接触计算机和使用计算机的人在任何领域都是极少数，心理学家当然也不例外。1956年，美国大学里装备和运行的计算机总共只有40台。[43] 这是一个很严重的限制，因为西蒙及其认知学家同事的研究项目都依赖于计算机的使用。为了推广这种信息处理的大脑模型，就需要让心理学家能够更多地接触并体验计算机。

另外，有关大脑信息处理模型的研究项目，对于大部分心理学家来说都还十分陌生，因为有意从事通信和人机交互心理学研究的群体属于这个领域的绝对少数，而通信和人机交互构成了认知主义的核心。可以肯定的是，这是一个资金丰厚且声名越来越显赫的极少数，但毕竟是极少数。例如，西蒙和纽厄尔在这个时候都不被看作实验心理学家，而且他们的计算机和程序设计语言让他们被归为该学科的局外人。因而，向心理学家传播信息处理福音，有赖于西蒙有没有能力把他的工作定义为心理学。

西蒙努力影响心理学家的最初两次重要成功出现在1958年。第一次，他和艾伦·纽厄尔在兰德公司组织了一次暑期研讨班，向30位顶尖的行为科学家（主要是心理学家）介绍先进的计算机和非数值程序设计技术。第二次，西蒙、纽厄尔和肖在追踪主流实验心理学发展的《心理学评论》（*Psychological Review*）杂志上发表了一篇文章，详尽地解释了他们的模型、程序以及为心理学编写的计划。这篇题为"人类问题求解理论的要素"（Elements of a Theory of Human Problem-solving）的文章，把他们在逻辑理论家项目上所做的工作翻译成了心理学家熟悉的语言，甚至为他们在心理学领域的工作创造出了一个流派。[44]

正如第 7 章中所提到的，1958 年有关仿真技术的暑期研讨班是西蒙把多元的资源融合起来，服务于综合愿景的经典例子。西蒙和纽厄尔在社会科学研究理事会的支持下，使用基金会和兰德公司提供的资金组织了这次活动，并且很快在认知心理学和人工智能领域获得了几近神话的地位。

暑期研讨班属于强化培训项目，为时8周，每天8小时以上。西蒙和纽厄尔讲授的课程让很多人念念不忘。例如，这次研讨班对乔治·米勒产生了深远的影响，他在1958至1959学年留在加利福尼亚的行为科学高级研究中心，消化上个暑假学到的内容。他对计算机、信息处理和认知的沉思凝结成了《规划与行为结构》（*Plans and the Structure of Behavior*，以下简称《规划》）这部书，与（该年在研究中心工作的两名研究员）尤金·加兰特（Eugene Galanter）、卡尔·普里布拉姆（Karl Pribram）共同编写，1959年完稿。[45]《规划》一书尽管没有完全照搬西蒙和纽厄尔的著作，但是做了大量的借鉴。更重要的是，该书的传播非常广泛，很快成为了向心理学家介绍大脑的信息处理模型的标准版本。暑期研讨班取得了远远超出预期的丰硕成果，如饥似渴的认知学先锋们手里捧着《规划》，马上投入到传播这个福音的行列。

1958年的第二件大事是西蒙、纽厄尔和肖的文章"问题求解理论要素"的发表。这篇文章是西蒙给心理学家们的第一封使徒书，是一次把新的术语和新的概念引入到心理学论述中的关键的努力，也非常成功。

西蒙和纽厄尔开篇就提出，他们的目标是建立一套理论，解释人类的问题求解是如何发生的。这就意味着要揭示"用什么流程，以及什么机制执行这些流程"。在他们看来，"对一个被观察的有机体行为的解释，由产生这种行为的原始信息处理的程序提供"。因而，他们的研究目标，就是找出在类似情况下产生符合人类问题求解行为的程序。他们"清楚地意识到有一种标准的说法，认为'功能的相似性不意味着过程的相似性'"，但坚信"对一套足以产生可供观察的行为的机制的详细说明，是对包含这些机制的理论的强有力的确切证明"，尤其是在所有竞争性理论一直无法提出充足证据的情况下。[46]

西蒙、纽厄尔和肖在这个导论之后，对人类问题求解理论与电子计算机的关系做了一些评论。观察到"精准确定程序，并精确推断它们将产生的行为的能力，来源于高速电子计算机的使用"，他们竭尽全力地"强调，我们不是用计算机与人类行为做原始的类比"。他们"不是把计算机结构与大脑做比较，也不是把电子继电器与神经元的突触做比较"，对于他们来说，"一段程序不多也不少，就是一个有机体行为的模拟，一个针对它所描述的电路行为的微分方程"。[47]因而，他们认为，尽管他们的工作由计算机所启发，其智能的源头还是融合行为主义和格式塔心理学的尝试，而不是工程师征服心理学的努力。

因而，他们的论述属于方法论，而不是比喻。"描述问题求解行为的恰当方法是使用程序……这种主张与计算机没有任何直接的关系。"事实上，"就算计算机从来没有存在过，这样的程序也可以编写出来（既然我们已经知道如何去做）"。计算机"的出现，只是因为它们可以通过适当的程序设计，用来执行人类在解决问题时同样会执行的信息处理的排序工作"。[48]

在这样讨论之后，西蒙、纽厄尔和肖把话题转到了他们的人类问题求解理论的一个例子——逻辑理论家，检验它在不同的情形下（主要是以不同的顺序把命题呈现给它）以符号逻辑解决问题的能力。为了符合他们一个程序描述一个个体行为的要求，程序的每一次不同排列都被当成新的实验对象。（新的"对象"通过抹去计算机记忆的某些部分，并在不同的序列里输入不同的数据而获得。）他们宣称，汇总的实验数据证明："'逻辑理论家'程序与面对同样任务的人类性质类似。"[49]

利用"逻辑理论家"在不同情况下尝试解决问题的方法的数据，西蒙、纽厄尔和肖随后问道，"逻辑理论家"是否"在以心理学文献的方式表述时，显示出与人类问题求解过程的相似性"。毫不奇怪，他们发现了很多这样的相似性，表明他们关于人类问题求解的理论与心理学中关于"定向""顿悟""概念形成"以及"问题—子问题层级"的理论非常接近。[50]

他们总结出来的与这些心理学中已经确立的问题的联系，有时候很牵强，而且一般都要对问题的定义做出重大改动（比如，如果把领悟重新定义为对问题解决方案的选择性搜索，那逻辑理论家就表现出领悟来了）。类似地，尽管他们承认"逻辑理论家""没有形成概念"，但是他们认为，它"使用了概念"，因为它能够在两个方程式"看起来像"时进行识别。[51]无论如何，在这篇文章里，西蒙、纽厄尔和肖为了让他们的工作能被视为心理学，并让自己成为新派别的心理学家，提出了有说服力的依据。

这两次传教般的努力的成功，部分原因在于大脑的信息处理模型对心理学界的学术吸引力，他们急于把行为主义的严谨与作为格式塔理论特征的对人类行为复杂性的洞察相混合。正如西蒙清楚地意识到的，对行为科学理论的不满日趋严重，但与此同时又不得不坚信行为主义方法论是唯一可以接受的方法论。因而，他很小心，把自己的理论呈现为一种符合心理学家，尤其是格式塔心理学家长期兴趣的问题论述方式，同时仍然满足行为主义方法论标准（例如，严格的操作主义）。因而，他认为，程序的概念不仅不是与心理学无涉，还是把心理学的两种强大传统结合在一起的关键。

第二次革命的资助者

然而，这些努力的成功并不仅依赖于智慧的吸引力。强大的资助者有意于支持对人和机器信息处理的研究，而西蒙为心理学编写的程序能够让认知主义者赢得针对人和针对机器这两种研究的资金支持。在整个 20 世纪 50 年代和 60 年代里，兰德公司、美国海军研究办公室以及美国空军等机构都支持行为模型的研究工作，他们把自己的社会科学资源更多地集中到个体心理学模型的研究上，摆脱了 20 世纪 40 年代以来一直主导心理学研究的对群组进行统计分析的模式。[52]这些机构也都非常想尽可能多也尽可能快地推广计算机技术。国防部防务研究领域的新防空机构 —— 高级研究计划署（ARPA）也是如此，成了行为科学和计算机科学这两个领域的关键参与者。

高级研究计划署创建于 1958 年，目的是在后卫星时代为美国与苏联在科学技术领域进行竞赛做好准备。它资助的研究领域十分广泛，但其领导者对计算和通信技术兴趣尤为浓厚。正如保罗·爱德华兹（Paul Edwards）和阿瑟·诺伯格（Arthur Norberg）二人所言，到20世纪50年代末，军方已经对提高计算和通信的技术潜能非常痴迷，想发展集中的高效指挥和控制装置。[53] 这种痴迷部分源于核战争威胁，因为在新的导弹化的核武器时代里，可能"没有时间"（做出反应）。决策需要马上做出，而指令必须在通知到达的那一刻就执行。

这些新的需要让军方领导人明白，决策需要系统化和集中化，而执行决策的物理资源需要去中心化，以便面对攻击时不那么容易受到伤害。计算和电子通信技术似乎是天作之合，因为它们通过消除距离的障碍实现了快速通信这个具体任务的去中心化，同时通过集中化处理从不同地点收集来的信息来实现决策的中心化。

为了加快计算技术的发展，高级研究计划署在1962年建立了信息处理技术办公室（IPTO）。信息处理技术办公室的首任领导是J. C. R. 利克莱德，一位心理学家兼计算机科学家，还是哈佛大学心理声学实验室和麻省理工学院人力资源研究实验室的资深学者。[54] 正如他的背景所表明的，利克莱德与处于萌芽期的认知心理学领域有着亲密的联系，同时也是计算机科学的支持者，他有意于推进"人—计算机共栖"事业。[55]

尽管利克莱德在位的时间相对较短（1962年至1964年，1974年至1975年），但是他的决策，以及他在某些研究群体与信息处理技术办公室之间发展起来的关系，很快就形成了制度。于是，信息处理技术办公室自它诞生之日起就积极支持人类行为的计算机模拟。例如，除了大力资助校园计算机设备的配置（尤其是在计算领域的八大"杰出中心"，包括卡内基理工学院）之外，利克莱德和他的继任者都有意于开发高水平的计算语言。[56] 这些高水平语言，尤其是那些为处理非数值信息而设计的语言，对于推动人机交互事业，起到了至关重要的作用。纽厄尔、西蒙和肖在信息处理语言方面的工作就是信息处理技术办公室对这个领域的资助兴趣的主要受益者。

认知心理学的第二个支持来源是美国国家科学基金会。随着第二次世界大战接近尾声，以及对战后时代规划的开始，年轻一代的社会科学家，跟他们在自然科学领域的同伴一样，都在寻找继续保持他们与政府之间联系的方式，并希望促成政府扩大对社会科学研究的支持。[57] 对支持科学研究（包括社会科学研究）的全国性基金的期盼，极大地影响了年轻一代的想象力，正如塔尔科特·帕森斯（Talcott Parsons）1945 年在哈佛大学对新成立的社会关系学系和实验室的建议中所揭示的：

> 国会在几个月之内通过这个法案的可能性似乎非常大，这个法案将会以某种方式为社会科学、自然科学以及药学研究提供联邦支持。
>
> 然而，就目前的组织情况来看，哈佛大学的社会科学对似乎肯定会到来的挑战准备得太不充分了……几乎所有可能得到联邦机构资助的主要研究领域都属于注定

要把目前的主要部门划分成各种系科。这所大学现在的情况是，以其当前的组织来说，出台一个研究项目，很可能马上在学校的各有能力单位之间引发竞争，非常可能出现的结果是，要么这些单位中没有哪一家能拿到项目，要么拿到项目的那一家根本没有能力完成这个项目。

我们的意见是，要有一个组织来负责足够广泛的社会科学研究，范围要能够囊括大学中所有的主要机构，在相关领域要能够做出重要贡献。[58]

这个社会科学研究的新组织，这个"接受政府和私人资金的核心部门"，最终发展成为社会关系实验室——一个跨学科的研究中心，20世纪50年代和60年代在为社会科学制定议程方面起到了重要作用。[59]

对于美国国家科学基金会的前途，老一辈的社会科学工作者的心情十分复杂。他们知道，政府资助对社会科学研究来说是一种巨大的促进，也为学者更多地影响政策提供了新的途径，但是他们担心政府对这类研究的影响，深知谁出钱谁说了算的道理。他们尤其担心社会研究地位不高但对政治有着较大影响的现实，会诱使政客们干预他们的工作。

老一辈社会学家的踌躇与领导这场设立美国国家科学基金会运动的自然科学家的疑虑相互映衬。结果就是，当这场关于是否设立美国国家科学基金会的漫长斗争最终在1950年结束的时候，社会科学发现自己变成了站在门外看热闹的一方。然而，这次失败并没有想象中的那么严重。因为一直到1950年之前，支持设立美国国家科学基金会的各个群体并没能团结起来，形成一个统一的提案，利用基金会为科学界和政府建立联系的机会就此失去。在战争期间建立起来的模式和流程得以延续下来并进一步扩展，而美国国家科学基金会，从建立伊始，就被归为无足轻重的角色，直到苏联的人造卫星上天之后才迎来了转机。[60] 按照参议员基尔戈（Kilgore）的期望，美国国家科学基金会应该帮助恢复自然科学与社会科学，军用科学与民用科学的平衡。[61] 美国国家科学基金会遗漏社会科学的情况确实存在，不过更多的只是象征性的。[62]

另外，尽管社会科学没有明确包括在美国国家科学基金会的资助对象里，但也没有从它的范围里排除。几乎从一开始，它就给社会科学研究分配了资金，而且在1954年，社会学家哈利·阿尔珀特（Harry Alpert）还受聘主管社会科学的拨款项目。他花了好几年的时间才在美国国家科学基金会为社会科学建立起了支持体系，不过美国国家科学基金会要在所有的科学领域实现其主要职责也花了数年之久。只是在苏联卫星上天之后，美国国家科学基金会才获得了与其声望相称的资金。随着美国国家科学基金会重要性的提高，社会科学在美国国家科学基金会内终于得到了承认，尽管还无法与自然科学相提并论。

一心想要证明社会科学属于真正的科学，阿尔珀特和他的继任者亨利·里肯（Henry Riecken）都选择支持那些能够推动数学或者方法论进步的科研项目。尽管两人本身对认知心理学不支持也不反对，但是最可能使用强大的数学工具和高精尖仪器的心理学领域恰恰是那些为认知主义提供养分的领域，尤其是精神物理学、心理语言学以及其他受通信理论影响的心理学分支。[63]

美国国家科学基金会也有意为广泛意义上的科学家提供更多接触计算机的机会。20世纪60年代，这种兴趣延伸到推进计算机在行为科学领域的应用上，其最初的受益者是对计算机拟模人类行为有兴趣的心理学研究者。西蒙并没有完全认可美国国家科学基金会在社会科学或者计算领域的规划。1976年，他领导了一个委员会，负责审查社会科学规划，该委员会提交的"西蒙报告"对基金会的努力提出了严厉的批评。[64]然而，尽管存在这些问题，美国国家科学基金会对社会科学和计算机科学二者的支持，还是帮助认知心理学家赢得了资金和声望。

认知革命最重要的单一资助人是国家心理健康研究院（the National Institute of Mental Health），这是行为科学的资助机构网络中的又一个新节点，类似于高级研究计划署和美国国家科学基金会。国会在1946年成立了这家机构，它当时的名称是"国家精神病学研究院"（National Psychiatric Institute），其支持者打算把它建成精神病学和临床心理学的培训和研究（按照这个先后顺序）支持中心，同时也是改进临床精神病服务的资助人。国家心理健康研究院的首位院长罗伯特·菲利克斯（Robert Felix），以及研究院的国家心理健康咨询委员会（National Advisory Mental Health Council，NAMHC）的第一批委员，都是精神病学促进小组（Group to Advance Psychiatry，GAP）的成员。精神病学促进小组

是一个尝试在精神病治疗中推广精神动力疗法的精神病学家
组织。[65] 因而，国家心理健康研究院怀有强烈的初心，想改
善临床精神病服务，这在以基础研究为目标的国家卫生研究
院（NIH）来讲非同寻常。

　　菲利克斯对研究确实抱有浓厚的兴趣，而且他对可以
改进临床实践的研究抱持宏大的愿景。作为阿道夫·迈耶
（Adolf Meyer）在约翰·霍普金斯大学的前同事，菲利克斯
完全接受了迈耶的理念，认为很多心理健康问题都应该被视
为公共健康问题。[66] 结果就是，菲利克斯支持与心理疾病有
关的社会科学研究，尤其是那些或许最好称为"精神疾病
流行病学"的研究。他组建了一个社会科学外部顾问小组，
为他提供这个领域的意见，小组的成员包括社会学家H. 沃
伦·邓纳姆（H. Warren Dunham）和罗宾·威廉姆斯（Robin
Williams）、人类学家玛格丽特·米德（Margaret Mead）、社
会心理学家罗纳德·李皮特（Ronald Lippitt）以及社会学家/
社会心理学家劳伦斯·弗兰克（Lawrence Frank），他们全都
鼓励菲利克斯扩大对社会科学研究的支持。所有这些社会科
学顾问都持有广泛的功能主义方法，都对使用文化和个性方
法理解人类行为感兴趣。他们因而成了战后关于控制的科学
的推动者。

　　尽管有这些鼓励，但国家心理健康研究院头9年的培训
和研究拨款绝大部分还是给了精神病治疗研究方向：在1958
年对国家心理健康研究院培训项目的一份审查报告中，按照
培训拨款接收人的学科分类，甚至找不到心理学的类目，更
不用说其他的社会科学了。[67] 菲利克斯在1954年确实创建了

一个内部的心理学实验室，但是一直到1958年，国家心理健康研究院分给社会科学的预算，以及该预算所占的百分比仍然很小。

然而，1958年，菲利克斯决定把培训计划扩展到心理学，包括对实验心理学研究生培训的支持上。[68] 国家心理健康研究院在项目上的这种扩张尝试，在学术领域的心理学家中激起了极大的热情，他们用行动阐释了所谓"得陇望蜀"是什么意思。1959年，国家心理健康咨询委员会毫不犹豫地支持了这个新计划，甚至还鼓励菲利克斯把国家心理健康研究院打造成支持"基础性行为科学"的主渠道。[69] 菲利克斯听从了这个建议，而且到1964年，国家心理健康研究院55%的主要研究人员都是心理学家，精神病学家只占12%。[70]

与此同时，国家心理健康研究院的预算开始极速增长，这主要得益于后人造卫星时代对科学研究的支持浪潮。在头10年里，国家心理健康研究院的预算增长的速率令人钦佩，在1959年达到了5,000万美元。然而，1959年至1964年，国家心理健康研究院的预算翻了3倍以上，达到了1.89亿美元。这种快速增长的部分原因是国家卫生研究院预算的增长，菲利克斯和国家心理健康研究院搭上了詹姆斯·香农的快车。然而，国家心理健康研究院的增长也得益于它对国家卫生研究院的研究理念的拥护，这种拥护体现在了它对"基础行为科学"的支持上。

菲利克斯和国家心理健康研究院意图支持的基础行为科学，正是西蒙和其他认知心理学家想要做的那种——行为心理学，而不是行为主义心理学。菲利克斯和国家心理健康咨询委员会成员都是心理动力精神病学家，这就意味着他们都相信思想、相信意识、相信受过训练的观察者通过分析个人的口头报告洞察个人精神过程的能力。行为主义者对上述一切的责难在菲利克斯和他的员工身上产生了相反的效果：他们更感兴趣的是人类如何思考和学习，而不是以动物心理学为中心的传统行为主义研究项目。

所以在西蒙和其他的早期认知学家，诸如乔治·米勒、伯特·格林、卡尔·霍夫兰、杰罗姆·布鲁纳和李·格雷格（Lee Gregg）眼中，国家心理健康研究院是一个慷慨的资助人，它对研究人类的思维过程具有强烈的兴趣。另外，国家心理健康研究院积极支持计算机在心理学领域的运用，在20世纪60年代初期设立了一个特别的资助计划，专为扩大行为科学家接触计算机的机会。国家心理健康研究院的慷慨资助（涉及的金额大于美国国家科学基金会和私营基金会资助的总和）因而在促进认知方法在实验心理学中的运用上起到了主要的作用。国家心理健康研究院今天仍然是支持行为科学研究的最大单一机构。国家卫生研究院的其他院所从20世纪60年代起也都接受了行为科学，甚至国家卫生研究院现在资助的行为科学研究要比其他所有联邦政府机构的合计数都大。[71]

行为科学的老资助人（兰德公司、空军、海军研究办公室）和新资助人（高级研究计划署、美国国家科学基金会、国家心理健康研究院）不仅支持心理学的认知主义研究方法，也是计算研究的关键资助人。因而，甚至当西蒙把关注点从管理决策转向人类问题求解的时候，计算研究仍然处于多个兴趣汇聚的中心。所有这些资助人都有意于刺激计算技术的发展，也有意于让更好、更快的计算机能够广泛用于学术研究；他们都希望鼓励研究者建立既能够促进具体的学科门类又能够促进计算技术发展的项目；而且他们都有意支持使用计算机模拟人类行为。最后这点尤其重要，因为人们常常会认为这些资助人只想把计算机专门应用到自然科学领域。然而，对于这些资助人来说，在复杂系统行为研究的竞技场引入计算机的时机已经成熟，而计算机对改进决策的重要意义则是一个主要的考虑因素。[72]

由于这些原因，可用于心理学研究的计算机资源从1958年以后快速扩大。心理学的一个分支可以利用的资金和设备的增加，与整个心理学领域飞速发展正好同步。[73]正像"行为革命"在政治科学中同时发生一样，大量的新一代心理学家也恰好在西蒙炙手可热的时候被培养出来了。[74]

革命还是政变

然而，对于历史学家来说，这场认知主义革命到底是不是科学领域真正的革命，一直不很明确。例如，托马斯·黎黑（Thomas Leahey）曾经把这场认知革命称为"神秘"革命：在他看来，这只是在更广泛的行为主义传统中出现的变化，而不是与之决裂，而且更为重要的是，从来就没有形成过一种统一的行为主义范例供人反抗。类似地，约翰·米尔斯也曾经认为，美国行为主义的基础特征是以控制技术的研发为导向，他相信这也是认知心理学的一种特质。[75]

这种对认知革命的批判确实有一定道理：像西蒙和米勒

这一类的认知心理学家，都是彻头彻尾的操作主义者；他们相信心理学只能把行为数据当作证据；而且他们延续着把人看成一部生物机器的传统，创造这个传统的不仅只有行为主义者，只不过他们最具代表性。如果说采纳行为主义者的机械类比算是一种判断标准，那么认知主义者显然就是行为主义者，因为他们用计算机代替了电报和交换机，作为人机类比的机械部分。因而，尽管西蒙和米勒把"大脑"重新引入到实验心理学中，但是它与 19 世纪心理学中的大脑有着很大的不同，而且他们对这个术语的普遍理解也十分不同。

　　然而，认知主义者相信，他们正在领导一场反对行为主义和新行为主义的革命。他们受骗了吗？还只是修辞上的问题？证据给出的答案是否定的。与行为主义和新行为主义心理学相比，认知心理学是一种完全不同的学科领域：基本的机械比喻从交换机变成了计算机，从而极大地改变了心理学家对大脑和关于大脑的科学的理解，就像支撑 19 世纪政治经济的主要比喻从天平变成为引擎，从而极大地改变了政治经济学家对经济以及有关经济的科学的理解一样。[76]

　　这种作为符号处理和问题求解机器的新的大脑启发式模型与学界对人类把感觉转换为符号表示然后操控符号的机制的关注有关，这种关注导向的研究问题集合，明显地不同于行为主义者对有效调节的形式和安排的关注。与这种新的问题集合相伴相随的是新的实验实践：认知心理学家一般通过计算机模拟来研究人类的感知和问题求解，通常使用"大声"与目标人员交流的方式，检验模拟的经验有效性，而行为主义者一般通过动物实验了解人类。[77]

另外，认知主义者把自己看作一个新的研究群体，为自己构建了对心理学传统的新理解，并提出了一套不同的范式作为指导和启示："逻辑理论家"和"神奇的数字7"，而不是斯金纳的《生物体的行为》或者赫尔的《行为原理》。这种理解成为新群体的部分自觉，可以通过这段时期的心理学机构史得以证实，因为认知主义者不仅"接管"了《心理学评论》杂志，还建立了很多致力于认知心理学的新杂志，建立了新的专业社团，发展了与新资助人的关系。在这个过程中，西蒙把这些新思想、新实践和新资助人组织起来，成为一台生产力惊人的研究机器。

第十二章

自适应人，有限的问题求解者

早在 1955 年，西蒙和纽厄尔就嗅到了"最火辣的气味"，但它一直到 1958 年前后才成为他们唯一的关注焦点 —— 此时，专用于"复杂信息处理"研究的长期资金得到了保障，这项研究不再是其他研究的附属品。这段时间以后，西蒙的兴趣仍然是多样化的，所以，对他来说，没有哪种兴趣可以真正说是唯一的。然而，"逻辑理论家"之后的数年里，计算机模拟人类行为几乎成了支持他所有工作的组织原则，甚至在涉足其他领域的时候，他也总是保证有一只眼睛盯着其他研究对这个中心工作的贡献。

西蒙和纽厄尔很快就把他们在逻辑理论家上的成功利用了起来，他们在 1957 年从某基金会为工业管理研究生院赢得了另一笔大额拨款（75 万美元）。这笔钱中，50 万美元用于一个轮换的杰出研究员职位，25 万美元用在一个额外的为期 5 年的"组织理论和商业决策"研究上。这个名称虽然不能准确地描述他们的工作（尽管确实表明了西蒙的计算机科学与组织理论的持续联系），但还是足够贴切，能让它获得基金负责行为科学的新项目官员理查德·谢尔顿（Richard

Sheldon）的批准。与很多基金会官员一样，谢尔顿对于把计算机模拟技术应用于行为科学的兴趣越来越浓厚，他从中看到了处理复杂系统问题的潜力。[1]

兰德公司也为西蒙和纽厄尔的工作继续提供重要的资源，尤其是使用代表最新技术水准的计算设备的机会，以及无数的人员支持。例如，1960 年，除了支付纽厄尔的薪水外，兰德公司的专业人员中有 5 人全职为西蒙和纽厄尔的项目工作。之后两年，全职人员增加到 10 名。[2] 另外，兰德公司资助西蒙每年夏季在圣莫尼卡的访问，并且在 1960 至 1961 学年支付他在那里的学术假期间的工资。

然而，西蒙设想的新研究计划需要更多额外的资源，以及比这些安排更大的灵活性和保障。1960 年，他感觉自己与基金会的兴趣出现了分歧，于是他重新安排了拨款结构，降低了支付给团队工作的份额，以期维持更长一段时间。他需要新的资助人群体，一个新的支持网络，以追求他新的兴趣。

新的资助人，新的研究计划

这个资助星座中的第一颗新星是纽约的卡内基公司（Carnegie Corporation of New York），1960 年年初，西蒙和纽厄尔成功申请到了 17.5 万美元（为期 5 年以上）的赠款。[3] 自从 20 世纪 40 年代以来，卡内基公司一直关照着卡内基理工学院的发展，尽管不是全权负责，它在董事查尔斯·达拉德（Charles Dollard，1948 年至 1955 年）和约翰·W. 加德纳（John W. Gardner，1955 年至 1967 年）的支持下，把它的使命扩大到对社会科学的支持，尤其是与教育有关的领域。加德纳对学习和认知的心理学研究尤其感兴趣，以至于杰罗姆·布鲁纳把他尊为认知心理学的"美第奇"。[4] 西蒙注意到了加德纳对新的哈佛大学认知研究中心的支持，这家中心由布鲁纳和西蒙的朋友乔治·米勒在1960年创建，所以，为了让他新的"复杂信息处理"（CIP）项目上马并运作起来，他找到了加德纳和卡内基公司。

在提交给卡内基公司的项目建议书中，西蒙和纽厄尔把他们的心理学研究新方向描述为通过仪器和技术促进科学进步的更广泛的传统的组成部分。例如，他们在文章开篇辩称"科学发展的快速进步，总是伴随着分析技术的新发展。比如，可以按照观察工具的顺序来编写经典和现代物理学史：望远镜、钟表、云室和回旋加速器。""自从成为一门科学以来，心理学现在首次拥有了与我们寻求理解和解释的现象的复杂性相称的技术。"当然，在所有的新仪器中，最受瞩目的是现代计算机。因而，他们请求"扩大以电子计算机作为人类认知研究分析工具的研究计划的支持"，只是想单纯地以一种更新更好的工具探究传统的心理学研究对象。[5]

西蒙和纽厄尔声称，计算机在他们的工作中以双重的方式投入使用。首先，"人类认知理论本身就要用计算机程序的方式编写（与自然科学理论以微分方程编写的情况十分类似）"；其次，"计算机以理论为程序，模拟并详细预测人类这个研究对象的行为"。在这里，他们强调，"在这项工作中，计算机不是数值分析的工具，而是通用的符号处理设备，这台设备处理非数值符号与处理数值符号一样轻而易举"。因而，"本次研究中形成的心理学理论不是传统概念上的'数学'形式；从而，它们不局限于那些可以量化或者数学化的现象。"[6]

西蒙和纽厄尔在这项工作中采用的"基础步骤"有四："（1）编写计算机程序，尽可能抓住人类在思考中使用的初级符号处理过程；（2）模拟这种在计算机上编写的系统的行为；（3）记录人类实验对象执行同样的认知任务时的行为；（4）比较计算机模拟的轨迹与人类实验对象的影像。"[7]

他们指出，这项工作是团队研究，需要占用卡内基理工学院5位工作人员、兰德公司5位工作人员，以及"类似数量"的研究生的时间。按照西蒙的组织风格，"没有单一的大型组织，而是一组小型的相互关联的研究团队（一般为1、2或者3个人），在一个大致相同的领域内的不同子项目里工作，并通过研讨会的方式进行交流"。[8]这个"小型的相互关联的团队群"的秩序和工作重点，将通过西蒙和纽厄尔的资深地位、精神力量和个人影响来维持。

值得关注的是，西蒙和纽厄尔申请的这笔经费，仅用于人员工资、研究生补助以及秘书服务。[9]设备，尤其是计算设备所需的巨额费用没有包括在内。这些费用之所以可以不考虑，是因为卡内基理工学院假定，"大量的计算机使用时间将继续通过卡内基理工学院自己的计算中心和兰德公司的计算机免费获得"。[10]如果他们"被迫为计算机的使用时间支付费用，那么预算全都得大规模地向上修订"，这暗示了扩大接触计算机的机会，将在西蒙向整个心理学领域推广大脑和机器方法的过程中起到至关重要的作用。[11]

卡内基的拨款为西蒙不断扩大的研究计划提供了基本的种子资金。尽管金额不多，但是，这些钱具体给到了用计算机模拟人类进行信息处理的工作上，等于是认可了西蒙的概念重新定位。大笔资金即将到账，这笔拨款让其他人认同了西蒙对他选择的道路毫不动摇的信心。

具体来说，西蒙成功赢得资助这件事，让卡内基理工学院的其他院系对跨学科工作也产生了兴趣，也想像西蒙在系统与通信科学领域所做的那样，提出跨院系的新项目。[12] 早在 1959 年，西蒙就开始考虑建立一个覆盖整个复杂系统行为分析的跨院系新项目。按照他的设想，这个项目将从多学科的角度教会研究生如何通过计算机模拟分析复杂系统，从而把统一的方法和共同的工具带入诸多研究领域。这将涉及来自很多院系的老师，包括数学、物理、电气工程、经济学、工业管理以及心理学，此外他还希望获得对纯科学感兴趣的基金的资助。

在所有参与者中，最难拉进场的是心理学家。尽管卡内基理工学院有几位心理学家对广义上的认知有兴趣，但是，心理学系的主任哈勒·吉尔莫（Haller Gilmer）多次拒绝了西蒙要求把认知作为该系工作重点的请求。[13] 在兰德公司休完了 1960 至 1961 学年的学术年假回来后，西蒙不愿意再等了。他已经把决策中的心理学问题看成理解人类行为的基础，并因而把心理学家在新项目中的参与看成基础性的工作。

在 1961 年夏季获得了卡内基的拨款之后，西蒙的行动明显提速。吉尔莫则不然，那年秋季，西蒙给吉尔莫和卡内基理工学院院长杰克·华纳发出了最后通牒："除非学校有一个强大的心理学研究生计划，我就无法卓有成效地推进我在卡内基理工学院的工作……尽管我们在这个方向上取得了一点进展……我们能够取得这点成绩也是因为工业管理研究生院愿意提供经济资源……要实现这个目标，就需要心理学系有一位彻底认同这个目标的系主任，使这个部门充满活力。鉴于过去两三年我对该系的观察……我不再有信心认为（吉尔莫）愿意提供这样的领导力。"[14]

这个意思很明确：要么吉尔莫走，要么西蒙走。吉尔莫马上辞去了系主任的职务，西蒙亲自挑选的系主任伯特·格林于 1962 年接任。[15]系统与通信科学计划立即上马，心理学家现在已经坚定地站到了他这一边。到 1965 年，这个计划已经发展成为计算机科学系，成为这个国家的首个也是最好的计算机系。[16]

然而，西蒙和纽厄尔并不满足于卡内基公司投入的资金。这个头开得不错，但不足以实现他们所希望的迅猛成长。到 1962 年，纽厄尔写道："大家一致觉得，需要让技术学院在这个领域努力获得一种稳定的长期资助，达到适当的水平还保有适当的自由度。"[17]跟几乎所有计算领域的研究者一样，他们发现这种支持，以及这些自由，全都掌握在联邦政府的手里。

政府为他们提供的头一个重要资源是在 1962 年：40 万美元的拨款，每年续签，来源是高级研究计划署，资助对象是纽厄尔在程序设计语言方面的工作。[18]卡内基理工学院也获得了高级研究计划署的杰出计算中心认定（主要还是得益于西蒙和纽厄尔的工作），20世纪60年代和70年代期间，数百万美元源源不断地流入，促成了计算机设备的迅速推广。尽管这些拨款没有直接支持西蒙的工作，但是它们意味着到20世纪60年代中期，大规模的一流计算机科学家群体，以及顶尖的计算机设备在卡内基理工学院随处可见，从而为西蒙的工作提供了无法估价的基础设施，并完全打消了他出走到更有声望的机构的所有动机。在计算机领域，尤其是在程序设计和模拟的子领域，再找不出比申利公园更加绿色怡人的田园风光了。

与西蒙自己的工作更加直接相关的是另外一笔政府拨款，这笔款项也在1962年获得。作为他们为复杂信息处理工作获取长期支持的持续努力的一部分，纽厄尔"与国家卫生研究院的布鲁斯·韦克斯曼（Bruce Waxman）博士和李·拉斯蒂（Lee Lusted）博士（国家卫生研究院电子计算机咨询委员会负责人）进行了一次非正式谈话"。这个委员会"积极主动地支持（甚至启动）与生命科学有关的计算机领域的工作方面"。他们的回答是："那你们为什么不来找我们要钱？"[19]该年的11月，西蒙来了，提出（并且得到了）为期5年共计高达120万美元的款项。手里掌握着这些资源，西蒙和他的同事们可以信心满满地埋首工作，"限制我们前进速度的"只能是"我们自己产生出富有成效的思想的能力"，不是资金，也不是"硬件"。[20]

西蒙和纽厄尔提交给国家心理健康研究院的项目建议书中的研究计划，其基础结构与提交给卡内基公司的项目建议书中的大致一样。主要差异体现在规模上（西蒙和纽厄尔的雄心壮志也在增长），当然修辞策略上也有些差异。因为国家心理健康研究院习惯于资助实验室研究和临床试验，而且对实用性前景很看重，所以西蒙和纽厄尔特别强调：他们的研究项目寻求开发"复杂心理学系统"的模型；"在实验和理论工作之间维持着紧密的互动关系"，包括使用"实验室研究对象的口头报告"；以及把"对人工智能的平行研究"作为研究人类心理系统如何运行的主要的"启发"来源。另外，在这份申请中，西蒙还说，他们的研究可能带来实际的临床效益，他提到"信息处理模型会成为个体的模型"，因而"对个体的共同关切，把临床工作和模拟连接在了一起"。[21]

　　尽管后面一个声明有点牵强附会，但是，项目建议书对实验、实验室工作的强调，并不只是单纯地为了要钱而采用的修辞伎俩。正如西蒙和纽厄尔在他们的工作中反复发现的，计算机模拟技术对实验设计能够产生巨大影响。例如，西蒙和纽厄尔试图记录个体实验对象时点对时点的反应情况。对实验对象群组的数值进行平均而获得的总体统计指标远远不够了。[22] 这样一种"对相邻的行为环节的微观研究"产生出了"新的方法论问题"，因为它"极大地偏离了心理学研究中更为常见的模式"。别的暂且不提，这种方法还要求开发出"极详尽地记录实验对象正在做的事情的度量技术"。计算机可以打印出计算过程的每一步，但是人如何才能做到同样的事情？西蒙和纽厄尔的回答是开发新技术和新设备来洞察人类这部机器的运行。新技术的例子是"有声思维法"——对受试者思维过程的描述的详细记录，新设备的例子是用以捕捉眼球运动的价值1万美元的照相机。[23]

　　说这些技术偏离了心理学的实践标准确实是有所保留了。尽管心理学领域长久以来都在度量人类生理反应并把它们与心理学机制关联，但是这种"铜管乐器"心理学在专业的精神物理学之外根本不受待见。类似地，使用受试者对自己内心思想过程的口头报告，听起来也很像被华生和他的行为科学同事从实验心理学中剔除的"内省"技术，正如西蒙和纽厄尔发现的："从一位有声思维的受试者那里得来的证据，有时候会被拿来与受试者对自己的思想过程进行反省式推理所获得的证据进行比较。这是一种误导。有声思维与纸笔测验时圈出正确答案的情况一样，是一种真实发生的行为。当然，要用它推导出受试者（或者机器）内部其他正在进行的过程，则是另外一个问题。"[24]

　　与计算机扯上关系对西蒙心理学方法的合法化来说至关重要，如此一来，把口头"报告"就与计算机关于其自身运行的报告类似了。[25] 二者都不是对机器内部工作的完美表述，但二者都是数据，而且二者都是有用的，前提是研究者知道如何解读他们。也正如第十一章所指出的，随着军事研究的展开，对于人类通信系统的特殊兴趣在人机系统研究领域开始复兴，而这为西蒙研究的价值获得接受铺平了道路，这些研究包括对记忆时间、任务完成时间、运动以及其他人类信息处理系统运行的物理证据。另外，正如上面所提到的，国家心理健康研究院是一家致力于推进心理健康的研究机构，隶属于临床心理学和精神病学，同时隶属于实验心理学。因而，其拨款审查委员会不像实验心理学家群体那样怀疑语言行为分析的可能性。

成熟的模型：作为信息处理器的自适应人

国家心理健康研究院的拨款，与高级研究计划署资助的卡内基理工学院计算基础设施发展计划相结合，推进了卡内基理工学院按照认知主义路线进行的心理学改革、西蒙在系统与通信科学的跨学科计划，以及新的计算机科学系的创办。卡内基－兰德公司研究小组在人类行为的计算机模拟研究被称为复杂信息处理（CIP）项目，这个项目也产生出了知识性的和机构性的成果，让自适应人和大脑信息处理模型成为心理学的核心内容。

西蒙和纽厄尔成熟的人类问题求解理论是什么？简单来说，这个理论"把人看成信息的处理器"。这样一种陈述可能暗示了该理论建立在人和计算机类比的基础上。然而，他们辩称，人类和计算机二者作为信息处理系统的表述"不是比喻，而是一种精确的符号模型，这种模型的基础就是人类问题求解行为的相关问题能够进行计算"。事实上，"让电子计算机看起来像机器的特征，比如快速计算、简单顺序记忆、二进制数位的构建方式，在寻找本质的过程中全都被隐去了"，而一个"信息处理系统的抽象概念"就出现在眼前。[26]

西蒙和纽厄尔的理论"假设存在一套让思考中的人类做出行为的过程或者机制"。因而，它是公认的"还原论"，而且把"解释行为，而不只是描述行为"作为目标。[27]在西蒙看来，从观察到的行为还原出产生它的机制，是所有科学的任务，包括自然科学和社会科学。

西蒙和纽厄尔以一种非常直接的方式，处理了来自行为主义者的所有潜在反对意见：“只要论及空洞的有机体、行为主义、干扰变量以及假设构建，我们就把它们简单地看成心理学发展史的一个阶段。我们的理论提出了涵盖面广和极其复杂的内部机制，并尽力在这些机制与问题求解的可见证据之间建立联系。这就是我们处理这种情况的做法。”[28]

　　模型的基本假设就是如此。它的形态和本质又是什么样的呢？在《人类问题求解》（*Human Problem Solving*）一书中，西蒙和纽厄尔以七种特征来描述他们的理论。第一，它是“一种过程理论”，关注描述有机体把输入转换为输出的方式。第二，它是一种“个体理论”，个体差异没有“附加到我们理论的主体里”。相反，“既然模型要描述个体，所以难点恰恰就在于什么是所有人类信息处理器的共性”。第三，它是一种“非统计学的理论”，他们没有“假定人类行为本质上是随机的……相反，用弗洛伊德著名说法，所有行为的产生似乎都是自然的”。第四，它是一种“内容导向的理论”，这一点“特别体现在：理论能够执行它所解释的那些任务”。也就是说，“一个关于人类棋手的好的信息处理理论能下一手好棋；一个关于人类如何创作小说的好的理论会创作小说；一个关于儿童如何阅读的好的理论同样会阅读并理解”。[29]

　　第五，西蒙和纽厄尔的人类信息处理理论是一种“动态定向理论”，它描述一个系统在一段时间内的变化，其特征是“每个新的动作都是有机体此前的状态以及它所处的环境的函数”。关于这个理论的动态性质，他们指出：“理论的自然形式是程序，它的作用就类似于微分方程组在连续状态空

间的理论中的作用（例如，经典物理学）。"唯一的差别就
是："在信息处理系统中，状态是记忆中符号结构的集合，而
不是物理系统在某个坐标系中的位置和动能的值的集合。"[30]

　　第六，它是一种"经验的，而不是实验的理论"。这种
特性源于理论的动态性质，也源于纳入研究的系统的复杂性。
正如他们所写："采用了几种分析策略，或多或少都是针对
动态理论的。最基本的是，采用一种完全确定的初始状态，
迭代使用表明下一刻发生什么的定理勾勒出系统的时间过
程。"这种技术叫作模拟，而且是"当前工作的支柱"。[31]

　　第七，也是最后一种特征，西蒙和纽厄尔指出，这个理
论的推进经过了"充分性分析"。也就是说，它强调"发现
和描述足以执行研究中的认知任务的机制"。[32]西蒙和纽厄
尔的论证，以他们所描述的机制的充分性而不是必要性为基
础，这种做法招致了诸多批评，我们必须在后面的部分加以
解释。

　　所有这七个特征标志着这个理论与其他心理学研究方法
有着显著的区别。《人类问题求解》的参考书目也反映出这
种差异；引文中的绝大部分都是卡内基-兰德公司小组的工
作成果。西蒙和纽厄尔常常引用乔治·米勒的著作，尤其是
他的"神奇的数字7"，以及秉承格式塔传统的欧洲心理学
家，诸如研究棋手认知过程的阿德里安·德·格鲁特（Adrian
de Groot）的著作，但是，其他心理学派的著作则很少被
引用。

　　延续了西蒙的惯常做法，理论的概念性基石还是一系列
的定义。这些定义中最重要的要算信息处理系统（IPS）。信

息处理系统由"叫作符号的元素集合"来定义，它们被集中到符号结构里，通过关系集合关联在一起。这些符号结构以及操作遵循的规则，或存储于信息处理系统的内存里，或从系统外部输入。处理这些符号结构的时候，它们被传送到系统的短期内存里，在那里被一组初级信息过程转换，这些过程的调用顺序则由系统内部的相关程序确定。这些程序本身就是符号结构，它们与其他数据符号一起储存在系统的内存里。[33]

正如西蒙和纽厄尔指出的，他们"构想的信息处理系统，抽象地以内存、初级信息流程、符号结构和解释过程为特征。他们没有明确说明这些结构和过程如何实现，是以物理的形式的还是以生物的形式"。"电子计算机的存在和行为证明，这种系统可以通过确定的机制来实现"，但计算机不是系统中唯一的信息处理系统。因为"人可以模拟计算机能够做到的任何事情，尽管有点慢"，就像计算机适合作为人的模型一样，人也可以成为计算机的模型。（然而，模拟显然不是完美的操作转换，因为"人模拟一台正在模拟人类解决问题的计算机的行为，显然不同于正在解决问题的人类的行为，即便计算机的行为与人的行为差别不大。"）[34]

在定义了这些概念后，西蒙和纽厄尔随后观察到："计算机科学的一个主要的基石是，规模较小的初级过程集合就足以产生完整普遍的信息处理规则。"他们也把这种认识应用到对人类信息处理系统的分析上："信息处理系统的全部行为"都是由下面这七个过程的组合序列生成：辨别的能力（按照符号结构改变行为）、进行检验和比较、创造符号、编写符号结构（创造新的或者改造旧的）、从外部读或者写

（接收输入并产出输出）、指定符号结构（让一个符号"指向"另一个），以及把符号结构存储在内存里。[35]

　　人类信息处理系统的一些具体特征，会影响这些基础过程的序列产生行为的能力，这些特征包括："由主动处理器组成的串行系统、输入（传感器）和输出（监视器）系统、内部长期记忆（LTM）和短期记忆（STM）以及外部记忆（EM，例如书籍和笔记本）。"[36]西蒙和纽厄尔认为，长期记忆高效存储信息的能力是无限的，它们之间互相关联，尽管这样存储的信息有一种令人不安的随着时间衰退的趋势。其内容是符号以及符号结构。

　　与之相对，短期记忆的容量非常有限，在给定时间内只能存储5～7种符号，正如乔治·米勒在"神奇的数字7"中发现的。然而，在短期记忆中，符号的初级过程运行得非常快。因而，尽管短期记忆一次只能在小型的符号集上执行一次运行，但限制我们快速处理信息的，主要还是从长期记忆中读取或者写入信息的缓慢速度。[37]

　　最后，人类信息处理系统拥有一组西蒙和纽厄尔称为"目标结构"（goal structures）的符号结构。这些目标结构这样组织问题求解过程：通过提供一组能与人类有机体相比较的参照物，把人变成自适应的误差控制机器。

　　人类信息处理系统可以按照《人类问题求解》中描述的方法，分解成一组基本的功能元件，严格遵循电子计算机的"冯·诺依曼结构"。在那份广为流传的"电子离散变量自动计算机报告初稿"（First Draft of a Report on EDVAC）中，约翰·冯·诺依曼把计算机定义为一套能够串行处理信息的基础功能元件组：输入、处理、记忆、控制和输出单元。[38]
这种概念化的计算机到 20 世纪 50 年代末在计算界变得非常
流行，堪称铺天盖地，而且所有造出来的计算机差不多都是
"冯·诺依曼机"。这种通用规则的唯一例外是以并行而不是
串行的方式处理信息的计算机，而且这种类型的计算机一直
到最近都不多。西蒙和纽厄尔明确地把他们的通用型信息处
理系统按照"冯·诺依曼机"建模，把我们的感觉理解成输
入单元，把运动机制理解为输出单元，短期记忆理解为主处
理单元，长期记忆和外部记忆理解为存放数据和程序的存储
单元，而上面提到过的"目标结构"为系统的控制单元。

　　通过计算机模拟确定人类信息处理系统的这些基础元件
的功能，成为 20 世纪 50 年代西蒙研究的重点。例如，逻辑理
论家及其前辈通用解题者（GPS），是西蒙和纽厄尔的人类中
央处理单元的模型；初级知觉者和记忆者（EPAM）是输入系
统的模型（EPAM 的表兄弟，MAPP 和 UNDERSTAND 也是）；
而序列外推器（SE，Sequence Extrapolator）、通用规则引导器
（GRI，General Rule Inducer）以及启发式汇编器，则是处理器
随着时间推移改进其运行（或者说成是学习）的模型。因而，
从 1958 年到他职业生涯结束，西蒙一直在构建一个大脑，一
个部件一个部件地、一项功能一项功能地构建。

　　"程序设计计算机和人类问题求解者都是信息处理系统
的子类"这种想法，重构了西蒙思想和技术的实践模型，也
导致了资助人网络的重组。[39] 尽管他的工作仍与政治学相关，
但他不再是政治科学家；尽管还与经济学和社会学相关，但
是他既不是经济学家也不是社会学家。他新的专业身份是计

算机科学家和心理学家，而对于他来说，这两种称呼说的是
同一件事 —— 他是一门关于复杂自适应系统的新兴经验科学
的实践者。[40]

批评和争论

正如西蒙和纽厄尔公开承认的，这个人类问题求解模
型存在一些严重的局限。例如，早在《人类问题求解》一书
中，他们就指出，他们的工作"没有集中关注认知、运动技
能和所谓的人格变量"。反之，他们的理论"主要关注执行，
只有很少一部分与学习有关"，显然，"延续数天或者数年的
长期完整的活动并不在考察范围之内"。[41] 然而，西蒙相信，
该模型可以扩展到人类行为的几乎每一个方面。他推广自己
理论的不懈努力，以及他对即将到来的成功的乐观预期，招
致了骂声和质疑。

人类信息处理系统理论的这种内在局限，为西蒙和纽厄
尔带来了很多的批评。其中有些是友善的，有些显然就不那
么友善了。例如，乌尔里克·奈瑟尔是认知心理学的先锋，
他对人类行为的研究拥有与西蒙和纽厄尔一样广阔视野。西
蒙对待他的批评很是认真，就算他不认同这种批评，但还是
会把这些观点作为后续研究的起点。

1963 年，奈瑟尔写了一篇题为"机器对人的模拟"的文
章，他在文章中指出："人类思维有三种基础性的、相互关联
的特征……很明显地从现有的或者思虑中的计算机程序中缺
失了：其一，人类的思考总是发生在成长和发展的累积过程
中，并为此过程增砖添瓦；其二，人类思考的开端与情感和

感觉紧密相关，人们并没有完全丢掉它们；其三，人类几乎所有的活动，包括思考，都同时服务于多重动机。而非单一的动机。"[42]

对于批评的第二和第三点，西蒙直接在一篇题为"认知的动机和情感控制"（Motivational and Emotional Controls of Cognition）的论文中做出回应，这篇论文在心理学圈子里很快就声名远播。[43] 该文章是西蒙以重新定义的方式进行论战的经典案例，也是西蒙对其人类问题求解理论的应用前景的范例性声明，也是他整个职业生涯中少有的对情感问题的回应，高冷而精于算计的西蒙对这个话题一般都敬而远之。

西蒙在文章的开篇就提到奈瑟尔的批评，而且承认信息处理理论当时还没有达到他的目标。然而，他继续辩称，只需做些微调，就可以达成目标。他的阐释如下：对大部分现有的信息处理理论来说，有两个基本的假设很关键，（1）中枢神经系统从根本上说是一个串行信息处理器，（2）行为的进程由严密组织起来的目标层级进行调节或者激励。西蒙承认，这样的系统要远比人类的系统单纯。具体来说，人类能够为应对环境的暗示而中断自己的活动，并转而追求其他目标。另外，人类通常同时对多目标进行响应。

然而，西蒙提出，这些问题的解决方案，以及消除这种单一性的办法，并不难找到。我们需要做的只是设置一些对目标进行"排队"的机制，并让目标的概念涵盖多维而不只是一维的标准。这两种机制在计算机世界里都有类似物，西蒙指出：当时在大学校园里广泛使用的分时系统，能够把提交给它们的工作通过排序程序列队排好，而且程序设计者的日常工作就是让他们的程序满足一系列标准。[44]

　　对于目标的中断和转换，西蒙认为："串行处理器能应对多个需求和目标，不需要什么特别的机制来表达情绪或者情感。我们也可以在上述系统里使用动机这个术语，简单地表示在给定的时间掌控注意力的事物。"环境会对系统提出严苛的实时要求，所以，生存要求必须有一个"中断系统"，它通过把注意力转向更紧迫的问题来影响"动机"。西蒙认为，要把这样一种中断系统包括进他的模型里，要做的就只是设定一个程序，让它监控特定关键变量的状态。这个监控程序必须能够注意到潜在地影响这些关键变量的突发的强烈刺激"，并且能够在这种刺激发生时中断正在运行的程序。他认为，能够"高频分时"的串行信息处理器完全具备满足所有这些要求的条件。[45]

　　突发的强烈刺激也会"对自主神经系统造成很大的影响，通常具有'唤醒'和'引领能量'的性质。这些影响通常会贴上'情绪'的标签。"[46]借鉴A. J. 艾耶尔对情绪本质的"情绪主义"解读，西蒙声称："在人类中，突发的强烈刺激通常都会让受试者报告自己的感受，这些感受通常都伴随情绪化的行为。我们不会特别关注这些报告，但是会假定（也许不无道理），报告的感觉由来自自主神经系统的觉醒所导致的内部刺激产生。"[47]

　　因而，情绪行为是中断系统为响应突发的强烈刺激而采取行动时的行为。它是帮助我们适应具有挑战性的环境的另一种机制。按照类似的方式，西蒙把其他典型的人类特性——创造力，也归纳为"大致相同的一类"。创造力是简单的问题求解，而且可以被归纳为与符号处理一样的七个基本机制。正如西蒙在给朋友乔治·米勒的信中所写："创造力真的像你所说的那么神秘而费解吗？冒着被看成自以为是的风险，我必须坦陈，我得出的结论正好相反，神秘已经从高级的心理过程中剥离出来（强调一下，不是从精神病学中剥离出来），创造力的情况也只是大同小异而已。"[48] 这种还原主义做派招致不接受其目标和方法的人的又一波更为尖锐的批评。

这些更为根本性的批评最初集中在模拟和充分性分析的价值上。对于某些批评家来说，比如哲学家约翰·塞尔，模拟不管有多精确，充分性分析无论有多严谨，都证明不了什么。[49] 塞尔提供了下面的思维实验来证明他的论点：想象一个人坐在屋子里。他手里有一本神奇的英汉词典，以及把英文语句翻译成中文的完整规则。使用这本词典和这些规则，这个人可以把给他的每一句英文语句翻译成流利的中文。对于那些站在屋子外面的人来说，看到的只是英文输入和中文输出，似乎屋子里面一定有人既懂英文又懂中文。但这是一种没有根据的信念，因为知情人很清楚，屋中人与想象中的并不相同，他只是知道该如何查询。用这些规则和这本词典，这个人可以模拟一位懂中文和英文的人的行为，但是这个模拟根本无法告诉我们他对这两种语言真正的掌握情况。拿走词典或者规则手册，他在理解上的缺失就会展现在所有人面前。

类似地，对于塞尔来说，规则手册和词典足以模拟翻译事实，但这并不意味着它们是人在真正翻译时必不可少的东西。说明某些事情可以以某种方法做，并不能证明所有具体的行动者在任何特定的情况下都真的是那样做的。

西蒙对这些批评的回复简单直接：模拟与科学家用于构建世界模型的其他技术并没有什么不同。例如，物理学家通过一个平行的微分方程符号系统描述微粒在物理系统中的位置和动量。他们并不会说这个符号系统跟它建模的物理系统是"一样的"。实际上，它们之间的差异是根本性的，没有谁会认为构建一个模型是对它所代表的东西的完全复制。它所宣称的只不过是符号间的关系与它们所代表的物理系统的元素间的关系是对应的。模型是一种代表；理论是一种解释；模拟把一个系统的具体模型（代表）与该系统的真正行为进行比较，从而为支持或者反对某种对该系统行为的解释提供证据。[50]

类似地，尽管西蒙承认充分性不证明必要性，但是他认为，没这个必要去证明。证明某些机制足以产生某种行为，就证明了更复杂的机制是不必要的。在西蒙看来，这样一种证明本身就是一种有价值的发现，不是每一组机制都足以产生我们看到的行为。比如，大部分关于语言行为的行为主义理论都不足以解释人类在这些领域的能力。对充分性的检验因而不是空泛的，而是有意义的，因为它常常是唯一可以做的检验。

另外，足以产生现象的最简单的机制集，应该是那些可以运行的机制，除非被确证不能运行。按照西蒙的研究方式，这是启发式而不是定律：他愿意承认，大自然有时完全没必要使用那么复杂的机制。无论如何，西蒙不希望这种启发式把他带偏，因为在他看来，一直指引西方科学研究进程的只有核心原则。

西蒙代表充分性分析给出的最终论点，意在推翻所有对他的批评。他不厌其烦地强调，他不过是想说，没必要为了解释行为而假定神秘之物的存在。他的程序在诸多重要的人类经验领域成功地解释了行为。证明的重担现在落到了那些认为仅靠机制尚不能解释行为的人的肩膀上。

上门来找不痛快的人还有很多。例如，约瑟夫·魏泽鲍姆（Joseph Weizenbaum）和休伯特·德雷福斯（Hubert Dreyfus）都攻击大脑信息处理模型遗漏了人类经验中真正重要的内容，反而热衷于对琐碎事情进行复杂分析。[51] 在他们看来，更为严重的是，西蒙还把这些琐碎的问题当作本质来看待 —— 对他们来说，这是他心胸狭隘而且骄傲狂妄的可怕标志。

德雷福斯的名著《计算机不能做什么》（*What Computers Can't Do*）针对的就是西蒙。在书中，他批评了人工智能领域预期和实际取得的成就之间的巨大落差，认为他们常常通过初期的成功就做出大胆的推断。例如，纽厄尔和西蒙著名的"通用问题求解器"在德雷福斯看来名不符实。这是一个聪明的设计，但名字应该改成"局部特征引导的网络搜索器"。[52]

在德雷福斯看来，这种推断毫无根据，因为通用问题求解器程序在"受到人为限制的博弈式领域"中运行，但该领域本质上并不具有普遍性。这样的领域要能被形式化且完全地描述，但没有证据表明，现实世界也可以这样被描述出来。人工智能的"微世界"（micro-worlds）是特殊的隔间，不是微观世界。象棋是一种特定的游戏，不是生活的模型。

类似地,"智能要能理解,要理解就需要把成年人的常识背景赋予计算机,而成年人的常识是凭借他们的躯体、他们与自然界熟练地互动,并通过教育学习融入文化中才能够掌握"。简单来说,"智能必须在某一环境中使用,不可能独立于人类生活的其他部分"。所以,人工智能只是柏拉图从"拥有技能、情感和喜好的躯体"中分离出来的"理性灵魂"的极端形式。[53]

西蒙尊敬其他认知心理学家(奈瑟尔)或熟悉逻辑语言的哲学家(塞尔)对其方法论的严肃批评,但是魏泽鲍姆和德雷福斯的批评让他愤怒、郁闷而且一反常态地沉默。正如西蒙在一封给他女儿芭芭拉的信中所写:"一般来说,我不会回应这些攻击⋯⋯在与人争论他的信仰时,你不能说得太深入,而对于德雷福斯和魏泽鲍姆之流来说这些本质上就是宗教问题。"[54]

然而,这些批评没有累及他的工作,也没有让他对自己的信念产生怀疑。他把这种分歧解读为人类在其独特性遭到攻击时的下意识反应,类似的反应历史上也曾出现,比如一个世纪之前的达尔文主义所引发的,以及四个世纪之前哥白尼的宇宙地图所引发的。这种反应可以理解,因为"大部分人,包括我们自己,在人是独特的观念中找到了一种难以割舍的慰藉"。但是西蒙认为:"我们中的大部分人觉得从这种怪诞的幻想中找到慰藉很难。""人类的自尊感不需要完全寄托在对其独特性的主张上⋯⋯人类不仅无法与大自然分开,其存在更依赖于真正成为大自然的一部分。认知科学、计算机和信息处理以及心理学,根本不会威胁到我们在天地万物之间的位置，反而为我们提供了自己与造物主亲密关系的更多证据。"[55]

从某种程度上说，西蒙的分析是准确的。魏泽鲍姆、德雷福斯和很多持相同观点的人有这样的反应，毫无疑问是为了捍卫他们对人性及其在大自然中的地位的认识，就像西蒙毫无疑问特别乐于驳斥这种独特性一样。实际上，我们可以把西蒙20世纪50年代以来的研究进程理解为对人类独特性主张的基本柱石发起的连续攻击：通过证明机器可以解决问题来攻击智能；通过证明机器可以用新的而且令人惊讶的方式解决问题来攻击创造力；并通过将其定义为我们自适应"中断"系统中的一个组成部分来攻击情感。

或许，我们的独特人性中没有遭到西蒙直接攻击的唯一一个领域是宗教这个灵魂的领地。然而，甚至在这个领地，他也明确地把宗教信念看成有限理性的一个例子，一种通过建立一组假定条件把世界的复杂性进行简化的方法，而且他相信，对宗教的道德信条的坚持是人类倾向于"认同子目标"的另一个例子。[56]

西蒙为什么要这样看似冲动地贬低我们对独特性的主张？答案留待我们猜测，但有一点很清楚：西蒙强烈反对任何骄傲自大的事情。这看起来有点奇怪，因为西蒙自己就很骄傲，也很自信，甚至堪称傲慢。无论如何，在他看来，骄傲是极大的原罪，无论是明确体现在个人对自身价值的评价中，还是隐藏在假定实际上只属于上帝的理性力量也存在于个人的理论中。甚至，对于西蒙来说，骄傲是狭隘的，而狭隘是危险的。

这种对骄傲蛮横的对抗，同样具有明确的政治渊源和共鸣，因为对于西蒙来说，中央计划者的大罪就是他们的傲慢，认为自己对所有问题都知道得最清楚，而极端个人主义者的最大问题在于他们的傲慢信念，认为个人可以像上帝一样理性。真理就位于二者中间的某个地方；所以，在规划生活时，专家领袖和广泛参与都是必不可少的。从我们有限的但绝不是微不足道的理性中产生的，不仅是对社会的需要，而且是对特定种类社会的需要——一个以"杜威式的"而不是"密斯式的"计划为特征的社会。

经历、知识和行动

在西蒙和德雷福斯的分歧之中还隐藏着些别的东西。它们不仅源于对人类本性认识的本质分歧，也萌芽于对知识及其运用性质认识的本质分歧。对于西蒙这样的工具主义者来说，知识的"终极目标"就是"确定过去和现在的已知事实与未来事实之间的关系，使单一的可能性在当前的状况下出现"。[57]

对于德雷福斯来说，知识不只是数据和程序，也不只是预测的能力。在他看来，经历改变了我们的存在，而不只是我们的程序。我们改变着，同时保持同一——但这不会被我们有效执行任务的能力的改变所捕捉。所有这些都是模糊的，而且肯定不具有操作性，但这正是问题所在：对于德雷福斯来说，不是所有事情都能具有操作性，而且简化为机制并不能真正检验解释的好坏。比如，把爱或愤怒"解释"为我们贴在某种"突发的强烈"刺激上的标签，就真的能解释这种情绪吗？会让它们有意义吗？不能在某个任务环境中足够快捷地处理信息，或许能够解释紧张或焦虑，但它似乎不足以解释爱的逻辑和痴狂。

关于知识的工具性的这种分歧，造成了具有反讽意味的反转：知识的工具主义观点被引向对世界的干预，但在西蒙的大脑信息处理模型里，经验与知识之间、知识与行为之间存在着巨大的鸿沟。令人奇怪的是，作为一个自职业生涯伊始就非常关注知识与行动的关系问题的人，在人类信息处理系统的诸多方面里，西蒙关注最少的竟是那些直接经历并影响世界的元素——把经验转化为信息，并把信息转化成行动的"传感器"和"效应器"。正如西蒙和纽厄尔在"人类问题求解的要素"中所写："如果认为有机体由效应器、接收器和将其连接起来的控制系统组成，那么这个理论基本上就是控制系统理论了。"[58]

复杂信息处理的后续产品继续专注于控制系统。例如，"基础感知和存储"（Elementary Perceiver and Memorizer）就是关于输入系统的理论，设计这个系统的目的是模拟信息在长期记忆中存放并编注索引的过程。不过，它假定，人们已经进入符号的存储和加工阶段了；它不是关于我们如何把经验转换成用于存储和加工的符号的理论。

西蒙认为"大脑—躯体问题"已经被计算机"解决"了。在他看来，大脑之于躯体，就如同程序之于计算机，二者是完全等同的。但是经验和知识以及知识与行动之间的鸿沟并不是这么容易弥合的。西蒙知道这一点，但是他相信，他已经看到了把它们桥接起来的方法。那座桥把他带回到他熟悉的领域：专业技能、规划和设计的问题。

第十三章

人工的科学家

西蒙穿越他那"小径分岔的花园",一路从密尔沃基走到芝加哥,再走到伯克利、匹兹堡,西蒙依次给自己构建了一系列的身份:管理科学家、经济学家、系统科学家、心理学家和计算机科学家。他在多个领域中写出了颇具影响力的著作,从《管理行为》到《理性选择与环境结构》,再到《人类问题求解》。他创造出"关于人的模型"的诸多局部,并朝综合、学术和机构的方向付出了很多努力。他围绕着计算机重新构建了自己的理论和实践。

西蒙的职业生涯展示出了连续性,也有变化;他毕生追求综合,渴望找到隐藏在经验表象下的模式。他有着坚忍不拔的个人风格,在学术层面和社交层面均是如此 —— 率真、骄傲、喜欢打骄傲者的脸,并且虔诚地投身于世俗真理的传播。他在组织、操控以及巧妙地妥协方面拥有非凡的技能,另外还喜欢造反。最后,但并非不重要,他对把知识与行为、研究与改革联系起来有着持续的关注。

在他职业生涯的后期,西蒙寻求让这种最后的联系形成闭环,通过"关于设计的科学"的构建,完成他思想的环路。他希望，这门关于设计的科学能让知识转化为行为本身成为一门科学。这个愿景的全貌，没有什么地方能够比《人工的科学》（*The Sciences of the Artificial*）一书体现得更为清晰。[1]《人工的科学》是西蒙成熟的世界观传播得最广泛的宣言，甚至超过了《人类问题求解》。这是他用通俗的语言写成的最伟大的综合，在其中，他试图把人类问题求解理论与他职业生涯中最热衷的问题联系起来：把知识转换为行动，以使我们能够对生命和世界做出正确的选择。

人工的科学

《人工的科学》最初是西蒙1968年在麻省理工学院作为第五位卡尔·康普顿（Karl Compton）主讲人提交的一套讲稿。[2]他1962年的论文，"复杂性的结构"（The Architecture of Complexity），被收录进书里作为第4章。该书现在已经出到第三版，其每次修订都会增加篇幅，也会有变化，但是基础的论据没有改变。[3]从这点上说，这本书很像西蒙自己：尽管他持续不断地推出新的修订版本，但它们都只是同一部基础著作的修订形式。

西蒙《人工的科学》的主题思想，就是他眼中"大部分工作"的"核心"，无论是在组织理论、管理科学还是在心理学领域。他认为，"某个现象在某种特定的意义上说是'人工的'：它之所以是这样，仅仅是因为它按照目标和目的将自己调试成适应环境的系统。如果自然现象在顺应自然规律方面有'必然性'，那么人工现象在适应环境方面就有一种'偶然性'"。西蒙发现，这种现象很神奇也很重要，但它们给未来的人工科学家带来了严重的问题。它根本不清晰，例如，"对于那些在不同环境下会呈现出完全不同的面貌的系统，如何能够给出经验性的论断呢"。[4]

对这个问题进行了多年反思之后，他指出，最终让他在人工问题中发现"在使用不同于以往的经验和理论性材料填补工程学和其他专业的过程中，为何会出现困难。工程、医药、商业、建筑和绘画这些行业关注的不是必然性，而是偶然性（不是事情是怎样的，而是它们会是怎样的），简言之，就是关注设计。打造一门或者多门关于设计的科学，恰好与打造任何人工科学的可能性相同。这两种可能性一荣俱荣，一损俱损。"[5]

那么，如何构建这样一种关于设计的科学呢？与通常的情况一样，西蒙从构建概念的基础开始。首先，他发现，"人工制品"是"'内部'环境（也就是人工制品本身的材料和组织）与'外部'环境（也就是它运行的周边环境）的交汇点（用今天的说法就是接口）。看待人工制品的这种角度，同样适用于很多非人造事物——适用于所有可以被看作'适应'了某种环境的事物，特别是那些通过有机进化的力量形成的所有生命系统"。在西蒙看来，理性在人工科学中扮演着自然选择在演化生物学中扮演着的角色：它挑选那些更能适应它们环境的设计，在挑选适应目的的手段的过程中，更有效率就意味着"更好"。[6]

接受这种观点有什么好处？"在研究自适应或者人工系统时，把内部环境和外部环境划分开的第一个好处是，我们常常可以从系统目标及其外部环境出发预测行为，而对于内部环境只需要做最少的假设。由此马上就能得出一个推论，我们常常发现，在同样的或者类似的外部环境中，差异很大的内部环境会实现同样的或者类似的目标 —— 飞机和鸟儿、海豚和金枪鱼、重力驱动时钟和发条驱动钟、继电器和半导体。"[7]

另外，也可以"在无须描述外部或内部环境细节的情况下，总结出系统及其行为的主要特性。我们期待这样一种人工科学，它的抽象性和普遍性来源于相对简单的界面"。[8]

这种方法需要按照组织和功能对人工制品进行描述，于是，通过模拟研究人工制品及其与环境的互动就是可能的。正如第十二章中所写，模拟在系统分析中的有效性长期以来一直都存在争议。在《人工的科学》一书中，西蒙把这种争议简化为单一的关键问题："模拟如何能够告诉我们未知之物？"[9]

为了回答这个问题，西蒙转而讨论最强大而且最广为人知的模拟设备 —— 计算机。他发现"模拟不会比建立在其中的假设更好"，"计算机只能做程序让它做的事情"这两种说法之间存在直接的平行关系。[10]他承认，这些说法都没错，但是他认为，这两种说法都无法证明模拟不能教给我们新的东西。事实上，他声称，他关于模拟的经验永远都是惊喜不断。

模拟，或者编程计算机的行为，通过两种方式教给我们新的东西。其一，"就算我们掌握了正确的前提，揭示其含义也会非常困难。所有正确的推理都是同义反复的大系统，但是，只有上帝能够直接使用这个事实"。其二，即便在我们还没有完全掌握系统的工作原理的时候，模拟也能告诉我们很多该系统的情况。这是可能的，因为抽象是模拟的本质。我们"很少会有兴趣以全部的细节来解释或者预测现象"。反之，我们"从一组现象的细节中抽象出越多，模拟该现象就越容易……我们不需要知道或猜测该系统的所有内部结构"。[11]

计算机成为构建模拟的重要工具，其原因在于："对于这种功能，没有哪一种由人设计出来的人工制品，能像电子计算机那样方便。它确实变化多端，因为（当它正常运行的时候！）在其行为中几乎只能探测到组织性。"对于西蒙来说，计算机可以被定义为"一个由许多基本功能元件构成的组织，在这个组织里，基本上可以这样说，只有组件执行的功能，才与整个系统的行为相关"。[12]换一句略为不同的话来说：计算机是完美的模拟工具，因为它是完美的官僚机构。

计算机的这种特殊性反过来又让打造"一种关于计算机的经验科学——不同于其组件的固态物理学或者生物学"成为可能。"由于现在世界上已经有很多这样的设备，而且其特质似乎同样被人类中枢神经系统所享有，所以没有什么能阻碍我们发展关于它们的博物学。我们可以像研究兔子或者花栗鼠那样研究它们，发现它们在不同的模拟环境模式里如何行事。"例如，分时计算机系统已经被证实极其复杂而且无法预测，所以分析它们的最好办法就是"造出它们来，看看它们如何行事。"[13]

发展这种计算机行为的经验科学价值何在？"如果决定行为的主要是对组件的组织，而不是组件的物理属性，而且如果计算机在某种程度上是按照人类的样子组织起来的，那么计算机显然可以用于探索人类行为中的其他组织性假设。"
这种万能机器的经验科学因而就是人类这部机器的经验科
学，心理学"不用等待神经学来解决组件设计的问题，就可
以向前推进"。[14]

　　打好了这个方法论基础，西蒙话锋一转，讨论起他在计
算机行为的经验研究中发现的人类思想和行动。首先，他指
出："由于我们成功地扩展和加深了我们对计算机的知识 ——
无论是理论性的还是经验性的 —— 我们将会发现，它们的行
为主要受制于简单的一般规律，计算机程序表现出来的复杂
性，在相当程度上就是程序试图让其行为去适应的那个环境
的复杂性。"[15]

　　西蒙随后把这种理解应用到人类行为上，认为"作为行
为系统的人是十分单纯的。他的行为在一段时间内表现出来
的复杂性，主要是他所处的环境的复杂性"。[16] 在这本书里，
西蒙反复提到这一点，并且在每次修订时也会提到。不过，
他对这个说法有所保留，申明它指的是人的思维部分，而不
是感觉或感知的部分。但从他的其他著作（诸如第十二章中
提及的"动机和情感控制"）中可以看出，他相信这个说法
也适用于感觉或感知。

　　这种假设尽管振聋发聩，甚至对那些喜欢人类身体和大
脑的奇妙的复杂性的人来说或许有点冒犯，但是与西蒙对科
学的本质和目的的一贯看法是一致的。"自然科学的中心任
务是让奇妙的东西不过是平常：要说明，'复杂'用正确的视
角来看就只是'简单'的表象；要找出隐藏在混乱表面之下
的模式。"这不会破坏人们对创造的好奇和敬畏；反之，"当

我们解释清楚了奇妙的、揭去面具的隐藏模式，对复杂如何从简单编织而成的新的好奇又出现了"。[17] 隐含在西蒙著作之中的综合性的实证主义美学观，在这里表述得再明确不过了。

西蒙随之描述了最复杂的人类行为背后的简单原则：人类信息处理系统的"运行基本上是串行的"，而且"一次只能处理几个符号"。而且，被处理的符号在"内容可以快速更改的特殊且有限的记忆结构"中保存，"受试者采用高效策略的能力，其最大限制来自容量极小的短期记忆结构的（7组）以及把一组信息从短期转换为长期记忆所需的较长的时间（5秒）"。[18] 最难理解的个体、最复杂的组织都是从这些基础特质中诞生而来的。

关于设计的科学和实践

此时，西蒙还没有在《人工的科学》开篇时谈及对"关于设计的科学"的关切。然而，到第3讲的时候，他又转了回来。他发现，自适应不可避免地与目的紧密相连，并因而与设计紧密相连，也就是与实现目标的主体的创造过程紧密相连，暂且不论紧密到什么程度。"所有以把现有环境改变成更喜欢的样子为目标而谋划行动路径的人都在设计。"如果是有意识地适应，这些人和物也都是在设计。这个说法对所有自适应系统都是成立的，其中不仅包括个体，也包括社会："工程师不是唯一的专业设计师……生产出实质性的人工制品的智慧活动，与为病人开处方、为公司设计新销售计划、为政府筹划社会福利政策，没有本质区别。"[19] 那么，专业学校应该尽量教给学生隐含在这些自适应努力之中的通用原则，而这些原则就构成了设计的科学。

西蒙认为，20 世纪的大部分时间里，要专业人士学习有效设计，一直被理解为要求他们必须学习自然科学的基础知识。只要求自然科学，是因为第二次世界大战之前还没有真正的关于人工的科学。尽管这是可以理解的，但是把自然科学作为专业教育的核心，尤其是在工程和医学领域，导致人们丧失了对如何把自然科学中的"是非"（is-es）转换为实际行动的"应当"（oughts）这个关键问题的兴趣。"专业院校只需发现一门关于设计的科学 —— 一门关于设计过程的学问，知识过硬、可解析、部分可形式化、部分可检验、可传授 —— 就可以再次担起他们的专业责任。"[20]

西蒙认为，这种科学尽管过去并不存在，但是现在已经有了。这种新的科学，理想化的课表上应该有 5 门基础课程：第一，讲授"设计的评价"，包含"评价理论"，比如效用理论和统计决策理论，以及对"计算方法"的研究，比如在可能的情况下找出最佳方案的算法，以及在不可能继续优化时选出满意方案的算法；第二，通过研究陈述和命令的逻辑，讲授"设计的形式逻辑"；第三，讲授"搜寻可选方案"的专业知识，传授启发式研究方法（比如因式分解和手段—目的分析），以及为实现高效搜寻分配资源的方法；第四，通过分析最基础的组织结构和层级，讲授"构建和设计组织的理论"；第五，应该包括"设计问题的表述方法"，一个西蒙讲得不多的话题，不过似乎与格式塔思想对问题求解的思维"定式"的重要性的看法有关。[21]

　　尽管这份课程表显然是以卡内基理工学院工业管理研究生院这样的工程或者商业学院为对象设置的，但它并不局限于此。[22] 西蒙以更大的扩展性来看待关于设计的科学。"我们很多人都不喜欢看到社会分离成两种文化。有些人认为，文化不仅有两种，而是很多种。如果我们不喜欢这种碎片化，就应该寻找一种可以被所有文化成员共同认可的知识内核……各种内部和外部环境定义了一个空间，我们在这个空间里生活并进行选择。对这个空间的共同理解，至少是这个重要内核的一部分。"[23]

　　西蒙继续探讨这个主题，写道："与现代计算机的发展有着紧密关系的人……来自诸多不同的专业领域……我们注意到围绕计算机的各知识学科之间的交流在不断增长。"但是可以肯定，计算机的"硬件部分"与此"没有任何的关系"。相反，"跨领域（有共同根基）交流的能力源于这样一个事实，即以各种复杂方法使用计算机的人都用计算机来做设计，或是让它参与到设计的过程中"。另外，"设计人员……在创作时，必须保持前所未有的清醒，能够清楚地知道设计涉及了什么，以及发生了什么情况"。[24] 最后：

　　　　多种文化之间的新型的知识的自由贸易，其真正主体是我们自己的思想过程……我们让一门知识与另一种理念进行交流，这种理念是关于串行组织的信息处理系统——比如说人、计算机，或人机协作的综合体——如何在极端复杂的外部环境中解决问题并实现目标。一直都被认为是对人的研究……如果我说的没错，那么我们可以得出这样的结论，恰当的人类研究在很大程度上是对关于设计的科学的研究，它不仅是专业技术教育的组成部分，而且是所有受过开明教育的人的核心学科。[25]

关于设计的科学应该是"所有受过开明教育的人"的"核心学科"，是一种或许令人吃惊的民主观念，同时也是自私自利的。与他的认知主义者同事乔治·米勒希望"传播心理学"一样，西蒙想把设计传播出去，让它成为每个人适应能力的一部分。[26] 正如他在《人工的科学》中所写，我们需要"将探索的过程与其成果同等看待，把设计过程本身看成一项对参与者有价值的活动"。[27]

他认为，因为参与设计过程本身就是一项有价值的活动，我们需要努力开发把其他人吸纳进该过程的方法。拿城市规划——西蒙在专家管理领域最初的学术贡献作为例子："我们总是把城市规划想象成一种手段，通过城市规划，规划者的创造性活动会建造一个满足市民需要的系统。或许我们应该把城市规划看成一个有价值的创造性活动，很多社会成员有机会参与其中，前提是我们有能力按照那种方式组织这个过程。"[28]

西蒙相信参与设计过程（尤其是社会设计的过程）的价值，这种信念并不是20世纪60年代才出现。相反，它从一开始就一直是他的政治价值体系的重要元素。例如，他在1951年写道："行政管理中的民主参与，如果把它视为高效管理的手段，实在说不过去，但它可以作为一种目的，在决定组织目标时实现广泛参与。"[29] 类似的说法在《管理行为》

和《公共管理》中比比皆是。

西蒙不认为民主与他对各种组织的科学分析相龃龉，但是他的批评家却这样认为。很多人提出，用管理层的目标来决定他自己的目标，民主在他的管理技术研究中早已不见踪影。[30] 对于他们来说，如果专家只关心技术，那么他们就只是工具而已。

从另一方面看，对于西蒙来说，专家的工作是代表更大的公共利益。专家可以以两种方法实现这个目的：首先，对社会制度进行大面积的设计，促成广泛的参与；其次，为公众及其领袖提供设计方案的效果的信息。没有精通设计科学的专家以普通参与者的身份参与到设计过程中，社会有机体注定只能应对紧急的危机，而且是以没有协调、漫无目的的方式应对。在设计的过程中缺乏专业技术知识，就与在选择社会目标的过程中缺乏广泛参与的机遇同样危险。

西蒙试图改变管理科学，让管理科学能在国际城市管理人协会和公共事务管理局的工作中扮演这种重要的角色（参见第四章和第五章）。在整个职业生涯中，他一直在这样做。例如，在20世纪40年代晚期，他服务于经济合作署（"马歇尔计划"组织），这是他职业生涯中短暂而辉煌的时刻，在此期间，各种事件、海量的资源和崇高的理想，恰巧在地缘政治战略祭坛之前聚合在一起，酝酿出对自由的管理理想最振奋人心的表述。[31]

然而，西蒙后来在现实政治领域的冒险就收获不多了。例如，1965年，宾夕法尼亚州州长威廉·斯克兰顿（William Scranton）任命了一个委员会，研究削减对牛奶生产者的州级补贴的成本和收益。西蒙应邀领导这个委员会，他热情地接受了这项工作，领导对该州这个最重要的产业的研究。他的委员会成员，部分是行业顶尖专家，部分是企业代表，后者代表的是大型牛奶生产者的利益。西蒙在牛奶委员会的经历，严峻地考验着他对专业力量领导公共利益战胜私利的信心。

牛奶产业的经济分析明确地证明了牛奶补贴大部分进入了大企业的钱柜，损害了消费者和小企业的利益。然而，因为委员会里绝大部分都是行业代表，因此多数意见支持继续补贴。由西蒙签署的少数意见报告反对补贴，尽管西蒙的政治敏锐性让他使用了比私下里更缓和的语气来表述。[32] 现实的情况是，人们不惜牺牲公共利益赤裸裸地追求私利，以及理性的专业知识（更好、更有效的设计）无力回天的无奈，把他彻底激怒了。

正如他写给纳税人请愿委员会总裁的信中所说，"少数意见"报告的建议

　　　　远没有实现我当初乃至现在所认为的最佳解决方案，即取消价格管制……它们形成了我能够接受的合理的妥协基础，废除了现行法律中较为恶劣的内容，而这些法律都是由业内人士从行业利益出发，为控制这个行业所颁布的。遗憾的是，我在委员会中发现，一旦涉及自身，真正相信价格机制和自由竞争市场的商人少之又少。我发现自己站在历史悠久的新政民主党的特殊立场上，为捍卫自由精神与商人们进行斗争。我经常且不断

在其他问题上发现自己站在那样的立场上……坦率地
说，无论在人数上、武器上还是谋略上，我都大比分输
给了由牛奶经销商、占据市场优势的奶牛农场主、误以
为《牛奶法》在帮助他们的奶农、卡车司机工会以及州
农业部的大联盟。[33]

这种公共利益被私人利益打败的情况令人失望，但不会
让西蒙失去信心。专家的意见仍然站在更广大的公众一边，
而且他知道，与强权的斗争会是一个漫长的攻坚战。然而，
20 世纪 60 年代末 70 年代初，一场新的更为艰难的挑战摆在
了西蒙的面前。

在此期间，西蒙作为总统科学咨询委员会环境质量委
员会主席和卡内基梅隆大学校领导的重要地位，让他与激进
的政治活动家建立起了紧密的联系，也让他成为了这些人眼
中明显的靶子。这些激进派人士（在一段时间里包括了他的
女儿和女婿，当时他们都在伯克利）瞄准了西蒙最基础的信
念，挑战客观性、进步和专家领导力这些理想。对于他们来
说，科学是利益的幌子，专家是"这个系统"的工具。

这样的攻击让西蒙不解、惊恐，并且愤怒，尽管这并
没有破坏他与孩子们的关系。[34]他像很多上了年纪的新政自
由派人士一样，习惯于认为自己正与狭隘的反动派进行正义
的战斗。因此，他对自己被人与站在自己对立面的势力混为
一谈而恼怒，比如在汽车行业，他们对西蒙领导的二级委员
会提交给总统科学咨询委员会的一份敦促减排的报告十分
恼火。

西蒙在很多场合对这场"我们时代的危机"做出回应，包括他在卡内基梅隆大学学生报纸《方格子》(*Tartan*)上发表的系列文章。在大标题"西蒙说"下刊印的系列专栏，附上了一封西蒙写给编辑的措辞尖刻的信。他写道："《方格子》利用全体卡内基梅隆大学学生的非自愿捐助……为一小撮自我标榜为'激进主义者'的人做宣传，他们利用它宣扬乱七八糟的茶党无政府主义思想。"荒唐的是，"'无所不能的'当政者还得为革命埋单"。事实上，它不只"荒唐"，更"不道德"。[35] 作为补救措施，西蒙建议"完全停止对学生出版物的补贴"，根据是"宪法第一修正案所保障的权利"。

《方格子》的编辑以牙还牙，把西蒙称为"不负责任的疯子"，许多教职员纷纷加入两派的阵营中。西蒙随后询问，他是否可以"给《方格子》提供五期不同意见的稿件"，想知道编辑是否"只会大加鞭挞，不予采纳"。[36]

在后面的专栏文章里，西蒙提出了他对大学改革、学生生活以及科学技术在社会中的地位的看法。他同意，大学非常需要改革，但他坚持认为，"在我们的校园里，以及很多其他的校园里，大学改革受阻于鸡毛蒜皮的小事，以及肮脏的权力斗争"。[37] 这种权力斗争建立在一个错误的假设上，认为学生和老师是零和博弈的对立方。

他认为，真正的改革不会从对权力的质疑开始，而是从尽可能明确的目标开始。大学的目标是促进学习，在对这个目标的追求中，学生和老师是战友。他们的利益并不一致，所以为了追求这个共同目标就需要做出妥协。"对于那些想把每个选择问题都变成道德问题的人来说，妥协并不好听。"

然而，"那些认为自己只能勉强接受'最好'的世界，也就是乌托邦的人，其实放弃了为更好的世界工作的机会，而更好的世界才是真正可以实现的世界。"[38]

接下来，西蒙指出："在卡内基梅隆大学校园里，你们听到了关于通识教育与专业教育的争论。有些人对这种'比较'并不买账。我们不相信，不能真正让学生掌握专业技能的教育会是真正的通识教育。我们也不相信，只是让人成为开火的枪（只会应用技能而对应用这些技能的问题漠不关心的技术人员）的教育是真正专业的教育。"科学家或者工程师"需要一种理性的信念，告诉他们科学和技术知识对现在和未来的社会非常重要"。这样一种信念"在 10 年前还不会受到质疑。对于很多秉持这种理念的人来说，与其说是信念，毋宁说是信仰……但是，今天，科学技术知识不再被看作毋庸置疑的好东西。我们孩提时代的妖怪已经被一种名为'军事工业科学技术联合体'的恶魔取代了"。[39]

这种对科学技术的批评，已经进入到了这样的时刻，"一个名叫托夫勒（Toffler）的人"可以"凭借极大的气势和缺乏事实依据"宣告，社会正"遭受'未来冲击'——体验到由技术带来的过快的变化"。西蒙认为，托夫勒"轻易地忘了，我们的祖辈，从乡村搬迁到城市的那一代人，在一个远比我们现在所经历的更加惨痛的心理和社会变革中生存下来——而且生活得非常好，托你的福……然而，我们不应该矫枉过正。如果科学技术不是恶魔，那它们或许也不是上帝"。[40]

西蒙随后问道，关于科学技术，"事实是什么"？"第一个事实是，没有科学技术，人类的境遇总是，也会处于绝望之中。"得益于科学，我们不再生活在马尔萨斯眼中的世界里，"我们现在可能生活在一个不知贫穷为何物的世界——我指的是真正的饥饿和窘迫，而不是比不上别人。为了让这种可能性成为现实，我们需要更多的科学，而不是更少。"[41]

更甚一步，科学和技术会带来道德与物质的同步提升：

> 科学与技术，对我们产生了一种很少被提及的影响。我们常常被告知，我们生活在一个物质至上的社会里。曾经到访过真正贫穷的国家（比如说印度）的人，就不会有这种错误的观念……我们是第一个有余力抵御物质主义的民族，当然除了那些承受祖荫的贵族。
>
> 科学和计算允许我们达成更高的目标，包括物质方面和道德方面，因而这些目标会定得越来越高。科学和技术让我们得以看到我们以前看不到的后果……而这，会让我们的任务更难完成。但是，它们也给出理由，让我们相信人类进步的现实性和持续性。[42]

复杂性的结构

西蒙用他1962年的论文"复杂性的结构"（The Architecture of Complexity）为《人工的科学》做了总结。尽管这篇论文的标题看似离模拟、干预和设计问题很远，但是"复杂性的结构"与全书其余部分的联系绝不只是为了编辑上的方便。正如西蒙所写："在讨论的过程中，读者将会发现，一旦涉及复杂环境中的复杂系统，人工问题大多很有意思。人工和复

杂性的话题总是形影不离地交织在一起。"[43] 如果本书的其
他部分提出的问题是，人类的什么东西让人类能够思考和认
识，那么这篇论文提出的问题就是，世界的什么东西让它能
够被认识？

西蒙对这个问题给出的答案，把行为这种复杂系统的结
构与进化联系了起来，也联系到从简单到复杂的普遍现象的
产生上。最终我们发现，如果进化是自然的基本机制，那么
层级就是它的启发式。

正如稍早前提到的，西蒙的世界里充满了各种简单生
物，它们处理关于自己世界的信息，以便能够适应这个世
界。它们能够这样做，是因为它们初级信息处理的小型集合
让它们能够按照它们行动的结果随机应变地修正它们的行
为。另外，自适应系统能够把行为单元组装成"稳定的二级
组件"，这是一个因式分解成子问题的分析过程的反向过程。

西蒙认为，这个组装过程对于在一切环境下从简单到
复杂的生成都是基础性的。如果承认这种稳定的二级组件存
在，那么复杂生命和复杂行为的进化几乎不可避免。为了证
明这个观点，西蒙给出了精密手表的例子，追溯回威廉·佩
利（William Paley）的著名论断：用设计来证明有神奇设计
师的存在。然而，与佩利相反，西蒙使用表的例子来说明复
杂性极有可能自发进化，所以不需要神的干预。[44]

假定，一块精密的手表中成千上万的组件必须完美地
在一瞬间组合在一起不会散架，那么，这样一种复杂系统的
偶然进化几乎不可想象。但是，西蒙提到，它们并不必马上
就全部组合在一起。复杂性的进化所需的，只是两个部件能

够靠近并组合在一起。如果这种"稳定的二级组件"是可能的，而且有经验证据表明它们确实是这样的，那么，复杂组织就不仅是可能的，而且还很可能是没有思想的自然的产物。

从一级比一级大的二级组件中生成复杂性的过程，让层级化的组织系统得以发展起来。这种过程，以及复杂系统的层级组织，是无处不在的。它适用于复杂有机体的进化，复杂行为的进化以及复杂思维模式的进化：西蒙举出的该过程的例子涵盖了从基本的离子—原子—分子—原子结构的化学复合层次，到细胞核—细胞—组织—器官—有机生命的各种系统层次。层级是大自然的启发式，是走向复杂性的快捷方式。

关键是，层级不仅促成了复杂性的构建，也促进了对它的分析。对于西蒙来说，自适应人存在于复杂的环境中，他们对环境的认知只是局部的。幸运的是，他们只与大环境里的某些部分相互作用：尽管世界上的所有事情都在某些层面上相互联系，但是这些联系中的绝大部分都是无足轻重的。其他大部分系统对任何单个系统的影响一般都小到可以忽略。用西蒙的话来说，世界"几乎是可以完全拆分的"。这个事实的一个后果就是："科学知识按照层级来组织，不是因为简化为原则是不可能的，而是因为大自然是按层级来组织的，每一层级的模式可以从对下面很多层的细节的抽象中最清楚地辨别出来。"[45]

世界几乎可以被分拆，就是我们能够在系统周围画出边界的原因。如果系统内部元素与系统外部元素的相互作用持续得与系统内部元素之间的相互作用一样长，那么它们就是同一个系统的组成部分。使用混沌理论的经典例子，一只蝴蝶在南美拍动翅膀，可能在中国造成一场地震，但出现这种情况的可能性并不大。西蒙会说，地震的原因更有可能是在中国，更可信的解释应该是能与地震释放的能量水平相当的某种东西。[46]

世界的层级结构的一个重要结果就是，尽管关于世界的完整知识是不可能得到的，但让我们成功地适应环境的知识是可得的。当然，这种知识不易取得，因为甚至有限的相关子系统集合都可能复杂到惊人的程度，尤其当子系统本身就是自适应的，并因而能够改变自己的行为以应对观察者的行动。按照西蒙的看法，好消息是，完美的知识是不必要的。知识就算是局部的也很有价值。

西蒙继续把知识的问题、层级的普遍存在、自适应、问题求解过程以及关于设计的话题联系起来。为了做到这一点，他首先提出"所感觉的世界与所作用的世界之间的区别，决定了自适应有机体生存的基本条件。有机体必须在所感觉的世界中的目标和所作用的世界中的行动之间发展出相关性"。幸运的是，"很多复杂系统都具有几乎可以分解的层级结构"，让我们能够"理解、描述甚至'看到'这种系统以及它们的组成情况"。[47]因而，有机体可以理解世界，因为复杂系统的层级结构让简洁描述当前状态和目标状态成为可能。与此同时，有机体的行为程序（模拟自然的选择性搜寻过程的启发式程序）使它能够让现有的手段适应其目的的实现过程。

西蒙得出结论："状态描述和过程描述之间的相关性是所有自适应有机体机能的基础，也是有目的地作用于环境的能力的基础。"所有自适应有机体的基本任务因而与关于设计的科学相同，亦即"在给定的蓝图上找到相应的做法"。[48]

适应与设计

西蒙关于自适应人的人类新模型，把有机体和环境、理论和实践、大脑与机制联系在了一起。这是对关于选择的科学与关于和控制的科学的惊人综合，而且，正如他在"复杂性的结构"中指出的，该模型不仅探索了人类及其问题求解行为，甚至指出了通向关于所有自适应系统的"非凡的"一般理论的道路。自适应人把生物学和行为科学、进化和程序综合在一起，为最终把生命还原为机制提供了一个强有力的案例。

然而，与西蒙的所有综合一样，《人工的科学》也是一个"稳定的二级组件"，而不是一个最终的产品。他的知识进化仍在继续，而且他的选择性探索开始关注解决新的问题。这些解决方案与他之前的结论能够和谐并存，但是需要对它们进行重新解读。

这些新探索起始于处在自适应人模型中心位置的思想：人类行为的复杂性来自个体之外。自适应人是一种简单的生物，拥有相同的初级能力的基本集合，但其环境是复杂的而且各不相同。所以，人们与世界的相遇让人类行为变得复杂而且各异（个性化）。

这种思想对于西蒙后来对科学、专业知识和设计的思考具有重要的启发。尽管人类信息处理系统的初级过程对所有人来说都是一样的，但是，我们旳经验、我们学会组织这些经验的方法，以及我们从模式化经验中归纳出来的启发式，全都取决于我们的个人经历。知识既是普遍的，又是个性化的，这种认知为西蒙后来研究专家系统和科学发现过程奠定了基础。

第十四章

专家问题求解程序

　　西蒙的启发式问题求解理论，引领他对认知提出了前所未有的个性化和情景化解读。这些新的解读既是机械主义和还原主义的，同时也像他早期的工作一样，定位于发展一种一般性理论，但越来越专注于特定领域，通常是指"专业知识"。

　　西蒙对人们如何获取并使用启发式的探索，让他假设存在两种类型的启发式："弱的"通用类型的启发式，以及"强的"特定领域类型的启发式，后者主要依靠特定领域记忆结构的开发。另外，西蒙日益强调，启发式和记忆结构的进化都要依靠与环境的相互作用。大脑是一台归纳机器。这个互动和归纳的过程产生出进化的成长模式，赋予启发式和记忆一种共同的树状组织结构。因而，对于西蒙来说，达尔文的进化生命树不仅是决策树，也是知识树。

　　同时，西蒙坚持认为模拟是一种有效的研究技术，这种兴趣带领他研究科学发现的过程，其间他应用了关于专业知识发展的新思想。他又一次把认知理论和科学哲学融会贯通，用一个去支持另一个。对于西蒙来说，科学发现成为一种源于经验的交互式过程，而模拟对于人文科学不仅是有效的，而且是基础性的。

所有这些发展，都反映出西蒙对经验和特定领域专业知识的重视在不断加码，这种认识与他早先对一般理论和跨学科研究的热情形成了鲜明对比。例如，对比西蒙20世纪50年代的文章与20世纪90年代的文章，人们不禁会对他引证模式的差异倍感震惊：20世纪50年代的文章，引证的著作来自不同的领域，理论和数理方法的源泉还参考了一些经验，其中的绝大部分还是西蒙和卡内基－兰德小组做出来的。然而，20世纪90年代，西蒙有意要在认知心理学中树立起一种累积的传统，几乎只引证这个领域的著作。此外，他后期的文章还努力把来自几个认知心理学研究项目的经验结果结合在一起。尽管说西蒙变得"只是"认知心理学家也许太过，但要说在他职业生涯的最后30多年里主要是一位认知心理学家，却肯定是准确的。

西蒙对经验的价值和特定领域专业知识的重视，似乎与年龄的增长有关：年轻人没有资本吹嘘经验，但能够追求创新，而年长者更重视努力的累积和经验的价值。与此同时，西蒙的自适应过程开始发挥作用。他个性好辩，他对每一条批评的本能反应就是把它看成挑战，并因而将它纳入自己的目标结构。例如，他早期的人类问题求解理论曾经被批评为对情境缺乏敏感，我们在第十二章中说到过。他后来的理论就尝试解决这个问题，他有意识地努力建立"情景化"思考的理论。

正如他反复强调的，这些新理论可以被囊括进他的广义自适应人模型中，但是这需要重新定义他更早期著作中的一系列或大或小的概念。具体来说，随着他的研究变得更受学科大纲的限制，也更多地得到"基础科学"的资助（国家科学基金会、美国国防部高级研究计划局、国家心理健康研究院），他的研究与他对融合选择和控制的初心渐行渐远。现在，个体如何解决问题，而不是人类社会更为直接的问题，成了他想要解决的问题。因而，似乎出现了一种矛盾：他的工作变得更加以经验为基础、以实验室为导向，但却又更加抽象。当然，这对于西蒙来说并不是矛盾，而只不过是有限理性的另一种结果。基础的知识必须是专业性的、有限的知识。要想切得更深，就需要一把更尖的刀。

知识的获取：
国际象棋、初级感知与存储器，以及专业知识

研究西蒙关于专业知识和情景化知识的思想，要从棋盘开始。他是一名骨灰级解谜者，热衷于各种形式的智力游戏，从每天早上都要做的填字游戏，到极度烧脑的国际象棋，乐此不疲。西蒙曾经写过，解谜是他最大的乐趣，也是他科学研究的主要驱动力。[1]

谜题越复杂越好。其中最复杂、最诱人的就是国际象棋，这种游戏对很多早期的计算机科学和人工智能的先驱都有神奇的吸引力，从克劳德·香农到艾伦·纽厄尔，再到约翰·冯·诺依曼，不一而足。西蒙把国际象棋称为人工智能的"果蝇"（人工智能的有机体模型和核心研究项目），这毫不夸张。[2]

　　国际象棋的很多特点，让有兴趣用机器模拟大脑的研究人员爱不释手。第一，而且也是最重要的，它是一种确定的拥有高度文化地位的智力游戏。因而，一个人下棋的能力，会被添油加醋地作为一个人具备完成很多复杂智力任务的能力的明证。正如西蒙所写："如果可以设计出一台成功的象棋机器，似乎就进入了人类智力世界的核心。"[3] 第二，国际象棋需要有超前思考的能力，同时也需要有对偶然事件做出反应的能力，这让它适合用于研究自适应行为。第三，国际象棋比赛关乎理性选择和社会行为：大量的棋局涉及对对手具体走法的预判，国际象棋大师可以通过研究对手的走法、举止以及过去的棋局做到这一点。国际象棋中的这些社会因素常常被人忘记，然而，正是因为缺乏这些社会线索，加里·卡斯帕罗夫（Gary Kasparov）才很难击败他的非人类对手——深蓝。[4]

　　第四，尽管有可能预见并因而评估一些走法的结果，但国际象棋还是太过复杂，不可能被纳入一个算法解决方案里。甚至可以想到的最快捷的计算机也无法对每种走法的每种可能性做出评估。（有一种预测说，要计算出一局国际象棋所有可能的结果，用世界上最快速的计算机计算，所需时间可能也要超出宇宙的年龄。）计算每一步的完美走法的这种不可能性，对西蒙来说，意味着国际象棋能够代表广泛的人类认知任务：棋手做出理性选择的能力是有限的，就像管理者的能力一样。

　　第五，也是最后一点，尽管不可能计算出每一步的完美走法，但是，有些棋手的成绩远胜于其他棋手。这就是象棋是一种有着明确的最终结果（胜、败、平）的竞争性游戏这一事实的意义所在，因为它把相关技能的元素导入了系统。尽管所有技艺高超的棋手显然都很聪明，至少大部分情况是这样，但并不是所有的聪明人都是好棋手。例如，西蒙跟他们一样聪明，而且确实下得一手好棋，但他不是国际象棋大师，而且他很有自知之明。人们禁不住会想，西蒙与很多其他人一样，研究国际象棋的部分动机源于一种本能，"既然我知道自己比这个人聪明，又怎么会输给他呢？"显然，下好棋关乎单纯智力之外的某种因素，这种因素随着经验在发展。从某种角度说，下好棋是"习得的"。

　　西蒙对计算机下国际象棋的兴趣可以追溯到1952年，那一年，他在兰德公司的系统研究实验室遇到了艾伦·纽厄尔。跟很多数学家一样，纽厄尔也对国际象棋感兴趣，他和西蒙很快就开始讨论编写可以玩这种复杂游戏的计算机程序的可能性。这次兴之所至，让西蒙在其标志性的"理性选择行为理论"原稿里收录了一份附录，其中描绘了一个可以下国际象棋的计算机程序，另外西蒙和纽厄尔对于问题求解程序的早期工作，很多也专注于国际象棋。[5]1955年，他们把主要的精力转到几何定理的证明上，然后又转到符号逻辑定理的证明上，推出了"逻辑理论家"。之所以出现这种转向，是因为逻辑机器对世界状态的知识需要得不多，而国际象棋机器必须能够对棋盘上布阵的微妙差异做出回应，而这些差异很难用符号形式来表示。[6]

　　西蒙和纽厄尔在开发"逻辑理论家"的时候，并没有放弃计算机国际象棋的研究。相反，他们立刻把"逻辑理论家"背后的原则应用到国际象棋上。正如他们当时宣称的：
"从根本上看，证明定理和下国际象棋涉及同样的问题，即
以启发式进行推导，该启发式在呈指数级增长的可能性空间
里选择合适的探索路径。"[7]事实上，更准确的说法或许是，
他们在完成定理的证明后不久，就把启发式问题求解原则重
新应用到国际象棋上。用算法下棋显然是不可能的，而人类
显然拥有下棋的能力，这些基本事实让西蒙和纽厄尔投身于
启发式问题求解理论。

　　人们是如何下棋的？西蒙和纽厄尔在他们1958年的论
文"下棋程序与复杂问题"（Chess-Playing Program and the
Problem of Complexity）中，首次正式尝试回答这个问题。
他们的答案集中在选择性探索的思想上 —— 运用启发式指导
对可能性的探索。他们从观察入手，因为这是一种有限的游
戏，"国际象棋可以被完整地描绘为一棵分叉的树，节点对应
位置，而分叉对应从每个位置开始的各种走法"。然而，这
棵树包含的分叉太多，任何深入的探索都不可能穷尽。让机
器跑得快一点会有点帮助，但是根本不够，这就有必要采用
启发式。正如他们文中所写："对于提高复杂程序的性能来
说，选择性是一种强大的手段，而速度则很无力。"[8]

　　所以，由于理性是有限的，所有棋手都想方设法地以选
择性搜寻的方式找出好的走法。但是，国际象棋大师是怎么
做的呢？如果所有棋手都必须采用选择性搜寻技术，那么，
又是什么让某些棋手胜过其他棋手的呢？运行的速度会有影
响吗？某些人能够在同样的选择性搜寻中快人一步吗？更厉
害的棋手会使用不同于别人的更好的启发式，在某种程度上

更好地理解游戏的玩法吗？或者，更厉害的棋手只是对国际象棋知道得更多一些，也就是他们能够识别并解读棋盘上的那些新手看不懂的定式？

西蒙和他的学生爱德华·费根鲍姆（Edward Feigenbaum）在 1958 年至 1959 年，以更加简化的形式研究这些问题。[9]他们从观察入手，发现训练有素的语言阅读者，就像训练有素的棋手一样，能够在语言的符号中看出定式。然而，婴儿和幼儿却看不出来，就像新棋手不能从某些棋子的排列中"看出"有意义的定式来一样。他们必须学会把字母看成单词的组成部分，而且能看出单词的具体意思。[10]

因为言语习得是一种拥有长期实验历史的课题（而且因而有很多现成可用的数据），西蒙和费根鲍姆想要在言语习得过程中找到答案来回答"人们如何学会在事物中看出定式来"这一基本问题。他们一起构建了一个程序，作为他们学习理论的实例，这个程序被称为 EPAM，意思是"初级感知与存储器"。初级感知与存储器建立在"自适应人"的核心假设的基础上，虽然该假设同样是西蒙和纽厄尔"逻辑理论家"的特征，不过逻辑理论家是关于人类信息处理器的控制系统的理论，而初级感知与存储器则是关于感知和记忆系统的理论。[11]

当西蒙最初开始研究初级感知与存储器的时候，他把它看成以逻辑理论家及其后继者"通用问题求解器"（General Problem Solver）为代表的中心问题求解"控制系统"的一个附属程序。西蒙根据感知和记忆对启发式问题求解的贡献来理解它们，初级感知与存储器的核心元素也由它们与启发式问题求解的中心任务的关系来定义。但是，初级感知与存储器与所有优秀的自适应有机体一样，并不是静止不变的。它持续不断地进化，到初级感知与存储器最后的版本——第四代时，西蒙已经有了关于专家记忆的新想法，这种想法让他对初级感知与存储器的构架做出了重大修正，也使他对问题求解的理解产生了重大变化。

初级感知与存储器的某些东西却是不变的。从最初的版本到最后的版本，初级感知与存储器系统的核心就是小规模的短期记忆和"从辨识网（discrimination net）上进行存取的长期语义存储器"。短期记忆、长期记忆以及辨识网这三种结构由"信息处理程序来运行，并存储在长期记忆里"。"长期记忆和辨识网都在扩展，并且由认知和回想这样的学习过程进行修正。"[12] 初级感知与存储器模拟了学习过程，所以它必须能够变化和成长。

初级感知与存储器最具创新性的元素就是辨识网的概念。辨识网是树状的挑选机制。感知到刺激时，一系列节点会对该刺激进行分类，这些节点通过测试选出刺激可能经过的下一个节点。"最终，刺激到达叶节点，它是辨识网和语义记忆的接口。叶节点不做测试，它把刺激的部分影像（块）与连接（联系）一起存储到语义记忆的结构里，语义结构中还有关于刺激的其他信息。"[13] 如果说这种网络结构就像是互联网，事实也确实如此：很多互联网架构的设计人员都直接或者间接地受到了西蒙的影响，他们对人类记忆有着相似的认识，并且希望通过计算机网络模仿并增强这种记忆。[14]

随着更多的信息被输入、组织、连接，辨识网也在不断地成长。网络的成长就如同树的成长，生出更多的叶子以及支撑这些叶子的更多枝杈。然而，某一类的成长要比其他的更快也更容易：在现有的枝杈上增加一片叶子非常快，但是，长出新的枝杈，或者在不同的枝杈上的两片叶子之间建立联系则要花更多的时间——数秒而不是数毫秒。在单词中（或者棋盘上）看出新定式的能力就像在一个言语（国际象棋）辨识网的边缘长出新的叶子，人们通过对经验进行归纳和一般化，学会看出（或生成）定式。

多年来，西蒙一次次地回到初级感知与存储器，每次都与新的协作者合作，修改并扩展该程序以解释新的现象、回应新的批评。到1995年，他已经推进到了初级感知与存储器的第四代，这是一个"为解释专家记忆而扩展的新版本……初级感知与存储器主要且重要的修正是长期记忆中的图式（称为'检索结构'），该结构由专家学习和在长期记忆里加入的联想检索过程形成"。[15]

在这个新的版本里，"对目标对象的描述（完整的或者局部的）……以图像的方式存储在辨识网的叶节点，或者语义记忆中。具体来说，它们可能存储在'检索结构'里，这是一个具体的而且是习得的节点和连接树。这种检索结构在某些方面看只是辨识网的简单延伸，因为它是由同样的过程建立的，但只有专家才拥有这种特殊的结构"。[16] 因而，西蒙可以断言："第四代初级感知与存储器拥有丰富的记忆结构和内容，通过这些记忆结构和内容，过去的经验与当前的刺激相互作用，从而决定行为。它对环境的响应高度灵敏，而且其行为也非常的'情景化'。利用语义记忆，它模拟了与其物理和社会环境有着密切且持续交流的个人的大脑。"[17]

这些变化的意义在于，专家不只拥有从经验中学习的更好的启发式，他们还能直接而不是靠联想回想起更多的东西。他们的记忆和感知能力在他们拥有专业知识的领域，与在他们只是聪明的新手的领域，表现是不一样的。为了说明这一点，西蒙指出，尽管国际象棋大师能够识别并回想棋局中的数千种布局，但他们在回想对比赛没有任何意义的随机布局方面，只比新手略好一些。[18]

这样说来，专家不只是对比赛拥有更好的理论性理解，他们还拥有大量唾手可得的资料。这些数据唾手可得意味着专家能够看到新手看不到的问题。另外，拥有这种达到临界值的信息，让专家能够为解决他们专业领域内的典型问题归纳出通用的规则，并提出强大的启发式。

这种对专业知识的新理解，与西蒙早期把经验组织起来并为经验赋予意义时强调概念图式的重要性相一致，但是，强调的重点已经变了。还是同样的知识树，但现在树的生长是归纳式的，由树叶产生枝杈，而不是枝杈产生树叶。

对于年长的西蒙来说，专业知识是随着时间的推进而获得的东西。西蒙从来不以模棱两可的形式给出结论，他甚至确知成为某个领域的专家需要了解多少知识：5万"块"（chunks）信息。（西蒙从乔治·米勒处借用了"块"这个概念——一种知识单位，大脑机器将其视为离散的实体。乔治·米勒的著作我们在第十一章中有过讨论。）成为某个复杂任务领域的专家大约要花10年，因为建立起一个拥有5万块信息的语义网络也需要这么长的时间，对于一位真正专业的人来说，掌握达到这个临界值的信息是必须的。

西蒙认为，这个发现适用于所有具有挑战性的工作领域，也适用于所有人，无论他们的天赋如何。例如，儿童并不是他们母语的专业（流利）使用者，直到他们学会大约5万个单词。甚至像莫扎特这样的天才也是在他成为音乐家10年之后才成为专家，按照西蒙的说法，莫扎特早期的音乐只是因为作者是莫扎特才会引起注意。只有他十几岁以后创作的音乐才是"世界级"的。类似地，西蒙认为，甚至是鲍比·菲舍尔（Bobby Fischer）这样的国际象棋天才，也只是在下了10年棋之后才成为了专家的。

应该注意的是，在这些例子中，西蒙对专业知识的定义很狭猾：在一个例子中大讲基本的熟练，而在另外的例子里则大谈非凡的技能。在某种程度上，对专业领域的探索，与他对普遍法则的探索有着必要的相关性：天才只不过是同样的东西拥有得更多罢了——树大，叶子自然就多。如若不然，从个体行为中归纳出普遍性原则（这正是西蒙的模拟想要做的），充其量就是问题重重的努力。因而，西蒙对模拟的维护、对更加培根式的经验主义的接受，以及对新学科（认知心理学）的愈加认同，都与他日益重视经验在科学和生活中的价值息息相关。

反馈、模拟和惊奇

把启发式、自适应以及专业知识连接起来的推理链条，并不是西蒙从语法回到语义的唯一原因。他对批评的回应在形成他的职业生涯方面具有同样重要的意义。他的学术发展模式很像一个反馈回路，尽管促成他修正或者扩展自身理论的目标通常是隐晦的而不是明确的。如果批评来自认知心理学或者人工智能领域内部，他就会直接而且明确地处理；如果来自外部，那么他会把它转换成自己的语言，并隐晦地做出回应。

对他早期人类问题求解理论的最实质性的挑战有这么几个：第一，计算机模拟是同义反复的；第二，人类知识是情景化的；第三，计算机是完全确定的系统。模拟是同义反复的，这个说法是成立的，因为它能够告诉我们的只是一个理论是否内在一致。模拟无法逃避那些用程序在它内部设定好的假设，所以这些假设只是复制而不是验证。类似地，人类思想总是情景化的而且也是背景化的，而西蒙的模拟则没有（或许是不能）解决有机体与其环境的交互。最后，因为计算机是一种完全确定的系统，它不能够告诉我们任何未知的事情。计算机采取的每一个行动都可以精确地预测。怒发冲冠，露出牙齿（在尖刻的笑容里），西蒙把这些批评当成是挑战，一一进行驳斥。

西蒙对第一个挑战的回应，是把计算机模拟说成"经验探求"（参见第十三章）。在他看来，模拟迫使研究者力求精准，而且强加了只靠语言做不到的逻辑严谨性。就结果而言，模拟不仅帮助我们发现理论是否内在一致，而且帮助我们看到（并因此检验）它们所基于的理论和假设的意义。西蒙认为，每一种理论都包含有关于世界的假设，但只有某些理论以及表达它们的某些方式，能够让那些假设得到检验。西蒙常常发现，如果没有外部的帮助，就算极度老练的思想者通常也不能详细说明他们的假设，或者理解这些假设的意义，对于这个说法，西蒙偶尔还会用他自己有瑕疵的推断作为证据。[19]

初级感知与存储器的后续版本成了西蒙对第二种批评的回应。发明一种能够模拟在数据中发现模式的专家记忆和专家能力的机器，西蒙相信他已经建立了对环境敏感的人类问题求解模型。

第三项挑战，是西蒙尽了最大努力去驳斥的。该挑战认为计算机是一个确定的系统，只包含有由实验者提供的信息，因而无法告诉我们任何有关未知事件的想法。对于西蒙来说，所有正确的推理或许是"一个浩瀚的同义反复系统，但是只有上帝能够直接使用它"。这同样适用于复杂系统的计算机模拟。西蒙认为，在几乎所有情形下，实验者发现模拟结果的唯一途径就是运行它，就跟要理解复杂机器（例如，大型的分时计算机系统）或者复杂的生物（人类）的唯一途径就是在运动中观察它们一样。继续使用从20世纪50年代末期起成为其工作重心的进化来做类比，西蒙认为，最好把对各种自适应系统的研究说成是这类系统的"博物学"："我们可以用研究兔子和小白鼠那样的方式来研究它们，发现它们在不同的环境模拟模式下如何行动。"[20]

他还着重强调模拟有让设计者大为意外的能力。从20世纪60年代开始，西蒙的文章就强调，模拟的结果让他和同事大为意外，这种情况在20世纪70年代和80年代更为频繁。他尤其强调对具体领域的情景化知识（也就是专业知识）的仿真结果，并持续不断地以呈现出这种惊人的结果作为激励，引领他从事新的研究项目，其中最为重要的尝试是对科学发现过程的模拟。

这项对某种专家类型（科学家）创造性过程的模拟，是一个更大项目的组成部分，这个项目就是研究作为问题求解的特殊形式的关于发现的一般理论。对于西蒙来说，发现成了由让人吃惊的数据驱动的问题求解过程。因而，他后来在科学发现方面的工作代表了对自适应人模型、有限问题求解程序的诸多方面的另一种综合——另一种稳定的装配。

BACON 式的科学：对科学发现的模拟

贴切地说，惊奇本身在西蒙的科学进化构想中也发挥了预想不到的作用。尽管让模拟的设计者大感惊奇的能力在20世纪50年代末期就作为对模拟的价值的辩护和一种研究方法进入了西蒙的思想，但它直到20世纪80年代，才成为其科学发现理论的核心元素。

西蒙从20世纪70年代开始对科学发现的过程产生兴趣，并把它作为检验其方法（模拟）和问题求解理论一种途径。科学的论证，这次是科学本身，必须经受经验的检验。对科学发现的成功模拟可以证实模拟是一种科学，它同时又支持了西蒙的问题求解理论。

科学发现作为一个研究课题有很多好处，因为我们必须承认，科学不只像国际象棋一样是一种高级的智力追求，它还涉及人类思维过程的方方面面。另外，研究科学发现给西蒙提供了把启发式问题求解理论与专家记忆理论融合在一起的机会。甚至不仅如此，发现意味着创造力和解决有结构性错误的问题，这些特性国际象棋只是有限地拥有。下棋可以是创造性的，但是它涉及结构完好的问题和明确的规则。而发现意味着要在已知的边缘工作，那里的数据稀缺，规则必须现去寻找。

西蒙在科学发现过程方面的早期工作，跟他在其他认知方面的工作一样，专注于启发式在寻找问题求解方案时的重要性。在20世纪70年代和80年代的一系列研究中，西蒙着手寻找那些通用于科学发现中的启发式，假定它们同样适用于所有的人类问题求解——因式分解、手段—目的分析、爬山等。然而，到20世纪80年代，对专家问题求解的研究让他意识到了专业领域中启发式的力量（例如，在医学研究中，病菌是大部分疾病病因的启发式，意味着遭遇到新的疾病时，应该尽量找出相关的病菌）。类似地，对专家记忆的研究让他得出结论，专家能够在业余人士看不出来所以然来的环境中辨认出定式，不论他们各自的启发式是什么。当然，业余人士可以通过获得专门领域的知识和启发式而成为专家，而获取这些知识的过程则由更为普遍的所有自适应系统都必须采用的启发式构建。

对西蒙的科学发现研究工作的最好总结是1999年的一篇题为"科学发现研究：补充的方法与趋同的结果"（Studies of Scientific Discovery: Complementary Approaches and Convergent Findings）的文章，由西蒙和他的同事（以前是他的学生），心理学家戴维·克拉尔（David Klahr）合作完成。[21] 西蒙和克拉尔把科学研究的各种方法进行了比较和对照，尤其关注四个方面：对科学家个体及其发现的历史研

究、问题求解的心理学研究、创新的社会学研究以及他们对
具体发现所做的计算机模拟。

　　令历史学家欣慰的是，相较而言历史研究十分成功，具
有补充其他方法的能力。事实上，四种方法的互补性正是文
章的几个主要论据之一："本文的中心主题是，尽管对科学发
现的研究有很多不同的路径，但在涉及发现过程的关键问题
上，这些路径表现出了惊人的趋同性，激发我们去探索科学
发现的一般理论。"[22]

　　该一般理论把"发现视为人类问题求解的一种特殊类
型"。对于这个结果，西蒙和克拉尔认为："就像所有理论一
样，这个关于发现的模型，必须分解成两个部分：（a）基础的
机制，可普遍应用在不同的领域，以及（b）关于内容的具体
知识，以及它所适用的每个任务领域的研究方法"。专业知识
的各种成分"构成了强方法或者说是具体领域的方法"。与西
蒙长期以来对普遍性的兴趣相一致，他们关注的是"弱方法：
一般领域的、普遍的问题求解过程"。因而，"尽管科学问题求
解中使用的强方法在内容上把科学思考与日常思维区分开来，
但是我们认为科学家在完成自己工作时使用的弱方法，与构
成所有人类认知基础的那些方法是一样的"。[23]

　　西蒙和克拉尔找出了五种主要的问题求解的弱方法：（1）
生成并检验（试错法）；（2）爬山法（估算达成目标的进度，
采取能让你以最快的速度接近目标的措施）；（3）手段—目
的分析（比较目标状态和当前状态，采取措施来减少差异）；
（4）计划（形成问题空间的抽象简化版，解决其中存在的问
题，然后再把它编译回来）；（5）类比（在之前的基本领域

上标注一个新的目标域）。

因为发现意味着科学家要在专业领域的知识没有覆盖到、启发式也用不上的领域内工作，所以发现就要使用弱方法。所以在这些领域，"指导实验的是普遍性的假设"，而不是在工作目标更明确的熟悉的领域内的具体假设。于是，"实验结果往往会指导理论的创建，而不是理论指导实验的设计"。[24] 这个结论与西蒙 1946 年为他在公共管理领域的工作所做的辩护形成了鲜明的对比，他这样写道：

> 我以最肯定的方式向你保证，一般来说是理论导致结论，而不是相反，迄今为止，我自己思想的发展就是如此。如果你接受这个解释，你或许就会明白，知道我如何"在 1313 的氛围中想清楚了这个问题"。如果把我使用的"推断方法"看作托马斯主义，那就大错特错了。托马斯主义者的问题不在于推断，而在于他们试图从"因果的"真理而不是从经验的前提出发进行推理……如果管理理论连经验观察都做不到，那么根本就不会有什么事情是我们学者可以为实践者做的了，除了记录实践的情况并传递下去……我足够乐观地相信，（建立在正确的经验前提上的）理论，可以为实践做出一定的贡献，就像它在其他的科学中所做的那样。[25]

与西蒙对经验归纳和理论推断在科学领域中的作用的新看法相一致，西蒙和克拉尔为把实验理解为"探索"，而不是理论检验，举出了一个强有力的例子。与认为科学通过检验和消除缺陷理论而进步的波普尔派立场不同，他们认为，"科学领域的很多重要实验，用赖欣巴哈的话来说，是在发现的背景下，而不是在证实的背景下完成的"。[26] 为了支持这个说法，他们把BACON的成功作为例子，它是西蒙和他的学生帕特里克·兰利（Patrick Langley）为模拟开普勒第三定理的发现而构建的程序，同时也模拟了几个其他的重大科学发现。BACON是一台"归纳机器"，它在数据中搜寻模式，然后在这些数据的基础上生成假说，这些假说需要新的数据以便进行检验。[27] 因而，它所做的实验不仅检验了假说，还生成了假说，而后者是一项更为重要，也更为艰难的任务。

在另外一篇文章中，西蒙与他在计算机国际象棋工作的最早的协作者费尔南德·戈贝特（Fernand Gobet），用这个结论为初级感知与存储器第一至第四代及其下棋游戏进行辩护："蔡司（Chase）与西蒙（20世纪70年代初开始开发一种国际象棋程序）采取常见的而且已经得到证实的立场，认为未能解释所有已知的现象不是否定某一理论内核的理由，相反，它邀请人们去解释这种偏离。"在详细解释这个问题的过程中，西蒙和戈贝特告诉他们的批评者什么才是科学和发现的本质："实验是在进行探索；它们不只是检验假说；它们通常开创理论，而不是跟随理论。"于是，"专家复盘棋局的整个系列的实验，最富有成果的就是这些实验可以被视为对问题求解的探索，它们之所以越来越吸引人，是因为新的现象被揭示出来，而且这些现象与其他重要现象的关系也被揭示出来。"此外，"我们检视的这些研究不是一系列独立的实验（每个实验都在显著性检验中被判失败），而是一次累积型问题求解搜索，其中，早期的错误和不足导致了新实验、新现象的发现，并改进了理论。"[28]

西蒙和克拉尔认为，模拟也表明"意料之外的实验结果带来的惊奇，也会为搜寻中的后续选择提供强大的启发式"。"只有在已经形成的期望被打破的时候，惊奇才会出现"，这表明至少某些概念框架必须预备好让数据获得意义。然而，这种概念框架可能是一般化的，是从一般经验中归纳出来的普遍原则，没有理论那么正式。

在文章的结尾，西蒙和克拉尔阐述了他们对于科学、发现以及问题求解的最终结论："我们现在得出了最后的结论：假说是，科学发现理论是问题求解一般理论的特例，每个学科的强方法和支撑它们的知识和过程形成了特性，同时，普遍存在的弱方法形成了共性……至此，我们就能看到，一种基于启发式研究的数据驱动型一般理论产生了。"[29]

这种一般理论让他们得出了一个有意思的结论："如果我们来到创造力的边界，将之与寻常的问题求解实例相对比，就会发现问题的结构不那么完整了，认知在唤起之前习得的解决方案或搜寻强大的具体领域的启发式方面也不那么强大了，所以不得不更多（而不是更少）地依赖于弱方法。问题求解越是创新，工具也就越原始。或许，这也就是为什么孩子气的特点在喜欢幻想创造的科学家和艺术家身上会那么常见。"[30]

把西蒙应用在西蒙身上

尽管在描述西蒙的时候，"孩子气"并不会浮现在脑海

中，但是他关于科学发现的理论，以及关于问题求解的一般
理论，都能够很好地应用在他自己身上，也能应用到历史人
物和无名的实验对象身上。在某些方面，它们应用到他身上
比应用到其他任何人身上更加合适：西蒙就是他自己的模型
生物体。

西蒙的自适应人模型中，有三种元素在理解西蒙思想的
演变上尤其有帮助：（1）"完美适应"的问题；（2）启发式搜
寻的思想；以及（3）复杂结构（包括复杂的思想）由"稳
定的次级组件"构建，这些组件可以组合再组合，修改并应
用到新的领域的见解。

第一，关于完美适应。在《人工的科学》中，西蒙发
现，如果一个生物体能完美地适应其环境，那么研究它的结
构和功能的时候，人们真正能了解的就是它的环境。除非不
能完美地适应，生物体的特性是不会"显露"出来的：人们
在观察果冻的形状时，看到的就只是模子的影响。

打眼一看，西蒙似乎在很多方面就是这样一种生物，一
种完美适应卡内基梅隆大学以及战后行为科学环境的生物。
他从一个成功走向另一个成功。几乎他写下的所有东西都公
开发表了；每次资金申请都拿到了钱，有时候还超出了他的
预期；所有他想加入的委员会、机构或者协会都会邀请他。
那么，按照西蒙的推论，我们可以这样说，对西蒙生平的研
究告诉我们更多的是他所处的环境而不是他本人。如果他想
在系统科学领域进行跨学科研究，环境必定会为这种工作提
供回报；如果他想把社会科学数学化，以适应分析的行为—
功能方法，并构建人类认知的计算机模拟，环境也必定会为

他的付出提供回报。而且，事实确实也如此。

这种分析似乎在暗示，西蒙本质上是个机会主义者，一个足够灵活地按环境对他的要求变身为任何形状的人。然而，西蒙对完美适应的论证重点，却指向另外一个方向。他认为，这种完美适应几乎是不可能的。没有任何有机体能够完美地适应其环境，所以，总是会有些事情"冒出来"。这个结论是幸运的，因为很难把充活力、好辩的西蒙想象成某种智能果冻。

西蒙的自适应人积极且有意识地让自己适应环境，这很对，但其适应方式，受到了他对该环境认识的局限，也受到了他自身内部能力的局限。所有生物适应环境的一种重要的方式，就是改造环境从而让环境适合自己生存——天才的人类用铁锹来实现：自适应人不是简单地造出汽车，延伸并放大自己的移动能力，他还建造道路和公路网络，改造世界来适应汽车也适应他自己。西蒙当然也是如此：他有意识地在卡内基梅隆大学塑造自己的"决策环境"，尝试把工业管理研究生院和心理学系打造成支持其社会科学学派的环境。在这些事例中，在他选择不去加入某些环境（比如经济学）的事例中，西蒙的个人品性表露出来：他是一个能力非凡但也存在局限的人物。

第二，启发式搜索。西蒙跟所有人一样，选择遵循某些特定的路径而不是其他路径。他选择哪条路径，部分取决于他基本的启发式：首先，理解决策是理解组织结构和个体行为的基础；其次，人类行为既是理性的也是社会的；再次，人类是一个自适应系统，一个身处无限复杂的世界的有限的问题求解者。第三点还可以加入一个推论，即模拟是对复杂的自适应系统进行分析的恰当方式。

西蒙和所有科学家选择性地为问题搜寻解决方案，而且，这个搜寻过程既受到上面提到的基本启发式的指导，也受从具体的知识领域中总结出来的"强"启发式指导，这对于分析科学家的学术进步历程来说，似乎是一个不错的起点。把学术发展看成一种选择性的搜寻，能够让人专注于选择点上，专注于为什么某些备选的对象会被纳入考量而其他的则不会，专注于为什么某条具体的路径会被纳入考量而其他的则不会。它也提醒我们，选择必须从选择者的角度来理解：原则上说，假如存在一条备选路径，但某人没有看到它，那么它对他或者她来说就是不存在的。备选方案在被选中之前必须被认识到或者被发明出来。

按照类似的思路，人类在时间、精力和理解上的局限，迫使科学家选择性地进行搜寻，也迫使他们在通向目标的不同路径之中进行挑选，而不必找到最优解。所以，选择这条而不是那条路反映的不过是暂时性的偏好，而不是坚定的承诺。选择性搜寻的重要性还提醒我们，去往何方很大程度上取决于你曾经去过哪里，而这让历史学家很是欣慰。它也提醒我们，通往学术目标的道路有很多条，有时候，通向目的地的捷径可能就包括初期要走的弯路。[31]

第三，稳定的二级组件。西蒙在复杂结构的进化过程中对稳定的二级组件的观察，对他的学术发展和广义的思想史提供了有价值的启示。思想，与组织或者技术一样，不会凭空而来。它们是用现有的组件建造出来的，这些组件被持续不断地组装、重置、改造并应用于新的环境。在这个过程中，思想和实践通常都被融合起来，形成相对稳定的组件，可以以单元的形式移动或者操控，操控它们的可以是创造者，也可以是偶遇的其他人。这样的单元，正如西蒙的职业生涯所揭示的，常常能够适应多重用途：以他的多种应用为证——几近彻底的分解、树状结构以及启发式搜寻，更不用说尤里分布、程序以及电子计算机，这些都是具有多种用途的思想和实践的二级组件。

西蒙基本的学术发展方式，就是打造思想和实践的稳定的二级组件，然后尽量以新的而且有趣的方式把它们捏合到一起。尽管他更大的目标是形成一个统一的认知理论，但是他没有想着马上就综合出一个全面的人类认知一般理论。相反，他先建立起某个方面认知的模型（比如说人类的国际象棋下法），再延伸到另一个方面（语言学习），然后调整它，用以解释其他相关的现象（专家记忆），把越来越大、不断完善的理论组件"组合"在一起。

因为他的研究专注于问题求解、科学发现以及认知，西蒙比其他大部分科学家都更有意识地选择用这类二级组件构建自己的理论。西蒙同时代的很多行为科学家都想为行为科学（或者为他们相应的学科）发展出一套一般理论，他们通常会把系统的概念看成实现这个目的的关键所在。对于历史学家来说，寻找思想和实践的二级组件，探索不同的个体如何修改它们、延展它们并把它们用于解决新问题，或者重新定义问题，以便应用之前发现的有用的二级组件，都是有用的启发式。

这样的启发式在使用时必须慎重，因为把进化论应用到人类的思想和行动上是危险的。例如，找出合适的选择单元常常是不可能的，因为文化进化是非达尔文式的，而物种在进化中获得的特性可以遗传。尽管如此，把人类的一般图像描绘为由环境塑造，但又能够改变环境的可适应生物，对知识社会学领域中"强纲领"（strong programme）的环境决定主义，以及思想史中的"伟人"传统，都是有用的修正。西蒙作为自适应科学家，选择成为某些领域以及某些机构的一部分，而不选择别的，是因为他相信这些机构和领域可以做些改变来适合他的思想和目标。他成功地改造了那些领域和机构，但是它们适合被改变并不意味着它们没有反过来影响西蒙。所以，西蒙在适应这个他能够影响但不能控制的世界的过程中，自身也发生了很大的改变。

当然，把西蒙应用到西蒙身上，同样存在局限性。把西蒙应用到西蒙身上没有告诉我们西蒙对西蒙的准确画像，因为他的行动和自我分析并不是完全一致的。然而，在这个分析的镜厅里无穷无尽的镜像，确实让人感觉有点眩晕。

西蒙对科学的分析有其局限性，这一点生动地体现在他的自传中。1991 年出版的《我生命的模型》反映了他晚年对科学发现和专家知识，以及对他毕生工作的意义的理解。书名因而没有一丝一毫的怪诞（尽管确实反映了西蒙的机敏），因为这本书就是作为支持他的问题求解理论的案例研究而写就的。这是他穿越"发现"这座迷宫的语言模型。从这个意义上看，《我生命的模型》类似于 B. F. 斯金纳的 3 卷本自传，这部书也是用来支持作者对人类行为的看法而写就的。然而，西蒙的自传或许要比他的理论更加真实，因为他的理论接受语言报告（诸如各种自传）的前提是能对它做出正确的解读。

西蒙的问题求解和科学发现理论在下面的几个方面影响了《我生命的模型》。首先，在该书中，西蒙认为自己的创造性行为就是"对同样的东西拥有得更多"——也就是说，是启发式问题求解的一个例子。西蒙知道他无论在哪个层面上"都比他的同班同学聪明"，但是他从来没有说他的成就是天才的产物，或是其他任何独特的人格的产物。在《我生命的模型》中，西蒙只是让人觉得他在没有"强"启发式的领域里，具有比较娴熟的使用一般性的"弱方法"的技能。这种技能，加上与幸运的刺激集［芝加哥大学、公共事务管理局、考尔斯经济研究委员会、兰德公司、工业管理研究生院的老师（尤其是艾伦·纽厄尔）和学生、电子计算机］的结合，引导他把这些弱方法首先应用到决策，然后运用到问题求解上面，并取得了巨大的成功。

其次，《我生命的模型》遵循了西蒙晚年的说法，认为问题求解随着的经验传统的发展壮大，变得快捷而富有成效。某个具体领域的知识必须靠累积，以便人们进行总结并将之理论化。因而，在《我生命的模型》一书中，西蒙的科学看上去似乎是"数据驱动"的，他认为开普勒的理论也是一样。然而，如果西蒙在1950年或者1960年写自传，他更可能强调新概念和精确的、可操作的定义才是发现的根本来源，认为要是没有它们，知觉是混乱的，研究是没有方向的。但是《我生命的模型》写作于1989年至1990年，所以它强调的是数据的获取，尤其是计算机带来的新数据。

第三，《我生命的模型》意图证明一种好的启发式的重要性。西蒙和纽厄尔为自己的新科学开发的专门领域的启发式（问题求解是关键的认知过程、人类是有限的问题求解者、模拟是探索复杂自适应系统的最好方式）被证明具有巨大的开创性，就像生物学领域的"细胞学说"，尽管它们解释不了所有的相关现象。事实上，西蒙的自传似乎打算说明，这些启发式的价值，恰恰在于它们不能解释所有的相关现象：若是能够解释所有现象，它们就不会是通向知识的捷径。

最后，《我生命的模型》以实例证明了西蒙的信念，问题求解是个体性的，但不是个人的。也就是说，问题求解依赖于个体的经验（他获得的数据和学到的启发式），但不依靠个人的情绪或者个性。因而，在西蒙的自传里，他就像一部问题求解机器，一部思维异常清晰的幸运机器，但也只是部机器而已。书里多次暗示了他想做但是没有做的事情，在"关于好辩"那一章里，西蒙确实提到了他个性中的一个显著特点。然而，前者只是模糊的提示，无关他的生活和工作的主流叙事，而他好辩的风格也被描绘成认知中的一种"动机控制"，把他的注意力和知识能量引向冲突的领域。

上面所说并不是批评西蒙"没有把有意思的内容写进"自传。而是想强调，对于西蒙来说，"有意思的内容"与故事的中心思想无关。很大程度上，我也是用这种方式来研究西蒙的，没有去探究他与妻子多萝西和三个孩子之间的关系。一定程度上，这种做法是因为必要的数据源不存在，或者接触不到所导致：我在卡内基梅隆大学查找西蒙的论文时，在将近20万页的档案中只找到一份西蒙与家庭成员的通信。[32]
然而，我选择这种方法的大部分的原因是因为我像西蒙一样
地相信，重要的是他的科学成就，而不是他的感情生活。

当然，他的感情生活对他的科研事业确实有影响。他
与家人和亲密朋友之间的关系主要是促成因素而不是指导因
素；他的家庭稳定而兴旺，他的妻子负责养育孩子，所有这
些都意味着西蒙没有受到什么特别的家庭矛盾的困扰，如果
需要，他可以每周工作80～100个小时。进一步推断他的家
庭生活与职业生活的联系必定只是想象：不像B.F.斯金纳，
他从来不为家里设计照看小孩的设施；不像保罗·萨缪尔森，
他从来没有因为自己的种族背景被剥夺重要的机遇；不像阿
兰·图灵，他没有遭遇到性问题的折磨。

西蒙的生活中相对来说没有什么太大的感情问题，这
或许强化了他对人类行为本质上的理性基础的信心，也让他
对社会系统的稳定性更有信心，父母的平等信念可能也强化
了他对找到人类行为的通用概念的信心。这些都是非常可信
的，尽管我拿不出强有力的证据。我仍然认为，西蒙在工作
之外的生活，最重要的事情或许是让他能够主要地，实际上
几乎是全心全意地专注于知识问题。这种环境极度罕见，让
西蒙在表面的平常下十分独特。

其他更为个性化的品质确实也在西蒙的生活和工作中
发挥了作用，这显示出西蒙对科学的看法的某些局限。《我
生命的模型》曾经指出过这些品质，但西蒙极力贬低它们的
影响。例如，西蒙好辩的本性不仅是他注意力导向机制的一
部分，也是他成功的部分原因。西蒙为他的目标奋斗，不遗

余力而且不屈不挠，这吓退了一些反对者，其余的则溃不成军。如果他只在内心进行争论，利用冲突促使自己投入更多的时间进行研究，而不是亲身或者用文章来直面对手，他的思想就不会有今天那么大影响力。

西蒙的好辩本性吸引了忠实的朋友，赶走了敌人，帮助他重塑了卡内基梅隆大学、国家科学院以及更广泛意义上的行为科学。另外，他特别的辩论风格，激烈但一般不做人身攻击，常常让他与辩论对手成为朋友。他的开场总是"听好了，朋友"，然后才开始批驳朋友的论点。[33] 无论从哪个角度说，西蒙确实以十分严肃认真的态度表达了那两个字的意思。他希望对方认真倾听，但是他也期望对方意识到他攻击的是观点，而不是人。

西蒙投身于工作的强度也提出了他的生活"模型"解答不了的动机问题。西蒙显然爱他的工作超过了任何事情，或许超过了任何人。他工作时间很长，而且认为自己的工作是"巨大的乐趣。"他从来不会心安理得地让问题就这样摆着，也不会让挑战无疾而终。如果解决一个问题需要了解什么知识，他会去学习，甚至学到掌握了这个新学科的全部的程度。如果需要新的东西，比如说程序语言，或者处理动态系统中多个变量的技术，他就会去发明。如果他做出了一个假设，他会把它形式化，详尽阐述并检验它的限制条件。一句话，他的工作不是简单意义上的"数据驱动式的"。

西蒙的大脑一刻也停不下来，总是想着如何延展思考的范围，总在盼望成长。正像他的同事戴维·克拉尔回忆的，有一天晚上，他和西蒙参加完一次会议，驱车返回。克拉尔注意到，夜间的这个时刻，路上的车辆很少，这"让赫伯特来了兴趣"。西蒙随即开始尝试预测全国的州际公路上车辆的平均密度，从对美国形状的一些简化假设入手："假定美国是一个长方形，2,500英里长，1,200英里宽……预计州际公路为网格分布，东西向道路间隔200英里，南北向道路间隔300英里……"这个问题让西蒙兴奋了好几个小时，使得克拉尔大发感："这个人的大脑从来不会歇一会儿。思考就是他的挚爱。"[34]

　　克拉尔的说法得到了很多大名鼎鼎的学者同事的一致证实，因而不应该只作为表面现象看待。这样的赞誉不仅是要给一个人长脸，而且还想通过肯定某些价值观和品质来教育其他人。这样的说法也符合学术赞誉的惯例，所以可能是情不自禁说出的而不是反复权衡的产物。然而，作为学术追求的驱动力的追求思想的激情不应该被忽视。尤其不应该被历史学家忽视。我们大多数人选择自己的专业领域，是因为我们对思想的激情要强于我们对金钱、权力或者名誉的热情，否则，我们不可能成为学者，金钱、权力和名誉对学者来说只不过是点头之交而已。拒绝承认别人拥有与我们一样"高贵"的目标是不公平的，就像拒绝用分析他人的方法分析自己是愚蠢的一样。

　　但为什么是这种驱动，为什么是这种激情？西蒙内心里是一个先知和福音传播者，他瞥见了深奥的真理，情不自禁地要把遮住了深邃和美好的面纱揭去。与所有真正的信徒一样，对于西蒙来说，所有话题都绕不开他的信仰。（因而，他无法像普通人那样闲聊，总想把谈话转换成认知领域的实验。）他接收到了福音，他想在山顶上大声喊出来。这些福音简单但却意义深远：世界是可知的，尽管它那么复杂也尽管我们有这样那样的局限，在对世界的认知中有我们对一个更美好世界的希望。

结 论

模范科学家

在本书里，我讲了一位科学家 —— 赫尔伯特·亚历山大·西蒙的工作和生活。然而，这个项目的本意并不是要讲某个人的故事，而是想尝试弄清楚第二次世界大战后社会科学领域发生的诸多变化之间的关系。我试图理解广泛意义上的模式，这最终把我引向了对一个人以及他的思想与他的经历之间关系的研究上，就像西蒙的情况一样。

当然，这个关注点的选择已经有了结果。西蒙的人生事件提供的叙事结构，与研究某种思想运动，比如说行为革命，是不同的。进一步说，一部传记必定要探索个人品质和经历，它们使传主成为特立独行、不同凡响的人。我一直在强调西蒙信念中的传教士特征，坚信人类理性既是有限的也是强大的，他无与伦比的自信和学术野心、好辩的本性以及对把他的理论应用到自身以及自己所在的制度环境中的非同寻常的急迫心情。把它们放到一起，这些品质赋予了西蒙的工作一种很强的递归性质，他学术之旅的每一步受到的影响，不仅来自终极目的的愿景，也来自对前面每一步反馈的有意识的分析。就像他的自传一样，西蒙的科学必须能解释他的一生。

　　类似地，我一直强调西蒙在芝加哥大学、公共事务管理局、伊利诺斯技术研究院、考尔斯经济研究委员会、卡内基理工学院以及兰德公司的经历，把这些看成塑造了他，让他区别于他那些社会科学家同事的重大事件。有些反讽的是，尽管西蒙相信，他与这些复杂的、变化中的环境的互动就是造就他独特之处的原因，但正是那些互动，促使我把他与社会科学更广泛的学术与制度转型联系在一起。西蒙应该不会被这个看似悖论的说法吓住，因为他相信，对有机个体与其环境之间关系的研究，会揭示出有关环境的大量信息。跟西蒙一样，我也相信对个人的研究能够揭示出这个人在其中运动的世界的大量信息，只要提出了正确的问题。

西蒙的进化

　　与西蒙生活和工作有关的几个较大模式包括了好几个20世纪人文科学发展史上的核心主题：功能主义、行为主义以及数理分析的崛起；伴随着新的资助者的出现（尤其是洛克菲勒基金会等私人基金会、军事研究机构以及稍后的美国国家科学基金会和国家卫生研究院）发生的社会科学的机制转型；以及新的研究实践（包括人类行为的实验室研究，以及计算机建模和模拟）的出现。西蒙在他的兴趣和影响力方面兼收并蓄，因此对他生活和工作的研究也就解释了他兴趣和影响力的发展情况，它们在广阔的领域里竞相展开，从政治科学到心理学、社会学和经济学。

　　西蒙的工作也是社会科学家应对现代社会引发的变革、

相互依存以及主观性挑战所做出的不懈努力的组成部分，在应对这些挑战的过程中，出现了人文科学的两种研究方法。这两种方法中，一种强调个人参与者做出自由理性选择的能力，另一种强调人的可塑性以及他们理性的局限。前一种方法以"关于选择的科学"为特征，比如新古典经济学、博弈论以及决策理论，而后一种信念则以"关于控制的科学"为特征，比如社会学和社会心理学。

　　西蒙试图把这两种人文科学方法融合在一起，最终发展出一种关于人类有机体、环境以及科学的新模型，用于研究上述两种方法之间的关系。这种新的人类有机体模型就是自适应人，它把人类解释为在一个无限复杂的世界里运动，拥有有限力量的自适应问题求解有机体。他的环境模型是由不同层级组成的复杂系统，一般被描述为树状结构。西蒙认为，尽管自适应人的环境是无限复杂的，但是它的树状结构意味着它能够被了解，因而适合进行塑造，甚至有限理性的自适应人也能够做到这一点。西蒙的人文科学模型自然而然地遵循这些自然和人的模型：人文科学是对自适应人与其环境的关系的研究。其基础导向是行为和功能，其典型方式是模拟，其根本形式是程序。

　　西蒙的核心目标是把关于选择的科学和关于控制的科学融合在一起，并以此打造一种人类行为的新模型，以及人文科学的新方法。西蒙关于科学和世界的基本假设，为这种新模型和新方法设定了参数。首先，他相信自然中存在一种秩序，甚至人性亦是如此。所有行为都是有成因的，这些成因都是有规律的、有秩序的。其次，他认为这种秩序是普遍的，这意味着复杂性和局部性总是简单性和整体性的表现。因而，科学的基本任务就是把复杂现象还原为产生这些现象的简单机制。再次，他坚信人类认识这种秩序要靠理性，而不是靠天启。如果找到适当的概念，采用适当的方法，严谨的人类行为科学是可能形成的。

最后，西蒙相信，理论上强大、实践中有用的人类行为科学必须认同行为在塑造人类思想和行动方面的力量，也承认人类改造其环境的力量。真正的人类行为科学必须能够把行动描述为在一定限制内的理性，而且能够详细说明这些限制的性质。另外，它还要能够解释人类行为对变化中的环境的响应，这意味着它必须处理偶然的行为。它也必须解释对那些行为做出的反应，这意味着它需要处理随着时间的推移展现出来的偶然行为序列。

西蒙发展满足这些标准的人文科学的尝试，最初集中在一个他称之为"管理人"（homo administrativus）的人类参与者模型上。"管理人"是一个组织人。他是多个正式组织的成员，每个组织都规定了一套前提条件，他的决策就建立在这些前提条件的基础上。在忠于其他组织（包括那个被称为社会的超级组织）的限制下，他认同自己所属的组织，并认可上级的权威。"管理人"是理性的，但他的理性受到了组织隶属关系的严格限制。与此同时，那些隶属关系以及这些关系对他理性的限制，又让理性行为成为可能。

在芝加哥大学攻读研究生、在加州大学伯克利分校的公共事务管理局工作，以及作为伊利诺斯技术研究院的政治科学系成员期间，西蒙形成了人类行为的模型。在卡内基理工学院最初的几年里，该模型继续在他的思想里发挥着主要的作用，但在他进入卡内基理工学院之时，他已经开始寻找把选择的科学中强大的数学工具纳入工作的方法。运用这些工具，他或许能够详细说明"管理人"如何在其理性的范围内行事。

在卡内基理工学院，西蒙开始寻找办法，以扩展他的人类行为模型，并借此把一种新的统一带入社会科学。他希望，这种综合可以发生在很多层面，不仅要融合选择和控制，也要融合理论和应用。在思想上，他想通过对社会系统中的决策的研究，把关于选择和关于控制的科学融合起来。在制度上，他寻求打造一系列的跨学科研究中心，以及一个支持数学化、行为—功能和问题中心的社会科学研究的资助人网络。

西蒙提出并整合社会科学中多个"理论的孤岛"的努力，把他带向了一种新的融合。他提出了一种人的新模型来取代关于选择的科学中的完全理性、完全自由的"经济人"，以及关于控制的科学中完全可塑、完全驯服的"管理人"。这种人的新模型就是自适应人，人类是有局限的但是仍然有能力的问题求解者，问题求解是有意识地适应环境的过程。

西蒙在管理决策方面的工作，让他明白了有限理性原则的重要意义，以及关于选择的问题的关键性，而且教会他把个体和组织二者视为决策机器。他借鉴了控制论和伺服机制理论的诸多思想：有机体、组织和适应性机器从功能上说是等同的，而不仅仅是类似的；反馈是所有自适应系统的基本组成部分，无论是有机的还是机械的；以及自适应系统可以通过嵌套而不是连接简单的行为机制，进化出非常复杂的行为。"进化"这个词在此处尤其重要，因为在西蒙看来，一个类似于自然选择的过程，是让自适应行为及其组织产生出行为的层级机制。

最后，从格式塔理论中，西蒙学会了把学习和问题求解想象为一个认知性的适应过程。通过学会构建关于环境的简化心智模型，自适应人适应了他所属的环境，这些模型不仅是自适应人关于如何实现其目标的决策参照点，也是他对目标本身进行定义的基础。

所有这些思想都是西蒙1952年在兰德公司的系统研究实验室工作期间涌入到他的大脑里的。在系统研究实验室，西蒙第一次接触了电子计算机、程序的概念、模拟的技术以及他学术上的灵魂伴侣艾伦·纽厄尔。西蒙和纽厄尔共同开发了自适应人模型，专注于其信息处理能力，并创造出了从20世纪50年代末期至当下一直被视为认知心理学典范的程序。

在开发自适应人模型的过程中，西蒙围绕计算机重新定位了他的学术和技术实践。在技术层面，电子计算机成了他工作的重点，因为他尝试为计算机设计程序来模拟人类行为。在学术层面，他的基础问题以及答案全都编译成了信息处理语言。在机构层面，西蒙采用计算机作为他主要的研究设备，还创建了一系列新的职业关系，包括一个新的职业身份，以及一个新的资助人网络。

然而，西蒙自己的进化并没有止步于自适应人。反之，西蒙的启发式问题求解理论，在根据一些新发现和批评意见进行了相应修订后，他对认知形成了前所未有的更个性化且更情景化的认识。这些新的认识与他早年的工作一样，都是机械主义和还原主义式的，并以发展一种一般理论为目标，然而，它们越来越多地专注于具体领域的认知这些通常被视为专业知识的问题上。如果他的工作重心从早期的公共管理领域移动到成熟的心理学领域，可以说是从"管理人"向"自适应人"转变的话，那么，西蒙后期工作的变化就可以说是从自适应人向专家自适应人（homo adaptivus expertus），也就是专家问题求解者的逐步完善。

这个变化反应出西蒙对经验和具体领域专业知识的评价在提高，这种情况与他年轻时对理论发展以及对跨学科研究的热情形成了鲜明的对照。由于他的工作更多地受到了学科目的的限制，并得到了"基础科学"资助人（美国国家科学基金会、美国国防部高级研究计划局、国家心理健康研究院）的支持，他的工作就与他协调选择和控制、研究与改革的初心渐行渐远。研究"管理人"的西蒙是"一个充满激情的政治动物"，他不仅为管理科学打造出了新的理论架构，而且还为一个积极主动而且负责任的政府找到了新的合理依据。研究自适应人的西蒙除了玩填字游戏之外不再看报纸。

超越西蒙

西蒙生活和工作的故事告诉了我们有关他的世界的什么？他是典型的超凡脱俗的离经叛道者吗？他是革命运动的先锋、站在了风口，还是只是黑夜里穿行的众多航船中的一艘？

西蒙的科学将组织革命作为研究对象，塑造了他的世界观，其程度是独一无二的；他对自己的哲学、理论、制度和方法论的研究目的的一致性要求，其程度也是独一无二的。他的兴趣异常广泛，脑力无人能及，志向远大，日常习惯稍显古怪。把这些特点结合起来，借用奥威尔的说法：西蒙是一个比大多数人独特的人。

与此同时，西蒙的思想赢得了广泛的接受，并产生了显著的影响力，因为他明确地阐述了人性、自然和知识的一致愿景，它们被组织起来，为20世纪中期30多年很多知识分子共同的思想和经历赋予了意义。这一套共同的理念植根于官僚主义世界观：世界被预想为一个自适应的层级系统。[1]理解这个共同的世界观，能帮助我们把西蒙这个独特的个体与更大的世界联系起来。这样做，能帮助我们把人文科学中的一些最重要的学术趋势与现代历史上最为重要的一个进展，即大型的官僚组织的兴起，联系起来。[2]

20世纪初，荷兰哲学家、历史学家E. K. 戴克斯特霍伊斯（E. K. Dijksterhuis）写就了一部名著，他在书中辩称，通常被称为科技革命的知识转型，一个关键的内容就是采用了一种机械论的世界观。在这种机械论世界观里，复杂机器——尤其是自动机器，比如钟表和水力自动机器——的工作就是描述自然和社会的基本参照物。

尽管对于这种机械论世界观的组成成分的准确属性，以及它对17世纪人们认识自然的影响方式至今都还争论不休，但是，戴克斯特霍伊斯的核心论点还是流传了下来。从刘易斯·芒福德（Lewis Mumford）、卡洛琳·默琼特（Carolyn Merchant）以及其他机械论世界观的批评者，到史蒂芬·谢平（Stephen Shaping）、西蒙·谢弗（Simon Schaffer）以及其他对科学革命思想的批评者，我们都可以在他们身上发现一种广泛的共识：一种新的哲学在17世纪出现，这种哲学建立在世界是一个复杂机器的假设上。[3]

学者们提出了类似的论点，他们把世界观中的其他重大变化，与技术结构领域的大规模改变，与成为新模型和隐喻以及新经验源泉的新技术联系在一起。例如，杰伊·博尔特（Jay Bolter）论述过纺车在古希腊和古罗马思想形成过程中的重大意义；奥拓·梅尔（Otto Mayr）提出，自动机械在现代初期关于自由和权威的新思想的发展中起到了决定性的作用，而诺顿·怀斯（Norton Wise）和克罗斯比·史密斯（Crosbie Smith）探讨了19世纪政治经济学和物理学的基础隐喻从天平到发动机的重大转变所造成的后果。[4]

类似地，安森·拉宾巴赫（Anson Rabinbach）曾经提出，在19世纪末期层出不穷的新思想、新态度和新制度中，关于"人类马达"（human motor）的思想处于核心位置，而劳拉·奥迪斯（Laura Otis）认为，电报和电话给所有类型的系统起到了示范作用，包括生物的、物理的以及社会的系统，尤其是人类神经系统。[5]计算机以及晚些的互联网同样已经成为很多关于大脑、身体、自然和社会的新思想的核心支撑，这已经被保罗·爱德华兹、N.凯瑟琳·海尔斯（N. Katherine Hayles）、曼纽尔·卡斯特尔（Manuel Castells）以及其他大量的学者所证实。[6]

这个隐喻性技术的清单里，还应该增加组织性的技术，诸如工厂与装配线。与其物质对照物一样，这些组织技术已经被证实与关于大脑、身体、自然和社会的更广泛的思想紧密相连。例如，西蒙·谢弗曾经提出，查尔斯·巴贝奇（Charles Babbage）和他的学术盟友把人类的大脑看成工厂，把数理逻辑看成理性的生产系统。[7]类似地，艾米丽·马丁（Emily Martin）发现，20世纪中叶，女性的身体典型地被理解为工厂式的生产系统，那些对处理她们的生殖过程有兴趣的医生，尤其喜欢这样理解。[8]因此，西蒙和纽厄尔使用"生产系统"来描述人类和计算机运行延续了一个悠久的传统。西蒙证实了这种联系，在不止一个场合里声称，亚当·斯密是计算的核心基础原则——劳动分工的发现者。[9]

　　然而，工厂和装配线仅只是当代三种核心组织技术中的两种。第三种是官僚体系，人们尚未认识到它实际上是科学隐喻的沃土。从某些角度看，这种疏忽令人吃惊，因为历史学家和社会科学家长期以来一直坚持认为第二次工业革命的核心发展是大规模官僚组织的创建，尤其是大型的工业组织和监管它们的政府组织。从马克斯·韦伯到塔尔科特·帕森斯，再到阿尔弗雷德·钱德勒和罗伯特·韦伯（Robert Wiebe），以及美国历史"组织综合"（organizational synthesis）的先驱们，都把官僚体系看作定义20世纪的一种社会形态，不论它是健康的还是病态的。[10]

　　然而，从其他方面看，对官僚体系概念重要性的关注的相对缺乏并不令人意外。不管怎么说，官僚体系是无形的，尽管人们用各式各样的玻璃和钢铁的丰碑来安置它们。因此，人们会觉得官僚体系在隐喻指称方面，不像陶钧、钟表或者计算机那样栩栩如生。

另外，上面提到的所有研究中讨论的技术都获得了一种能力，成为各领域思考的启发式模型，因为它们改变了人们对人类身体的理解，正如乔治·莱考夫和马克·约翰逊所证明的，人类身体是人类思想的基础性隐喻指称物，过去是，现在也是。[11] 正如 E. M. 福斯特（E. M. Forster）所写，人类或许不是所有事物的度量标准，但是进行度量的是他们，因计数的也正他们。在官僚体系和身体之间建立起联系之前，官僚体系很可能只是对隐喻和类比的一种弱支撑。

把官僚体系和身体联系起来的第一步是这样一种思想，它认为有机体是一个组织，反之亦然，这种思想在 19 世纪和 20 世纪初的生物学中，尤其是生理学中盛行一时。西蒙以及他那一代的系统科学家把这种思想又向前推进了两步，首先通过控制论和系统动力学的语言将它形式化，然后用电子计算机来例证。他们发现电子计算机是一种令人着迷的设备，因为它几乎可以完全被它的组织定义。

因而，理解西蒙独特贡献的一种办法就是把他看成一个理论家，他把有机体与组织之间的联系变得正式而且明确，他还借用一种非常现实、非常强大的技术——电子计算机，详细阐述了它们的意义。对于西蒙来说，编程计算机就是一种电子的官僚体制，所以它是组织的模型、有机体的模型、大脑的模型。通过电子计算机，关于大脑和身体的思想就与官僚体制的思想联系了起来，而这为人们提供了一种组织自身经验的新方式，从而改变了诸多领域中人们看待自己和自己所处的世界的方式。[12] 一句话，西蒙的思想在如此众多的领域产生了影响，原因之一就在于他采用电子计算机作为桥梁，在官僚体系和身体之间建立了联系。

西蒙思想的广泛影响力，以及20世纪中叶兴起的对控制论和系统科学的广泛、强烈的兴趣，表明在采用官僚主义世界观方面西蒙并不孤单。官僚体系在20世纪中叶的科学革命中所起的作用，与机器在17世纪的科学革命中所起的作用类似。这样说并不为过。需要补充说明的是，在大多数情况下，要把官僚主义世界观带入新的领域，一座物质的桥梁（电子计算机）是必须的。

如果西蒙说的有一定道理，这种官僚主义世界观的基本要素就是：（1）把所有研究对象预想为自适应的层级化系统，重点在于对组织属性的行为—功能分析，尤其是那些促成系统内部协调以保持均衡的属性（比如通信系统和控制系统）；（2）接受某些形式的分析实在论，因为官僚体系是一种概念建构，用以描述无形的（但是非常功能化的）关系系统；[13]（3）至少接受弱整体论，因为新的属性通常都在组织中的较高层级出现；（4）对形式化的工具理性的理想化，体现在发展程序逻辑，褒扬客观现实，以及开发表面上价值中立的算法、协议和程序中；（5）对系统存储、处理其自身及环境信息的各种方式的兴趣，常常体现在对信息以及代表信息的符号的形式分析（例如，信息论、通信理论、乔姆斯基语言学学派、分析哲学）上。

20世纪70年代中叶以来，学术界对网络（而不是系统），混沌与复杂性（而不是组织和层级），灵活性和从无序中自发产生秩序（而不是持续管理产生的稳定性），以及情景化的知识（而不是形式化、工具化的知识）的兴趣日渐浓厚，可以视为对官僚主义世界观的狭隘形式的反抗，一种与公众对官僚体系僵硬死板的普遍认知相呼应反抗。官僚主义世界观的支持者们在树状图的标志下前进；今天，网络似乎是一个更为适宜的符号。

要述这种宽泛的主张，并详细探索其演化，应该是另外一本或几本书的任务，所以，我目前的主张仅只是一种假说，不过，是一个值得深究的假说。

遗产

科学，客观性，专业知识，进步。对于西蒙来说，这些都是令人肃然起敬的词汇，但是对于 21 世纪的人文主义学者来说，它们招来的不再是效忠，而是会心一笑。曾经品尝过后现代的力量/知识之树果实的我们，相信自己对专家方法的认识上比西蒙那一代人更明智，但是伴随这种明智到来的还有一种确定的悲哀：人们不仅在某种程度上对科学和专家失去了信任，还对理性，实际上是对民主，失去了信任。那么，西蒙留给后现代世界的遗产是什么？我们能够学习他、了解他吗？

作为一个习惯于从一个领域转向另一个领域的人，西蒙的遗产也是多种多样的。在 20 世纪 50 年代和 60 年代，日益壮大的行为科学家群体认同西蒙的官僚主义世界观，并在它的激励下，创建了行为—功能、数学、问题导向的社会科学。政治科学经历了行为革命，经济学经历了数量经济学革命，社会学经历了功能主义革命，而心理学经历了认知革命，这些都以它们对自适应系统的新科学的共同愿景联系在一起。

　　然而，随着这个群体的壮大，它益发多样化了，而学术界以一种与西蒙几乎相同的方式取得了融合，建立起了一个结构不断扩张的专业划分。在每门行为科学以及在其基础之上建立的"管理科学"中，这种划分导致各个专业的领军者在20世纪70年代和80年代宣称，他们的领域"失去了方向""碎片化"，陷入到了"危机"之中。有些人指责西蒙及其行为科学家盟友们要为"政治理论的衰落""公共管理的危机""西方社会学即将到来的危机"，以及心理学的"误导"负责。[14]（"经济学理论的危机"一般都被归咎于他人。）[15]然而，也有人看到了细分的好处，认为一个囊括了康德学派和理性选择理论家、认知科学家和心理分析师的群体，因多样性而变得更强大了。

　　与多样化一同到来的，是对西蒙所规划的路径的偏离。这种偏离在经济学中表现得最为明显。在这个领域里，身披主观期望效用理论微积分外衣的"经济人"，现在似乎成为了大获全胜的主宰。在这里，西蒙的遗产就像牡蛎里的一粒沙子：一个刺激物，然而会产生一颗新典范的珍珠。[16]西蒙呼吁建立在经验基础上的微观经济学，其响应者在新千年里不会只是少数，而且2002年诺贝尔经济学奖授予丹尼尔·卡内曼这位跟西蒙几乎是一个模子倒出来的心理学家，有理由给西蒙学派带来希望。不过，经济学家在过去30年里的巨大成功已经赋予了他们极大的专业自信，因此在概念和方法论方面出现重大改革的可能性不会太大，至少在近期不太可能。[17]

　　更为本质的是，最近几年里给综合带来新希望的，是有关网络的而不是有关系统的概念，是有关复杂性而不是有关层级的概念，是有关灵活性的而不是有关稳定性的概念，是有关情景化知识而不是有关形式知识的概念。西蒙自己则在其具有里程碑意义的论文"复杂性的构造"中预见了这种向"网络化的世界观"的改变，但是，正如文章的标题所指出的，引起他兴趣的仍然还是复杂系统的构造[18]。尽管西蒙把组织和复杂性看作一个硬币的两面，但是，其他人把复杂性的发现当成是对组织的抛弃，或者更准确地说，是对干预的放弃。20世纪70年代以来，很多社会科学家，尤其是（但不仅仅是）新保守主义者们，都痴迷于"意外后果法则"，根据这个法则，对我们这个复杂的相互依存的社会的所有干预注定都将以失败告终，"杜威式"的规划和"密斯式的"规划都受到了攻击。[19]

　　与此同时，官僚化战争的蔓延与官僚化福利的滥用，启迪了很多人去寻找人性和社会的新模式。20世纪60年代和70年代，在与较为有机的模型度过简短的蜜月期之后，美国的公众舆论似乎又回到了技术模型上，尤其是在20世纪90年代互联网的突然出现之后。然而，在很多方式上，这种新的网络化世界观是官僚主义世界观进化的另一个阶段，而不是从另一条路线发展而来的新的思想类型：然而，互联网毕竟拥有去中心化的层级结构，而不是一种完全分散的结构。类似地，网络是对系统概念的概括，而不是对它的否定；复杂性通常具有层级结构，正如盛极一时的"自相似"结构所证实的；灵活性通常以其对维持稳定的贡献而受到珍视；情景化知识完全能够像形式化的过程性知识一样具有工具性。

因而，这种新的思想流派是在以让旧形式适应新环境的方式在发展。

教训

多年以前，我本能地以支持他在经济学领域的观点，批判他在心理学和政治科学领域态度，开始了对西蒙的研究。我对他在计算机科学领域的思想没有太多的想法，认为这个学科对我来说太过深奥。我仍然觉得他的经济学观点很吸引人，但是我已经开始认同他在心理学和政治科学领域的工作。（我依然觉得他的计算机科学十分晦涩，尽管他在该领域成果丰硕。）

这种变化部分源自我的发现：西蒙的政治理想很多都跟我一样，支持众生平等以及这样一个联邦政府，它积极支持权利平等，代管地球资源，理性包容不同族群、文化、信念和政治观点。他的科学实践并没有让他接受我曾经认为与强硬的经验主义和回归主义紧密相关的政治理想。西蒙不是中央集权的威权主义信奉者，也不支持对社会问题采取技术修复（至少不是简单的修复），人类是生物机器的思想也没有导致他认同以手段而不是目的来对待他人。他不是人文主义者，但他是一位非常仁爱的机械论者。

一个人的思想与他的政治价值观的吻合程度的高低，当然不是判断科学贡献的最佳标准，但是，学者对自己的偏好应该诚实：在本案例中，我提高了对西蒙的评价，是因为我发现我的偏好曾经导致我做出了错误假设。

为人父母后，我也接受了西蒙的心理学思想，这让我吃惊不小。我幼小的儿子学会新的技能，并且把这些技能综合为更大的复杂行为的事实，尤其让我眼前一亮。尽管我还是不会把他行走的种种尝试称为"超稳定状态"，但他当然是一个高度自适应的小生物体，全力调整着自己去适应周边的环境。

或许我从西蒙那里学到的最为有用的东西，是行为中极大的复杂性和多样性，它们可能是少数简单、寻常的机制与复杂、多样的环境互动的结果。这种思想对于那些有意于理解局部与全球、个体与整体之间关系的历史学家来说，似乎是一种有用的启发式。用历史学家的语言来讲，这个原则或许应该这样表述："人们在不同的时间和地点都具有重要的相似性，这让我们能够从历史中找到有意义的模式，但这些相似性中最重要的是，各地的人民都必须适应周边的环境，而这些环境找不出完全一样的两个来，这意味着背景和偶然性是历史中强大的原动力。"从这个观点出发，必然会得出，每个个人都有原动力，但是这种原动力大小各异；不同的环境允许不同的自由度，并因而适宜以不同的方式、不同的力度进行塑造。

尽管西蒙关于人类问题求解的理论似乎说清了人类经验的一些重要方面，但在某些领域我觉得自适应人不是那么有用。其中最显而易见的是情感：西蒙的人类问题求解理论就是不能帮助我（或许还有很多别的人，按照这个领域当前的研究成果判断）理解任何情感问题，除了由认知超载造成的沮丧之外。尽管它似乎能够完美地自圆其说，认为感情是自适应的，因而从进化的意义上说是合理的，但是这种知识很难应用到当前的各种关系中。西蒙很清楚感情是人类经验中至关重要的组成部分，而且他认为他的理论完全符合他的感情经历，这或许并没有错，但是，问题求解与爱恨之间还有很长的路要走。为什么手段—目的分析被认为不浪漫，而成本—收益分析不是宗教信仰的基础，这是有一定道理的。

然而，最后，西蒙对人类作为一种有限但有意识地理性的生物的看法，对于设计我们的政治环境比其竞争对手更具指导意义。他"人类既有局限又有能力，既有可塑性又有目的性"的基本理解，当然符合我对自己思想的理解。我们的理性是有限的但仍然很强大。我们对世界的了解总是无法尽善尽美，它存在局限和好恶，但它可以变得更加完善、更加广阔、更少狭隘，对于这些目标我们应该矢志不移地追求。只有通过这样的努力，我们才能扩大理性的边界，设计更加美好的世界。

附　录

革命的资助者

　　战后的社会科学深受两个不同的、相继出现的资助系统的影响。第一个兴盛于1945年至20世纪60年代中叶，第二个形成于1958年，成长于20世纪60年代，20世纪70年代初期成为显而易见的主导。这两个系统在1958年和1968年之间重叠，这期间社会科学研究的经费出现了飞速增长。

　　正如在第七章里所讨论的，第一个系统由几家基金会中的项目经理（以及他们在学术界的顾问）组成，这些基金会中包括社会科学研究理事会（Social Science Research Council）以及一系列的军事研究机构，这些机构全都有意识地寻求促进行为—功能、数学、以问题为中心以及跨学科的研究。基金会主要包括卡内基公司、洛克菲勒基金会等。资助社会科学研究的主要军事研究机构是海军研究办公室、空军科研办公室、兰德公司，还有美国陆军的各种研究单位，包括战术研究办公室以及从事心理学研究的几家单位。军事机构也常常作为一个大规模的科研项目的组成部分资助社会科学研究，比如半自动地面防御系统，这就让单列出社会科学研究的金额变得很困难。这些机构与基金会提供服务的咨询委员会之间存在交叉。

　　1954 年以来，美国国家科学基金会为社会科学研究提供了一些小额的资助，国家心理健康研究院也是如此，但这两家联邦民事机构在支持社会科学研究方面一直到 1958 年都没有什么太大作为。美国国家科学基金会拨款的名气很大，所以其影响力在某种程度上要比金额体现出来的大很多，但若要论总的影响，美国国家科学基金会的影响在 1958 年之前仍然不大。

　　第二个资助系统在 1958 年开始成形，主要是为了回应苏联发射人造地球卫星。随着其核心机构在 20 世纪 60 年代期间的壮大，他们对总体资助政策的影响与日俱增。这个第二系统主要由科学家和民用联邦机构中的项目官员组成，主要是美国国家科学基金会和国家心理健康研究院，还包括美国国防部高级研究计划局以及国家卫生研究院等其他研究院。我把美国国防部高级研究计划局放在与美国国家科学基金会和国家心理健康研究院同一个类别里，是因为美国国防部高级研究计划局的建立就是为了支持更"基础"而且更学科导向型的研究，而不是那种任务导向型的军事研究。另外，美国国防部高级研究计划局的相关项目也由非军方人士控制。这些机构里的项目官员有意推进那些把社会科学提升为学科的研究。

　　一般情况下，这些机构希望研发适宜具体学科的具体方法、技术、科技，并且在基础科学和应用科学之间更倾向于"基础"。另外，第一个系统和 20 世纪 60 年代的重叠期的特征是社会科学研究的资助资金的快速增长；而第二系统，在考虑通货膨胀因素的情况下，却以资助的滞涨（而且有时候甚至下降）为特征。

　　无论是军方还是基金会，对社会科学研究的资助都没有消失。然而，它们的影响在社会科学领域内部更为局部化。比如海军研究办公室，在 20 世纪 60 年代和 70 年代继续为认知心理学的某些研究提供支持，但其对整体的心理学的影响力相对于美国国家科学基金会和国家心理健康研究院来说在下降。军方的社会科学研究，在卡米洛特工程（Project Camelot）、曼斯菲尔德修正案，以及左右两派（尽管出于不同的原因）对军方没有严格按照与其目标的相关性来资助研究工作的质疑之后，越来越游离于主流研究之外。

　　第二系统与第一系统的重叠期大致为 1958 年至 20 世纪 60 年代中期，到了 20 世纪 60 年代末，天平已经决定性地倒向联邦政府、民事机构对相对"纯粹"科学的支持上（按照社会科学学科的那些领军人物给出的定义）。民用领域关键项目领导地位的变化，被联邦机构以改变不同资助人的相应权重的方式而加强了。尽管美国国家科学基金会、国家卫生研究院和美国国防部高级研究计划局中很多负责行为科学和社会科学的项目官员在 1958 年和 1964 年保持着与第一系统时期的领导人类似的理念，但在 1964 年至 1972 年，新一代的项目官员已经逐步上位。这种情况主要的例外，是与"向贫穷宣战"（War on Poverty）有关的机构，尤其是经济机遇办公室（Office of Economic Opportunity），它们从 1964 年至 20 世纪 70 年代初，掀起了对与脱贫相关的跨学科研究项目和研究机构的新一波资助浪潮。因而，在与脱贫研究有关的领域，重叠期一直持续到20世纪70年代初，此时，第二个以学科为基础的资助系统开始崭露头角。

资助系统的这种变化，以及它与社会科学家的思想、实践和体制的关系，可以从战后头20年建立起来的超过250家跨学科社会科学研究机构的成长历史中明显地看出来。它们中的绝大多数都经历了类似的生命周期：1945年和20世纪60年代中期的成立和成长，然后是20世纪60年代中期至70年代初期的分化与重新定义。

里根时代（特别是在1983年）对社会科学研究资金的削减促成了新一轮更为有力（而且非常有效）的要求联邦政府支持社会科学研究的游说运动。社会科学在20世纪80年代的命运多舛，加之各学科对"危机"的大量抱怨（危机总是与过度专业化如影随形，而且对那块似乎永远变不大的蛋糕的争夺日趋激烈），再度激发了人们对跨学科研究的兴趣。因为跨学科的理想与任务导向型基础研究一直紧密相关，我怀疑在20世纪80年代末和20世纪90年代，跨学科大多只是嘴上说说，真正进行的研究并不多，尽管我对这个说法只是道听途说。

资助系统的变化以及随之产生的跨学科研究机构命运的变化，在自然科学领域也很明显，重要的前提条件有两个：第一，军方对物理学诸多领域的持续重视使问题导向（以及跨学科）的研究能够持续下去；第二，大规模技术在物理和生物学研究中日趋重要，鼓励了以运用这些技术为导向的跨学科工作。

关于资助的一点想法

尽管科学史的很多研究都讨论过资助的问题，但是大多以一种松散而且含糊的方式呈现。尤其是，在资助系统对个人或机构的影响的性质方面，很多研究说得都十分模糊，而且大多没有区分资助对个人的影响与资助对不同群组的影响。

资助系统对一门科学的影响方式是多种多样的。在一定程度上，资助者可以通过提供资助来支持或者反对某种哲学立场（例如，科学的统一、还原论）、研究方法（例如，量化分析、模拟、实验）、研究课题（例如，人机交互、认知过程）、机构或者组织形式（例如，跨学科研究院所、小组研究）、研究实践（例如，进行调查、运行模拟、计算机编程、对象访谈）、研究产品（例如，具体的技术或者技能，比如命令与控制技术），他们还可以支持（或者反对）为社会标准（比如种族、性别、地理位置或者阶级）下的某个群体提供资助。所有这些影响都是资助者或者他们的代理人有意而为的结果，尽管某些标准在决策中是隐性而不是显性的因素。

通过上面的分类，资助者可以表达自己的社会和政治价值观，尽管某个资助者可能要求受助者坚持某种社会价值观或者意识形态作为具体的研究成果而非普遍的成果：例如，曼哈顿研究所不会支持暗示联邦政府必须增加社会福利项目支出的研究，无论他们发现项目的其他方面跟他们有多投缘。大部分学术研究者认为对研究成果提出这样一种基于具体的价值观或者意识形态的要求是不合理的，但这并不意味着就不会有机构提出这样的要求并资助这样的工作，也不意味着不会有受过专业训练的社会科学家从事这样的工作。

在另外一个层面上，资助系统会带来某种影响，这种影响很大程度上独立于资助者对个别项目的具体选择。最重要的是资助的一般规模以及资助系统的结构。两个最明显的规模效应就是专门化和能力的增强，尤其是昂贵设备的配置。专门化一般随社会科学研究的市场规模的成长而增强；能力的增强使在资助水平较低时不能用或很少用的研究方式（比如，计算机模拟）成为可能。另外一种规模效应就是进行大规模研究的能力，比如大规模的社会调查或者社会实验。

某个领域资助规模的提高，往往也会让这个领域名声大振。在很多情况下，名声大振又带来更多资助，从而形成良性循环。在战后社会和行为科学领域，先出现的一般是强大资助者的支持，而声望的提高则是获得更多资助的结果而不是原因。资助者在开始资助某个领域之前，必须足够尊重该领域，才有可能看到其"潜能"，但是他们并不需要长期跟踪该领域的具体成果。在战后最初的时期，强大的资助者并不是在某个学科，而是在某些个人身上和某些方法上看到巨大的潜能。军方的资助和来自基金会的资助提升了某些个人和方法在社会科学领域中的地位。在此过程中，他们同时也提高了学科的地位。

另一种重要的结构性影响不得不提到资助决策和评估组织的集中化。第二个战后资助系统的显著特征是资源的相对集中：资金金额大致与在第一个系统中获得的相当，但是其中大部分来自两个地方，而不是十个。另外，处于第二个系统中心位置的机构（美国国家科学基金会和国家卫生研究院），通常按照学科线路组织它们的拨款计划和评审委员会，尽管美国国家科学基金会和国家卫生研究院中有不少人可能更喜欢跨学科的工作。然而，由于评审体系的结构，这样的跨学科价值观一般都没人响应，这个事实在最近被意识到了，美国国家科学基金会和国家卫生研究院都在努力打造"跨领域"资助计划。

　　下面是一套对行为和社会科学（BASS）资助的图表。图1显示，考虑到通货膨胀，联邦机构对行为和社会科学的资助从1952年至1972年加速增长。图2显示，20世纪40年代至60年代社会科学的主要学科协会会员人数快速增长。图3提供了1939年和1980年联邦政府、大学和基金会的资金对行为和社会科学资助的贡献估算。图4分解了来自联邦政府、大学和基金会的资金对不同种类的受资助组织的贡献，主要集中在1967年的这一年，因为在这一年对行为和社会科学的资助达到或者接近了顶峰。

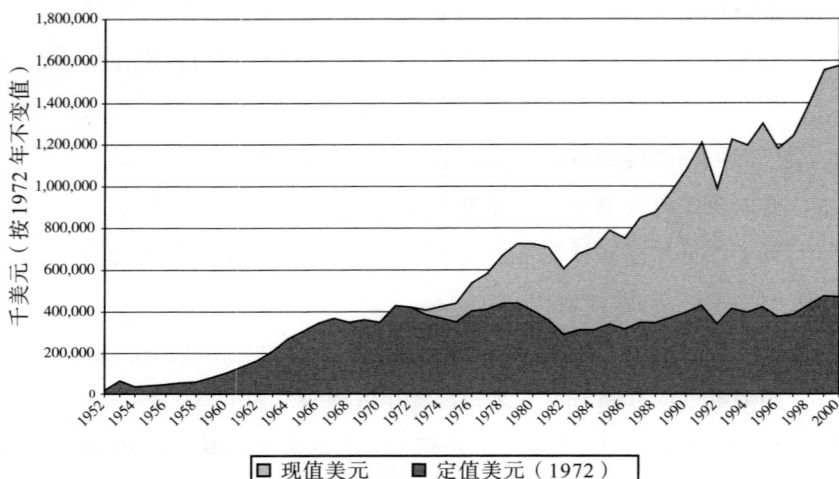

图例：□ 现值美元　■ 定值美元（1972）

图 1　联邦政府对行为和社会科学研究（BASS）的资助，1952 年至 2000 年

数据来源：National Science Foundation, "Federal Funds for Research and Development, Detailed Historical Tables: Fiscal Years 1951-2001", Washington, DC: NSF, 2001; National Science Foundation, "Federal Funds for Research and Development, Fiscal Years 1970-2001, Federal Obligations for Research by Agency and Detailed Field of Science and Engineering", Washington, DC: NSF, 2001; Congressional Research Service, "Research Policies for the Social and Behavioral Sciences, Science Policy Study Background Report No. 6", Washington, DC: Task Force on Science Policy, Committee on Science and Technology, U.S. House of Representatives, 1986。几乎可以肯定，这些资料低估了用于行为和社会科学研究的联邦资金，因为很多行为和社会科学研究作为大规模军事项目的附属项目，或者通过国家卫生研究院得到资助，这个机构对社会科学研究的支持在美国国家科学基金会的统计中似乎受到了系统性的低估。（例如，在过去五年中的每一年，国家卫生研究院声称在行为和社会科学研究上的支出都超出了美国国家科学基金会公布的整个联邦政府支出的数额。）比较靠谱的猜测是，对于 20 世纪 60 年代和 90 年代的低估是最大的，而对于 20 世纪 70 年代的低估是最少的（这个时候军方对行为和社会科学研究的资助被削减了），这意味着行为和社会科学研究的可用资金在 20 世纪 70 年代的下降幅度甚至比数字显示的还要惨烈。

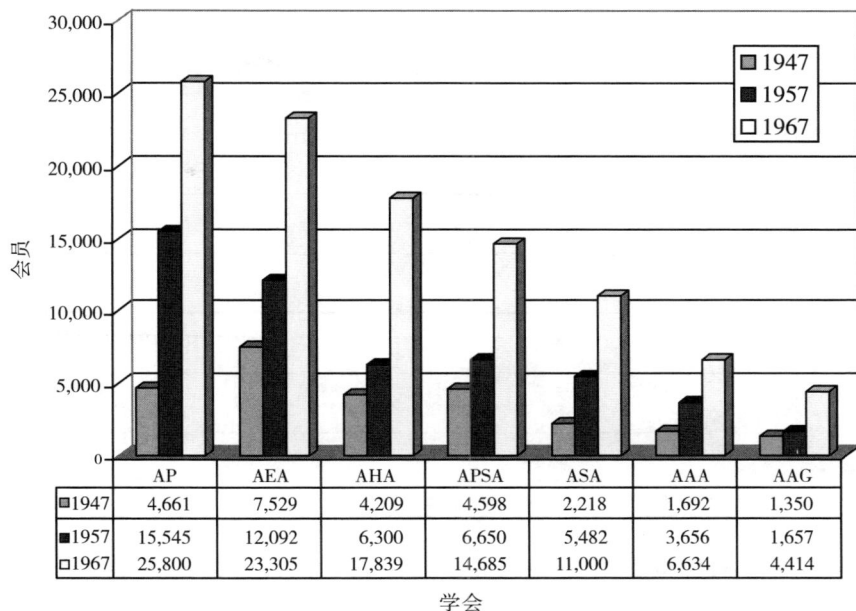

学会	AP	AEA	AHA	APSA	ASA	AAA	AAG
▣1947	4,661	7,529	4,209	4,598	2,218	1,692	1,350
■1957	15,545	12,092	6,300	6,650	5,482	3,656	1,657
▢1967	25,800	23,305	17,839	14,685	11,000	6,634	4,414

图2 主要社会科学专业协会会员情况，1947 年至 1967 年

数据来源：National Academy of Sciences Behavioral and Social Science Survey Committee，The Behavioral and Social Sciences: Outlook and Needs，Englewood Cliffs，NJ: Prentice-Hall，1969，p. 23。APA＝美国心理学学会；AEA＝美国经济学会；AHA＝美国历史学会；APSA＝美国政治科学学会；ASA＝美国社会学学会；AAA＝美国人类学学会；AAG＝美国地理学协会。

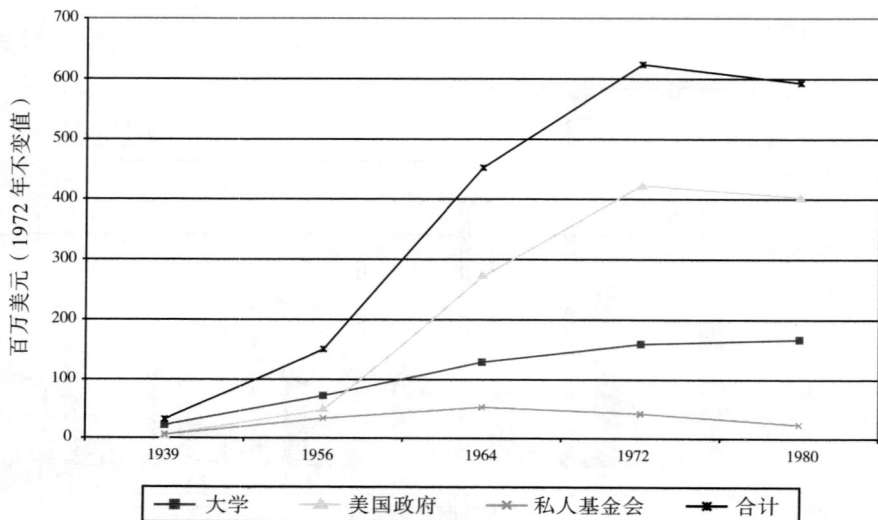

图3　行为和社会科学研究资金，按来源，1939年至1980年

数据来源：National Science Foundation, "Federal Funds for Research and Development, Detailed Historical Tables: Fiscal Years 1951-2001"; National Science Foundation, "Federal Funds for Research and Development, Fiscal Years 1970-2001"; Congressional Research Service, "Research Policies for the Social and Behavioral Sciences"; Roger Geiger, "American Foundations and Academic Social Science, 1945-1960", Minerva 26 (1988): 315-41; and Roberta Miller et al., "Research Support and Intellectual Advance in the Social Sciences"; SSRC Items 37, nos. 2-3 (1983): 33-49。

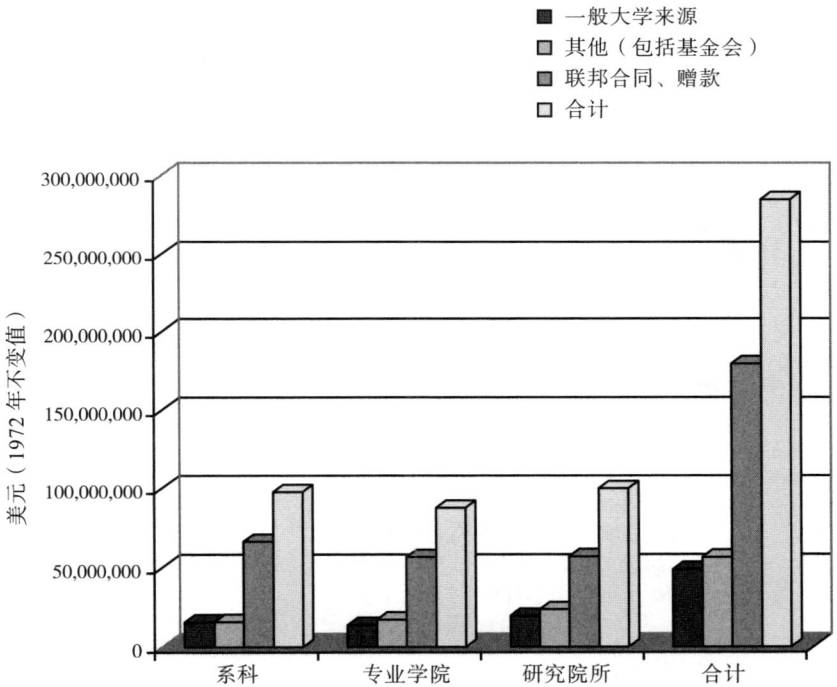

图4　行为和社会科学研究资金，按来源与收款人，1967 年

数据来源：Behavioral and Social Science Survey Committee, The Behavioral and Social Sciences, p. 156。

（为了前后一致，数据已转换为1972 年定值美元。）

注　释

缩略词

　　CMP：查尔斯·梅里亚姆文件，芝加哥大学档案

　　CMU Archives：卡内基梅隆大学档案，宾夕法尼亚州匹兹堡

　　GSIA Papers：工业管理研究生院文件，卡内基梅隆大学档案

　　HSP：西蒙文件，卡内基梅隆大学档案

　　RAC：洛克菲勒档案中心，纽约塔里敦

　　SSRC Papers：社会科学研究理事会文件

导语　（无）限制的理性

　　1. 西蒙说，他的学生爱德华·费根鲍姆（Edward Feigenbaum）对这一刻记忆犹新。Herbert Simon, *Models of My Life*, New York: Basic Books, 1991, p.206.

　　2. Bertrand Russell,"Letter to Herbert Simon", 11/2/1956, HSP, Box 61, ff:Autobiography-Materials for Autobiography-1982.

　　3. Herbert Simon, *Administrative Behavior*, New York: Macmillan,1947; James G. March, Herbert Simon and Harold Guetzkow, Organizations, New York: Wiley, 1958.

　　4. Herbert Simon, *Models of Man: Social and Rational*. Mathematical Essays on Rational Behavior in a Social Setting, New York:Wiley, 1957, p.vii.

　　5. Herbert Simon,"Some Strategic Considerations in the Construction of Social Science Models", 1951, HSP, Box 4, ff120, p.3.

　　6. "关于选择的科学"和"关于控制的科学"这两个术语是我自己的发明，它们不同于西蒙在"Strategic Considerations"一文中所讨论的行为科学。

7. Herbert Simon, "Letter to Brother Benedict", 11/22/1947, HSP, Box 5, ff 198, p.1.

8. Herbert Simon, "Letter to George A. Miller (1955b)", 7/25/1955, HSP, Box 5, ff 212, p.1.

9. Ward Edwards, "Letter to Herbert Simon", October 1954, HSP, Box 5, ff 203, p. 1.

10. Herbert Simon, "The Axioms of Newtonian Mechanics", HSP, Box 4, ff122.

11. 这句引文是西蒙《人的模型》的题词。

12. 同上，第198、199页。

13. Herbert Simon, "Administrative Behavior: A Study of Decision-Making Processes in Administrative Organization", 1945, Box20, ff: Administrative Behavior——Preliminary ed.——1945, p. 84.

第一章 小径分岔的花园

1. Herbert Simon, *Models of My Life*, New York: Basic Books, 1991, pp. 175-188.

2. Herbert Simon, "Rational Choice and the Structure of the Environment", *Psychological Review*, 63, 1956:129-138.

3. Simon, *Models of My Life,* pp175-177. For the stories by Borges, see Donald Yates and James Irby, eds., *Labyrinths: Selected Stories and Other Writings by Jorge Luis Borges*, New York: New Directions, 1964.

4. Simon, *Models of My Life,* pp. 177-178.

5. Jorge Luis Borges, "The Library of Babel", in *Labyrinths: Selected Stories and Other Writings by Jorge Luis Borges,* ed. Donald Yates and James Irby, New York: New Directions, 1964, p. 53.

6. 同上，第53页。

7. Simon, *Models of My Life,* pp.180,181.

8. 同上，第187——188页。

9. 同上，第188页。

10. For "monomania", and for "whole career as a gloss", see Herbert Simon, *Models of Man: Social and Rational. Mathematical Essays on Rational Behavior in a Social Setting*, New York:Wiley, 1957, p. vii; for "obvious responses", see Simon, *Models ofMy Life,* pp. xvii-xviii.

11. Simon, *Models of My Life,* p. 177.

12. 同上，第3-5, xxv-xxvi页。

13. 同上，第3-6、14、22页。

14. 同上，第22页。

15. 同上，第108页。

16. 同上，第109页。

17. 同上，第19—20页。

18. 同上，第22页。关于德国和美国的职业情况，参见"资料来源笔记"。

19. 同上，第5页。

20. Herbert Simon, interview by Hunter Crowther-Heyck, 10/19/1997.

21. Simon, *Models of My Life*. Also see Pamela McCorduck, "Transcript of Interview with Herbert Simon, April 1975", 4/9/1975, HSP, Box52, ff: Pamela McCorduck Interviews-1975, pp. 14-15.

22. 关于人文科学的性别情况，参见"资料来源笔记"。

23. Simon, *Models of My Life,* pp. 7,19,23.

24. Herbert Simon,"What It Means to Me to Be Jewish", essay dated 6/9/1994, contained in a personal communication to the author, dated 4/24/2000. This essay was published as Herbert Simon, "What It Means to Me to Be Jewish", in *Jewish: Does It Make a Difference?,* ed. Elvira Nadin and Mihai Nadin ,Middle Village, NY: Jonathan David Publishers,2000.

25. 同上。

26. David Tyack, *The One Best System: A History of American Urban Education,*Cambridge, MA: Harvard University Press, 1974, title page.

27. I borrow the distinction between "shop" and "school" cultures from Monte Calvert, *The Mechanical Engineer in America, 1830-1910: Professional Cultures in Conflict,* Baltimore: Johns Hopkins University Press, 1967.

28. George Marsden, *The Soul of the American University: From Protestant Establishment to Established Nonbelief,* New York: Oxford University Press, 1998; George M.Marsden and Bradley J. Longfield, *The Secularization of the Academy,*New York: Oxford University Press, 1992; Edward J. Larson, *Summer for the Gods: The Scopes Trial and America's Continuing Debate over Science and Religion* ,Cambridge, MA: Harvard University Press, 1998.

29. Dorothy Ross, *G. Stanley Hall: The Psychologist as Prophet*, Chicago: University of Chicago Press, 1972.

30. David A. Hollinger, *Science, Jews, and Secular Culture: Studies in Mid-Twentieth-Century American Intellectual History*, Princeton, NJ: Princeton University Press, 1996; Marsden, *The Soul of the American University.*

31. Simon, "What It Means to Me to Be Jewish".

32. Herbert Simon, "Letter to Brother Benedict", 11/22/1947, HSP, Box 5, ff 198, p. 1.

33. Simon, *Models of My Life,* p. 179.

34. 同上，第5、17、xxiii 页。

35. Simon, "What It Means to Me to Be Jewish".

36. Simon, *Models of My Life,* p. 23.

37.McCorduck, "Interview with Herbert Simon". 西蒙与纽威尔约定轮流报告工作成果，每次只有一个人出席会议。西蒙与詹姆斯·马奇（James March）和哈罗德·格兹考（Harold Guetzkow）的合作也坚持类似的原则：结果就是，《组织》（*Organizations*）通常被视为马奇的著作，尽管西蒙领导了产生这本书的整个项目，撰写了几个关键章节并编辑了其他的章节。

38. 同上，第19页。

39. Simon, *Models of My Life,* pp.8-9, 18.

40. McCorduck, "Interview with Herbert Simon", p.20.

41. Herbert A. Simon, Peter Drucker, and Dwight Waldo, " 'Development of Theory of Democratic Administration': Replies and Comments", *American Political Science Review* 46, no.2 (1952):494-503, at 501.

42. Simon, *Models of My Life,* p. 144.

43. Herbert Simon, *Models of Discovery: And Other Topics in the Methods of Science,* Boston: D. Reidel, 1977, p. xv; Herbert Simon, "Letter to George Madow", 7/25/1955, HSP, Box 35, ff: Madow, William G.-Correspondence, 1951-1955; Herbert Simon, "Letter to Dwight Waldo", 3/10/1953, HSP, Box6, ff 222, p.1.

44. Simon, *Models of My Life,* p. 65.

45. McCorduck, "Interview with Herbert Simon", p. 14.

46. Simon, *Models of My Life,* p.14；Simon, The Proverbs of Administration, Public Administration Review 6（1946）：53-67；Allen Newell and Herbert Simon, "Heuristic Problem Solving", Journal of the Operations Research Society of America 6（1958）：1-10. 西蒙宣称，这些引发激烈争论的预测并不意味着人们真要这样去做。不管怎样，他肯定得承受它们带给他的骂名。McCorduck, "Interview with Herbert Simon", pp.21-32。

47.Simon, *Models of My Life,* p.48.

48. 同上，第268页。 Some of the more lengthy public exchanges were those with Dwight Waldo on political science, Chris Argyris on organization theory, and with the editors of the CMU student paper on technology, society, and the war in Vietnam.See Dwight Waldo, "Development of Theory of Democratic Administration", *American Political Science Review* 46, no.1 (81-103):81–103; Herbert Simon, "Letter to Taylor Cole of the APSR", 4/16/1952, HSP, Box 10, ff: APSR Correspondence: 1950-1974. Also see the exchanges between Argyris and Simon in the Public Administration Review 33(1973); Herbert Simon, "Prometheus Unbound" and "Reflections on the Revolution of Our Times" (both

1970) and his letter to the editors of the CMU Tartan of 10/24/1970, all found in HSP, Box 61, ff: Autobiography—Source Documents 1969-1988.

49. Simon, *Models of My Life*, pp.9–10.

50. Herbert Simon, "The Reminiscences of Herbert Simon",1979, Columbia University Oral History Research Office, New York, p.42.

51. McCorduck, "Interview with Herbert Simon", p.15.

52. 同上。

53. Simon, *Models of My Life*, p.10.

54. Herbert A. Simon, "Letter to Kathie and David", 5/23/1965, HSP, Box 61, ff: Materials for Autobiography-1982.

55. Simon, *Models of My Life*, pp.3,28.

第二章　芝加哥学派与关于控制的科学

1. William Cronon, *Nature's Metropolis: Chicago and the Great West*, New York: W. W. Norton, 1991, esp. pp.53-99.

2. Martin Bulmer, *The Chicago School of Sociology: Institutionalization, Diversity and the Rise of Sociological Research*, Chicago: University of Chicago Press,1984, pp.xv-xvi.

3. 同上，第 13 页。

4. Carl Condit, *The Chicago School of Architecture*, Chicago: University of Chicago Press,1964.

5. Carl Sandburg, *Chicago,* quoted in Bulmer, *The Chicago School of Sociology,* p.xvi.5

6. 费迪南·托尼斯（Ferdinand Tönnies）用礼俗社会（Gemeinschaft）和法理社会（Gesellschaft）来表示以讲人情、面对面交流为特征的传统"社群"与以不讲人情的、规范的官僚体制式交流为特征的现代"社会"之间的差异。See Ferdinand Tönnies, *Community and Society,* trans. Charles Loomis, East Lansing, MI: Michigan State University Press, 1957.

7. Max Weber, quoted in Bulmer, *The Chicago School of Sociology,* p. xv.

8. 关于芝加哥社会学与政治科学学派及其在 20 世纪人类科学中的地位，参见"资料来源笔记"。

9. Harold F. Gosnell, *Machine Politics Chicago Model,* 2nd ed., Chicago: University of Chicago Press, 1968.

10. Lincoln Steffens, quoted in Bulmer, *The Chicago School of Sociology,* pp. xv-xvi.

11. "广为接受的观点"是，转向科学主义是对过去社会科学领域改革动力的拒绝。然而，最近的研究已经表明，社会科学家在接受这种研究精神的同时，并没有放弃他们改革社会的雄心壮志。参见"资料来源笔记"中对这个问题的讨论。

12. On the importance of Johns Hopkins in the history of American higher education, see George Marsden, *The Soul of the American University: From Protestant Establishment to Established Nonbelief*, New York: Oxford University Press, 1994; Dorothy Ross, *The Origins of American Social Science*, Cambridge: Cambridge University Press,1991; and Lawrence Veysey, *The Emergence of the American University*, Chicago: University of Chicago Press,1965.

13. 关于区域性和全国性精英阶层观点上的差异，参见Robert H. Wiebe, Self-Rule: A Cultural History of American Democracy, Chicago: University of Chicago Press, 1995。关于芝加哥大学的创办，参见Daniel Lee Meyer, "The Chicago Faculty and the University Ideal: 1891-1929, Ph.D.diss., University of Chicago, 1994。Meyer 的导语和第 1 章讨论了 Harper 的理想，以及他与肖托夸运动的关系。哈珀是肖托夸夏季学院人类学分部的领导人，这对他的招募工作帮助极大。

14. Bulmer, *The Chicago School of Sociology,* pp. 19-20.

15. On the Chicago Exposition, see Robert W. Rydell, *All the World's a Fair: Visions of Empire at American International Expositions, 1876-1916*, Chicago: University of Chicago Press, 1974.

16. Meyer, "The Chicago Faculty and the University Ideal", introduction.

17. Barry D.Karl, *Charles E.Merriam and the Study of Politics*, Chicago: University of Chicago Press, 1974 p. x.

18. Meyer, "The Chicago Faculty and the University Ideal", introduction and chap. 1.

19. 同上。对于大学和城市之间的联系，更多的讨论参见 Bulmer, *The Chicago School of Sociology,* p. 22, and Karl, *Charles E. Merriam and the Study of Politics.*

20. Meyer, "The Chicago Faculty and the University Ideal", chaps.11 and 14.

21. Dorothy Ross, *G. Stanley Hall: The Psychologist as Prophet* , Chicago: University of Chicago Press,1972, chaps.11-14.

22. Meyer, "The Chicago Faculty and the University Ideal", pp. 97-98; Ross, *G.Stanley Hall,* pp.220-230.

23. Meyer, "The Chicago Faculty and the University Ideal", chap. 1.

24. Robert B. Westbrook, *John Dewey and American Democracy*, Ithaca, NY: Cornell University Press, 1991.

25. 实验学校由杜威等人创办，以便在小学阶段实践他激进的教育思想。该校也是哈珀时期致力于把大学与城市以研究和实践的方式联系起来的最好例子。参考同上。

26. Chauncey Samuel Boucher, *The Chicago College Plan*, Chicago: University of Chicago Press, 1935. Also, see the annual *Announcements* (the course catalog) of the University of Chicago from the 1930s, University of Chicago Archives.

27. Herbert Simon, *Models of My Life*, New York: Basic Books, 1991, p. 36.

28. Karl, *Charles E. Merriam and the Study of Politics.*

29. 同上，主要引自第 40 页。

30. 同上，第 171 页。The final product was Charles Edward Merriam, *Civic Education in the United States*, New York: Charles Scribner's Sons, 1934.

31. Gladys Bryson, "The Comparable Interests of the Old Moral Philosophy and the Modern Social Sciences", *Social Forces* 11, no.1, 1932:19-27. Ross, in *The Origins of American Social Science,* and Haskell, in *The Emergence of Professional Social Science,* also locate the origins of social science in moral philosophy.

32. See David Roberts, "Mathematics and Pedagogy: Professional Mathematicians and American Educational Reform, 1893-1923", Ph.D. diss., Johns Hopkins University, 1997.

33. Fritz Ringer, "The German Academic Community," in *The Organization of Knowledge in Modern America, 1820-1920,* ed. Alexandra Oleson and John Voss, Baltimore: Johns Hopkins University Press, 1979, p. 426.

34. Ross, *The Origins of American Social Science.*

35. Robert N. Proctor, *Value-Free Science? Purity and Power in Modern Knowledge,* Cambridge, MA: Harvard University Press, 1991.

36. On Ogburn and value-neutrality, see Mark C. Smith, *Social Science in the Crucible: The American Debate over Objectivity and Purpose, 1918-1941,* Durham, NC: Duke University Press, 1994, pp.142-149. Also see Dennis Smith, *The Chicago School: A Liberal Critique of Capitalism*, New York: St. Martin's Press, 1988, chap.9.

37. 我的工具主义概念有很多来源，也可以说没有任何来源，因为我的论证从理想主义转变为工具主义，我打算让这种转变包括并重新定义世纪之交社会思潮的变化。参见"资料来源笔记"中对人类科学编年史中工具主义的讨论。

38. Boucher, *The Chicago College Plan.*

39. On the Hutchins years at the University of Chicago, see William McNeill, *Hutchins' University: A emoir of the University of Chicago, 1929-1950*, Chicago: University of Chicago Press, 1991; Bulmer, *The Chicago School of Sociology;* Karl, *Charles E. Merriam and the Study of Politics;* and Edward Shils, ed., *emembering the University of Chicago: Teachers, Scientists, and*

Scholars, Chicago: University of Chicago Press, 1991. For Hutchins' educational philosophy, see his famous report: Robert Maynard Hutchins, *The Higher Learning in America*, New Haven, CT: Yale University Press, 1936.

40. McNeill, *Hutchins' University,* preface.

41. Mortimer Adler, "Lecture on Religion, from Systematic Social Science", April 1935, Charles Merriam Papers, University of Chicago Archives (CMP), Box 120, ff: "Adler on Religion", p. 4.

42. Edward A. Purcell Jr., *The Crisis of Democratic Theory: Scientific Naturalism and the Problem of Value*, Lexington: University Press of Kentucky, 1973.

43. Simon, *Models of My Life,* p.38.

44. 同上，第36—42页。

45. 同上，第40页。

46. 同上，第50页。

47. 同上，第42页。

48. 同上，第50页。

49. 正如西蒙在其自传中所说的，他和妻子及朋友在当时都是"狂热的政治动物"。西蒙回忆，他整晚都在看20世纪30年代末的苏维埃公审的文章，试图搞清楚正在发生的事情。他后来写道，他一直都弄不懂，直到读到了考斯特勒（Koestler）的《正午的黑暗》（*Darkness at Noon*）后才有点明白；随后，他逐渐理解了它们的意思。（同上，第119、121—122页。）

50. 同上，第42–50页。

51. H. Stuart Hughes, *Consciousness and Society: The Reorientation of European Social Thought, 1890-1930,* New York: Vintage, 1958.

52. Albert Somit and Joseph Tanenhaus, *The Development of Political Science: From Burgess to Behavioralism* (Boston: Allyn and Bacon, 1967), pp. 102, 107.

53. 芝加哥的辉煌持续了整个20世纪40年代和50年代，尽管该部门的方向几乎出现了180度的大转弯：汉斯·摩根索（Hans Mrogenthau）和里奥·施特劳斯（Leo Strauss）现在扛起大旗反对院系前辈曾经引领的行为学方法。See Ted V.McAllister, *Revolt against Modernity: Leo Strauss, Eric Voegelin, and the Search for a Postliberal Order*, Lawrence: University Press of Kansas, 1996; Hans Joachim Morgenthau, *Scientific Man vs. Power Politics*, Chicago: University of Chicago Press, 1946。

54. Bulmer, *The Chicago School of Sociology;* Mary Jo Deegan, *Jane Addams and theMen of the Chicago School, 1892-1918,*New Brunswick, NJ: Transaction Books, 1988;Smith, *The Chicago School: A Liberal Critique of Capitalism.*

55. 对于芝加哥学派的观点，一条具有影响力的论述参见 Charles Merriam, *New Aspects of Politics*, Chicago: University of Chicago Press, 1925。

56. Simon, *Models of My Life,* p.60.

57. 戈斯内尔的著作展现出了对统计学的深度理解，在政治科学家中，他这个方面的能力异乎寻常。

58. Karl, *Charles E. Merriam and the Study of Politics,* p.80.

59. 关于自由管理主义和组织革命的讨论，参见"资料来源笔记"。

60. Daniel T. Rodgers, *Atlantic Crossings: Social Politics in a Progressive Age*, Cambridge, MA: Belknap Press of Harvard University Press, 1998; Daniel T. Rodgers, "In Search of Progressivism", *Reviews in American History 10* (1982): 113-132; Martin J.Schiesl, *The Politics of Efficiency: Municipal Administration and Reform in America,1800-1920*, Berkeley: University of California Press, 1977; Guy Alchon, *The Invisible Hand of Planning: Capitalism, Social Science, and the State in the 1920s* (Princeton, NJ:Princeton University Press, 1985).

61. Leonard Dupee White, *The City Manager*, Chicago: University of Chicago Press, 1927. Also see City Club of Chicago, "A City Manager for Chicago", CMP, Box41, ff 6.

62. 城市经理人绝大部分都是工程师，另外的三分之一是商人，余下的大部分是某个领域的专业人士（主要是律师和会计师）。城市经理人的背景资料，参见 White, *The City Manager*。

63. 国际城市管理人协会和其他"1313"组织机构的历史是相互关联的，参见 C. Herman Pritchett, "1313: An Experiment in Propinquity", CMP, Box49, ff3。

64. 关于 ICMA 和 PACH，参考资料同上。Also see Harold A. Stone, Don K. Price, and Kathryn H. Stone, *City Manager Government in the United States: A Review after Twenty-Five Years*, Chicago: Committee on Public Administration of the Social Science Research Council by Public Administration Service,1940; Harold A. Stone, Don K. Price, and Kathryn H. Stone, *City Manager Government in Nine Cities*, Chicago: Committee on Public Administration of the Social Science ResearchCouncil by Public Administration Service,1940.

65. Harold Gosnell, *Machine Politics: Chicago Model*, Chicago: University of Chicago Press, 1937.

66. 同上。

67. "Chicago's Report to the People: 1933-1946 Mayor's Office, City of Chicago, 1947. 该报告显然是以支持凯利老板为目的的政治文件，也展示了凯利认为值得吹嘘的东西。该报告反复强调芝加哥公共服务的单位成本很低，以及那些让城市运行更加高效的行政重组（比如警察队伍）。

68. Simon, *Models of My Life,* p.119.

69. Karl, *Charles E. Merriam and the Study of Politics,* pp.248-259.

70. 杜威的话来源同上，第259页。

71. Paul Samuelson and Alvin Hansen were just two of the many young economists who cut their teeth on applied social science with the NRPB. Philip W.Warken, *A History of the National Resources Planning Board, 1933-1943,* New York:Garland, 1979.

72. 同上。 Also see Karl, *Charles E. Merriam and the Study of Politics,* p. 264.

73. "第三条道路"指的是一种介于资本主义和社会主义之间的模式。"计划"是与"第三条道路"持续关联度最高的一个术语。有些人（诸如熊彼得和弗里德里希·冯·哈耶克）认为，计划就是社会主义这头狼身上披着的羊皮。Joseph A. Schumpeter, Capitalism, Socialism, and Democracy 3rd ed. (New York: Harper & Row,1962; Friedrich A. Hayek, The Road to Serfdom, University of Chicago Press, 1950. 巴里·卡尔（Barry Karl）认为，梅里亚姆把哈耶克当成自己的劲敌，参见 Karl, Charles E. Merriam and the Study of Politics, p.290。

74. 在大规模组织和受管控的社会的崛起中，最有意思的历史研究方法可以恰当地称为"组织综合"，在"资料来源笔记"中对此有过讨论。

75. 这个论点受到了罗斯，《美国社会科学的起源》（*The Origins of American Social Science*）一书的启发。罗斯是绝对正确的，历史意识的变化是美国社会科学转向科学主义的一个关键，但她可能过分强调了"美国例外"（这种想法认为美国在历史进程中占据着独特的位置）对这一转向的贡献。参见"资料来源笔记"中对社会科学编年史的罗斯、美国例外主义以及科学主义的讨论。

76. 同上，第8页。

77. University of Chicago, "Announcements", 1936, University of Chicago Archives.

78. 对于由礼俗社会到法理的转变，参见 Tönnies, *Community and Society.* For "status to contract," see Sir Henry Maine, *Ancient Law: Its Connection with the Early History of Society, and Its Relation to Modern Ideas,* Tucson: University of Arizona Press,1920。

79. Frederick Jackson Turner, *The Frontier in American History*, New York: HenryHolt, 1920.

80. Ross, *The Origins of American Social Science,* pp.312-19. Also see Cynthia E. Russett, *The Concept of Equilibrium in American Social Thought,* New Haven, CT: YaleUniversity Press,1966. 对社会科学中的平衡系统的过程分析，最好的例子或许是 Arthur Bentley, *The Process of Government: A Study of Social Pressure*, Chicago: University of Chicago Press, 1908。

81. Ross, *The Origins of American Social Science,* pp.388-390.

82. Thorstein Veblen, "Is Economics an Evolutionary Science?" in *The Place of Science in Modern Civilization and Other Essays*, New Brunswick, NJ: Transaction Publishers, 1990.

83. Ross, *The Origins of American Social Science,* p.388.

84. Charles Merriam, and Harold Gosnell, *Non-Voting: Causes and Methods of Control*, Chicago: University of Chicago Press, 1924; Harold Lasswell, *Politics: Who Gets What, When, How*, New York: P. Smith, 1950; Harold Lasswell and Abraham Kaplan, *Power and Society: A Framework for Political Inquiry*, New Haven, CT: Yale University Press, 1950.

85. 例如，新古典经济学为了反击德国历史学派，几乎完全抛弃了历史的方法。See Jurgen Herbst, *The German Historical School in American Scholarship: A Study in the Transfer of Culture*, Ithaca, NY: Cornell University Press, 1965; Josef Schumpeter, *History of Economic Analysis* London: Routledge, 1954; Ross, *The Origins of American Social Science;A. K.* Dasgupta, *Epochs of Economic Theory*, New York: Basil Blackwell,1958; Phyllis Deane, *The Evolution of Economic Ideas*, Cambridge: Cambridge University Press, 1978; and Philip Mirowski, *More Heat Than Light: Economics as Social Physics, Physics as Nature's Economics*, New York: Cambridge University Press, 1989.

86. Leonard Dupee White, *The Federalists: A Study in Administrative History*, New York: Macmillan, 1948.

87. Ross, *The Origins of American Social Science*, pp.58,66-77, 282-288.

88. Mary Furner, *Advocacy and Objectivity: A Crisis in the Professionalization of American Social Science, 1865-1905*, Lexington: University Press of Kentucky, 1975, p.166.

89. Ross, *The Origins of American Social Science,* p.321. 类似地，赫伯特·费格尔指出，他和维也纳学派的同仁把战前看成"史前"。Herbert Feigl, "The Wiener Kreis in America", in *The Intellectual Migration: Europe and America,1930-1960,* ed. Donald Fleming and Bernard Bailyn, Cambridge, MA: Belknap Press of Harvard University Press, 1969, p.631.

90. 这种现象的典型例子就是国会勉强通过会被总统否决的议案。

91. See, for example, Herbert Simon, "Prediction and Hindsight as Confirmatory Evidence", *Philosophy of Science* 22(1955):227-230; Herbert A. Simon, "Bandwagon and Underdog Effects of Election Predictions", *Public Opinion Quarterly* 18, fall 1954.

92. 静态分析指对时间不会发生显著变化的系统的分析。例如，计算与光束中间点之间的距离，为了彼此平衡，需要对两端都加权处理。比较静态分析是指对一个系统在不同时间的两种状态的分析。比较这两种不同的状态，人们可以在不知道哪些事件会把系统从一种状态转变为另一种状态的情况下，对系统的属性有更好的了解。动态分析理论描述系统的一种状态如何从更早期的状态中产生，比如生态演进中的进化。

93. 西蒙后来在其他作品中一直在研究比较静态分析和动态分析的关系，他觉得保罗·萨缪尔森对这个问题的构想很有意思。Simon, *Models of My Life,* p.102; Paul Samuelson, "The Stability of Equilibrium: Comparative Statics and Dynamics," *Econometrica 9* (1941):97-120. 西蒙也以博弈论的方式讨论了静态分析和动态分析的问题，见 "Letter to Professor Oskar Morgenstern"，4/23/1945, HSP, Box 6, ff213。

94. 这一论述的基础是 Thomas Haskell, *The Emergence of Professional Social Science: The ASSA and the Nineteenth Century Crisis of Authority*，Urbana: University of Illinois Press，1977。哈斯克尔对相互依存的重要意义的强调正中靶心，但是他倾向于把一切事情都归结为相互依存（这个发现很紧随在铁路之后）。参见 "资料来源笔记" 对哈斯克尔工作的讨论。关于劳动分工在20世纪初期社会思想中的重要性，应该注意到它在所有社会思想家（马歇尔、涂尔干、韦伯、帕累托）的思想中所占据的重要位置，这种情况塔尔科特·帕森斯（Talcott Parsons）在《社会行为的结构》(*The Structure of Social Action*, Glencoe, IL: Free Press，1937）中做了分析。《社会行为的结构》在西蒙早期的组织研究工作中扮演着重要的角色，这一点将会在第五章中进行讨论。

95. Charles Austin Beard, *An Economic Interpretation of the Constitution of the United States*, New York: Macmillan, 1913. Another prominent example was E. R. A.Seligman, *The Economic Interpretation of History*, New York: Columbia University Press, 1902.

96. 关于20世纪初的心理学，参见 "资料来源笔记"。

97. 例如，请留意塔尔科特·帕森斯在《社会行为的结构》中对构建一种唯意志论的兴趣。类似地，切斯特·巴纳德（Chester Barnard）影响深远的著作《管理的职能》(*Functions of the Executiv*, MA: Harvard University Press，1938）的第一章以对自由意志及其与决策的关系的讨论开篇。Chester A. Barnard, *The Functions of the Executive.* 西蒙把巴纳德和帕森斯引用为他的博士论文（以及第一本专著）《管理行为》(*Administrative Behavior*, New York: Macmillan, 1947）前言中的三个主要思想来源中的两个。

98. Social Science Research Council, "Minutes of Meeting, Board of Directors", SSRC Papers, Rockefeller Archives Center (RAC), Tarrytown, NY, Box357, ff 2099, AC 1, Series 9, p.40.

99. Haskell, *The Emergence of Professional Social Science,* pp.236-237.

100. William Archibald Dunning, *Essays on the Civil War and*

Reconstruction and Related Topics，New York: Macmillan, 1989; William Graham Sumner, *Folkways: A Study of the Sociological Importance of Usages, Manners, Customs, Mores, and Morals*, Boston: Ginn,1907.

101. 涂尔干发明了"失序"（anomie）这个词来描述价值和意义的传统来源的解体所导致的混乱状况。Emile Durkheim, *Suicide: A Study in Sociology*，Glencoe, IL: Free Press, 1951. 想更深入地了解美国社会学家如何理解涂尔干，请参见帕森斯，《社会行为的结构》。

102. Karl, *Charles E. Merriam and the Study of Politics,* pp.123-135.

103. Committee on Scientific Method in the Social Sciences Social Science Research Council, *Methods in Social Science: A Case Book*，Chicago: University of Chicago Press, 1931.

104. See SSRC Papers, RAC, Box 704, ff 10266, Series 4, Subseries 1, for correspondence between R. T. Crane, director of the SSRC, and various members on this issue (especially with E. B.Wilson).

105. Bulmer, *The Chicago School of Sociology,* pp.129-148.

106. 这种情况并非芝加哥所独有：经济学一直都很难纳入这种制度性整合，这一点帕森斯在哈佛发现了，后来西蒙在卡内基理工学院也发现了。

107. "1313"机构包括：国际警官协会、美国公共工程协会、城市金融官员协会、公共服务代表大会、国际城市经理人协会、政府研究协会、全国国家审计员、审计长及财政官协会、美国城市协会、美国立法者协会、美国公共福利协会、公共管理清算所、州级政府委员会、全国住房官员协会、公共管理服务署、全国评估官员协会、美国规划官员协会，以及税务官员联合会。See Louis Brownlow, "National Governmental Organizations", 1938, CMP, Box159, ff 1, p. 1.

108. Pritchett, "1313: An Experiment in Propinquity", introduction.

109. This argument is the center of Hughes, *Consciousness and Society.* Also see Dorothy Ross, *Modernist Impulses in the Human Sciences, 1870-1930*，Baltimore: Johns Hopkins University Press, 1994, introduction; Purcell, *The Crisis of Democratic Theory,* chap.1.

110. Hughes, *Consciousness and Society.* Some exemplary works include Sigmund Freud, *Civilization and Its Discontents,* trans. James Strachey，New York: W. W. Norton, 1961; Vilfredo Pareto, *Mind and Society*，New York: Harcourt, Brace, 1935. Also note that the central argument of Talcott Parsons in *The Structure of Social Action* is that the discovery of the nonlogical sources of social action led to the demise of utilitarian social thought: cf. Parsons, *The Structure of Social Action.*

111. Robert E. Park, Ernest W. Burgess, and Roderick D. McKenzie, ed., *The City*，Chicago: University of Chicago Press,1967; William I. Thomas and

Florian Znaniecki, *The Polish Peasant in Europe and America: A Monograph of an Immigrant Group*, Boston: R. G. Badger, 1918-1920; William Ogburn, *Social Change with Respect to Culture and Original Nature*, London: G. Allen and Unwin, 1923.

112. For Merriam and Lasswell's interest in psychology, see Karl, *Charles E.Merriam and the Study of Politics,* pp106-107,171. Also see Harold Lasswell, *Psychopathology and Politics*, Chicago: University of Chicago Press, 1930; Merriam and Gosnell, *Non-Voting: Causes and Methods of Control.*

113. Walter Lippmann, *Public Opinion* ,New York: Harcourt, Brace, 1922; Walter Lippmann, *Drift and Mastery: An Attempt to Diagnose the Current Unrest*, New York: Kennerly, 1914.

114. Purcell, *The Crisis of Democratic Theory,* esp. chaps.2-3, 10.

115. Ross, *The Origins of American Social Science,* pp.247-256.

116. 关于客观性的历史，参见 Theodore Porter, *Trust in Numbers: The Pursuit of Objectivity in Science and Public Life*, Princeton, NJ: Princeton University Press, 1955; Proctor, *Value-Free Science;* Allan Megill, "Introduction: Four Senses of Objectivity," *Annals of Scholarship* 8, nos.3–4 (1991): 301-320; Peter Novick, *That Noble Dream: The "Objectivity Question" and the American Historical Profession* ,Cambridge: Cambridge University Press,1988; and Steven Shapin, *A Social History of Truth:Civility and Science in Seventeenth-Century England* ,Chicago: University of Chicago Press, 1994。

117. 以下作品很好地描述了权威基础的转变：Richard Hofstadter, *The Age of Reform*, New York: Vintage Books, 1955; Thomas L. Haskell, *The Authority of Experts: Studies in History and Theory,* Bloomington: Indiana University Press, 1984; Robert Wiebe, *The Search for Order, 1877-1920*, (New York: Hill and Wang, 1967; Wiebe, *Self-Rule: A Cultural History of American Democracy;* Burton Bledstein, *The Culture of Professionalism: The Middle Class and the Development of Higher Education in America*, New York:W.W. Norton,1976。

118. On Hall, see Ross, *G. Stanley Hall.* On Titchener and experimentalism in psychology,see Edwin G. Boring, *A History of Experimental Psychology,* 1st ed., New York: D. Appleton-Century, 1929; Mitchell G. Ash, *Gestalt Psychology in German Culture,1890-1967: Holism and the Quest for Objectivity*, New York: Cambridge University Press,1995. For Fisher's views, see Irving Fisher, *Mathematical Investigations in the Theory of Value and Price*, 1892, reprint, New York: A. M. Kelly, 1961. Mitchell's most famous work was *Business Cycles*, Berkeley: University of California Press, 1913.Mitchell was instrumental in the creation of the quantitatively oriented National Bureau of Economic Research.

119. Karl Pearson, *The Grammar of Science*, New York: Charles Scribner's Sons, 1892, p.12.

120. 程序改革的这种努力，最完美的例子或许是R. A. 费希尔（R. A. Fisher）的统计推断学。关于统计推断学如何变成为科学实验设计的标志的，see Harry Marks, *The Progress of Experiment: Science and Therapeutic Reform in the United States, 1900-1990*, New York: Cambridge University Press, 1997。关于更为广泛的现代科学中的统计学转变，参见 Gerd Gigerenzer et al., The Empire of Chance: How the Science of Probability Changed Science and Everyday Life, Cambridge: Cambridge UniversityPress, 1989, and Ian Hacking, The Taming of Chance, Cambridge: Cambridge University Press,1990。

第三章　数学、逻辑以及关于选择的科学

1. University of Chicago, "Announcements", 1936, University of Chicago Archives. 亨利·塞门斯（Henry Simons）在1937年7月写了一份备忘录，为升级这个要求（增加另外两门课程）进行申辩，但在20世纪40年代之前，它还没有成为一个正式的请求。Henry Simons, Memorandum on Mathematics Requirements", July1937, Papers of the Department of Economics, University of Chicago Archives, Box41, ff12. 关于社会科学研究理事会机构，参见 Committee on Mathematical Training for Social Scientists Social Science Research Council, "Minutes of the Subcommittee of the Committee on Mathematical Training for Social Scientists", 2/18-19/53, SSRC Papers,Rockefeller Archives Center (RAC), Tarrytown, NY, Box 180, ff1064, Accession 1, Series 1, Subseries19。

2. Paul Samuelson, "Economics in a Golden Age", in *Paul Samuelson and Modern Economic Theory,* ed. E. Cary Brown and Robert M. Solow, New York: McGraw-Hill, 1983.

3. Philip Mirowski, *More Heat Than Light: Economics as Social Physics, Physics as Nature's Economics*, New York: Cambridge University Press, 1989; Philip Mirowski, "The When, the How, and the Why of Mathematical Expression in the History of Economic Analysis", *Journal of Economic Perspectives 5* (winter 1991): 145-157.

4. Mary S.Morgan and Margaret Morrison, eds., *Models as Mediators: Perspectives on Natural and Social Science*, Cambridge: Cambridge University Press, 2000; Herbert Simon, *Models of My Life*, New York: Basic Books, 1991.

5. Dorothy Ross, *The Origins of American Social Science*, Cambridge: Cambridge University Press, 1991.

6. 莱昂纳德·怀特（Leonard White）注意到，1896年整个联邦政府

中聘用的经济学家只有25人（都是做统计工作的），1928年至1931年为848人，而且这些人中大部分都在各职能机构中任职。有305人被列为农业经济学家。Leonard Dupee White, *Trends in Public Administration*, New York:McGraw-Hill, 1933, p.272.

7. Carl F. Christ, "The Cowles Commission's Contributions to Econometrics at Chicago, 1939-1955", *Journal of Economic Literature 32* (March 1994):39-59.

8. Robert L. Church, "Economists as Experts: The Rise of an Academic Profession in the United States, 1870-1920", in *The University in Society*, ed. Lawrence Stone, Princeton, NJ: Princeton University Press, 1974; Ross, *The Origins of American Social Science*.

9. 说来奇怪，新古典经济学家受到了这种兴趣的驱使，尽管它与数学模型的联系远比与统计分析更加紧密。

10. On the marginalist revolution, see A. K. Dasgupta, *Epochs of Economic Theory*, New York: Basil Blackwell, 1985; Phyllis Deane, *The Evolution of Economic Ideas*, Cambridge: Cambridge University Press,1978; Josef Schumpeter, *History of Economic Analysis*, London: Routledge,1954; Mirowski, *More Heat Than Light*.

11. John Bates Clark, *The Distribution of Wealth: A Theory of Wages, Interest, and Profits*, New York: Macmillan,1899.

12. On the "battle of the schools", see Charles Camic, "Introduction: Talcott Parsons before the Structure of Social Action", in *Talcott Parsons: The Early Essays,* ed. Charles Camic, Chicago: University of Chicago Press, 1991; Philip Mirowski, "The Philosophical Bases of Institutionalist Economics", *Journal of Economic Issues 21* (September 1987): 1001-1038; Donald K. Pickens, "Clarence E. Ayres and the Legacy of German Idealism", *American Journal of Economics and Sociology* 46 (July 1987): 287-298.

13. 或许，经济学数学化最为重要的单一文献要算是保罗·萨缪尔森的《经济学分析基础》（*Foundations of Economic Analysis*, Cambridge, MA: Harvard University Press, 1947）。数学化运动最重要的机构是计量经济学会（创建于1932年）和考尔斯经济研究委员会（也创建于1932年），一直到20世纪50年代，这两个机构都隶属于芝加哥大学。

14. John Maynard Keynes, *The General Theory of Employment, Interest, and Money*, London: Macmillan, 1936.

15. 卡尔·皮尔逊是著名的哲学家和优生学家，对统计学的发展做出了巨大的贡献。See Gerd Gigerenzer et al., *The Empire of Chance: How the Science of Probability Changed Science and Everyday Life*, Cambridge: Cambridge University Press,1989, and Ian Hacking, *The Taming of Chance*, Cambridge: Cambridge University Press, 1990. 正如多萝西·罗斯（Dorothy

Ross）指出的，皮尔逊的《科学的规范》(*Grammar of Science*, New York: Charles Scribner's Sons，1892）是19世纪末期社会科学家的核心教科书，因为它认为，科学需要统一的是方法，而不是研究主题。Ross, *The Origins of American Social Science,* pp.156-157.

16. Henry Schultz, *The Theory and Measurement of Demand* , Chicago: University of Chicago Press, 1938, 10-12. 注意，在该文章中，作者推导出了相关需求的特殊理论和一般理论。

17. 同上，第12页。Percy Bridgman, *The Logic of Modern Physics,* New York: Macmillan,1972; Maila L.Walter, *Science and Cultural Crisis: An Intellectual Biography of Percy Williams Bridgman (1882-1961),* Stanford, CA: Stanford University Press, 1990.

18. 布里奇曼对心理学产生影响的一些例证，参见ClarkHull, *The Principles of Behavior: An Introduction to Behavior Theory*, New York: D.Appleton-Century, 1943, 30-31; S. S. Stevens, "The Operational Basis of Psychology", *American Journal of Psychology* 43（1935): 323,330; S. S. Stevens, "The Operational Definition of Psychological Concepts", *Psychological Review* 42(1935): 517-542。

19. Talcott Parsons, *The Structure of Social Action*, Glencoe, IL: Free Press, 1937, pp. 37-41.

20. Schultz, *The Theory and Measurement of Demand,* pp. 12,666; emphasis in original. "综合经济学"指的是Henry Moore's 的同名书: Henry L. Moore, *Synthetic Economics*, New York: Macmillan, 1929。综合显示出了对逻辑经验主义（逻辑实证主义）基本原理的赞同。

21. Simon, *Models of My Life,* pp. 51,52.

22. Herbert Simon, "Letter to Howard Cirker of Dover Publications", 8/31/1953, HSP, Box 5, ff 202. Alfred Lotka, *Elements of Physical Biology*, Baltimore: William and Wilkens, 1925.

23. Sharon Kingsland, "Economics of Evolution",in *Natural Images in Economic Thought: Markets Read in Tooth and Claw,* ed. Philip Mirowski, New York: Cambridge University Press, 1994, quote from p.232.

24. 同上，第233页。Also see Howard Odum, *Environment, Power, and Society*, New York: Wiley-Interscience, 1971.

25. Kingsland, "Economics of Evolution", p.239.

26. 维纳（Wiener）和他志同道合的控制论学者确实增加了两个至关重要的概念：作为均衡系统自我调节机制的"反馈"，以及作为可监测数量的信息。

27. Kingsland, "Economics of Evolution", pp. 236-273.

28. Herbert Simon, *Models of Discovery: And Other Topics in the Methods*

of Science, Boston: D. Reidel, 1977, p. xv.

29. 这两个隐喻在亚伦·埃兹拉希（Yaron Ezrahi），《伊卡洛斯的后裔：当代民主的科学和转型》(*The Descent of Icarus: Science and the Transformation of Contemporary Democracy,* Cambridge:Harvard University Press, 1990）中做了深度的讨论。这种杂交的一个经典例子是Karl W.Deutsch, "Mechanism, Organism, and Society: Some Models in Natural and Social Science", *Philosophy of Science* 18, no. 3 (1951):230-252. 关于计算机如何把智慧和目的重新引入心理学，参见Hunter Crowther-Heyck, "George A.Miller, Language, and the Computer Metaphor of Mind", *History of Psychology* 2, no.1（1999）: 37-64。

30. 例如，乔安妮·布朗（JoAnne Brown）在《定义一个专业》(*The Definition of a Profession*）中辩称，应用心理学家试图把心理学描绘为社会医学和社会工程学，从而将之与医生和物理学家的工作联系起来。JoAnne Brown, *The Definition of a Profession: The Authority of Metaphor in the History of Intelligence Testing,*1890-1930, Princeton, NJ: Princeton University Press,1992.

31. John Louis Parascandola, "Lawrence J. Henderson and the Concept of Organized Systems", Ph. D. diss., University of Wisconsin, 1968; Barbara Heyl, "The Harvard Pareto Circle", in *Talcott Parsons: Critical Assessments,* ed. Peter Hamilton，New York: 1992.

32. Walter B. Cannon, *The Wisdom of the Body*，New York: W. W. Norton, 1932.

33. Philip J. Pauly, *Controlling Life: Jacques Loeb and the Engineering Ideal in Biology*，New York: Oxford University Press, 1987.

34. Arturo Rosenblueth, Norbert Wiener, and Julian Bigelow, "Behavior, Purpose and Teleology", P*hilosophy of Science* 10(1943):18-24; Erwin Schrödinger, *What Is Life?The Physical Aspect of the Living Cell,* New York: Macmillan,1946; Evelyn Fox Keller,*Refiguring Life: Metaphors of Twentieth Century Biology*, New York: Columbia University Press, 1995.

35. Anson Rabinbach, *The Human Motor: Energy, Fatigue, and the Origins of Modernity*, Berkeley: University of California Press,1990; Crosbie Smith and Norton Wise, "Work and Waste: Political Economy and Natural Philosophy in Nineteenth-Century Britain (I) and (II)," *History of Science* 27(1989):263-310, 391-449; Crosbie Smith and Norton Wise, "Work and Waste: Political Economy and Natural Philosophy in Nineteenth Century Britain (III)," *History of Science* 28(1990):221-261.

36. Rabinbach, *The Human Motor;* Mirowski, *More Heat Than Light.*

37. Mirowski, *More Heat Than Light.*

38. Samuelson, *Foundations of Economic Analysis.* 来自第二次世界大战

后热力学/能量学中概念,其重要性未曾衰减。这一点由"信息"这个概念无处不在的力量所证实,克劳德·香农(Claude Shannon)以及其他的系统科学家把"信息"定义为"熵"的反面,也就是系统"秩序"的衡量手段。Warren Weaver and Claude E. Shannon,*The Mathematical Theory of Communication,* Urbana: University of Illinois Press, 1949.

39. 舒尔茨在他的《需求的理论与度量》(*Theory and Measurement of Demand*)中无数次地引证了帕累托。帕累托对于洛特卡的重要性,参见 Kingsland, "Economics of Evolution," p.273。帕累托对于亨德森的重要性,参见 Heyl, "The Harvard Pareto Circle", 和 Parascandola, "Lawrence J. Henderson and the Concept of Organized Systems"。

40. Lawrence J. Henderson, Pareto's General Sociology: A Physiologist's Interpretation, Cambridge, MA: Harvard University Press, 1935.

41. 有意思的是,一种类似的零和守恒原理出现在著名的康德学派的伦理学家约翰·罗尔斯(John Rawls)的著作中。罗尔斯以这样的说法作为他划时代著作《正义论》(*A Theory of Justice*)的开篇:一个社会最大的正义就是,在不对另一个人的正义造成同等或更大的损害的条件下,无法让某个个体的地位得到提升。John Rawls, *A Theory of Justice*, Cambridge, MA: Belknap Press of Harvard University Press,1971.

42. Alfred Lotka, *Elements of Mathematical Biology*, New York: Dover, 1956. 关于该项目在数理生物学的设立,参见 Nicholas Rashevsky, "The Rise of Mathematical Biology", n.d., Rashevsky Papers,University of Chicago Archives, Box 2, ff: "Rise of Mathematical Biology"。

43. Simon, *Models of My Life,* p. 51. 这对西蒙后来在科学政策领域的职业生涯没有任何伤害,他得到了豪斯霍尔德和温伯格这样杰出的物理学家的认可与尊重。

44. Nicholas Rashevsky, "Memorandum on Possible Practical Aspects of Research in Mathematical Biology of the Central Nervous System", 1947, 1948, Rashevsky Papers, Box1, ff: Correspondence 1947-1948.

45. 参见"资料来源笔记"中我认为最有用的对维也纳学派的评论。我也借用了芝加哥大学档案科学统一运动文件中查尔斯·莫里斯(Charles Morris)与奥图·纽拉特(Otto Neurath)和鲁道夫·卡尔纳普(Rudolf Carnap)的通信。对维也纳学派的思想最简练的阐述或许是, A. J. Ayer, *Language, Truth, and Logic*, London: V. Gollancz, 1936。西蒙到20世纪90年代时,还一直把艾耶尔作为作业布置给研究生。

46. 路德维希·维特根斯坦(Ludwig Wittgenstein)与这个学派保持着暧昧的关系。他对语言的逻辑分析对这个学派,尤其是对卡尔纳普具有强大的影响,但是,逻辑经验主义者总是觉得他并没有完全站在他们一边。纽拉特和卡尔纳普甚至时不时会怀疑他在取笑他们,按照詹尼克和图尔明的说法，事实也确实如此，参见 Allan Janik and Stephen Toulmin, *Wittgenstein's Vienna*, New York: Simon & Schuster, 1973; Herbert Feigl, "The Wiener Kreis in America", in *The Intellectual Migration, Europe and America, 1930-1960,* ed. Donald Fleming and Bernard Bailyn, Cambridge, MA: Belknap Press of Harvard University Press, 1969, p.638; Carl E. Schorske, *Fin-De-Siéclé Vienna: Politics and Culture*, New York: Vintage Books, 1981。

47. Peter Galison, "Aufbau/Bauhaus: Logical Positivism and Architectural Modernism", *Critical Inquiry 16* (summer 1990): 709, 752, p.736.

48. 同上，第742页。

49. Hans Hahn, "Logic, Mathematics, and Knowledge of Nature", and Rudolf Carnap, "The Task of the Logic of Science", both in *Unified Science: The Vienna Circle Monograph Series,* ed. Brian McGuinness, Boston: D. Reidel, 1987.

50. Carnap, "The Task of the Logic of Science". Also see Rudolf Carnap, *Der Logische Aufbau Der Welt*, Berlin, 1928.

51. The term *transparent construction* is Peter Galison's from "Aufbau/Bauhaus: Logical Positivism and Architectural Modernism".

52. 因而，他们把运动定名为"科学统一运动"。关于科学统一这个概念对于逻辑经验主义者的重要意义，参见对麦吉尼斯（McGuinness）的介绍，《统一的科学》（*Unified Science*）。

53. Carnap, "The Task of the Logic of Science".

54. 同上。

55. Herbert Simon, "Letter to Professor Rudolf Carnap", 8/2/1937, HSP, Box61, ff:Autobiography—Source Documents—1942-82.

56. 原始标题，参考同上。For the original outline, see Herbert Simon, "Outline for the Logical Structure of an Administrative Science", 7/28/1937, HSP, Box61, ff: Autobiography—Source Documents—11942-82.

57. Simon, *Models of My Life,* p.53; Simon, *Models of Discovery,* p. xv.

58. See, for example, Herbert Simon, "On the Definition of the Causal Relation", *Journal of Philosophy 49*, no. 16 (1952).

59. Simon, "Letter to Professor Rudolf Carnap".

60. Simon, *Models of My Life,* 53.

61. Simon, *Models of Discovery,* p. xv.

第四章　研究与改革

1. Herbert Simon, *Models of My Life*, New York: Basic Books, 1991, p.78.

2. 同上，第79页。

3. State Relief Administration State of California, "Unemployment Relief in

California: Monthly Bulletin of the SRA", Sacramento: State of California,1939. 我自己的计算基于对1939年待处理案件以及得到救济的总人数的查验，最终得出每个"案子"大概涉及3～4人。

4. Simon, *Models of My Life*, p. 74. 西蒙对于他与妻子的关系，在自传里着墨不多，尽管这二人之间明显有着很深的情感联系。他也提到，在很多社交场合，她的"微笑有时掩盖了我的局促"。在他的手稿中，西蒙与妻子或者孩子间的通信都没有保留，除了一封给孩子们的关于20世纪60年代"各种麻烦"的信件。

5. 多萝西·西蒙在这段时间作为政治研究员和积极分子也非常活跃，她积极投身于女性选民联盟《加利福尼亚选民手册》(*California Voter's Handbook*) 的起草工作中，同时还完成了她的硕士论文（指导老师是查尔斯·梅里亚姆）。Dorothea P. Simon, "Letter to Charles Merriam", 10/7/1940, CMP, Box46, ff:Correspondence. 梅里亚姆在回信中写道"愿你拥有更大的力量"。

6. Theodore Porter, *Trust in Numbers: The Pursuit of Objectivity in Science and Public Life*, Princeton, NJ: Princeton University Press, 1955. 对于各专业崛起的其他途径以及抽象或科学知识在其中起的作用，参见"资料来源笔记"。

7. Clarence Ridley and Herbert Simon, *Measuring Municipal Activities: A Survey of Suggested Criteria and Reporting Forms for Appraising Administration*, Chicago: International City Managers' Association, 1938. 尽管里德利是第一作者，但是西蒙撰写了报告中的主要部分。

8. 首批市政研究机构创建于20世纪初期，首批公共管理和商业管理的大学课程也出现在这个时期。布鲁金斯研究所这个首家国家级问题的政府研究机构创建于1916年。关于市政研究机构以及其他城市改革的努力，参见"资料来源笔记"。

9. Clarence Ridley and Herbert Simon, *Measuring Municipal Activities: A Survey of Suggested Criteria for Appraising Administration*, 2nd ed., Chicago: International City Managers' Association, 1943, pp. ix, 1.

10. 同上，第x、1—2页。Simon and Ridley were not alone in their efforts to shift debate to services rendered rather than costs alone: see Lent Upson, "The Other Side of the Budget", *National Municipal Review*, 1923.

11. Ridley and Simon, *Measuring Municipal Activities*, 2d ed., p. vii.

12. 同上，第viii 页。

13. 这是一个受到太多抗议的绝佳案例，"实操"这个词在该报告的导语、第1章和第2章中出现了数十次之多。

14. Andrew Abbott, *The System of Professions: An Essay on the Division of Expert Labor*, Chicago: University of Chicago Press, 1988. 阿伯特认为，拥有抽

象知识体系是专业人士要求权威或权力 —— 对某些社会功能的掌控 —— 的
关键。参见 "资料来源笔记" 中对艾伯特和其他关于专业的著作的讨论。

15. Ridley and Simon, *Measuring Municipal Activities,* 2d ed., p.6.

16. Porter, *Trust in Numbers.*

17. Herbert Simon, *Models of Discovery: And Other Topics in the Methods of Science*，Boston: D. Reidel, 1977, introduction.

18. 有关经济学家崛起的近期著作，参见 "资料来源笔记"。

19. Clarence E. Ridley and Orin F. Nolting, "The Municipal Yearbook"，Chicago: International City Managers' Association, 1936-1939. 对于里德利对西蒙的影响，参见 Simon, *Models of My Life,* p. 65.

20. Simon, *Models of My Life,* p.65

21. 萨缪尔·梅是国际城市管理人协会的成员，与梅里亚姆和布朗洛相知多年。1926 年，他们合作提出了一份在当地政府中建立研究所的报告。梅与梅里亚姆的通信存放在 CMP，BOX 160。

22. Simon, *Models of My Life,* pp.74-77.

23. 洛克菲勒基金会几乎是它所资助的所有研究的研究对象。有关该基金会的一些关键著作，请参见 "资料来源笔记"。

24. 比尔兹利·拉姆尔一直都活跃在基金会的事务中，甚至在他 1931 年辞去基金会的姐妹慈善机构斯佩尔曼纪念基金会的总裁之后亦是如此。拉姆尔也是全国资源规划局的关键成员，这一点在第二章中讨论过。

25. Raymond Seidelman, *Disenchanted Realists: Political Science and the American Crisis,1884-1984*，Albany: State University of New York Press,1985; Martin J. Schiesl, *The Politics of Efficiency: Municipal Administration and Reform in America,1800-1920*，Berkeley: University of California Press, 1977.

26.Louis Wirth, "Report on the History, Activities, and Policies of the Social Science Research Council", August 1937, SSRC Papers, RAC, Box 704, ff 10276, AC 2,Series 4, Subseries 1. Also, SSRC, "Minutes of Meeting, Board of Directors", 9/12–14/44, SSRC Papers, RAC, Box 357, ff 2098, AC 1, Series 9, pp.22-25. 社会科学研究理事会在该领域的首家委员会成立于 1928 年，由约翰·高斯领导，他对该领域的研究现状做了一次调查。公共行政清算所（属于 "1313" 机构）作为对高斯报告的回应于 1930 年建立。高斯委员会是临时性的；公共管理的永久性委员会成立于 1933 年，由路易斯·布朗洛领导。布朗洛当时也是公共行政清算所的董事。

27. Bureau of Public Administration, "Governmental Research Organizations in the Western States" , Berkeley, CA: Bureau of Public Administration, 1935. Also see the IGS web page, www.igs.org.

28. Simon, *Models of My Life,* p.80.

29. 尤利乌斯·罗伯特·奥本海默（ J. Robert Oppenheimer）在那场臭名

昭著的清算听证会上，提到了伯克利一位名叫萨姆·梅（Sam May）的著名的"左翼分子"。

30. Simon, *Models of My Life,* pp.80, 1204-1225.

31. 同上，第93页。

32. Ronald Shephard, "The Incidence of Taxation Studied in a Simplified Economic System", Ph.D. diss., University of California, 1941.

33. Herbert Alexander Simon et al., *Determining Work Loads for Professional Staff in a Public Welfare Agency*, Berkeley, CA: Bureau of Public Administration, 1941. On SRA caseloads, see the monthly bulletins of the California State Relief Administration, titled *Unemployment Relief in California.*

34. Simon et al., *Determining Work Loads for Professional Staff in a Public Welfare Agency,* preface by Frank Hoehler, p. v.

35. Jackson Putnam, *Modern California Politics*, San Francisco: Boyd and Fraser,1940, p.20-29.

36. California State Legislature, "Report of the Joint Legislative Fact-Finding Committee on Employment", California State Legislature,1940, pp.22-29, quote on p. 21. 该报告清晰地表明，与州救助管理局的斗争对加兰来说非常重要。

37. Simon et al., *Determining Work Loads,* p. 30.

38. California State Legislature, "Report of the Joint Legislative Fact-Finding Committee on Employment", p.21.

39. Simon et al., *Determining Work Loads,* p. 30.

40. 同上，第65页。

41. 同上，第27页。On the Hawthorne studies, see Richard Gillespie, *Manufacturing Knowledge: A History of the Hawthorne Experiments*, Cambridge: Cambridge University Press, 1991.

42. Simon et al., *Determining Work Loads,* pp.27, 30.

43. 同上，第31页。

44. Herbert Simon, Frederick Sharp, and Ronald Shephard, "Fire Losses and Fire Risks", Berkeley, CA: Bureau of Public Administration, 1942, p. vii.

45. Herbert Simon, *Fiscal Aspects of Metropolitan Consolidation*, Berkeley, CA: Bureau of Public Administration,1943.

46. 同上，foreword by Samuel May, p. vii.

47. 同上，第54、56页。

48. 同上，第6页。

49. 同上，第1页。

50. Herbert A. Simon, "The Incidence of a Tax on Urban Real Property", *Quarterly Journal of Economics* 57, no.3(1943):398-420.

51. Simon, *Fiscal Aspects of Metropolitan Consolidation,* p.5.

52. 注意，这个分析假定人们对税收的利用程度要远远大于对服务的利用（也就是说，税率调整要比服务对购买决策的影响更大）。

53. 引文来自 Herbert A. Simon, "The Planning Approach in Public Economy", *Quarterly Journal of Economics* 55, no.2 (1941): 325-30, 325。尽管西蒙在"城市融合中的财政问题"中对计划方法的倡导没有在这篇文章中那么大胆，但二者的冲击力是一样的。

54. 同上，第330页。

55. 同上，第326页。

56. James McCamy, "Letter to Herbert Simon", 6/6/1947, HSP, Box 6, ff 213, p.14.

第五章　管理人或者受控的选择

1. Herbert Simon, "Administrative Behavior: A Study of Decision-Making Processes in Administrative Organization", 1945, HSP, Box20, ff: Administrative Behavior—Preliminary ed.—1945, pp.200-201. 这个《管理行为》的预印版与论文原版相比几乎一字未改。1947年公开发行的版本与预印版大体上一致，但也存在着显著的差异。例如，在1947年的版本中，第一章被删除了，其他章节也进行了很大程度的重写，并以新的顺序编排。这份预印版的引用将标示为"Administrative Behavior—Preliminary Edition"。

2. Luther Halsey Gulick and Lyndall F. Urwick, *Papers on the Science of Administration,* 2nd ed., New York: Columbia University Institute of Public Administration,1937.

3. Simon, "Administrative Behavior—Preliminary Edition", pp.200-201.

4. 同上，第202—205页。

5. 尽管西蒙在论文中没有把它们称为格言，但是他在同时期的一篇文章中却是这样说的。Herbert Simon, "The Proverbs of Administration", *Public Administration Review* 6(1946):53—67.

6. Simon, "Administrative Behavior—Preliminary Edition", pp. 217-221.

7. 同上，第218页。

8. 同上，第219页。

9. 对于西蒙来说，这些作者最重要的著作有：Talcott Parsons, *The Structure of Social Action,* Glencoe, IL: Free Press, 1937; Edward C. Tolman, *Purposive Behavior in Animals and Men,* New York: Century Co., 1932; Chester A. Barnard, *The Functions of the Executive,* Cambridge, MA: Harvard University Press, 1968; John Dewey, *Human Nature and Conduct: An Introduction to Social Psychology,* New York: Carlton House, 1922。

10. Talcott Parsons and Edward Shils, eds., *Toward a General Theory of Action*, Cambridge, MA: Harvard University Press, 1951.

11. Herbert Simon, "Letter to Professor Rudolf Carnap", 8/2/1937, HSP, Box 61, ff:Autobiography—Source Documents—1942-1982.

12. Simon, "Administrative Behavior—Preliminary Edition", p. 20.

13. 同上，第25、220页。

14. 关于行为主义和逻辑实证主义之间的关系，参见第三章和"资料来源笔记"中对逻辑实证主义的讨论。Hunter Crowther-Heyck, "George A.Miller, Language, and the Computer Metaphor of Mind", *History of Psychology* 2, no. 1(1999):37-64; Laurence D. Smith, *Behaviorism and Logical Positivism: A Reassessment of the Alliance,* Stanford, CA: Stanford University Press, 1968.

15. Tolman, *Purposive Behavior in Animals and Men.* 该书和同一作者后来发表的论文 "Cognitive Maps in Rats and Men", *Psychological Review* 55, no. 4(1948):189-208，都极大地影响了第一代认知心理学家，例如乔治·A.米勒的思想。See Crowther-Heyck, "George A. Miller, Language, and the Computer Metaphor of Mind", p.54.

16. Tolman, *Purposive Behavior in Animals and Men,* pp.2, 204, xi, 10.

17. 同上，第14、206、210页。

18. 同上，第26页。

19. Simon, "Administrative Behavior—Preliminary Edition", p.1. 西　蒙不是唯一一位对决策问题感兴趣的政治学者，参见Edwin O. Stene, "An Approach to a Science of Administration", *American Political Science Review* 34, no. 6（1940）：1124—1137。西蒙没有说他对决策兴趣源于斯特内，尽管他后来也欢迎斯特内研究这个问题。Edwin O. Stene, "Letter to Herbert Simon", 6/9/1947, HSP, Box 6, ff 219; Herbert Simon, "Letter to Dr. Edwin Stene", 6/28/1944, HSP, Box 6, ff 219, p.1.

20. James McCamy, "Letter to Herbert Simon", 6/6/1947, HSP, Box 6, ff213, p.1.

21. Barnard, *The Functions of the Executive,* pp.8,10,15.

22. 同上，第296页。

23. Simon, "Administrative Behavior—Preliminary Edition," pp.3-4.

24. 同上。

25. 同上，第5–7页。

26. Herbert Simon, "On the Definition of the Causal Relation", and "Causal Ordering and Identifiability", both reprinted in Herbert Simon, *Models of Discovery:And Other Topics in the Methods of Science*，Boston: D. Reidel, 1977.

27. Tolman, *Purposive Behavior in Animals and Men,* p.7. 西蒙还引用J. H. 伍杰（J. H. Woodger），《生物学中的公理化方法》(*The Axiomatic Method*

in Biology, Cambridge: The University Press, 1937），作为对层级正式定义的一个关键来源。Simon, "Administrative Behavior—Preliminary Edition", p.102. 层级在巴纳德的管理分析中也是一个关键的原则：参见 Barnard, The Functions of the Executive。关于伍杰，参见 Joe Cain, "Woodger, Positivism, and the Evolutionary Synthesis", *Biological Philosophy* 15（2000）：535-551。

28. Parsons, *The Structure of Social Action*, pp. 48,75,251.

29. Simon, "Administrative Behavior—Preliminary Edition", p. 6.

30. 同上，第 197 页。

31. 同上，第 6 页。

32. 关于杜威思想的这些方面，请参见 Robert B. Westbrook, *John Dewey and American Democracy*, Ithaca, NY: Cornell University Press, 1991; Alan Ryan, *John Dewey and the High Tide of American Liberalism*, New York:W.W. Norton, 1995; James Kloppenberg, *Uncertain Victory: Social Democracy and Progressivism in European and American Thought,* 1870-1920, New York: Oxford University Press,1986; Andrew Feffer, *Chicago Pragmatists and American Progressivism*, Ithaca, NY:Cornell University Press, 1993; James Livingston, *Pragmatism and the Political Economy of Cultural Revolution,* 1850-1940, Chapel Hill: University of North CarolinaPress, 1994。同时参见杜威自己的著作，尤其是《人性与行为》以及《人类的问题》（*Problems of Me,* New York: Philosophical Library, 1946），特别是第 8 章和第 9 章，"权力与对社会改革的抵制"（Authority and Resistance to Social Change）和 "自由与社会控制"（Liberty and Social Control），第 93—110 页，第 111—125 页。

33. 威尔逊以及其他美国公共管理的先驱者的政治目标和理想，在他的文章 "The Study of Administration", *Political Science Quarterly* 2(1887): 197–220 中表达得最为充分。

34. Simon, "Administrative Behavior—Preliminary Edition", pp.154,152.

35. Stephen Waring, *Taylorism Transformed: Scientific Management Theory since 1945*, Chapel Hill: University of North Carolina Press, 1961, p. 99.

36. Sherman Krupp, *Pattern in Organization Analysis: A Critical Examination*, Philadelphia: Chilton,1961, p. 6,7.

37. 同上，第 25 页。

38. Parsons, *The Structure of Social Action*, pp.6, 7.

39. 同上，第 21、9 页。

40. 同上，第 10、18 页。Lawrence J.Henderson, "An Approximate Definition of a Fact", *University of California Studies in Philosophy*, vol.4 (1932), pp.179-199.

41. 库恩的《科学革命的结构》（*The Structure of Scientific Revolutions*, Chicago: University of Chicago Press, 1962）是作为 "统一的科学" 丛书的组

成部分发表的。

42. Herbert A. Simon, "Letter to William Cooper (January)", 1/17/1946, HSP, Box 1, ff 26, p. 1.

43. Herbert Simon, "Letter to Dr. James Fesler", 5/20/1944, HSP, Box 5, ff 204, p. 2.

44. Simon, "Letter to William Cooper (January)", p. 1.

45. President's Research Committee on Social Trends, *Recent Social Trends in the United States: Report of the President's Research Committee on Social Trends*, New York: McGraw-Hill,1933.

46. On this fascination with measurement, especially via machinery, see Allan Megill, "Introduction: Four Senses of Objectivity", *Annals of Scholarship* 8, nos. 3-4 (1991): 301-20; Theodore Porter, "Economics and the History of Measurement", *History of Political Economy* 33, Annual Supplement (2001): 4-22; Lorraine Daston and Peter Galison, "The Image of Objectivity", *Representations* 40(fall 1994):81-128.

47. 该摘录来自开尔文勋爵，而且在芝加哥关于社会科学的每一次讨论几乎都会被提及。例如，Martin Bulmer, *The Chicago School of Sociology: Institutionalization, Diversity, and the Rise of Sociological Research*, Chicago: University of Chicago Press,1984. The uses of this quote are discussed in Robert K. Merton, David L. Sills, and Stephen M. Stigler, "The Kelvin Dictum and Social Science: An Excursion into the History of an Idea", *Journal of the History of the Behavioral Sciences* 20(1984): 319-331。

48. Bernard Barber, *Science and the Social Order*, Glencoe, IL: Free Press, 1952, p.13.

49. 同上，第18页。

50. Mitchell G. Ash, ed., *Forced Migration and Scientific Change: Émigré German-Speaking Scientists and Scholars after* 1933, Washington, DC: German Historical Institute & New York: Cambridge University Press, 1996; Donald Fleming and Bernard Bailyn, eds., *The Intellectual Migration, Europe and America, 1930-1960*, Cambridge,MA: Belknap Press of Harvard University Press, 1969.

51. Alfred North Whitehead, *Science and the Modern World*, New York:Macmillan,1925.

52. Carl F. Christ, "The Cowles Commission's Contributions to Econometrics at Chicago, 1935-1955", *Journal of Economic Literature* 32(March 1994): 30-59; emphasis added.

53. Simon, "Administrative Behavior—Preliminary Edition", pp.35, 28.

54. 同上，第35-42、53页。

55. 同上，第42–43页。

56. 同上，第45页。

57. 同上，第63–64页。

58. 同上，第45–46页。一个系统中，几个变量紧密依存，而且它们与其他"外部"变量之间只有非常松散的联系，那么这个系统就是"几近可分解的"。正如之前提到的，层级结构与几乎可分解性之间有着很强的联系。参见Simon, *Models of Discovery*。

59. Simon, "Administrative Behavior—Preliminary Edition", pp.82–84, 86.

60. 同上，第94、100、110页。

61. 同上，第98、94页。

62. 同上，第99–100页。

63. 同上，第162、167页。

64. 同上，第167–73页。

65. 同上，第71–72页。

66. 同上，第72–74、80页。

67. 同上，第84、83页。

68. Barnard, *The Functions of the Executive,* p. xxix; Talcott Parsons, "Lecture Notes for the Sociology of Institutions", Parsons Papers, Harvard University Archives, Box "Talcott Parsons, Sociology 6: Lecture Notes 1930s", ff: "General Introduction—lecture notes, Soc6 1930s".

69. Simon, "Administrative Behavior—Preliminary Edition", pp.83–84.

70. 同上，第83页。

71. 读者会注意到这篇充满阳刚之气的文章：它的这种用法是有意而为，因为就跟现在的情况一样，当时的阳刚之气是专业身份的重要组成部分。对于这个问题的一个有趣视角，请参见Mary Jo Deegan, *Jane Addams and the Men of the Chicago School, 1892-1918* (New Brunswick, NJ: Transaction Books, 1988); JoAnne Brown, *The Definition of a Profession: The Authority of Metaphor in the History of Intelligence Testing,1890–1930*，Princeton, NJ: Princeton University Press, 1992。注意，布朗的著作对性别力量的重视要超过对"隐喻权威"的重视——她笔下的女人描绘她们的工作用使用的隐喻与男人所用的相同，但是，在她所描述的那段时期，只有男性主导的职业达到了专业的水平。人类学中有关性别的更多信息，请参见"资料来源笔记"。

72. Herbert Simon, "Current Research and Its Relation to Organization Theory",n.d. [presumably late 1951], HSP, Box 4, ff 126, p.1. 尽管这份文件的日期填写得较晚，这个词还是抓住了他在《管理行为》中的论点。

73. 后来，西蒙又向前迈出一步，把情感定义为一种由"突然、强烈的刺激"所激发的"中断机制"。Herbert Simon, "Motivational and Emotional

Controls of Cognition," *Psychological Review* 74（1967）：29-39.

第六章　决策与修正

1. Herbert Simon, *Models of My Life*，New York: Basic Books,,1991，p. 84.

2. Herbert Simon, "Memorandum: Mathematical Training of Social Scientists", 9/13/1952, HSP, Box 4, ff 121, p.1.

3. Herbert Simon, "Letter to Grace Knoedler", 1/3/1943, HSP, Box 61, ff: Autobiography—Source Documents—1942-82, pp.1-2.

4. Simon, *Models of My Life,* p. 84.

5. Simon, "Letter to Grace Knoedler", p. 1. 在自传里，西蒙说他相信，一位教员应该能教"几乎所有的本科课程"，这是他致力于跨学科的证明，也是对他极大自信的证明。Simon, *Models of My Life,* p.100.

6. Simon, "Letter to Grace Knoedler," pp.1-2.

7. Herbert A. Simon, "The Meaning of 'Democracy' in American Political Thought", 1946-1947, HSP, Box 1, ff 32.

8. 同上，第21页。

9. Herbert A. Simon, Donald Smithburg, and Victor Thompson, *Public Administration,* 2nd ed.，New York: Knopf, 1956, p. 3. Except for pagination, the 1956 printing is the same as the 1950 original.

10. Karl Menger, *Reminiscences of the Vienna Circle and the Mathematical Colloquium*，Dordrecht: Kluwer Academic,1994.

11. Franz Schulze,*Mies Van Der Rohe: A Critical Biography*，Chicago: University of Chicago Press,1985.

12. Herbert A. Simon, "The Planning Approach in Public Economy"，*Quarterly Journal of Economics* 55, no.2(1941):325,330, p. 326.

13. Simon, "Letter to Grace Knoedler"，p. 1.

14. Simon, *Models of My Life,* p. 98.

15. Herbert A. Simon, "Lecture on 'Economics of City Planning'" n.d. [c.1943], HSP, Box 1, ff 31, p. 3.

16. 同上。

17. 考尔斯经济研究委员会还是没有受到经济史学家的足够重视。对于早年间成员的评论，参见Carl Christ, "History of the Cowles Commission, 1932-1952"，in *Economic Theory and Measurement: A Twenty Year Research Report*，Chicago: Cowles Commission for Research in Economics, University of Chicago, 1952; Carl F. Christ, "The Cowles Commission's Contributions to Econometrics at Chicago,1939-1955"，*Journal of Economic Literature*332 (March1994): 30–59.

18. Christ, "History of the Cowles Commission", pp.5-6.

19. 同上，第 19–26 页。1956 年，该委员会迁移至纽黑文，成为耶鲁大学的附属机构，帮助该校成为 20 世纪 50 年代末和 20 世纪 60 年代经济学和政治经济学领域的领军者。

20. Cowles Commission for Research in Economics, "Economic Theory and Measurement: A Twenty Year Research Report", Chicago: Cowles Commission for Research in Economics, University of Chicago,1952, Appendix I: "Biographies of Staff, Fellows, and Guests", pp.111-150. For Simon's experiences with the commission, see Simon, *Models of My Life,* pp. 101–107.

21. 委员会中受过训练的数学技能娴熟的经济学家几乎全部来自芝加哥大学，也有极少数来自哥伦比亚大学。Cowles Commission for Research in Economics, "Economic Theory and Measurement", p.111-150.

22. 正如戴维·加迪尼（David Jardini）、保罗·爱德华兹（Paul Edwards）、亨利·艾伦（Henry Aaron）和伊达·胡斯（Ida Hoos）所证明的，在 20 世纪 60 年代，走在相反道路上的研究人员并不罕见，因为很多防御系统的设计人员都尝试改造社会系统，但成效通常有限。David Jardini, "Out of the Blue Yonder: The Rand Corporation's Diversification into Social Welfare Research, 1946-1968", Ph.D. diss., Carnegie Mellon University, 1996; Paul Edwards, *The Closed World: Computers and the Politics of Discourse in Cold War America*, Cambridge, MA: MIT Press, 1996; Henry J. Aaron, *Politics and the Professors: The Great Society in Perspective,* Washington, DC: Brookings Institution, 1978; Ida Hoos, *Systems Analysis in Public Policy: A Critique*, 1972, rev. ed., Berkeley: University of California Press,1983.

23. Cowles Commission for Research in Economics, "Economic Theory and Measurement: A Twenty Year Research Report", Preface.

24. 同上，第 61 页。

25. 同上，第 65 页。

26. 同上，第 31 页。

27. 关于运筹学的起源最近已经有了不少研究，这些研究都强调第二次世界大战的大环境对其发展起到的重要的作用。显然，战争对于运筹学的出现起到了很关键的作用，但是它并没有重新促成对这些问题的兴趣。反之，战争（和军方资助）选择并放大了几条业已存在的研究路线，围绕一系列具体的问题组织工作。关于运筹学的起源，参见"资料来源笔记"。

28. Ralph Lapp, "Nuclear Weapons: Past and Present", in *Alamogordo Plus Twenty-Five Years,* ed. Richard S. Lewis and Jane Wilson, New York: Viking, 1970, p.248.

29. Herbert A. Simon, "Effects of Increased Productivity upon the Ratio of Urban to Rural Population", *Econometrica* 15, no. 1 (1947): 31-42; Herbert

Simon, "Invention and Cost Reduction in Technological Change: Cowles Commission Discussion Paper: Economics No. 247", HSP, Box 2, ff 70.

30. Simon, "Effects of Increased Productivity".On the Yule distribution, see also Herbert A. Simon, "On a Class of Skew Distribution Functions", *Biometrika* 42 (December 1955), reprinted in *Models of Man: Social and Rational. Mathematical Essays on Rational Behavior in a Social Setting* ,New York: Wiley, 1957, pp. 145-164.Also see Herbert Simon, "Letter to Stuart Dodd of the Washington Public Opinion Laboratory" ,2/8/1955, HSP, Box 5, ff 202, p. 1; "Letter to Benoit Mandelbrot" , 11/9/1954, HSP, Box 6, ff 213; Herbert Simon, "Letter to Robert Solow" ,9/21/1953, HSP, Box 6, ff 219; "Letter to George A.Miller (1955a)" , 4/4/1955, HSP, Box 6, ff 210; and "Letter to George A.Miller (1955b)" , 7/25/1955, HSP, Box 6, ff 212.

31. Samuel Schurr, Jacob Marschak, and Herbert Simon, *Economic Aspects of Atomic Power*, Princeton, NJ: Princeton University Press, 1950.

32. Lewis Strauss, quoted in Spencer Weart, *Nuclear Fear: A History of Images,* Cambridge, MA: Harvard University Press, 1988, p.166.

33. Herbert Simon, "Letter to Eugene Zuckert" , 1/14/1961, HSP, Box 11, ff: Nuclear Science and Engineering Corporation—Correspondence—1960-64.

34. Tjalling C. Koopmans, "Letter to Herbert Simon", 3/23/1949, HSP, Box 6, ff 226; Herbert Simon, "Progress Report: Research on Decision-Making under Uncertainty under ONR-Cowles Commission Contract", 4/11/1953, HSP, Box 6, ff 226.

35. Menger, *Reminiscences of the Vienna Circle.*

36. Simon, *Models of My Life,* pp. 100-101; "Letter to Professor Karl Menger", 6/26/1947, HSP, Box 2, ff 55.

37. Simon, "Letter to Professor Karl Menger", p.1. 这次系列讲座好像成了西蒙介入各科学分支 "公式化" 运动的时间点，例如J. H. Woodger, The Axiomatic Method in Biology, Cambridge: The University Press, 1937。

38. Herbert Simon, "The Classical Concepts of Mass and Force", fall 1947, HSP, Box 2, ff 55; "Equality of Inertial and Gravitational Mass", n.d. [947], HSP, Box 1, ff 38. 这些手稿中的观点被西蒙发表在 "The Axioms of Newtonian Mechanics" , *Philosophical Magazine* 30 (1947): 888-905。

39. "识别问题"，必须确定哪些变量应该被视为独立，哪些应视为非独立。See Herbert Simon, "On the Definition of the Causal Relation" , *Journal of Philosophy* 49, no. 16(1952): 517-528, and "Causal Ordering and Identifiability", in *Studies in Econometric Method,* ed.William C. Hood and T. C. Koopmans, New York: Wiley, 1953. 两篇文章都重编入 Simon, *Models of Man*。

40. 对于操作主义理念、计算机与大脑之间联系的进一步讨论，参见第

9 至 12 章，以及 Hunter Crowther-Heyck, "George A.Miller, Language, and the Computer Metaphor of Mind" ,*History of Psychology* 2, no.1（1999）: 37-64。

41. 与西蒙论文有关的信函存放在 HSP，Box 1, ff 26。

42. 部分更有启发性的评论有 : James McCamy, "Letter to Herbert Simon", 6/6/1947, HSP, Box 6, ff 213; John A. Vieg, "Letter to Herbert Simon", 2/23/1948, HSP, Box 5, ff 197; Herbert Simon, "Letter to Paul Appleby", 5/11/1945, HSP, Box 1,ff 26; Chester A. Barnard, "Letter to Herbert Simon (May)", 5/11/1945, HSP, Box 1, ff 26. Herbert A. Simon, "Letter to William Cooper (January)", 1/17/1946, HSP, Box 1, ff 26。

43. McCamy, "Letter to Herbert Simon". 类似的观点参见 Barnard, "Letter to Herbert Simon (May)"; Simon, "Letter to William Cooper (January)"; James Fesler, "Review of Administrative Behavior", *Journal of olitics* 10, no.1 (1948):189-189。

44. Barnard, "Letter to Herbert Simon (May)"; Chester A. Barnard, "Letter to Herbert Simon (June)", 6/24/1945, HSP, Box 1, ff 26.

45. Herbert A. Simon, "Letter to Chester Barnard (July)", 7/16/1945, HSP, Box1, ff 26, p.1.

46. Barnard, "Letter to Herbert Simon (May)", p.1.

47. 同上，第 1 页。

48. Barnard, "Letter to Herbert Simon (June)", p.15.

49. Barnard, "Letter to Herbert Simon (May)", p.5.

50. Barnard, "Letter to Herbert Simon (June)", p.2.

51. 同上，第 5 页。

52. Barnard, "Letter to Herbert Simon (May)", p.3.

53. Barnard, "Letter to Herbert Simon (June)", p.1.

54. 同上，第 18 页。

55. Barnard, "Letter to Herbert Simon (May)", pp. 5-6.

56. Barnard, "Letter to Herbert Simon (June)", pp.11-12, 17.

57. 西蒙声称:"那些内容……是在一种完全不同的思想状态下撰写的。"——说服满是疑虑的学生，追求效率的公共管理并不意味着忽视人类的价值。Simon, "Letter to Chester Barnard (July)", p. 1.

58.Simon, "Letter to William Cooper (January)", p. 1.

59. 同上。砍掉总结了西蒙关于选择的理论的第 3 章尤为困难。

60. See, for example, Fesler, "Review of Administrative Behavior"; John D.Millett, "Review of Administrative Behavior", *Political Science Quarterly* 62, no. 4 (1947):621-622.

61. For a dismissive review, see Lloyd Short, "Review of *Administrative Behavior*", *American Political Science Review* 41, no. 6(1947): 1215-1216. For a

critical review that takes Simon very seriously, see Dwight Waldo, "Development of Theory of Democratic Administration", *American Political Science Review* 46, no. 1(1952):81-103.

62. David Truman, *The Governmental Process: Political Interests and Public Opinion*, New York: Knopf, 1951; Harold Lasswell and Abraham Kaplan, *Power and Society: A Framework for Political Inquiry*, New Haven, CT: Yale University Press,1950. 关于政治科学领域的行为革命，参见"资料来源笔记"。

63. Herbert A. Simon, Peter Drucker, and Dwight Waldo, " 'Development of a Theory of Democratic Administration' : Replies and Comments", *American Political Science Review* 46, no. 2(1952): 494-503.

64. 同上，第494页。

65. 同上，第495—496页。

66. John Gunnell, *The Descent of Political Theory: The Genealogy of an American Vocation*, Chicago: University of Chicago Press, 1993, p.224.

67. Herbert Simon, Donald Smithburg, and Victor Thompson, "A Manual for Teachers Using *Public Administration*", 3/11/1952, HSP, Box 28, ff: "A Manual for Teachers Using *Public Administration*— 1952", p.3.

68. Eugene Jacobson, "Letter to Herbert Simon", 9/21/1948, HSP, Box 6, ff 209.

69. Simon, Smithburg, and Thompson, *Public Administration*, p. 3.

70. Donald Smithburg, "Letter to Herbert Simon (February)", 2/10/1950, HSP, Box 1,ff 35, p. 1.

71. Donald Smithburg, "Letter to Herbert Simon (March)", 3/4/1950, HSP, Box 1, ff 35, p. 1.

72. Donald Smithburg, "Letter to Herbert Simon", 10/18/1951, HSP, Box 4, ff 134.

73. Bert F.Green, interview by Hunter Crowther-Heyck, 4/28/1999.

74. Henry C. Hart, "Review of Public Administration", *Journal of Politics* 13, no. 2 (1951): 295-297, p. 296.

75. Chester A. Barnard, *The Functions of the Executive*, Cambridge, MA: Harvard University Press, 1968, pp.294-295.

76. Michael A. Bernstein, "American Economics and the National Security State", 1941-1953, Radical History Review 63 (1995): 8-26; Michael Bernstein, A Perilous Progress: Economists and Public Purpose in Twentieth-Century America, Princeton, NJ: Princeton University Press, 2001; Robert Collins, The Business Response to Keynes, 1929-1964) New York: Oxford University Press, 1981; Robert M. Collins, More: The Politics of Economic Growth in Postwar

America, New York: Oxford University Press, 2000. 这种矛盾如果从广告的经济分析角度看尤其明显：每年试图操纵观众做出非理性选择的广告投入高达数十亿美元。如果这些广告产生了作用，个人消费者就不会是自由、理性的选择者。如果没有发挥作用，那么为这些活动投入巨资的企业同样也是非理性的。

77. Quoted in Barnard, The Functions of the Executive, final page (not numbered).

第七章　构建自己的环境

1. 1947 年 1 月，西蒙被调到一个新组建的教工委员会，负责学术政策，还在 20 世纪 40 年代中晚期帮助组建了一个名为教务委员会的教员代表组织。1947 年 3 月，他被聘为正教授。他在被聘为正教授之前被任命为系主任，但是一直到 1947 年秋季学期才正式就任该职位。

2. 伊利诺理工学院不在海德公园，但是西蒙一家还是选择住在那里。自从他们在芝加哥大学读研起，就一直惦记着那里。

3. 西蒙的孩子名叫凯西、彼得以及芭芭拉。他们分别出生于 1942 年、1944 年和 1946 年。

4. Morton Grodzins, "Letter to Herbert Simon", 11/4/1954, HSP, Box 5, ff 205. Ithiel de Sola Pool 1950 年来麻省理工学院找过西蒙。Ithiel de Sola Pool, "Letter to Herbert Simon", 3/6/1953, HSP, Box 6, ff 216. 乔治·A. 米勒、瓦西里·里昂惕夫、弗雷德里克·莫斯泰勒和弗雷德·巴尔斯等人 1957 年曾邀请西蒙到哈佛大学来。Herbert A. Simon, 'Letter to Robert F. Bales", 11/1/1957, HSP, Box 16, ff:260 Correspondence—B—1953-1959.

5. Herbert Simon, Models of My Life, New York: Basic Books, 1991, p. 260.

6. David Klahr, interview by Hunter Crowther-Heyck, 7/15/2003.

7. "效力较弱的药"一词来自 V. O. 凯伊给西蒙的一封信中，这封日期不详的信主要是赞扬他的《管理行为》。V. O. Key, "Letter to Herbert Simon", 1948, HSP, Box 6, ff 210.

8. Joseph A. Schumpeter, Capitalism, Socialism, and Democracy, 3rd ed., New York: Harper & Row,1962.

9. 这些实验室全都专注于研究当地的赞助者最感兴趣的领域。例如，美国铝业公司资助金属研究实验室，每湾石油公司赞助分子结构实验室，而美国钢铁公司、通用电气公司、科佩斯公司以及西屋公司资助煤炭研究实验室。Arthur W. Tarbell, The Story of Carnegie Tech, Pittsburgh, PA: Carnegie Institute of Technology, 1937, pp. 107-114. Also see Glen U. Cleeton, The Story of Carnegie Tech II: The Doherty Administration, Pittsburgh, PA: Carnegie Institute of Technology, 1965.

10. Robert E. Doherty, "The First Fifty Years", 10/27/1950, CMU Archives, President's Papers—Doherty, Box 60, ff: "President—Doherty, Robert E. Speeches,1948-1957".

11. 同上。Also see Carnegie Institute of Technology, "The Carnegie Plan of Professional Education in Engineering and Science", 12/01/1948, CMU President's Papers—Doherty, Box 60, ff: "President—Doherty, Robert E., Carnegie Plan—General Characteristics, Journal Articles, 1948-1957".

12. Doherty, "The First Fifty Years".

13. On Doherty's interest in economics and management, see Robert Gleeson and Steven Schlossman, "George Leland Bach and the Rebirth of Graduate Management Education in the United States,1945-1975", *Selections* (1996):8-46, and Robert Gleeson, "The Rise of Graduate Management Education in American Universities, 1908-1970", Ph.D. diss., Carnegie Mellon University, 1997 , esp. chaps.3-4.

14. Gleeson and Schlossman, "George Leland Bach", pp. 9-12.

15. 同上。

16. 同上，第11-15 页。Also see William Cooper, "Proposed Sequence in Quantitative Controls in Business", 4/3/1947, HSP, Box 4, ff 200, and Herbert Simon, "Letter to William Cooper (April) ", 4/24/1946, HSP, Box 4, ff 200.

17. Carter A. Daniel, *MBA: The First Century,* Lewisburg, PA: Bucknell University Press, 1998, pp. 149, 196-197.

18. 20 世纪60 年代，卡内基理工学院工业管理研究生院的博士在其他的商学院非常抢手，他们不仅在毕业之前就会接到工作邀请，甚至会在还没有提出申请就拿到工作邀请！这种情况司空见惯。Klahr,Interview.

19. John Servos, "Changing Partners: The Mellon Institute, Private Industry, and the Federal Patron", *Technology and Culture* 35, no. 2 (1994): 221-257.

20. Daniel, *MBA: The First Century,* pp. 140-141; Gleeson and Schlossman, "George Leland Bach", pp. 14-15.

21. Gleeson and Schlossman, "George Leland Bach", p. 14.

22. Herbert Simon, *Administrative Behavior* , New York: Macmillan,1947.

23. 对于系统科学的编年史，参见"资料来源笔记"。

24. 从出资人的角度看，有一种描述这种工作的方式："任务导向型的基础研究" ——一个用来描述20 世纪50 年代和60 年代由海军研究办公室、ARO 以及美国空军科学研究局在行为科学领域资助的那一类工作的 词 语。Congressional Research Service, "Research Policies for the Social and Behavioral Sciences, Science Policy Study Background Report No.6", Task Force on Science Policy, Committee on Science and Technology, U.S. House of Representatives,1986.

25. W. W. Cooper, David Rosenblatt, and Herbert Simon, "Memorandum: Research Program of the School: Project on Intra-Firm Planning", 2/21/1950, HSP,Box 61, ff: Materials for Autobiography—1982. 西蒙的观点也清晰地表达在 "Letter to Bernard Berelson, December 1951", 12/10/1951, HSP, Box 4, ff 119, 还有他写在下面这本书页面空白处的评论：Bernard Berelson, "The Ford Foundation Behavioral Sciences Program: Proposed Plan for the Development of the Behavioral Sciences Program—Confidential and Preliminary Draft", 1951, in HSP, Box4, ff 136.

26. National Academy of Sciences Behavioral and Social Science Survey Committee, *The Behavioral and Social Sciences: Outlook and Needs*"Englewood Cliffs, NJ: Prentice-Hall, 1969. 组建社会科学研究机构的第二波浪潮在20世纪60年代中晚期紧随而来；跟第一波浪潮一样，这些中心接收的资金大部分来自联邦政府，但与第一波浪潮不同，他们的资金来自与伟大社会和向贫困宣战项目有关的民用机构，而不是军方。

27. 在首份年度报告中，学校已经被确定为卡内基理工学院工业管理研究生院，研究重点显而易见。G. L. Bach, "First Annual Report,1949-1950", 7/1/1950, GSIA Papers, CMU Archives, Box 4, ff: "GSIA First Annual Report 1949-1950, July 1,1950".

28. George L. Bach, "Letter to Herbert Simon", 4/23/1949, HSP, Box 5, ff 198. Also see Bach, "First Annual Report, 1950-1951". G.L. Bach, "Second Annual Report, 1950-1951, School of Industrial Administration", 7/1/1951, GSIA Papers, Box 4, ff: "Second Annual Report, 1951".

29. Carnegie Institute of Technology, "Bulletin of the School of Industrial Administration", 12/01/1949, CMU President's Papers—Doherty, Box 60, ff: "Doherty, Robert E., Speeches 1949-1950".

30. Harold Guetzkow, "Letter to Herbert Simon", 7/28/1951, HSP, Box60, ff 74.

31. Bach, "Second Annual Report, 1950-1951, School of Industrial Administration".

32. 与第二次世界大战后行为和社会科学增长有关的统计数据见附录。

33. 关于战后社会科学资助者与行为革命之间的关系，请参见附录以及 Hunter Crowther-Heyck, "Patrons of the Revolution: Ideas and Institutions in Postwar Behavioral Science", paper delivered to the University of Oklahoma Colloquium, December 12, 2003。

34. 这个资助人网络中的其他部分关键人物有：负责海军研究办公室数学部的米娜·里斯（Mina Rees）；负责洛克菲勒基金会自然科学项目的沃伦·韦弗（Warren Weaver），他还是海军研究办公室咨询理事会理事；以及负责兰德公司规划组的H. 罗恩·盖瑟（H. Rowan Gaither），他还是空军科研办公室的一位重要的顾问。

35. Robert M. Thrall, Clyde Coombs, and Robert L. Davis, eds., *Decision Processes,* New York:Wiley,1954; Vernon L. Smith, "Game Theory and Experimental Economics: Beginnings and Early Influences", in *Toward a History of Game Theory:Supplement to the History of Political Economy,* ed. E. Roy Weintraub, Durham, NC:Duke University Press, 1992; M. M. Flood, "Report of a Seminar on Organization Science, Rm-709", 10/29/1951, HSP, Box 28, ff: "The RAND Corporation—'Report of a Seminar on Organization Science'—1951". 其他参与者包括 Robert Bush, Clyde Coombs, William Estes, Leon Festinger, Clifford Hildreth, Samuel Karlin, Tjalling Koopmans, Jacob Marschak, Oskar Morgenstern, Roy Radner, and Lloyd Shapley。

36. Herbert Simon, "Letter to Quincy Wright", 4/8/1949, HSP, Box 6, ff 222.

37. 关于"大科学",参见"资料来源笔记"中对资助的讨论。

38. 哈维·萨波尔斯基（Harvey Sapolsky）是少数几个注意到这些相互交叉的委员会的重要性的人之一，但是甚至他最初开始讨论这种现象的时候，都是看战后科研是否由一个精英"内部圈子"主导。有一点非常清楚，战后的社会和行为科学领域存在一个政策制定者的内部圈子；在此我想说明的是，构建这个内部圈子（在各顾问委员会中交叉任职所形成的网络）的方式让我们获得了经纪人和主办者的技能。Harvey Sapolsky, *Science and the Navy: The History of the Office of Naval Research,* Princeton, NJ: Princeton University Press, 1990, p.99.

39. 这些合同中的头三个在最早的两份年度报告中都做了汇报，前面有过引述。

40. Bach, "First Annual Report, 1949-1950", p. 14.

41. Gleeson and Schlossman, "George Leland Bach", p. 17.

42. Herbert Simon, "Notes of Conversation with W. Cooper—July 10, 1951", 7/10/1951, HSP, Box 61, ff: Autobiography—Source Documents—1942-1982.

43. Robert A. Gordon and James E. Howell, *Higher Education for Business,* New York: Columbia University Press, 1959; Frank Pierson, *The Education of American Businessmen: A Study of University-College Programs in Business Administration,* New York: McGraw-Hill,1959.

44. Gleeson and Schlossman, "George Leland Bach".

45. 也请注意，社会科学杂志中，非大学的研究机构支持的论文的引用占比，从20世纪40年接近为零跃升至20世纪60年代初的超过70%。例如，在1949年《心理学评论》（*Psychological Review*）上，37篇文章中，只有2篇提及研究支持形式，而这2篇中只有1篇来自非大学机构。到1958年，该数字已经提升到了每30篇中就有20篇，到1963年，每30篇中高达了25

篇。（这些数字不包括为数很少的来自外国作者的论文，他们几乎没有非大学机构的支持。）

46. Robert Freed Bales, "Letter to Herbert Simon", 12/20/1956, HSP, Box 16, ff: Correspondence—F—1956-1959.

47. 参见"资料来源笔记"对军方资助和战后科学的讨论。

48. Charles C. Holt and Herbert Simon, "Optimal Decision Rules for Production and Inventory Control", in *Proceedings of the Conference on Operations Research in Production and Inventory Control*, Cleveland, OH: Case Institute of Technology, 1954; Charles C. Holt, Franco Modigliani, and Herbert Simon, "A Linear Decision Rule for Production and Employment Scheduling," *Management Science* (1955): 1–30; Herbert Simon, "Dynamic Programming under Uncertainty with a Quadratic Criterion Function", *Econometrica* 24 (1956): 74-81; W.W. Cooper, "Report of Progress: Project Scoop, Research Project for the Study of Intra-Firm Behavior",6/5/1952, GSIA Papers, Box: GSIA (Cyert), ff: Airforce Project Papers.

49. Herbert Simon and Harold Guetzkow, "Memorandum to G. L. Bach on Research into Behavior in Organizations—Proposed Program", 2/28/1952, HSP, Box 7, ff240.

50. Anonymous, "Summer Research Training Institutes: A New Council Program", SSRC Items (1954).

51. Herbert Simon, "Final Report: A Research Training Institute in Techniques for the Computer Simulation of Cognitive Processes", 8/1/1963, HSP, Box 13, ff: SSRC—Summer Seminars—Mailing Lists, Final Report, Memoranda, Correspondence,1962-1963.

52. Simon, *Models of My Life*, p.144.

53. Simon, "Notes of Conversation with W. Cooper—July 10, 1951", pp. 1-2.

54. Herbert Simon, "Letter to G. L. Bach", 7/26/1951, Box 61, ff: Autobiography—Source Documents—1942-1982.

55. Simon, "Notes of Conversation with W. Cooper—July 10, 1951", p. 2.

56. 同上，第4、1 页。

57. 同上，第3 页。

58. Gleeson, "The Rise of Graduate Management Education", p.217.

59. Melvin Anshen, 引用同上，第217 页。

60. Melvin Anshen, 引用同上，第219 页。

61. 除了系统科学，例子还包括分子生物学、太阳系天文学、材料科学、以及固态物理学。Lily Kay, The Molecular Vision of Life: Caltech, the Rockefeller Foundation, and the Rise of the New Biology，New York: Oxford

University Press, 1993; Ronald Edmund Doel, Solar System Astronomy in America: Communities, Patronage, and Interdisciplinary Science,1920-1960, (New York: Cambridge University Press, 1996; Stuart W. Leslie, The Cold War and American Science: The Military-Industrial-Academic Complex at MIT and Stanford, New York: Columbia University Press, 1993.

　　62. 注意，国家卫生研究院、高级研究计划局除了推动科技进步，还拥有明确的任务，因而他们资助目标导向型的基础研究，而不是完全的"纯"科学（如果真有这样的怪兽存在的话），他们的拨款和审查程序一般按照学科界限构建。另外，高级研究计划局、国家卫生研究院，以及美国国家科学基金，全都有明确的"能力建设"任务，这些任务倾向于按照学科建设来解读。正如我们将在第十一章中看到的，国家心理健康研究院在20世纪50年代末60年代初是这个规则的例外，部分原因在于它有的钱不知道该花到什么地方去。

　　63. Kent C. Redmond and Thomas M. Smith, From Whirlwind to MITRE: The R&D Story of the Sage Air Defense Computer, Cambridge, MA: MIT Press, 2000.System Development Corporation, "The System Development Corporation and System Training", American Psychologist 12, no. 8(1975):524-527.

　　64. Simon, interview; "Transcript of Interview with Herbert Simon, April 1975", 4/9/1975, HSP, Box 52, ff: Pamela McCorduck Interviews—1975, pp. 19-20.

第八章　理论的孤岛群

　　1. See, for example, Talcott Parsons, The Social System, New York: Free Press,1951;David Easton, The Political System: An Inquiry into the State of Political Science, New York: Knopf, 1953; Eliot Chapple and Carleton Coon, Principles of Anthropology , NewYork: Holt, 1947; Karl W. Deutsch, "Mechanism, Organism, and Society: Some Models in Natural and Social Science" , Philosophy of Science 18, no. 3 (1951): 230-252; Karl W.Deutsch, The Nerves of Government: Models of Political Communication and Control, New York: Free Press of Glencoe,1963; James G. Miller, "Toward a General Theory for the Behavioral Sciences" , in The State of the Social Sciences, ed. Leonard D. White, Chicago: University of Chicago Press, 1956. 关于控制的科学的兴盛，其他资料见"资料来源笔记"。

　　2. Peter Buck, "Adjusting to Military Life: The Social Sciences Go to War, 1941-1950", in Military Enterprise and Technological Change: Perspectives on the American Experience, ed. Merritt Roe Smith, Cambridge, MA: The MIT Press,1985.

3. Talcott Parsons, "Letter to Dean Paul Buck", 4/3/1944, Talcott Parsons Papers, Harvard University Archives, HUG (FP) 15.2, Correspondence @1930-1959, ff: Buck.

4. James G. Miller, "Toward a General Theory for the Behavioral Sciences", *American Psychologist* 10, no. 9 (1955): 513-531.

5. Hunter Crowther-Heyck, "Full Employment in a Free Society: Science and Democratic Values in Paul Samuelson's *Economics*", paper presented at the Humanities and Technology Association Annual Meeting, 1995.

6. 这些领域中的一些经典的著作有John von Neumann and Oskar Morgenstern, *The Theory of Games and Economic Behavior*, Princeton, NJ: Princeton University Press, 1944; Robert M. Thrall, Clyde Coombs, and Robert L. Davis, eds., Decision Processes, New York: Wiley, 1954; Kenneth J. Arrow, Social Choice and Individual Values, New Haven, CT: Yale University Press, 1951; Anthony Downs, An Economic Theory of Democracy, New York: Harper & Brothers, 1957; Tjalling C.Koopmans, ed., Activity Analysis of Production and Allocation, New York:Wiley,1951;Abraham Wald, Statistical Decision Functions, New York: Wiley, 1950。第二次世界大战后头10年关于选择的科学更多经典著作, 请参见线上的"资料来源笔记"。

7.See Paul Samuelson, Foundations of Economic Analysis, Cambridge, MA:arvard University Press, 1947, and Von Neumann and Morgenstern, The Theory of Games and Economic Behavior.

8. Allen Newell and Herbert Alexander Simon, Human Problem-solving, Englewood Cliffs, NJ: Prentice-Hall, 1972, p. 10.

9. Herbert Simon, "Some Strategic Considerations in the Construction of Social Science Models", 1951, HSP, Box 4, ff 120, pp. 2-3.

10. 同上, 第3页。

11. 参见"资料来源笔记"中对政治科学编年史的讨论, 其中包括行为革命的内容。

12. David Easton, "Introduction: The Current Meaning of 'Behavioralism' in Political Science", in The Limits of Behavioralism in Political Science, ed. James C. Charlesworth, Philadelphia: American Academy of Political and Social Science, 1962; Herbert Simon, *Models of My Life*, New York: Basic Books, 1991, p. 69.

13.Albert Somit and Joseph Tanenhaus, The Development of Political Science: From Burgess to Behavioralism, Boston: Allyn and Bacon, 1967, p. 157. 1949 年至 1952 年, 泰勒·科尔 (Taylor Cole) 是《美国政治科学评论》(APSR) 的编辑。他对行为社会科学, 尤其是其理论形式, 要比奥格更有共鸣, 后者自从 1925 年以来就一直是编辑。科尔的继任者艾尔斯布里对行

为主义抱有广泛的同情，但很多行为学者的数学导向对他来说很是陌生。

14. Simon, "Some Strategic Considerations in the Construction of Social Science Models", p.1.

15. Herbert Simon, Models of Man: Social and Rational. Mathematical Essays on Rational Behavior in a Social Setting, New York: Wiley, 1957, p. 1.

16. Herbert A. Simon, "On a Class of Skew Distribution Functions", *Biometrika* 42 (December 1955). This article is reprinted in Simon, *Models of Man,* pp.145-164, quotation from p. 145.

17. Simon, *Models of Man,* p. 90, emphasis added.

18. 在社会科学领域传播数学技能的另一个重要机构是社会科学研究理事会下属的社会科学家数学培训委员会，西蒙是该委员会的顾问。Herbert Simon, "Memorandum: Mathematical Training of Social Scientists", 9/13/1952, HSP, Box4, ff 121. 注意，20世纪50年代和20世纪60年代初期，数学化的社会科学领域的重要著作中，相当大数量由一家名为Wiley的出版公司发行，这表明，其社会科学方面的编辑对数学方法尤为感兴趣，这也是对天赋的一种很好的判别。

19. Simon, *Models of Man,* p. 97.

20. Simon, "Some Strategic Considerations in the Construction of Social Science Models", p.1.

21. Herbert Simon, "Letter to Kenneth May", 11/2/1953, HSP, Box 6, ff 213, p. 2.

22. Herbert Simon, "The Classical Concepts of Mass and Force", Fall 1947, HSP,Box 2, ff 55.

23. Herbert A. Simon, "A Formal Theory of Interaction in Social Groups", *American Sociological Review* 17 (April 1952). This article is reprinted in Simon, *Modelsof Man,* pp. 99-114; page references are to the latter version. Note that Robert K.Merton makes a point of emphasizing the mathematical origins of the concept of function in *Social Theory and Social Structure: Toward the Codification of Theory and Research*, Glencoe, IL: Free Press, 1949, especially in chap. 1, "Manifest and Latent Functions".

24. James March, "The 1978 Nobel Prize in Economics", *Science* 202(1978): 858-861.

25. 这种对理论在科学中的重要性的思考，一个主要的源泉是Lawrence J. Henderson, "An Approximate Definition of a Fact", *University of California Studies in Philosophy* 14（1932）：179-199。正如在第五章中所发现的，这种概念框架的提法很像托马斯·库恩（Thomas Kuhn）的范式概念。按照亨德森的说法，在系统的概念框架做出来之前，知识的主体只是一堆单纯的数据，而不是一门科学，就像对于库恩来说，前范式的知识主体不是一门科学那样；Thomas Kuhn, *The Structure of Scientific Revolutions*, Chicago: University of Chicago Press, 1962。

26. 一个强大的具体系统模型可能成为启发式模型的根源，就像当斯金纳的鸽子行为找到了鸽子和人类之间的相似点，或者西蒙的人类问题求解行为模型找到人类与计算机之间更为普通的相似点一样。

27. 注意，我此处提供的是一种象征，不是对达尔文思想发展的真正顺序的描述。

28. 颇具反讽意味的是，在这种历史发展中，达尔文以及对于19世纪中叶大部分科学家基本的启发式是，自然系统和经济系统类似，这一点从政治经济学的概念出发最好理解。

29. 西蒙把某些组织称为"一元组织"，是为服务某一个单一目的而设计的组织。用西蒙同样的语言，我们也可以把一个只使用一个理论的具体的系统模型称为"一元模型"；这种模型一般都非常抽象。

30. "理论的孤岛"一词出现在西蒙著作中的很多地方，最常见的有：Simon, "Some Strategic Considerations in the Construction of Social Science Models", and Herbert Simon and Harold Guetzkow, "General Scientific Framework (Orientation Notes)", 11/5/1953, HSP, Box 4, ff 152。

31. Simon, *Models of My Life,* p. 89.

32. Herbert A. Simon, "A Formal Theory of the Employment Relation", *Econometrica* 19(July 1951). 这篇文章重新收录在Simon, *Models of Man,* pp.183-195。这里的引用页码是重印版本的页码。

33. 西蒙说他的"霍曼斯模型"直接来自控制者研究。Herbert Simon, "Annual Report of Activities, July 1, 1950-June 30,1951", 5/3/1951, HSP, Box 6,p.2.

34. Simon, *Models of Man,* p. 166.

35. Herbert A. Simon, "A Formal Theory of the Employment Relation", in *Models of Man, Social and Rational: Mathematical Essays on Rational Behavior in a Social Setting,* ed. Herbert Simon，New York:Wiley-Interscience, 1951, p. 184.

36. 同上。

37. 西蒙对这个过程的分析，明显与博弈论有关：雇主针对被雇佣者的可能的行为模式，与玩家在一个游戏中选择一套可能策略类似。

38. Simon, "A Formal Theory of the Employment Relation", pp. 184, 194.

39. 同上，第192、195页。

40. Herbert Simon, "A Formal Theory of Interaction in Social Groups", in *Models of Man, Social and Rational: Mathematical Essays on Rational Behavior in a Social Setting,* ed. Herbert Simon. New York:Wiley, 1957, p.99.

41. 同上。

42.同上，第100页。由于检测这些变量的单位"某种程度上说有些随意"，西蒙力求"只让我们关注检测标准中的序数属性——更大或者更小的关系"，而不是使用基数。

43.同上，第101页。

44.同上，第103页。此处，西蒙引用了保罗·萨缪尔森（Paul Samuelson）的《经济分析基础》（*Foundations of Economic Analysis*）作为比较静态分析的主要范例。

第九章　关于大脑和机器的一种新模型

1. David Mindell, *Between Human and Machine: Feedback, Control, and Computing before Cybernetics,* Baltimore: Johns Hopkins University Press, 2002; Thomas Hughes, *Networks of Power: Electrification in Western Society,* 1880-1930，Baltimore:Johns Hopkins University Press,1983.

2.关于系统科学的编年史，参见"资料来源笔记"。

3.物理学家在"二战"期间大量向雷达和电子行业转移对电气工程产生了巨大的影响，使该学科增强了与"基础"科学以及抽象数学的联系，与此同时，也让物理学家开始关心技术问题。于是，在战后的电子研究中，很难把物理学家与电气工程师区分开来。对于电气工程和物理学的这种融合，参见 Michael Riordan and Lillian Hoddeson, *Crystal Fire: The Birth of the Information Age,* New York: W.W. Norton, 1997; Paul Forman, "Behind Quantum Electronics: National Security as Basis for Physical Research in the United States, 1940-1960", *Historical Studies in Physical and Biological Sciences* 18, no. 1(1987): 149-229; and Stuart W. Leslie, *The Cold War and American Science: The Military-Industrial-Academic Complex at MIT and Stanford,* New York: Columbia University Press, 1993。

4.关于人机类比，参见 Peter L. Galison, "The Ontology of the Enemy: Norbert Wiener and the Cybernetic Vision", *Critical Inquiry* 21(autumn 1994):228-266; Hunter Crowther-Heyck, "George A. Miller, Language, and the Computer Metaphor of Mind", *History of Psychology* 2, no. 1 (1999): 37-64; and Tara Abraham, "(Physio)Logical Circuits: The Intellectual Origins of the Mcculloch-Pitts Neural Networks", *Journal of the History of the Behavioral Sciences* 38, no. 1(2002): 3–25。

5.克劳德·香农的信息理论给了这些关于机器的新科学一套统一的概念和准备好的检测单位。Warren Weaver and Claude E.Shannon, *The Mathematical Theory of Communication*，Urbana: University of Illinois1949. 关于信息概念向生物学领域的传播，参见 Evelyn Fox Keller, *Refiguring Life: Metaphors of Twentieth Century Biology,* New York: Columbia University Press,

1995. On information theory in psychology, see Crowther-Heyck, "George A. Miller, Language, and the Computer Metaphor of Mind"。

6. Galison, "The Ontology of the Enemy".

7. Arturo Rosenblueth, Norbert Wiener, and Julian Bigelow, "Behavior, Purpose,and Teleology", *Philosophy of Science* 10(1943): 18-24.

8. Norbert Wiener, *Cybernetics: Or Control and Communication in the Animal and the Machine,* Cambridge, MA: Technology Press, 1948.

9. Steve J. Heims, *The Cybernetics Group,* Cambridge, MA: MIT Press, 1991.

10. Talcott Parsons, *The Social System,* New York: Free Press, 1951, passim.

11. Herbert Simon, "Letter to Howard Cirker of Dover Publications", 8/31/1953, HSP, Box 5, ff 202.

12. Herbert Simon, "Letter to Ross Ashby", 6/15/1953, Box 5, ff 197.

13. W. Ross Ashby, "Annual Report", Barnwood House, 1952.

14. 亨德森和坎农以他们对有机体的自我平衡概念的研究，以及把这个概念应用到社会系统分析上而闻名。关于亨德森，请参见 On Henderson, see John Louis Parascandola, "Lawrence J. Henderson and the Concept of Organized Systems", Ph.D. diss., University of Wisconsin, 1968。坎农的思想在其《身体的智慧》(The Wisdom of the Body, New York: W. W. Norton, 1932) 中表达得最为充分。这些思想在前面的第五章中都讨论过。

15. W. Ross Ashby, *Design for a Brain,* New York:Wiley, 1952, p.7.

16. 同上，第 V 页。也请注意，阿什比极力地辩称，该研究 "不使用体验中的主观因素"（第 10 页 ）。

17. 同上，第 v 页。

18. 同上，第 7、54 页。

19. All quotes from W. Ross Ashby, "Letter to Herbert Simon", 7/23/1953, HSP, Box 5, ff 197.

20. Ashby, *Design for a Brain,* chaps. 9-14.

21. 同上，第 103 页。

22. John M. O'Donnell, *The Origins of Behaviorism: American Psychology, 1870-1920,* New York: New York University Press, 1985.

23. George A. Miller and Noam Chomsky, "Finite State Languages", *Information and Control* 1(1958): 91-112.

24. Ashby, *Design for a Brain,* p. 199.

25. 同上，第 29 页。

26. Herbert Simon, *Models of My Life*, New York: Basic Books, 1991, p. 166.

27. Herbert A. Simon, "Application of Servomechanism Theory to

Production Control", *Econometrica* 20 (April 1952). This article is reprinted in *Models of Man, Social and Rational: Mathematical Essays on Rational Behavior in a Social Setting,* ed. Herbert Simon, New York:Wiley, 1957. Citations are to the reprinted version.

28.Simon, "Application of Servomechanism Theory to Production Control", p.219. 请注意，这份引述揭示的不仅是伺服机制理论预期的通用性，还包括原型计算机科学与大型组织对复杂官僚系统的需要之间的紧密联系。

29. 同上，第221页。

30. 同上，第223页。

31. Herbert Simon, "Some Strategic Considerations in the Construction of Social Science Models", 1951, HSP, Box 4, ff 120, p. 32.

32. David Truman, *The Governmental Process: Political Interests and Public Opinion,* New York: Knopf, 1951; Harold Lasswell and Abraham Kaplan, *Power and Society: A Framework for Political Inquiry,* New Haven, CT: Yale University Press, 1950. See also Hans Joachim Morgenthau, *Scientific Man vs. Power Politics,* Chicago: University of Chicago Press, 1946.

33. Kenneth J. Arrow, *Social Choice and Individual Values,* New Haven, CT: Yale University Press, 1951; Anthony Downs, *An Economic Theory of Democracy,* New York:Harper & Brothers, 1957.

34. Herbert Simon, "On the Definition of the Causal Relation", *Journal of Philosophy* 49, no. 16 (1952); Herbert A. Simon, "Causal Ordering and Identifiability", in *Studies in Econometric Method,* ed. William C. Hood and T. C. Koopmans, New York: Wiley,1953. Both are reprinted in Herbert Simon, *Models of Man: Social and Rational. Mathematical Essays on Rational Behavior in a Social Setting,* New York:Wiley, 1957, pp.50-61, 10-36, respectively. Citations are to the reprinted versions.

35. Herbert Simon, "Causal Ordering and Identifiability", in *Models of Man, Social and Rational: Mathematical Essays on Rational Behavior in a Social Setting,* ed.Herbert Simon, Boston: D. Reidel,1957, p.12.

36. 同上。

37. 同上，第22页。

38. 同上，第13—22页。高层级的变量决定连接变量的等式的系数，从而影响下级系统中的变量。

39. 同上，第22页。

40. 同上，第26页。

41. Herbert A. Simon, "Notes on the Observation and Measurement of Political Power", *Journal of Politics* 15, November,1953. Citations are to the draft version of fall 1952: Herbert Simon, "Draft of 'Notes on the Observation

and Measurement of Political Power' ", n.d. [1952], Box 2, ff 52.

42. Simon, "Draft of 'Notes on the Observation and Measurement of Political Power' ", p.2.

43. Hugh Elsbree, "Letter to Herbert Simon", 3/25/1953, Box 2, ff 52, p. 1.

44. 同上，第1—2页。

45. Herbert Simon, "Letter to Dwight Waldo", 3/10/1953, HSP, Box6, ff 222. 在就此事致修·艾尔斯布里（Hugh Elsbree）的信中，西蒙提到，他认同沃尔多的评价，说他是一位"彻头彻尾的实证主义者，对异端邪说零容忍"。Herbert Simon, "Letter to Hugh Elsbree", 3/9/1953, HSP, Box 10, ff: *American Political Science Review*—Correspondence—1950-71.

46. Simon, "Letter to Hugh Elsbree", p. 2.

47. Simon, "Draft of 'Notes on the Observation and Measurement of PoliticalPower' ", p. 6.

48. 同上，第6—7页。

49. 同上，第20页。

50. Simon, *Models of My Life*, pp. 37,44,111.

51. The key works of the Gestaltists, for Simon and Guetzkow, were Otto Selz, *Die Gezete der Productiven und Reproductiven Geistestätigkeit*, Bonn: Cohen, 1924; Adrian de Groot, *Het Denken Van Den Shaker*, Amsterdam: N. H. Uitg, 1946, translated as *Thought and Choice in Chess*, New York: W.W. Norton, 1956; Karl Duncker, *The Psychology of Productive Thinking*, Washington, DC: American Psychological Association, 1945; and Max Wertheimer, *Productive Thinking*, New York: Harper & Brothers, 1945. On the history of Gestalt psychology, see Mitchell G. Ash, *Gestalt Psychology in German Culture, 1890-1967: Holism and the Quest for Objectivity*, New York: Cambridge University Press, 1995.

52. On George Miller, see Crowther-Heyck, "George A. Miller, Language, and the Computer Metaphor of Mind". For Jerome Bruner's ideas about thinking, see Jerome Bruner, Jacqueline Goodnow, and George Austin, *A Study of Thinking*, New York: Wiley, 1956, and Jerome Bruner, *In Search of Mind*, New York:,53. Herbert Simon and Harold Guetzkow, "Memorandum to G. L. Bach on Research into Behavior in Organizations—Proposed Program", 2/28/1952, HSP, Box 7, ff240, pp. 1-6.

53. Herbert Simon and Harold Guetzkow, "Memorandum to G. L. Bach on Research into Behavior in Organizations—Proposed Program", 2/28/1952, HSP, Box 7, ff 240, pp. 1-6.

54. 同上。贝维勒斯的研究工作是在空军的资助下在麻省理工学院开展的。这些工作是保密的，但在系统科学家的小圈子里无人不知；所以，在这里评判人有很多方法，其中最为关键的是身处于这个崛起中的圈子内部。
参见 See Alex Bavelas et al., "Project Rand Research Memorandum Rm-358: The
Performance of Task-Oriented Groups as Influenced by Their Communications
Network", 3/20/1950, HSP, Box 4, ff: RAND Corporation — Paper "The
Performance of Task-Oriented Groups as Influenced by Their Communications
Network" — 3/20/1950。

55. Bavelas et al., "Performance of Task-Oriented Groups". Also see Leon
Festinger, "Letter to Herbert Simon", 3/2/1953, HSP, Box 2, ff 71.

56. Festinger, "Letter to Herbert Simon". 该文公开发表为 Herbert Simon
and Harold Guetzkow, "A Model of Short and Long-Run Mechanisms Involved
in Pressures toward Uniformity in Groups", *Psychological Review* 62 (January
1955):56-68, 重印于 Simon, *Models of Man,* pp. 115-130。

57. 西蒙在 1952 年出席（由兰德公司主办的）一次关于"决策程序"的
会议，首次参观了系统研究实验室。这次会议在第七章进行了讨论。

58. Robert Chapman, William Biel, John Kennedy, and Allen Newell, "The
Systems Research Laboratory and Its Program, Project Rand Document D-1166",
1/7/1952, HSP, Box 4, ff: RAND Corp — 1/7/1952, p. 1.

59. On SAGE, see Paul Edwards, *The Closed World: Computers and the
Politics of Discourse in Cold War America* , Cambridge, MA: MIT Press, 1996;
Thomas Parke Hughes, *Rescuing Prometheus,* 1st ed., New York: Pantheon
Books, 1998; Kenneth Flamm, *Creating the Computer: Government, Industry,
and High Technology,* Washington, DC: Brookings Institution,1988; Kent C.
Redmond and Thomas M. Smith, *From Whirlwind to MITRE: The R&D Story of
the SAGE Air Defense Computer,* Cambridge, MA: MIT Press, 2000.

60. Edwards, *The Closed World,* chap. 6; Crowther-Heyck, "George A.
Miller, Language, and the Computer Metaphor of Mind". For descriptions of
work at the HRRL and at the affiliated Human Communications Research Group
(the Bavelas group) at the Air Force Cambridge Research Laboratories, see J. C.
R. Licklider, George A. Miller, and Jerome Wiesner, "Psychological Research
Program for the Air Force Human Resources Research Laboratories Quarterly
Progress Report", 1/19/1951, HSP, Box 6, ff 213, and William Huggins, "Letter to
Herbert Simon", 1/19/1951, HSP, Box5, ff 206.

61. 空军自己的麦克斯韦空军基地是此类研究的另一个中心，但是与
主流的心理学研究更加隔绝。Herbert Simon, "Letter to Albert Biderman",
6/24/1952, HSP, Box 5, ff 198. 关于林肯实验室、麻省理工学院和兰德公司，
请参见"资料来源笔记"。

62. Licklider, Miller, and Wiesner, "Psychological Research Program";
Huggins, "Letter to Herbert Simon".

63. Many at HRRL, for example, had trained at Harvard's Psycho-Acoustics Laboratory under S. S. Stevens; Edwards, *The Closed World,* chap. 6.

64. Huggins, "Letter to Herbert Simon"; Licklider, Miller, and Wiesner, "Psychological Research Program".

65. Chapman et al., "The Systems Research Laboratory and Its Program", p. 1.

66. Allen Newell and Joseph Kruskal, "Organization Theory in Miniature", 5/18/1951, HSP, Box 4, ff 147.

67. Chapman et al., "The Systems Research Laboratory and Its Program", pp. 8, 10.

68. 同上，第20页。

69. 同上，第4、7、13页。

70. 同上，第20页。

71. These later tests are described in Robert Chapman et al., "The Systems Research Laboratory's Air Defense Experiments: Rand Paper No. P-1202", 10/23/1957, HSP,Box 4, ff: H. S. RAND Corp — The Systems Research Laboratory's Air Defense Experiments.

72. Simon, *Models of My Life,* pp.168, 111.

73. 同上，第198页。西蒙将其自传的第13章命名为"攀登高峰：达成人工智能"。

74. Herbert A. Simon, "A Behavioral Model of Rational Choice", *Quarterly Journal of Economics* 69 (1955); Herbert Simon, "Rational Choice and the Structure of the Environment", *Psychological Review* 63 (1956)129-138. These articles are reprinted in Simon, *Models of Man,* pp.241-260,261-273, respectively. Citations are to the reprinted versions.

75. Herbert Simon, "A Behavioral Model of Rational Choice," in *Models of Man,* ed. Herbert Simon , New York:Wiley, 1957, p.241.

76. Simon, *Models of Man,* p.202.

77. 同上，198页，重点在原文。我们应该记住，尽管这是在公开出版物中西蒙首次使用"有限理性"这个提法，其实这个概念从写于1942年的《管理行为》的第一版开始，就在他的著作中扮演着重要的角色。

78. Simon, "A Behavioral Model of Rational Choice", pp. 241, 242.

79. 同上，第245页。

80. 同上，第246页。

81. Herbert Simon, "Letter to Ward Edwards", 8/16/1954, HSP, Box 5, ff 203, p. 1.

82. Simon, "A Behavioral Model of Rational Choice", p. 243.

83. Simon, *Models of Man,* p.199.

84. Simon, "A Behavioral Model of Rational Choice", p. 256.

85. 这与亨德森的兴趣点类似，因为他的研究也从有机体的自我平衡机制转向了"环境的适宜性"。Lawrence J. Henderson, *The Fitness of the Environment,* New York: Macmillan, 1913.

86. Herbert Simon, "Rational Choice and the Structure of the Environment", in *Models of Man,* ed. Herbert Simon, New York:Wiley,1957, pp. 262, 271.

87. Simon, "Letter to Ward Edwards", p. 1.

88. Simon, "Rational Choice and the Structure of the Environment", pp.270-271.

89. Simon, *Models of Man,* p. 200.

90. 纽厄尔于1954年秋季来到卡内基理工学院，师从西蒙，"领取他的会员卡"（指他的博士学位）。纽厄尔在整个20世纪50年代都是在兰德公司领取薪水的员工。纽厄尔的研究生学习从数学开始，他在离开普林斯顿后在兰德公司从事数学应用方面的工作。1954年时他27岁。

91. Herbert Simon, "Dynamic Programming under Uncertainty with a Quadratic Criterion Function", *Econometrica* 24(1956):74-81.

92. Herbert Simon, "The Theory of Departmentalization: Ford Working Paper #8", 4/1/1954, HSP, Box 7, ff 239; Herbert Simon, "Functional Analysis and Organization Theory: I", 4/1/1954, HSP, Box 7, ff 239; Herbert Simon, "Functional Analysis and Organization Theory: II", 4/30/1954, HSP, Box 7, ff 239.

93. James G. March, Herbert Simon, and Harold Guetzkow, *Organizations*, NewYork: Wiley, 1958. 尽管马奇位列第一作者，并且毫无疑问地为该书做出了重要的贡献，但是《组织》的主要观点来源于西蒙的工作，正如我们在《管理行为》《公共管理》，以及前面列出的论文所显示的那样。

94. Simon, "Functional Analysis and Organization Theory: I", p. 1.

95. 同上。

96. 同上，第2页。

97. 同上，第9、10页。

98. 同上，第9、10、12、13页。

99. 同上，第12、14页。

100. 同上，第6页。

101. Herbert Simon, "Concepts and Propositions for Possible Application to Social Behavior Laboratory", undated, presumably 1953, HSP, Box4, ff 116, pp. 1-2.

102. Simon, "Functional Analysis and Organization Theory: I", p. 9. 在他看来，这类活动在商业企业里主要是高管而非中层管理人员的任务，尽管每个个体都必须具备这类归纳性的、适应性的问题求解行为的能力，否则他不可能在职场中生存。

103. Herbert A. Simon, *Administrative Behavior,* 2nd ed., New York: Macmillan,1961, pp. 149, 57.

104. 附录被编辑删除。西蒙，亨特·克劳泽－海克所做的专访，1997年10月19日。

第十章 程序即理论

1. 关于科学史上的工具，参见"资料来源笔记"。

2. George Lakoff and Mark Johnson, *Metaphors We Live B,* Chicago: University of Chicago Press, 1980. 关于科学史中的隐喻，参见"资料来源笔记"。

3. "交易区"是彼得·加里森（Peter Galison）提出的概念，用于描述跨学科交汇点，在那里，各种新的概念，甚至新的语言，通过在共享的社交技术环境中的共同经历被打造出来。加里森主要对作为交易区亚文化形成者的工具和与之相关的实践感兴趣；我想补充，某些特定的根隐喻在此类亚文化的构建中扮演了同等重要，而且惊人的平行角色。Peter Louis Galison, *Image and Logic: A Material Culture of Microphysics*, Chicago: University of Chicago Press, 1997.

4. Herbert Simon, *Models of My Life*, New York: Basic Books, ,1991, p. 168.

5. Herbert A. Simon, "Letter to Bernard Berelson, March1957", 3/25/1957, HSP, Box10, ff: Ford Foundation—Correspondence—1957–59, p. 3.

6. K. Anders Ericsson and Herbert Simon, "Verbal Reports as Data", *Psychological Review* 87, no. 3(1980): 215–251.

7. Herbert Simon, "Allen Newell (1927-1992)", *Annals of the History of Computing* 20(1998):63–76, p. 68.

8. Herbert Simon and Harold Guetzkow, "Memorandum to G. L. Bach on Research into Behavior in Organizations—Proposed Program", 2/28/1952, HSP, Box 7, ff 240.

9. 同上，第6-9页。Harold Guetzkow, "Organization Behavior Laboratory Research Working Paper No. 3, Proposal for Second Experimental Study", March 1953, HSP, Box 4, ff 116, p.3.

10. Alan Turing, "On Computable Numbers, with an Application to the Entscheidungsproblem", *Proceedings of the London Mathematical Society, Series* 2, 42(1936):230-265; Alan Turing, "Computing Machinery and Intelligence", in *Computers and Thought,* ed. Edward Feigenbaum and Julian Feldman, 1950; reprint, New York: McGraw-Hill,1963. On Turing, see Alan

Hodges, *Alan Turing: The Enigma of Intelligence,* New York: Simon & Schuster, 1983.

11. Simon, *Models of My Life,* p. 201.

12. Claude E. Shannon, "A Symbolic Analysis of Relay and Switching Circuits", M.S. thesis, MIT, 1938; Warren McCullough and Walter Pitts, "A Logical Calculus of the Ideas Immanent in Nervous Activity", *Bulletin of Mathematical Biophysics* 5(1943):115-137.

13. 在这种情况下，它们就像阿什比的超稳定系统，如果需要改变"行为的方式"，就要进行人工干预。

14. 一个类比可能是交换机；每个新打进来的电话都需要话务员做一次新的连接，把电话线插进一个新的插口里。

15. Martin Campbell-Kelly and William Aspray, *Computer: A History of the Information Machine,* 1st ed., New York: Basic Books, 1996; William Aspray, *John Von Neumann and the Origins of Modern Computing*, Cambridge, MA: MIT Press,1990; Paul E. Ceruzzi, *A History of Modern Computing,*2nd ed., Cambridge, MA: MIT Press, 2003.

16. "关于电子离散变量自动计算机的报告初稿"（First Draft of a Report on EDVAC）一直被称为"现代计算的开创性文件"。尽管从来没有公开发行过，但是流传得很广。Ceruzzi, *A History of Modern Computing,* p. 21.

17. 冯·诺依曼认为程序就是在特定的环境里应用一系列操作，这种想法与他对游戏策略的看法相类似。他对游戏的看法在一年之前出现在 John von Neumann and Oskar Morgenstern, *The Theory of Games and Economic Behavior,* Princeton, NJ: Princeton University Press, 1994. 于是，很多在20世纪40年代末和20世纪50年代研究博弈论的人，进而认为人类和机器二者都是在寻求确定的"行为路径""计划"或者"策略"。到20世纪50年代末，所有这些具有亲缘关系的概念全都被纳入程序的通用概念之中。

18. 对于那些认为计算机仍然"只是"一部机器，因为它"只是"执行了一个并非由它创建的程序的人，西蒙回答说，人类也是如此，因为，难道我们不是在执行写入我们的DNA的程序吗？

19. Herbert A. Simon and Allen Newell, "What Have Computers to Do with Management?", 5/21/1959, HSP, Box 28, ff: RAND Corp.—What Have Computers to do With Management?—1959, p. 6.

20. JOHNNIAC 以约翰·冯·诺依曼的名字命名。

21. Simon, *Models of My Life,* p. 189.

22. 同上，第203-204页。Herbert A. Simon, "Some Notes on the Early History of LT",7/9/1957, HSP, Box 29, ff: Paper "Some Notes on the Early History of LT".

23. Simon, *Models of My Life,* pp.206-207. 对于人类"计算机"组织，理

查德·费曼（Richard Feynman）讲了一个类似的故事：Lilian Hoddeson, ed., *Critical Assembly: A Technical History of Los Alamos During the Oppenheimer Years,* 1943-1945, New York: Cambridge University Press, 1993.

24. Allen Newell and Herbert Simon, "Heuristic Problem Solving", *Journal of the Operations Research Society of America* 6 (1958): 1-10. This paper is reprinted in *Models of Bounded Rationality, Volume I: Economic Analysis and Public Policy,* ed. Herbert Simon , Cambridge, MA: MIT Press, 1982, pp.380-389, 381. 关于组织理论与问题求解程序之间紧密联系的一个更好的例子是，西蒙在由卡内基理工学院举办的关于组织问题的暑期学院期间，研发出了他的第二套启发式问题求解程序的核心内容 Herbert A. Simon, "Logic Problem Program", 7/6/1957, HSP, Box 61, ff: Autobiography—Source Documents—1942-1982.

25. Simon, *Models of My Life,* p.206.

26. Newell and Simon, "Heuristic Problem Solving", p.385.

27. 程序是一台"虚拟机器"，这一事实并不总会被认可：法院最初把程序理解为类似于文本，而不是虚拟机器，因此把它纳入到版权管辖中，而不是受专利法保护。Robert X. Cringely, *Accidental Empires: How the Boys of Silicon Valley Make Their Millions, Battle Foreign Competition, and Still Can't Get a Date,* New York: Harper Business,1993.

28. 有意思的是，"反馈"确实可行，通过替换，让公理作为输入进行检验，并针对一系列的已知条件（原理以及之前已经证明了的公理）对它进行测试。逻辑理论家的描述出现在 Allen Newell and Herbert Simon, "The Logic Theory Machine: A Complex Information Processing System", *IRE Transactions on Information Theory* 1(1956): 61–79, and Allen Newell and Herbert Simon, "Current Developments in Complex Information Processing, Rand Paper P-850", 5/1/1956, HSP, Box 4, ff: RAND Corporation—Paper 5/1/1956.

29. Newell and Simon, "Heuristic Problem Solving".

30. Simon, "Allen Newell (1927-1992)", p.68.

31. Newell and Simon, "Heuristic Problem Solving", p.382.

32. 同上，第386—387页。

33. 同上，第387页。

34. Allen Newell, J. C. Shaw, and Herbert Simon, "Elements of a Theory of Human Problem Solving", *Psychological Review* 65, no. 3 (1958): 151-166, p. 151.

35. Turing, "On Computable Numbers, with an Application to the Entscheidungsproblem"; Philip Mirowski, "What Were Von Neumann and Morgenstern Trying to Accomplish?", in *Toward a History of Game Theory, History of Political Economy* 24,supp., ed. E. Roy Weintraub , Durham, NC:

Duke University Press, 1992.

36. 正如戴维·敏德尔（David Mindell）在他的杰作《人机之间》（*Between Human and Machine*）所证明的，这些数学家没有发明出反馈或者伺服机制的概念，首次试图以通信工程的语言描述反馈和控制系统的人也不是他们。然而，他们确实尝试提出新的数学规范来描述此类系统。西蒙与纽厄尔借鉴了"约1940年出现的经典的伺服理论"，再加上阿什比对伺服理论的生物学重构，就是他们对伺服机制和反馈的理解，但在提出一种新的形式语言以描述路径依赖系统的多次尝试中，他们利用了图灵、香农、维纳、冯·诺依曼以及其他逻辑学家（阿隆佐·丘奇、乔治·波利亚、艾米尔·珀斯特）的研究成果。David Mindell, *Between Human and Machine: Feedback, Control, and Computing before Cybernetics,* Baltimore: Johns Hopkins University Press, 2002.

37. George A. Miller and Fred Frick, "Statistical Behavioristics and Sequences ofResponses", *Psychological Review* 56(1949):311-325; Hunter Crowther-Heyck, "George A. Miller, Language, and the Computer Metaphor of Mind", *History of Psychology* 2, no.1(1999): 37-64; Abraham Wald, *Statistical Decision Functions*, New York: Wiley,1950; M. M. Flood, "Report of a Seminar on Organization Science, Rm-709", 10/29/1951,HSP, Box 28, ff: The RAND Corporation——"Report of a Seminar on Organization Science"——1951; Robert J. Leonard, "Creating a Context for Game Theory", inWeintraub, *Toward a History of Game Theory,* p. 71.

38. Mindell, *Between Human and Machine;* Weintraub, *Toward a History of Game Theory;* Thomas P. Hughes and Agatha C. Hughes, eds., *Systems, Experts, and Computers*, Cambridge, MA: MIT Press, 2000.

39. 稍后，西蒙与纽厄尔会强调"生产系统"概念，作为编程的关键核心。生产系统明确了一系列的条件，当这些条件得到满足的时候，就会采取一个行动，或者多个行动。

第十一章　认知革命

1. Hunter Crowther-Heyck, "George A. Miller, Language, and the Computer Metaphor of Mind", *History of Psychology* 2, no. 1 (1999):37-64.

2. 关于更广义的行为主义和心理学史，请参见"资料来源笔记"。

3. John B.Watson, "Psychology as the Behaviorist Views It", *Psychological Review* 20（1913）：158-177.

4. "冯特式的"这个词来自于威廉·冯特，他是实验心理学的开创者之一。同上，第15—160、171—173、175页。

5. 同上，第167页。

6. Edwin G. Boring, *A History of Experimental Psychology*, 1st ed., New York: D.Appleton-Century, 1929.

7. Clark Hull, *The Principles of Behavior: An Introduction to Behavior Theory*, New York: D. Appleton-Century, 1943, p. 19.

8. Edward C. Tolman, *Purposive Behavior in Animals and Men*, New York: Century, 1932, chap. 1, "Behavior, a Molar Phenomenon"; Hull, *The Principles of Behavior: An Introduction to Behavior Theory*, chap.1.

9. 关于实证主义和行为主义，参见 Laurence D. Smith, *Behaviorism and Logical Positivism: A Reassessment of the Alliance*, Stanford, CA: Stanford University Press, 1986; B. F. Skinner, "Review of *Behaviorism and Logical Positivism*", *Journal of the History of the Behavioral Sciences* 23(1987): 209-210. 请注意，在对史密斯的评论中，斯金纳提出，他"完全站在了马奇一边"，尽管托尔曼和赫尔两人深受维也纳学派的影响。

10. 例如，克拉克·赫尔常常把大脑描绘为像一台电话交换机，但是他小心翼翼地仅将它作为教学辅助手段，而不是一个解释性的模型来呈现。Hull, *The Principles of Behavior: An Introduction to Behavior Theory*, p. 40. 当然，逻辑实证主义者并不是第一个反对在科学中采用隐喻语言的人。例如，华生在"行为主义者眼中的心理学"（Psychology as the Behaviorist Views It）中，斥责在心理学中通过类比进行推理的做法。然而，逻辑实证主义者把对隐喻性语言的反对提到了其理念中的关键地位。有意思的是，20世纪50年代末60年代初（也就是"革命"初期）认知心理学家的文章的一个共同的特征，就是用类比对抗推理，这就表明，尽管操作主义和逻辑实证主义是亲戚，但不是双胞胎。例如，参见 Alphonse Chapanis, "Men, Machines, and Models", *American Psychologist* 16, no. 2（1961）: 113-131。

11. 鲁道夫·卡尔纳普的逻辑实证主义在行为学家中间有自己的拥护者，但是，对于20世纪20年代末期至30年代的心理学家来说，最为重要的科学哲学宣言是 Percy Bridgman, *The Logic of Modern Physics*, New York:Macmillan, 1927. 对于布里奇曼对赫尔的影响，参见 Hull, *The Principles of Behavior*, pp. 30-31。Stevens, "The Operational Basis of Psychology", *American Journal of Psychology* 43 (1935):323-330, and "The Operational Definition of Psychological Concepts", *Psychological Review* 42（1935）: 517-542。

12. Hull, *The Principles of Behavior*, pp.17-31; Clark Hull, *A Mathematico-Deductive Theory of Rote Learning*, New Haven, CT: Yale University Press, 1940.

13. Hull, *The Principles of Behavior*, p.27.

14. Nadine M.Weidman, "Mental Testing and Machine Intelligence: The Lashley-Hull Debate", *Journal of the History of the Behavioral Sciences* 30

（1994）：162-180.

15. 例如，卡尔·拉什利总的说来对理论并不友好。他最乐此不疲的就是解释几个理论，并以此消灭它们，但不提出一个自己的来（同上，第163—164页）。

16. Stevens, "The Operational Basis of Psychology"; Stevens, "The Operational Definition of Psychological Concepts".

17. Karl Lashley, "The Behavioristic Interpretation of Consciousness", *Psychological Review* 30, no. 1(1923):237-272,329-353.

18. B. F. Skinner, *The Behavior of Organisms*, New York: Appleton-Century Crofts,1938; B. F. Skinner, "The Concept of the Reflex in the Description of Behavior", *Journal of General Physiology* 5(1931):427-458.

19. George A. Miller, interview by Hunter Crowther-Heyck, 3/1/1993.

20. Mitchell G. Ash, *Gestalt Psychology in German Culture, 1890-1967: Holism and the Quest for Objectivity,* New York: Cambridge University Press, 1995.

21. Wolfgang Kohler, "Gestalt Psychology Today", *American Psychologist* 14, no. 12(1959): 727-734.

22. George A. Miller, "George A. Miller", in *A History of Psychology in Autobiography,* ed. Gardner Lindzey, Stanford, CA: Stanford University Press, 1989, p.393.

23. B. F. Skinner, *Verbal Behavior,* New York: Appleton-Century-Crofts, 1957.

24. Miller, interview.

25. Claude E. Shannon, "A Mathematical Theory of Communication, Part I", *Bell System Technical Journal* (July 1948); Claude E. Shannon, "A MathematicalTheory of Communication, Part II", *Bell System Technical Journal* (October 1948).These two articles are reprinted together in Warren Weaver and Claude E. Shannon, *The Mathematical Theory of Communication*, Urbana: University of Illinois Press, 1949.

26. Hull, *The Principles of Behavior,* p.40. 确实，赫尔经常提到大脑和电话交换机的相似点。

27. O. H. 莫雷（O. H. Mowrer）讨论了心理学家对语言研究的厌恶，"The Psychologist Looks at Language", American Psychologist 9, no.11（1954）：660-694。

28. Watson, "Psychology as the Behaviorist Views It", p. 175.

29. Wendell Garner, "The Contributions of Information Theory to Psychology", in *The Making of Cognitive Science,* ed.William Hirst, New York: Cambridge University Press, 1988; George A. Miller, "What Is Information Measurement?",

American Psychologist 8 (1953):3-11. 日后会成为认知心理学领军人物的科学家，包括 Miller, William McDill, J. C. R. Licklider, Ulric Neisser，对他们在20世纪50年代的研究项目的描述，参见 J. C. R. Licklider, George A. Miller, and Jerome Wiesner, "Psychological Research Program for the Air Force Human Resources Research Laboratories Quarterly Progress Report", 12/16/1952, HSP, Box 6, ff 213.

　　30. George A. Miller, "The Magical Number Seven, Plus or Minus Two", *Psychological Review* 63(1956): 81-97, p.82.

　　31. 同上，第86页。

　　32. 同上，第92页。

　　33. 同上，第93页。

　　34. George A.Miller, Eugene Galanter, and Karl Pribram, *Plans and the Structure of Behavior,* New York: Henry Holt, 1960, p. 132.

　　35. Miller, "The Magical Number Seven, Plus or Minus Two", p. 93.

　　36. Miller, interview.

　　37. 同上。

　　38. Miller, "George A. Miller".

　　39. Noam Chomsky, *Syntactic Structures*, The Hague: Mouton, 1957; Noam Chomsky, "Three Models for the Description of Language", *IRE Transactions on Information Theory* 1(1956): 113-124.

　　40. George A. Miller and Noam Chomsky, "Finite State Languages", *Information and Control* 1(1958): 91-112; Chomsky, "Three Models for the Description of Language"; Chomsky, *Syntactic Structures;* George A. Miller, "Some Psychological Studies of Grammar", *American Psychologist* 17, no. 11(1962): 748-762; Bernard Baars, "Interview with George A. Miller", in *The Cognitive Revolution in Psychology,* ed. Bernard Baars, New York: Guilford Press, 1986, pp. 338-341.

　　41. 图灵机是一台能够模拟任何机器行为的机器。图灵在他1936年的那篇名满天下的论文"论可计算的数字"中证明，构想这样一台机器是可能的，而且它只需能够执行几个非常基础的操作。图灵另一件名满天下的事情是他后来为人工智能提出的"图灵测试"：假定有一台电传打字终端连接到另一个房间里的某种东西上，可能是计算机，也可能是人。如果计算机能够骗过电线另一端的人，让他误认为自己也是人类，那它就是智能的，因为我们，甚至他人拥有智能的唯一证据，就是他们的行为。因而，对图灵来说，对智能的有效模仿就是智能。Alan Turing, "On Computable Numbers, with an Application to the Entscheidungsproblem", *Proceedings of the London Mathematical Society, Series* 2 42 (1936): 230-265; Alan Turing, "Computing Machinery and Intelligence". in *Computers and Thought,* ed. Edward Feigenbaum and Julian Feldman, New York: McGraw-Hill, 1963.

42. "米勒回忆，纽厄尔告诉他，乔姆斯基'提出的语言观念，与西蒙为证明定理提出的思想相同。'" Paul Edwards, *The Closed World: Computers and the Politics of Discourse in Cold War America*, Cambridge, MA: MIT Press, 1996, 229.

43. 对阿瑟·诺伯格（Arthur Norberg）所引用的数据进行简单计算，就可以得出1955年世界上已有大约250台计算机。Arthur Norberg, Judy O'Neill, and Kerry Freedman, *Transforming Computer Technology: Information Processing for the Pentagon,* 1962-1986，Baltimore: Johns Hopkins University Press,1996，p.75.

44. Allen Newell, J. C. Shaw, and Herbert Simon, "Elements of a Theory of Human Problem Solving", *Psychological Review* 65, no. 3 (1958): 151-166; reprinted in *Models of Thought,* ed. Herbert Simon, New Haven, CT: Yale University Press, 1989.

45. Miller, Galanter, and Pribram, *Plans and the Structure of Behavior;* Crowther-Heyck, "George A. Miller, Language, and the Computer Metaphor of Mind".

46. Simon, Newell, and Shaw, "Elements of a Theory", pp. 6-7.

47. 同上，第7—8页。

48. 同上，第8页。

49. 同上，第10页。

50. 同上，第13页。

51. 同上，第14–15页。

52. Kurt Danziger, *Constructing the Subject: Historical Origins of Psychological Research*，New York: Cambridge University Press, 1990.

53.Edwards, *The Closed World;* Norberg, O'Neill, and Freedman, *Transforming Computer Technology.* For a specific case in point, see Herbert A. Simon, "Letter to S. L. Seaton of the U.S. Continental Army Command", 3/1/1961, HSP, Box 17, ff:Correspondence—S—1959-1965.

54. Norberg, O'Neill, and Freedman, *Transforming Computer Technology.*

55. J. C. R. Licklider, "Man-Computer Symbiosis", *IRE Transactions on Human Factors in Engineering* HFE-1, no.1(1960):4-11.

56. Norberg, O'Neill, and Freedman, *Transforming Computer Technology,* pp.286-287 (centers of excellence) and 102 (support of programming languages and timesharing at CMU).

57. 正如我们在第二章中注意到的，20世纪30年代末和40年代，年轻一代中有很多领军人物在为国家资源规划局工作时初露锋芒。

58. Talcott Parsons et al., "Letter to President Conant", 10/16/1945, Paul Buck Papers, Harvard University Archives, Box: "Social Sciences-Z,"

Correspondence, 1945-1946, UA III, 5.55.26, Dean (FAS), pp.1-2.

59. 国家科学基金会确实拥有的强大影响力，它对帕森斯和哈佛大学社会关系学系的影响就更加巨大了，因为帕森斯实际上是一个承前启后的人物。他致力于让社会科学更加严谨，并寻求与联邦资助人建立更加紧密的联系，但是他的数学水平不够精深，战争期间也没有加入军队。

60. Jessica Wang, "Liberals, the Progressive Left, and the Political Economy of Postwar American Science: The National Science Foundation Debate Revisited", *Historical Studies in the Physical and Biological Sciences* 26, no. 1(1995):139-166.

61. 按照一种计算，社会科学在战前获得了联邦研究资金的31%，但是在战后急剧扩大的研究预算中，只获得了6%。这些数字取自约翰·莱利就社会科学的状况提交给社会科学研究理事会的报告。拿来做比较的年份是1938年和1948年。Social Science Research Council, "Minutes of Meeting, Board of Directors, September 1949", 9/11-14/49, SSRC Papers, Rockefeller Archives Center (RAC), Tarrytown, NY, Box 358, ff 2100, AC1, Series9, p. 11.

62. Roger Geiger, "American Foundations and Academic Social Science,1945-1960", *Minerva* 26(1988): 315-341; Roger Geiger, *Research and Relevant Knowledge: American Research Universities since World War II,* New York: Oxford University Press,1993. In the latter, see chap.4, "Private Foundations and Research Universities, 1945-1960", esp. pp.94-110. 盖格很具体地说，在20世纪50年代，社会科学被从联邦资助中排除，但这是因为他只关注国家科学基金会。"国有化美国社会科学的请求"（The Bid to Nationalize American Social Science）中的萨缪尔·克劳斯纳（Samuel Klausner）也是同样的情况。Samuel Klausner and Victor Lidz, eds., *The Nationalization of the Social Sciences*, Philadelphia: University of Pennsylvania Press,1986.

63. Henry Riecken, "Underdogging: The Early Career of the Social Sciences in the NSF", in *The Nationalization of the Social Sciences,* ed. David Klausner and Victor Lidz, Philadelphia: University of Pennsylvania Press, 1986. Also see the Appendix.

64. Herbert Simon, "Social and Behavioral Science Programs in the National Science Foundation: Final Report", National Academy of Sciences, Committee on the Social Sciences in the National Science Foundation, 1976.

65. Gerald N. Grob, *From Asylum to Community: Mental Health Policy in Modern America* , Princeton, NJ: Princeton University Press, 1991, pp.60-67.

66. Robert Felix, "Mental Disorders as Public Health Problems", *American Journal of Psychiatry* 106(1949): 401-406

67. "Training Grant Program Evaluation", National Institute of Mental Health (U.S.). Division of Extramural Research Programs, Program Analysis and

Evaluation Section, 1958.

68. 同上，第15页。

69. NIMH Program Analysis and Evaluation Section, *Behavioral Science and Mental Health,* National Institute of Mental Health, Division of Extramural Research Programs, 1970.

70. Grob, *From Asylum to Community: Mental Health Policy in Modern America,* p. 67.

71. 对战后社会和行为科学的资助，参见附录。

72. Edwards, *The Closed World,* chaps.6-8, passim.

73. National Academy of Sciences Behavioral and Social Science Survey Committee, *The Behavioral and Social Sciences: Outlook and Needs* , Englewood Cliffs, NJ: Prentice-Hall,1969; Kenneth Clark and George A. Miller, eds., *Psychology* , Englewood Cliffs, NJ: Prentice-Hall, 1970, p. 107.

74. Herbert A.Simon, "Letter to Bernard Berelson, March 1957" , 3/25/1957, HSP, Box10, ff: Ford Foundation—Correspondence—1957-1959, p.3.

75. Thomas H. Leahey, "The Mythical Revolutions of American Psychology", in *Evolving Perspectives on the History of Psychology,* ed. Wade Pickren and Donald Dewsbury, Washington, DC: American Psychological Association, 2002; John Mills, *Control: A History of Behavioral Psychology* , New York: New York University Press,1998.

76. Norton Wise and Crosbie Smith, "Work and Waste: Political Economy and Natural Philosophy in Nineteenth-Century Britain (I) and (II)", *History of Science* 27(1989): 263-301, 391-499; Norton Wise and Crosbie Smith, "Work and Waste: Political Economy and Natural Philosophy in Nineteenth-Century Britain (III)", *History of Science* 28(1990): 221—261.

77. 西蒙1980年的文章"口头报告作为数据"成了他在心理学领域最常被引用的文章，后来还产生了一本著作。K. Anders Ericsson and Herbert Simon, "Verbal Reports as Data", *Psychological Review* 87, no. 3(1980):215-251; K. Anders Ericsson and Herbert Alexander Simon, *Protocol Analysis: Verbal Reports as Data,* Cambridge, MA: MIT Press,1984.

第十二章　自适应人，有局限的问题求解者

1. Bernard Berelson, "Letter to Herbert Simon", 3/18/1957, HSP, Box 10, ff: Ford Foundation—Correspondence—1957-1959; Richard Sheldon, "Letter to Herbert Simon", 4/11/1957, HSP, Box 10, ff: Ford Foundation—Correspondence—1957-1959;Herbert Simon, "Letter to Richard Sheldon", 4/11/1957, HSP, Box 10, ff: Ford Foundation—Correspondence—1957-1959.

2. 计算机科学是如此新的一块研究领地，甚至像兰德公司这样拥有20世纪50年代这个国家所有计算机编程人员的八分之一的机构，在20世纪60年代初期之前都没有建立一个计算机科学部。之前，计算机工作主要由系统研究实验室的员工，以及应用数学小组的成员来承担。David Hounshell, "The Cold War, Rand, and the Generation of Knowledge,1946-1962", *Historical Studies in the Physical and Biological Sciences* 27, no. 2(1997): 237-267; David Jardini, "Out of the Blue Yonder: The Rand Corporation's Diversification into Social Welfare Research, 1946-1968", Ph.D.diss., Carnegie Mellon University, 1996.

3. Herbert Simon, "Draft Proposal for Support of Research on Cognitive Processes at the Carnegie Institute of Technology", 2/18/1960, HSP, Box 8, ff 282; Carnegie Institute of Technology, "Draft Press Release Re: Carnegie Corporation Grant to GSIA", 6/13/1960, HSP, Box 8, ff 282.

4. Jerome Bruner, quoted in Ellen Condliffe Lagemann, *The Politics of Knowledge: The Carnegie Corporation, Philanthropy, and Public Policy,* Middletown, CT:Wesleyan University Press,1989, p. 210.

5. Simon, "Draft Proposal for Support of Research on Cognitive Processes", pp. 1-2.

6. 同上，第3页。

7. 同上，第3—4页。

8. 同上，第4页。

9. Lagemann, *The Politics of Knowledge,* pp. 10-11.

10. 卡内基理工学院的计算中心由国防部高级研究计划署的信息处理技术办公室资助。

11. Lagemann, *The Politics of Knowledge,* pp. 10-11.

12. Carnegie Institute of Technology (CIT), "Description of a New Doctoral Program in Systems and Communications Sciences at Carnegie Institute of Technology", 1961, HSP, Box 40, ff: Systems and Communications Sciences Proposal—Correspondence, Budget, Memoranda, etc. 1961-1964.

13. Lee and Hal Leavitt Gregg, "Memo to Behavioral Science Faculty", 4/19/1960, HSP, Box 2, ff 85.

14. CIT, "Draft Press Release Re: Carnegie Corporation Grant to GSIA"; Herbert A.Simon, "Letter to Jack (Warner, President of Cit)", 11/4/1961, Box 61, ff: Autobiography—Source Documents—1942-1982. The letter to Gilmer (11/2/1961) is attached to the letter to Warner.

15. 伯特·F.格林，亨特·克劳泽－海克（Hunter Crowther- Heyck）所做的采访，1999年4月28日。应该注意，在卡内基理工学院，就像在很多的其他技术学院一样，系主任确实拥有某些权力，也担负着某些责任。

16. "共同发展成"是更为准确的说法。在新的计算机科学系于1965年建立之后，系统与通信科学计划继续存在，尽管它最终还是并入了该系。

17. Allen Newell, "Notes on Preliminary Discussion of Funding of the Systems and Communication Sciences", 4/9/1962, HSP, Box 40, ff: Systems and Communications Sciences Program——Correspondence, Budgets, Memos, Proposals, 1961-1964, p. 1.

18. Herbert A. Simon, "Application for Research Grant to NIH", 11/1/1962, HSP, Box 31, ff: NIH Grant 1, Detailed Budget Statements 1964-1964.

19. Newell, "Notes on Preliminary Discussion of Funding of the Systems and Communication Sciences", pp. 1-2.

20. 西蒙也注意到，不受限制的情况并不常见，因为"计算机模拟尽管花费上与原子对撞或登月计划不可同日而语，但也不能说不昂贵"。Herbert Simon, *Models of Thought,* vol.1，New Haven, CT: Yale University Press,1979, p.xv.

21. Simon, "Application for Research Grant to NIH", pp. 8, 20.

22. 同上，第10页。

23. 同上，第16页。

24. Allen Newell, J. C. Shaw, and Herbert Simon, "Elements of a Theory of Human Problem Solving", *Psychological Review* 65, no. 3 (1958):151-166, p. 156.

25. 关于思维过程的口头报告在西蒙的科学研究中的作用，请参见K. Anders Ericsson and Herbert Alexander Simon, *Protocol Analysis: Verbal Reports as Data*，Cambridge, MA: MIT Press, 1984。K. 安德斯·艾利逊（K. Anders Ericsson）与西蒙对口头报告较为简短的辩护是西蒙后来著作中被引用最频繁的：Anders Ericsson and Herbert Simon, "Verbal Reports as Data", *Psychological Review* 87, no.3 (1980): 215-251。

26. Allen Newell and Herbert Alexander Simon, *Human Problem Solving,* Englewood Cliffs, NJ: Prentice-Hall, 1972, p. 5.

27. 同上，第9页。

28. 同上，第10页。

29. 同上，第10、11页。

30. 同上，第11页。

31. 同上，第12页。

32. 同上，第13页。

33. 同上，第20—21页。

34. 同上，第22—23页。

35. 同上，第29—30页。

36. 同上，第808页。

37. 同上。这也是我们为什么常常会觉得外部记忆有用，因为在已有观点的外部记忆中获取信息，要比在长期记忆中获取信息快很多。

38. 关于"冯·诺依曼"体系结构，请参见 Herman Goldstine, *The Computer from Pascal to Von Neumann,* Princeton, NJ: Princeton University Press, 1972; Paul Ceruzzi, *A History of Modern Computing;* William Aspray and Arthur Burks, eds., *Papers of John Von Neumann on Computing and Computer Theory*, Cambridge, MA:MIT Press, 1987。

39. Newell and Simon, *Human Problem Solving,* p. 870.

40. 关于西蒙把计算机科学视为经验科学的经典言论，参见 Allen Newell and Herbert Simon, "Computer Science as Empirical Enquiry: Symbols and Search", in *The Philosophy of Artificial Intelligence,* ed. Margaret Boden, New York: Oxford University Press, 1990。

41. Newell and Simon, *Human Problem Solving,* pp. 3-4.

42. Ulric Neisser, "The Imitation of Man by Machine", *Science* 139 (1963):193-197,p. 195.

43. Herbert Simon, "Motivational and Emotional Controls of Cognition", in *Models of Thought,* ed. Herbert Simon, New Haven, CT: Yale University Press, 1979. References are to the reprinted version.

44. 同上，第31—33页。

45. 同上，第31—35页。

46. 同上，第34—35页。

47. 同上，第35页。Ayer's key work is A. J. Ayer, *Language, Truth, and Logic,* London: V.Gollancz, 1936. Simon routinely assigned Ayer's book to his graduate students.

48. Herbert A. Simon, "Letter to George Miller", 4/30/1957, HSP, Box 16, ff: Correspondence—M—1955-1958, p. 1.

49. John Searle, *The Rediscovery of the Mind,* Cambridge, MA: MIT Press, 1992; John Searle, "Minds, Brains, and Programs", in *The Philosophy of Artificial Intelligence,* ed. Margaret Boden" New York: Oxford University Press, 1990.

50. Herbert Alexander Simon, *The Sciences of the Artificial,* Cambridge, MA: MIT Press, 1969, pp.15-20.

51. Joseph Weizenbaum, *Computer Power and Human Reason: From Judgment to Calculation,* San Francisco: W. H. Freeman, 1976; Hubert Dreyfus, *What Computers Can't Do: The Limits of Artificial Intelligence,* rev. ed., New York: Harper & Row, 1979.

52. Daniel Dennett, quoted in Dreyfus, *What Computers Can't Do,* p. 2.

53. 同上，第3、62页。

54. This letter is reprinted, almost complete, in Herbert Simon, *Models of My Life* , New York: Basic Books, 1991, pp. 273-275, quotation from p. 274.

55. Herbert A. Simon and Allen Newell, "What Have Computers to Do with Management?" 5/21/1959, HSP, Box 28, ff: RAND Corp.— What Have Computers to do With Management?—1959, pp.3-7.

56. Herbert A. Simon, Donald Smithburg, and Victor Thompson, *Public Administration*, New Brunswick, NJ: Transaction, 1950 , pp.95-102.

57. Herbert Simon, "Administrative Behavior: A Study of Decision-Making Processes in Administrative Organization", 1945, Box 20, ff: Administrative Behavior—Preliminary ed.—1945, p. 43.

58. Herbert Simon, Allen Newell, and J. C. Shaw, "Elements of a Theory of Human Problem Solving", in *Models of Thought,* ed. Herbert Simon, New Haven, CT: Yale University Press, 1989, p. 6.

第十三章　人工的科学家

1. Herbert Simon, *The Sciences of the Artificial,* 3rd ed., Cambridge, MA: MIT Press, 1996.

2. 西蒙是首位受邀做这种权威报告的社会科学家。其他做过发言人的是尼尔斯·波尔（Niels Bohr）、奥托·斯特鲁（Otto Struve）、安德列·利沃夫（André Lwoff）、以及伊西多·I. 拉比（Isidor I. Rabi）。

3. 这些版本中最受关注的变化是复杂性的话题越来越重要了。

4.Simon, *The Sciences of the Artificial,* pp. ix, x.

5. 同上，第 xi 页。

6. 同上，第 7 页。西蒙之后在他著名的文章 "A Mechanism for Social Selection and Successful Altruism"［Science250（1990）：1665-1668］中继续探讨这个社会生物学联系。在这篇文章中，西蒙提出，如果社会学习的能力可以继承，大自然很可能会做出有利他倾向的选择。

7. Simon, *The Sciences of the Artificial,* p. 8.

8. 同上，第 9 页。

9. 同上，第 15 页。

10. 同上。

11. 同上，第 15、16—17 页。

12. 同上，第 18 页。

13. 同上，第 20、21 页。

14. 同上，第 22 页。

15. 同上，第 25 页。

16. 同上。

17. 同上，第1、2页。

18. 同上，第53页。

19. 同上，第55页。

20. 同上，第58页。

21. 同上，第79—80页。

22. 实际上，它向行为和社会科学研究委员会建议，由联邦政府资助建立一所应用行为科学的研究生院。National Academy of Sciences Behavioral and Social Science Survey Committee, *The Behavioral and Social Sciences: Outlook and Needs,* Englewood Cliffs, NJ: Prentice-Hall, 1969.

23. Simon, *The Sciences of the Artificial,* p. 81.

24. 同上，第82页。

25. 同上，第82–83页。

26. George Miller, "Psychology as a Means of Promoting Human Welfare", in *Psychology: The Science of Mental Life,* ed. Robert Buckhout, New York:Harper & Row,1973.

27. Simon, *The Sciences of the Artificial,* p.75.

28. 同上。

29. Herbert Simon, "Letter to E. D. Smith", 5/29/1951, HSP, Box 6, ff 220, p.1.

30. Stephen Waring, *Taylorism Transformed: Scientific Management Theory since*1945, Chapel Hill: University of North Carolina Press, 1991; Dwight Waldo, "Political Science: Tradition, Discipline, Profession, Science, Enterprise", in *Handbook of Political Science,* ed. Fred Greenstein and Nelson Polsby, Reading, MA: Addison-Wesley, 1975, pp.1-130; Dwight Waldo, "Development of Theory of Democratic Administration", *American Political Science Review* 46, no. 1(1952): 81-103.

31. On the Marshall Plan, see Michael J. Hogan, *The Marshall Plan: America, Britain, and the Reconstruction of Western Europe,* 1947-1952, Cambridge: Cambridge University Press, 1987; Anthony Carew, *Labour under the Marshall Plan: The Politics of Productivity and the Marketing of Management Science*, Manchester: Manchester University Press, 1987; Herbert Simon, "Birth of an Organization: The Economic Cooperation Administration", *Public Administration Review* 13(1953): 227-236.

32. The report was published as "Report of the Public Members of the Governor's Milk Control Inquiry Committee", Commonwealth of Pennsylvania, 1965. See, in particular, Herbert Simon, J. E. Holtzinger, and F. K. Miller, "Appendix: Economics of Milk Production and Distribution in Pennsylvania", in the report.

33. Herbert Simon, "Letter to William B. Travis", 4/17/1970, HSP, Box 4, ff 159, p. 1.

34. Herbert A. Simon, "Letter to Kathie and David", 5/23/1965, HSP, Box 61, ff: Materials for Autobiography—1982.

35. Herbert Simon, "Letter to the Editor of the Tartan", 9/28/1970, HSP, Box 61, ff: Autobiography—Source Documents, 1969-1988.

36. Herbert Simon, "Letter to the Editor of the Tartan", 10/9/1970, HSP, Box 61, ff: Autobiography—Source Documents,1969-1988.

37. Herbert Simon, "Simon Says", HSP, Box 61, ff: Materials for Autobiography, p.2.

38. 同上，第8—9页。

39. 同上，第12页。

40. 同上，第12—13页。西蒙对托夫勒非常尖刻（也非常准确）的看法也表达在了一份给总统的科学顾问E. E. 戴维（E. E. David）的备忘录中："Letter to E. E. David", 9/18/1970, HSP, Box 8, ff 260。在与戴维博士的另一次交流中，西蒙写道，"我认为当下对科学和技术的攻击是真实存在、广为流传而且非常激烈的"，而且，科学家需要能够讨论"科学在指导变革、为选择提供理由，以及为解决问题提供可行的备选方案中的作用"。"Letter to E. E. David", 9/23/1970, HSP, Box 8, ff 260. 托夫勒从此出乎意料地接受了科技变革，尤其是由计算机作为媒介的交流。Alvin Toffler, *Third Wave*, New York: Morrow, 1980, and Esther Dyson, George Gilder, George Keyworth, and Alvin Toffler, "Cyberspace and the American Dream: A Magna Carta for the Information Age", release 1.2 (August 1994): www.pff.org/publications/ecommerce/fi1.2magnacarta.html.

41. Simon, "Simon Says", pp. 13-14.

42. 同上，第15页。

43. Simon, *The Sciences of the Artificial,* p. ix.

44. Herbert Simon, "The Architecture of Complexity: Some Common Properties of Complex Systems", 4/23/1962, HSP, Box 2, ff 72, pp. 10-11. 西蒙与Warren Weaver 在20世纪50年代就此问题进行过通信，手表的例子就源于Weaver 的分析。Warren Weaver, "Letter to Herbert Simon", 5/18/1962, HSP, Box 2, ff 72. 西蒙就此问题的大多数论述都试图将信息理论运用于生物学。Herbert Simon, "Some Observations on Complex Systems", 2/14/1956, HSP, Box 4, ff 147.

45. Herbert Simon, *Models of Discovery: And Other Topics in the Methods of Science* , Boston: D. Reidel, 1977, pp. 260-261.

46. 这些问题也出现在：Nicholas Rescher and Herbert Simon, "Cause and Counterfactual", *Philosophy of Science* 33（1966）: 323-340。

47. Simon, "The Architecture of Complexity", pp.30, 17-18, 26.

48. 同上，第 36—37、31 页。

第十四章　专家问题求解程序

1. Herbert Simon to Hunter Crowther-Heyck, "Comments on Your Dissertation", 2000, possession of author.

2. Herbert Simon, "Computers—Non-Numerical Computation", *Proceedings of the National Academy of Sciences of the United States of America* 77, no. 11(1980):6264-6248.

3. Allen Newell, J. C. Shaw, and Herbert Simon, "Chess-Playing Programs and the Problem of Complexity", *IBM Journal of Research and Development* 2, no.4 (1958): 320-335, p.320.

4. Robert McFadden, "Computer in the News: Kasparov's Inscrutable Conqueror", *New York Times,* May 12,1997, accessed at: www.nytimes.com/library/cyber/week/051297blue.html; Bruce Weber, "IBM Chess Machine Beats Humanity's Champ", *New York Times,* May 12, 1997, accessed at: www.nytimes.com/library/cyber/week/051297weber.html. 显然，深蓝"没有像台计算机那样下棋"而是像个人———一个卡斯帕罗夫不知道他的历史，看不到他的躯体因而无法了解其个性的人。

5. Newell, Shaw, and Simon, "Chess-Playing Programs and the Problem of Complexity"；Herbert Simon, "Progress Report: Research on Decision-Making under Uncertainty under ONR-Cowles Commission Contract", 4/11/1953, HSP, Box 6, ff 226.

6. Herbert A. Simon, "Some Notes on the Early History of LT", 7/9/1957, HSP, Box 29, ff: Paper "Some Notes on the Early History of LT".

7. Newell, Shaw, and Simon, "Chess-Playing Programs and the Problem of Complexity", p.326.

8. 同上。

9. 费根鲍姆继续着一名计算机科学家的辉煌事业。他主要以自己在专家系统设计中的开创性工作闻名。

10. Herbert Simon and Edward Feigenbaum, "An Information-Processing Theory of Some Effects of Similarity, Familiarization, and Meaningfulness in Verbal Learning", *Journal of Verbal Learning and Verbal Behavior* 3(1964): 385-396; Herbert Simon and Kenneth Kotovsky, "Human Acquisition of Concepts for Sequential Patterns", *Psychological Review* 70 (1963): 534-546.

11. Simon and Feigenbaum, "An Information-Processing Theory"；Simon and Kotovsky, "Human Acquisition of Concepts for Sequential Patterns"；

Howard B.Richman, James J. Staszewski, and Herbert A. Simon, "Simulation of Expert Memory Using EPAM IV", *Psychological Review* 102, no.2 (1995): 305-330.

12. Richman, Staszewski, and Simon, "Simulation of Expert Memory Using EPAM IV", pp.305-307.

13. 同上，第307页。

14. Hunter Crowther-Heyck, "Mind and Network", paper presented to the History of Science Society Annual Meeting, 2001.

15. Richman, Staszewski, and Simon, "Simulation of Expert Memory Using EPAM IV".

16. 同上。

17. 同上。

18. Simon to Crowther-Heyck; Herbert A. Simon and Fernand Gobet, "Expertise Effects in Memory Recall: Comment on Vicente and Wang" (1998),*Psychological Review* 107, no.3(2000):593-600.

19. "但是，这些结果只能驳斥实验者（包括西蒙）的轻率预言，他们没有使用MAPP（模拟规则归纳的程序）检验他们的猜测（用来自精确的模型而不是言辞的推理，解释常见的优越性）"；西蒙与戈贝特，《记忆回放中的专家效应》（*Expertise Effects in Memory Recall*），第596页。

20. Herbert Simon, *The Sciences of the Artificial,* 3rd ed. ,Cambridge, MA: MIT Press, 1996, pp. 15,20.

21. David Klahr and Herbert Simon, "Studies of Scientific Discovery: Complementary Approaches and Convergent Findings", *Psychological Bulletin* 125, no. 5(1999):524-543.

22. 同上，第524页。

23. 同上，第531—532页。

24. 同上，第535页。

25. Herbert A. Simon, "Letter to William Cooper (January)", 1/17/1946, HSP, Box 1, ff 26. 请注意，西蒙不仅区分了归纳和推断，还区分先验原则出发的推断，和从广泛的经验概括出发的推断。

26. Klahr and Simon, "Studies of Scientific Discovery", p. 529.

27. Herbert Simon, "Discovery, Invention, and Development: Human Creative Thinking", *Proceedings of the National Academy of Sciences of the United States of America*, no. 14 (1983): 4570-4571. 对BACON更为完整的描述，请参见 Pat Langley and Herbert A. Simon, "Applications of Machine Learning and Rule Induction", *Communications of the ACM*, 1995。BACON很好地模拟了开普勒工作中的某些方面：给它开普勒最初得到的数据，它能够得出开普勒对于行星圆周运动的原始错误公式。给它开普勒后来的数据，以及他对其准

确性的信心，BACON 生成了第三定律的正确公式，跟开普勒所做的一样。BACON 及其后继者表面上的成功并没有让那些强调科学的社会环境的学者，尤其是那些在科学社会学领域"强纲领"的倡导者，诸如哈利·柯林斯（Harry Collins）喜欢上西蒙。西蒙认为，强纲领愚蠢得太过于明显，根本不值得他花时间去驳斥，尽管他（原则上，或许不是实践中）承认"弱纲领"的重要性。这些争论的更多内容，请参见《科学的社会学研究》（*Social Studies of Science*）1989 年卷和 1990 年卷。

28. Simon and Gobet, "Expertise Effects in Memory Recall", pp.595, 598.

29. Klahr and Simon, "Studies of Scientific Discovery," p. 539.

30. 同上。

31. 这个最后的洞见尤其适用于解释为什么某些思想或者技术在演化过程中的某些时点等同甚至低于其竞争对手，但却能够繁荣发展。跟那些没有知觉的生物不一样，人类能够向前看，并在通向目标的几条不同的路径上做出选择。例如，在 20 世纪 50 年代和 60 年代初期，模拟计算机具备了很多相对于其数码竞争者更为优越的能力，这让计算机行业及其政府资助者强调开发数码技术的决策是愚蠢的，甚至几近邪恶。然而，这个行业内几乎所有人都很清楚，更优越的技术最终应该是数码机，原因在于其在灵活性方面的巨大潜能。模拟计算，用西蒙的话来说，可能导致区域的最大化，但数码计算会导致更普遍的最大化，所有圈内的人事实上都心知肚明。

32. 这是一封写给女儿凯西和她丈夫的信，讲的是 20 世纪 60 年代学生抗议的事情，西蒙几乎一字不漏地收入了他的传记里。

33. David Klahr, interview by Hunter Crowther-Heyck, 7/15/2003.

34. 同上。

结论　模范科学家

1. 在这种情况下，"自适应"意味着能够对环境刺激做出回应，同时隐含着维持系统内部平衡的目标。

2. E. J. Dijksterhuis, *The Mechanization of the World Picture*, Oxford: Clarendon Press,1961.

3. Lewis Mumford, *Technics and Civilization,* New York: Harcourt, 1934; Carolyn Merchant, *The Death of Nature: Women, Ecology, and the Scientific Revolution,* New York: Harper & Row, 1989; Steven Shapin, *The Scientific Revolution,* Chicago: University of Chicago Press, 1996; Peter Robert Dear, *Revolutionizing the Sciences: European Knowledge and Its Ambitions,* 1500-1700, Princeton, NJ: Princeton University Press, 2001; John Henry, *The Scientific Revolution and the Origins of Modern Science,*2nd ed., New York: Palgrave, 2001; A. Rupert Hall, *The Scientific Revolution,*1500-1800; *The Formation of the*

Modern Scientific Attitude, 2nd ed., London:Longmans, 1962.

　　4. J.David Bolter, *Turing's Man: Western Culture in the Computer Age* , Chapel Hill: University of North Carolina Press,1984; Otto Mayr, *Authority, Liberty, & Automatic Machinery in Early Modern Europe,* Baltimore: Johns Hopkins University Press, 1986; Crosbie Smith and Norton Wise, "Work and Waste: Political Economy and Natural Philosophy in Nineteenth Century Britain (I) and (II)", *History of Science* 27 (1989):263-301, 391-449; Crosbie Smith and Norton Wise, "Work and Waste: Political Economy and Natural Philosophy in Nineteenth Century Britain (III)", *History of Science* 28(1990): 221-261.

　　5. Anson Rabinbach, *The Human Motor: Energy, Fatigue, and the Origins of Modernity,* Berkeley: University of California Press, 1990; Laura Otis, "The Metaphoric Circuit" , *Journal of the History of Ideas* 63, no. 1(2002): 105-128; Laura Otis, *Networking: Communicating with Bodies and Machines in the Nineteenth Century,* Ann Arbor: University of Michigan Press, 2002.

　　6. Paul Edwards, *The Closed World: Computers and the Politics of Discourse in Cold War America,* Cambridge, MA: MIT Press,1996; N. Katherine Hayles, *How We Became Posthuman: Virtual Bodies in Cybernetics, Literature, and Informatics,* Chicago: University of Chicago Press, 1999; Manuel Castells, *The Rise of the Network Society,* Malden, MA: Blackwell Publishers, 1996; Donna Haraway, "A Manifesto for Cyborgs", in *Simians, Cyborgs, and Women: The Reinvention of Nature,* ed. Donna Haraway, London: Free Association,1991.

　　7. Simon Schaffer, "Babbage's Intelligence: Calculating Engines and the Factory System", *Critical Inquiry* 21 (autumn 1994):203-227.

　　8. Emily Martin, *The Woman in the Body: A Cultural Analysis of Reproduction: With a New Introduction,* Boston: Beacon Press,2001; Emily Martin, *Flexible Bodies: Tracking Immunity in American Culture from the Days of Polio to the Age of Aids* , Boston: Beacon, 1994.

　　9. Herbert A. Simon, "Memorandum to 'Various and Sundry of My Friends'", n.d.[late 1957], Box 36, ff: ORSA—Correspondence—Memo 1957-1961.

　　10. 关于组织综合，参见"资料来源笔记"。

　　11. George Lakoff and Mark Johnson, *Metaphors We Live By,* Chicago: University of Chicago Press, 1980.

　　12. 计算机与官僚机构之间的这种联系被广为接受的一个标志，是这样一个经常会被注意到的事实，20 世纪 60 年代、70 年代以及 80 年代初期的流行电影和小说中，计算机几乎无一例外地与集权官僚机构联系在了一起：《2001》中的HAL，《Colossus：福宾计划》（ *Colossus: The Forbin Project* ）中的Colossus，《终结者》（ *The Terminator* ）中的Skynet 以及《奇爱博士》

（*Dr. Strangelove*）和苹果公司著名的《1984》广告中没有命名的系统。然而，与所有强有力的隐喻一样，有机体、组织和编程计算机之间的类比，其中包含了自我改变的种子。随着计算机变化成为网络化的通讯设施以及信息处理器，它们的隐喻的含义也发生了转变：在20世纪80年代中期和90年代的电影和小说中计算机可以是很多种东西，从集权官僚机构的机器人特工（比如在《终结者2》和《黑客帝国》中），到带有"真"人人格和个性的（以煽情的方式）可爱的小装置（比如在《短路》《机器管家》和《人工智能》中）。

13. 这里的观点没有听起来那么复杂。简单来说，我们永远不会用手指出一个官僚体制；我们只会指着一群人，说他们的行为似乎就是那个我们称之为官僚体制的东西的一部分。证明这套实体事实上是一个一体化的系统，的典型的方式，就是监测在各组成部分中流动的能量或者信息。按照这样的推理，很多中世纪的生物学家认为生物体要按照其交流的线路进行定义，就像政治科学家认为国家要按照其沟通的方式进行定义一样。参见 Karl W. Deutsch, "Mechanism, Organism, and Society: Some Models in Natural and Social Science", *Philosophy of Science* 18, no.3(1951):230-252; Karl W. Deutsch, *The Nerves of Government: Models of Political Communication and Control,* New York: Free Press of Glencoe, 1963。

14. John Gunnell, *The Descent of Political Theory: The Genealogy of an American Vocation*, Chicago: University of Chicago Press, 1993; Vincent Ostrom, *The Intellectual Crisis in American Public Administration,* 2nd ed., Tuscaloosa: University of Alabama Press, 1989; Alvin W. Gouldner, *The Coming Crisis of Western Sociology,* New York: Basic Books, 1970; Seymour Bernard Sarason, *Psychology Misdirected* , New York: Free Press, 1981.

15. Daniel Bell and Irving Kristol, *The Crisis in Economic Theory*, New York: Basic Books,1981.

16. 西蒙对当前经济学地位的看法，请参见 Herbert Simon, "Organizations and Markets", *Journal of Economic Perspectives* 5, no. 2(1991): 25-44;Herbert Simon, "The State of Economic Science", in *The State of Economic Science:Views of Six Nobel Laureates,* ed. Werner Sichel, Kalamazoo, MI: W. E. Upjohn Institute for Employment Research,1989; Herbert Alexander Simon and Claudio Demattáe, *An Empirically Based Microeconomics*, Cambridge: Cambridge UniversityPress, 1997。

17. Robert M. Collins, *More: The Politics of Economic Growth in Postwar America,* New York: Oxford University Press, 2000; Michael Bernstein, *A Perilous Progress: Economists and Public Purpose in Twentieth-Century America*, Princeton, NJ: Princeton University Press, 2001; Herman E. Daly, John B. Cobb, and Clifford W. Cobb, *For the Common Good: Redirecting the Economy*

toward Community, the Environment, and a Sustainable Future, 2nd ed., Boston: Beacon, 1994.

18. Herbert Simon, "The Architecture of Complexity", *Proceedings of the American Philosophical Society* 106 (1962): 467-482.

19. 对于意外后果风险的两种经典表述是：Jeffrey L. Pressman, Aaron B. Wildavsky, and Oakland Project, *Implementation: How Great Expectations in Washington Are Dashed in Oakland; or, Why It's Amazing That Federal Programs Work at All, This Being a Saga of the Economic Development Administration as Told by Two Sympathetic Observers Who Seek to Build Morals on a Foundation of Ruined Hopes*, Berkeley: University of California Press, 1973, and Charles A. Murray, *Losing Ground: American Social Policy,* 1950-1980, New York: Basic Books, 1984。《失势》一书一直被认为是第一届里根政府的"圣经"。

资料来源笔记

对资料来源及注释的简要说明

考虑到可读性，正文中的注释一般用于标明直接引述和具体引用。在广泛意义上帮助我形成观点的著作，将在后面的论述中进行讨论。按照主题编写的完整的文献名录，收录于下面这个网站：http://faculty-staff.ou.edu/c/hunter.a.crowther-heyck-/。

档案来源及访谈

卡内基梅隆大学的档案主要包括：（1）西蒙的文献，厚度达100英尺；（2）艾伦·纽厄尔的文献，数量甚至更多；（3）各位大学校长的文献（我发现道尔蒂的最为有用）；（4）大学各行政单位的文献，比如卡内基梅隆大学工业管理研究生院（GSIA）的文献。后面这些远远没有大家想象的那么多。西蒙的文献中包括很多信件、草稿、备忘录等。应该说明的是，存档的信函都是有关专业内容的。卡内基梅隆大学档案馆正在对西蒙和纽厄尔的文献做数字化处理，他们最重要的文献大多可以通过网络获取。

芝加哥大学档案馆是进行20世纪初社会科学研究的绝佳场所。查尔斯·梅里亚姆的文献尤为珍贵，因为他与社会科学领域里的几乎所有人都有通信往来，而且他把所有东西都保留下来了。亨利·舒尔茨的文献提供了他对20世纪20年代和30年代经济状况的看法。拉舍夫斯基的文献以及生物数学委员会、经济学系和统一科学运动的文献不是很多，但它们为了解20世纪30年代和40年代社会科学的数理化提供了一个有趣的窗口。

哈佛大学档案馆中的塔尔科特·帕森斯的文献、保罗·巴克的文献以及社会关系与社会学系的文献对于所有有意研究社会学史的人，以及（从社会科学家的角度）力求把经济学与其他社会科学整合起来的人来说，极有价值。

位于纽约塔里敦的洛克菲勒档案中心也许是我见过的管理得最好的档案馆：某日当我注意到预定过的卷宗有一份没有与其他六份一起抱过来的时候，值班档案员马上冲过去抓起电话，大喊："检索3号！检索3号！"大概5分钟之后，一位员工跑上楼来，送来了那个卷宗。（我没有勇气告诉他们其实我下午才需要这份卷宗。）社会科学研究理事会的文献和洛克菲勒基金会的文献包罗万象，编排严谨，对于研究20世纪20至60年代的社会科学来说不可或缺。

我非常幸运能够在1999年采访到西蒙。这次采访对于揭示西蒙的思想及其个性大有助益。起初，西蒙频繁地让我就某些名字和日期做填空题。（西蒙："大约在这个时期，我读到，啊，他叫什么名字来着，就是把他的著作献给了实验室小白鼠的那位？"笔者："应该是托尔曼。"）这种情况持续了大约半个小时，使我不由得犯嘀咕，西蒙的记忆力是不是开始衰退了。随着这些填空题难度越来越高，我开始渐渐地明白了，我是在应试。最终，我填写了最后一个空。西蒙："我刚刚读了那位法国哲学家，你知道，就是对普鲁斯特影响很大的那位。"笔者："亨利·伯格森？"

之后，西蒙的言谈忽然变得无懈可击，就像是事先排练过的一样。随后的90分钟是一场真正杰出的表演，让我极大地了解了他对科学和世界的看法，而且也显示出西蒙是一位多么强大而且具有说服力的健谈的人。我很高兴自己是在做了很多的功课之后才来采访的，因为要是不从他的角度看世界的话，很难跟他聊下去。西蒙后来给了我很大的支持，给我的毕业论文写了25页（单面）的评语，与我的担忧相反，他评论的态度非常中肯：改正了论文中事实性的谬误，但是愉快地认可了我在解读问题时与他不一致的权利。（然后，他为他的解读进行了辩解，毫不相让。）

我还采访了博特·格林（Bert Green）、戴维·科勒尔（David Klahr）以及乔治·米勒（George Miller），他们都曾经跟西蒙一起工作过，对他非常了解。这些采访的具体信息引用在注释中，但是我应该在此说明，这三个人说到西蒙的时候常常都以一种混杂着尊崇甚至敬畏与困惑的奇怪语气，就像在谈论一位少年老成而又刚愎自用的年轻人。我不十分确定这能说明西蒙的什么情况，但可以肯定的是他给某些非常聪明的人留下了深刻印象，就像是他属于另外一类人，有时候甚至好像来自另外一个世界一样。

西蒙

关于西蒙的史学著作是个空缺，当然，这也是我写作本书的一个理由。幸运的是，现存的研究书籍都非常好，尽管大多涉及面很窄。除了他的自传，这些著作全都专注于西蒙学术生活中的某一个片段。他的自传，《我生命的模型》，在本书中的好几个地方都做了讨论，所以，我在此只说《我生命的模型》写得很好，尽管异常地冷峻而且超然物外。它对西蒙的情感生活披露很少，尽管他与纽厄尔的紧密联系昭然若揭。另外，因为《我生命的模型》跟西蒙本人一样，很有说服力而且令人着迷，所以应该时刻牢记它是为了支持他晚年对科学发现的观点而打造的案例研究。

对于西蒙对管理理论贡献的总结，请参阅 Hunter Crowther-Heyck，"Herbert A. Simon"，in the Biographical Dictionary of Management，ed. Morgen Witzel，Bristol, UK: Thoemmes, 2003，and Stephen Waring, Taylorism Transformed: Scientific Management Theory since 1945，Chapel Hill: University of North Carolina Press,1991。Warin 的分析很锐利，但是，跟很多西蒙的批评者一样，在他们的眼里，西蒙对倡导中央集权的兴趣远胜于我。跟很多新政自由主义者一样，西蒙的政治观点实际上是民主的，因为他们是管理型的。

其他有关西蒙的重要著作专注于他经济学和运筹学研究工作之间的关联，写得比较宽泛。这些著作包括 Mie Augier, "Models of Herbert A. Simon"，*Perspectives on Science* 8, no.4(2000): 407-443；Esther-Mirjam Sent, "Herbert A. Simon as a Cyborg Scientist"，*Perspectives on Science* 8, no. 4(2000): 380-406。对于西蒙职业生涯的变化与持续性，这些文章各执一词，对此我采取了折中的道路。我在西蒙的基本目标、学术习惯和对科学与社会的理念上看到的是持续性，而在他对上述领域的表述方式上则看到了明显的变化，这很大程度上是由于他把计算机模拟作为主要的研究技术手段所造成的。

在 Philip Mirowski, *Machine Dreams:Economics Becomes a Cyborg Science*（New York: Cambridge University Press，2002）一书中，西蒙只是众多人物之一，但是米洛斯基对西蒙的分析很值得一读。米洛斯基无疑很有见地和感染力，他明确认为西蒙与很多其他重要的数理经济学先驱一样，深受运筹学、博弈论、控制论和早期人工智能的影响。这种看法非常正确。我想补充的是，对作为控制模式同时也作为表达世界的方式的交流的着迷，也是这个群体里很多人的共同特征。（米洛斯基大概会认同，尽管他对此的强调没有我那么执着。）另外，米洛斯基的分析尽管学术性很强，而且带有揭露的意味，似乎只要与运筹学有关，现代经济学就该受到质疑似的。不信任战后经济学的理由很多，但是与运筹学的关联对我来说似乎不应该被排在靠前的位置。

社会科学

在美国，研究社会科学最好的出发点就是多萝西·罗斯（Dorothy Ross）的《美国社会科学起源》（*The Origins of American Social Science*，剑桥：剑桥大学出版社，1991 年）。罗斯的著作是对整个20世纪初美国社会科学权威、全面、详细的探索。其最大的优势在于对进步时代（Progressive-era）社会的分析，这正是社会科学开始建立一种建立在新的科学观基础上的新的专业认同的时期。她的论点聚焦在"美国例外主义"这个概念上，这是一种在美国知识界无处不在的思想，这种思想认为美国在历史长河中具有特殊的地位。在罗斯看来，一直到19世纪末，美国的特殊地位都被理解为独立于历史之外：由于其共和体制和高尚的公民，美国不会遭遇欧洲社会的堕落和衰败。然而，在进步时代，美国又重新进入到历史长河中——当然处于全球社会演变过程的前沿。

罗斯当然是正确的，历史意识上的某种变化是美国社会科学转向科学主义的关键，但是她过分强调了美国例外主义思想对这种意识变化的贡献。例外主义过去是，而且现在仍然是美国思想的一个重要组成部分，但是对于社会科学的转变来说，它似乎更多地是一种"背景"，而不是"原因"。从另一个角度看，进步时代社会科学的新目标之一，是建立一种真正的全球性的社会科学，一种既可以应用在美国，也可以应用在欧洲或者"原生社会"的社会科学。调和这种普遍规律与美国特殊性的方法，就是相信社会发展的普遍规律，而美国是最发达的国家。

对我的观点产生了重大影响的其他社会科学著作还有：Mary Jo Deegan, Jane Addams and the Men of the Chicago School, 1892-1918 , New Brunswick, NJ: Transaction Books, 1988,; Mary Furner, Advocacy and Objectivity: A Crisis in the Professionalization of American Social Science, 1865-1905 , Lexington: University Press of Kentucky, 1975; Thomas Haskell, The Emergence of Professional Social Science: The ASSA and the Nineteenth-Century Crisis of Authority , Urbana: University of Illinois Press, 1977; Barry D. Karl, Charles E. Merriam and the Study of Politics , Chicago: University of Chicago Press, 1974; Theodore Porter, Trust in Numbers: The Pursuit of Objectivity in Science and Public Life , Princeton, NJ: Princeton University Press, 1995; Robert N. Proctor, Value-Free Science? Purity and Power in Modern Knowledge，Cambridge, MA: Harvard University Press, 1991; Edward A. Purcell Jr., The Crisis of Democratic Theory: Scientific Naturalism and the Problem of Value , Lexington, KY: University Press of Kentucky, 1973; Morton White, SocialThought in America: The Revolt against Formalism , New York: Viking, 1949。

我从上面的这些著作中汲取了很多东西，但是，其中最为重要的观点或许是：工具知识是进步时代社会科学转型的核心（参见第二章）。所有的观察者（现在的和过去的）都同意，这个时期见证了社会科学朝着一个更为坚定的科学主义转变，但是，这个转变的根本特征准确来说是什么，大家各执一词。多萝西·罗斯的观点上面已经提及，她认为，重要的变化出现在历史意识里，科学主义从根本上说就是对历史主义的拒斥。然而，其他人则把科学主义看作对理想主义的拒斥（弗里兹·林格）、对形式主义的拒斥（莫顿·怀特）、或者是对倡导的拒斥（玛丽·福尔娜）。另外，其他人还把它视为对新自然主义的欢迎（爱德华·普尔瑟尔），或者是对依存概念兴起的欢迎（托马斯·哈斯克尔）。

或许，最为常见的观点，尤其是在20世纪60年代和70年代的历史著作中，是下面这个：转向科学主义是对过去由改革驱动的社会科学的拒斥。玛丽·福尔娜和托马斯·哈斯克尔对这种观点给出了最为精准的版本，很多由实践者编写的各种社会科学史著作都以更为极端的形式来描述这次转变。然而，其他的著作很明确地提出，社会科学家在接受新的研究精神的同时，并没有放弃改革社会的雄心壮志。巴里·卡尔所著的梅里亚姆传记就很有效地说明了这一点。

有关进步时代社会科学的每一种说法都抓住了正在发生的变化的某一个方面，但是对我来说，似乎没有哪一种足够全面。我认为，如果能够区分两个层面的思想变化，就能够得出更为全面的观点：一是关于社会的具体思想的变化——在这里，变化、相互依存以及主观性问题是最重要的；二是关于知识的属性和目的的思想的变化。工具主义是在第二个层面发生的一种变化，它形成了社会科学家对当今具体挑战的应对方式。

除了罗斯、福尔娜、波特、普罗克特以及哈斯克尔，关于社会科学的史学著作几乎总是专注于某个单独的学科。这些史学著作中，大部分都是某个诞生于进步时代的具体学科的编年史；把研究延伸到第二次世界大战之后的极为少见。20世纪70年代的诸多危机催生了不少由实践者撰写的学科史学著作，其中有些很不错，但是，几乎所有这些著作都夹带私货。显然，学界需要关于战后社会和行为科学的著作，尤其是那些追踪跨领域变革的。

对于政治学，我推荐：John Gunnell, *The Descent of Political Theory: The Genealogy of an American Vocation*, Chicago: University of Chicago Press, 1993; Raymond Seidelman, *Disenchanted Realists: Political Science and the American Crisis, 1884-1984*, Albany: State University of NY Press, 1985。对于社会学：Robert Bannister, *Sociology and Scientism: The American Quest for Objectivity 1880-1940*, Chapel Hill: University of North Carolina Press, 1987; Martin Bulmer, *The Chicago School of Sociology: Institutionalization Diversity and the Rise of Sociological Research*, Chicago: University of Chicago Press, 1984; Charles Camic, "Introduction: Talcott Parsons before the Structure of Social Action", in Talcott Parsons: The Early Essays, ed. Charles Camic, Chicago: University of Chicago Press,1991。对于心理学，请参阅Mitchell Ash, *Gestalt Psychology in German Culture, 1890-1967:Holism and the Quest for Objectivity,* New York: Cambridge University Press, 1995。艾希（Ash）的这部著作是知识文化史研究的典范。所有想要了解文化运动能在多大程度上在具体的体制、思想和个体上显现的学者，都应该好好地读读这本书。

关于美国的心理学史，请参考：Kurt Danziger, Constructing the Subject: Historical Origins of Psychological Research, New York: Cambridge University Press, 1990; Kurt Danziger, Naming the Mind: How Psychology Found Its Language, Thousand Oaks, CA: Sage, 1997; Ellen Herman, The Romance of American Psychology: Political Culture in the Age of Experts, Berkeley: University of California Press, 1995; Jill Morawski, "Organizing Knowledge and Behavior at Yale's Institute of Human Relations", Isis 77 (1986): 219-242; John O'Donnell, The Origins of Behaviorism: American Psychology, 1870-1920, New York: NYU Press, 1985; Laurence Smith, Behaviorism and Logical Positivism: A Reassessment of the Alliance, Stanford, CA: Stanford University Press, 1986。

上面这些著作中，我发现吉尔·莫洛斯基（Jill Morawski）的文章尤具启发性，因为其中对克拉克·赫尔为耶鲁大学人类关系研究制定的目标，与西蒙为工业管理研究生院制定的目标做了很多对比分析。另外，史密斯有关行为主义和逻辑实证主义的著作十分有趣，因为他认为20世纪20年代和30年代的行为主义者，诸如托尔曼、斯金纳和赫尔，并没有直接受到维也纳学派的逻辑实证主义的影响。尽管史密斯关于直接影响的论点似乎是正确的，但是史密斯自己的分析显示，在看到维也纳学派的著作之前，很多行为主义者已经持有了与逻辑实证主义者非常类似的思想。因而，尽管他们不是受到实证主义者的影响，但也把他们看作天然的盟友。另外，好几个主要的行为主义者，诸如克拉克·赫尔和史蒂文斯，都是深受佩西·布里奇曼影响的虔诚的操作主义者。

对人类类型产生过强大然而完全没被研究过的哲学影响另外一个人是艾尔弗雷德·诺思·怀特海（Alfred North Whitehead），他撰写的《现代世界的科学》（Science in the Modern World）提供了既是实证主义又是有机论的科学的愿景。关于怀特海和人类科学，可以撰写一部鸿篇巨著，我期盼着它的诞生。

对于经济学，我发现最为有用的著作有：Michael Bernstein, A Perilous Progress: Economists and Public Purpose in Twentieth-Century America, Princeton, NJ: Princeton University Press, 2001; Mirowski, Machine Dreams; Philip Mirowski, More Heat Than Light: Economics as Social Physics, Physics as Nature's Economics, New York: Cambridge University Press, 1989; Mary Morgan, The History of Econometric Ideas, Cambridge: Cambridge University Press, 1990; E. Roy Weintraub, How Economics Became a Mathematical Science, Durham, NC: Duke University Press, 2002; E. Roy Weintraub, ed., Toward a History of Game Theory, supplement to the History of Political Economy, vol.24, Durham, NC: Duke University Press, 1992。

上面的这些著作里，对现代经济学史的编撰集中在数理化上。米洛斯基（Mirowski）的《热比光多》（More Heat Than Light）既书写了把19世纪田野物理学的思想、方法和公式引入到经济学中的历史（一言以蔽之：经济学家开始把效用等同于能量），同时控诉了新古典经济学家不懂热力学。尼古拉斯·乔治库斯－罗根（Nicholas Georgescu-Roegen）和赫尔曼·达利（Herman Daly）对现代新古典经济学也做了类似的批判，尽管他们仍然在能量与效用的类比中发现了价值：他们希望经济学家能够更为全面地理解能量和效用之间的类比，而米洛斯基希望经济学家限制其应用的范围。对于这个问题，请参阅：John Cobb Jr.，*For the Common Good: Redirecting the Economy toward Community, the Environment, and a Sustainable Future*，Boston:Beacon, 1989。

　　有关数理化的这个同样的话题，由温特劳布编辑整理的有关博弈论历史的资料非常难得，其中很多篇文章都从知识和机制两个方面说明了运筹学、博弈论、决策理论、数理经济学和应用数学之间的紧密联系。温特劳布的《经济学如何变成了一门数学》以及玛丽·摩根的《计量经济学思想史》也讲到了数理化的事情，只是更多关注于想法和技术的内部发展上。对经济学转向统计学有兴趣的读者应该阅读 Gerd Gigerenzer et al.，*The Empire of Chance: How the Science of Probability Changed Science and Everyday Life*，Cambridge: Cambridge University Press, 1989。

　　除了上面提到的这些著作，我对社会科学史的思考还受到了最近关于性别的历史著作的影响。在形成我对人类科学的性别的理解中起到了最大作用的著作包括：Ann Taylor Allen, "Feminism, Social Science, and the Meanings of Modernity: The Debate on the Origin of the Family in Europe and the United States, 1860-1914", *American Historical Review* 104，no.4(1999): 1085-1013; JoAnne Brown, *The Definition of a Profession: The Authority of Metaphor in the History of Intelligence Testing 1890-1930*, Princeton，NJ: Princeton University Press, 1992; Deegan, *Jane Addams and the Men of the Chicago School;* Donna Haraway, *Primate Visions: Gender, Race, and Nature in the World of Modern Science,* New York: Routledge, 1989; Donna Haraway, *Simians, Cyborgs and Women: The Reinvention of Nature,* New York: Routledge，1991; Elizabeth Lunbeck, *The Psychiatric Persuasion: Knowledge, Gender, and Power in Modern America,* Princeton，NJ: Princeton University Press, 1994; Eileen Yeo, *The Contest for Social Science: Relations and Representations of Gender and Class,* London:Rivers Oram Press, 1996 年。

　　正如玛丽·乔·迪根（Mary Jo Deegan）的著作所说的，进步时代的社会科学家千方百计地把他们的领域定义为真正的科学，这个过程包括让它们远离由妇女主导的社会工作领域。按照类似的思路，乔安妮·布朗揭示，甚至那些几乎全为女性的职业，也在尽力以男性的、科学的术语来描述。（然而，女性主导的那些职业则无法成功地赢得专业地位，无论它们的修辞如何地男性化。）哈拉维（Haraway）、姚（Yeo）以及伦贝克（Lunbeck）都证明了理性和常态的性别偏见如何在基础层面（而且通常是以骇人的方式）形成了社会科学家关于女性和社会的想法。

从某些方面说，在与性别有关的事情上，西蒙是一个很难研究的对象。性别根本不是分析他的一个相关类目，他也从来没有就不同性别的适当角色做过公开的表态。我认为要是有人告诉他他的组织或者认知理论必须改变以描述女性和男性的话，他大概会无所适从。他会觉得自己的著作具有更广泛的普遍性。

然而，他的著作明显是有性别倾向的。西蒙对人类科学作为一种客观、实验性科学的观点显然很好地契合了阳刚但又受约束的男性形象。在这个形象里，男性是一种受狂热驱动的，然而完全屈从于理性约束的研究对象。西蒙为他的科学设定的目标几乎完美地符合这种性别理想，而且在20世纪20年代至50年代被广泛秉承。然而，他的目标也完美地符合了不少别的完全不同的形象，没有理由认为他的科学与性别间的联系是有意而为，这让他与卡尔·莱西利完全不一样，也不同于哈罗·莎普雷。

系统科学：运筹学、控制论及其他

历史学家已经开始把运筹学、控制论、决策理论、博弈论、系统分析、人工智能和相关的领域统称为"系统科学"，而且最近有不少研究发现了20世纪40年代至60年代这些领域的交集。正如我所指出的，这些领域的成员对下面这些问题有着共同的兴趣——数学化、建模和模拟；认为世界由系统和子系统构成；用行为和功能的术语描述这些系统；把人类理解为在一个复杂世界里运行的自适应的解决问题的有机体。

我对这些领域及其交集的理解或许最接近于保罗·爱德华兹（Paul Edwards），他的著作《闭环世界：美国冷战时期的计算机与政治话语》（*The Closed World: Computers and the Politics of Discourse in Cold War America*，Cambridge: MIT Press，1996）非常精彩。在这份对计算和冷战地缘政治战略之间的"话语"所进行的雄心勃勃的研究中，爱德华兹提出了一个很有说服力的论点，他认为，兰德公司的系统分析师、军方的某些痴迷于技术的领导，以及很多计算机开发的先驱，全在使用一种"闭环世界"话语。在这种话语中，世界被描绘成一个闭环系统，并且被视为一个战场；东西方的竞赛被理解成一种零和的游戏；取胜的关键是通过计算机通信、命令和控制技术完成对全球战场的集中指挥，诸如半自动地面防空警备系统（SAGE）和战略防御计划（SDI）或者"星球大战"。因而，军方有意于支持通信理论和计算机科学。在爱德华兹看来，思想的计算机隐喻在对人类和他们与机器的关系的重新定义中起到了重要作用，因而也是这个"闭环世界"的关键组成部分。

战前关于系统科学的最佳著作当属戴维·敏德尔（David Mindell）

的《人机之间：控制论之前的反馈、控制和计算》(*Between Human and Machine: Feedback, Control, and Computing before Cybernetics*)。敏德尔证实，诺尔伯特·维纳以及战后的系统科学家既没有发明出伺服机制或者反馈的概念，也没有首先尝试以通信工程的语言描述反馈和控制系统。敏德尔的著作很优秀，但是他把分析的重点放在了工程和物理科学上，而把同样重要的"系统思维"的遗产留在了生物学（尤其是生理学）和社会科学领域。

最近几份对运筹学起源的研究全在强调第二次世界大战这个大背景是其发展的关键。Michael Fortun and Silvan Schweber, "Scientists and the Legacy of World War II: The Case of Operations Research (OR)", *Social Studies of Science* 23（1993）:595-642; Andy Pickering, "Cyborg History and the World War II Regime", *Perspectives on Science* 3, no.1 (1995): 1-48; and Erik Rau, "Combat Scientists: The Emergence of Operations Research in the United States during World War II" (Ph.D. diss., University of Pennsylvania, 1999). 关于冷战期间运筹学的转型方式，参见 Stephen Waring, "Cold Calculus: The Cold War and Operations Research", *Radical History Review* 63(1995): 18-51。安德鲁·阿伯特（Andrew Abbott）把对战后运筹学的转型作为一个案例进行研究，参见 *The System of Professions: An Essay on the Division of Expert Labor*, Chicago: University of Chicago Press, 1998。

其他学者一直关注于普及控制论和信息理论的雄心壮志：Tara Abraham, "(Physio)Logical Circuits: The Intellectual Origins of the McCulloch-Pitts Neural Networks", *Journal of the History of the Behavioral Sciences* 38, no.1（2002）:3-25; Geoff Bowker, "How to Be Universal: Some Cybernetic Strategies, 1943-1970", *Social Studies of Science* 23（1993）:107-127; Peter Galison, "The Ontology of the Enemy: Norbert Wiener and the Cybernetic Vision", *Critical Inquiry 21* (autumn 1994): 228-266; Thomas P. Hughes and Agatha C. Hughes, eds., *Systems,Experts and Computers*, Cambridge, MA: MIT Press,1999; N.Katherine Hayles, *How We Became Posthuman: Virtual Bodies in Cybernetics, Literature, and Informatics*, Chicago: University of Chicago Press, 1991; Steve J.Heims, *The Cybernetics Group*, Cambridge, MA: MIT Press, 1991; Lily Kay, "Cybernetics, Information, Life: The Emergence of Scriptural Representations of Heredity", *Configurations 5*, no.1（1997）: 23-91; Evelyn Fox Keller, *Refiguring Life: Metaphors of Twentieth Century Biology*, New York: Columbia University Press, 1995。

强调了管理大规模项目对于战后运筹学和系统科学发展的重要性的两项研究为：Thomas P. Hughes, *Rescuing Prometheus*, New York: Pantheon Books, 1998; Steven Johnson, "Three Approaches to Big Technology: Operations Research, Systems Engineering, and Project Management", *Technology and Culture* 38, no. 7（1997）: 891-919。休斯强调的是大规模技术项目中的共性

因素，比如在半自动地面防空警备系统（SAGE）和波士顿计划中的"Big Dig"，他把这些项目描述为构建复杂社会—科技系统的种种努力。而约翰逊从另外一个角度，描绘了管理诸如此类的大型项目的不同方法的独特性。正如所有在"共性派"和"特性派"之间的争论一样，两种观点都是有价值的。然而，就西蒙来说，在寻找广义的模式方面，我是一个如假包换的共性派，而不是试图让每一个角色和每一个行为都具有独特之处的特性派，所以，休斯的方法更合我的胃口。

资助

　　关于科学领域的资助这个问题，过去20年间的著作堪称汗牛充栋。明白追踪资金的来龙去脉能够告诉我们的事情一部分而不是全部，我们会从中获益。对我弄清楚资助关系影响最大的著作，当属马里奥·比亚吉欧里（Mario Biagioli）的《侍从伽利略》（*Galileo, Courtier*，Chicago: University of Chicago Press，1993）。比亚吉欧里也许看不起伽利略新观念中的思想根源，但是，他对宫廷资助关系的探索非常有意思。具体来说，他强调资助是一种双方互利的关系，以及他对中间人在这类关系中所起作用的观察，真是让人大开眼界。

　　至于战后那段时期的资助和科学，我最为依赖的有：Ronald Doel，Solar System Astronomy in America: Communities, Patronage, and Interdisciplinary Science 1920-1960，New York: Cambridge University Press，1996；Paul Forman，"Behind Quantum Electronics: National Security as Basis for Physical Research in the United States, 1940-1960"，Historical Studies in the Physical and Biological Sciences 18, no. 1（1987）：149-229；Peter Galison and Bruce Hevly，eds.，Big Science: The Growth of Large-Scale Research，Stanford, CA: Stanford University Press，1992；Stuart W. Leslie，The Cold War and American Science: The Military-Industrial-Academic Complex at MIT and Stanford，New York: Columbia University Press，1993。

　　所有这些著作都说明了军事目标如何在冷战期间形成了研究的首要工作，而莱斯利（Leslie）的著作又更进了一步，解释了军方社会价值观对学术研究者的影响。杜尔的著作尤为引入瞩目，原因在于他把战后天文学资助体系与某种强大、昂贵仪器（射电望远镜）在跨学科研究领域中的有意识地应用中联系在一起，在此期间，系统科学领域类似的事情还有很多。

科学中的仪器、模型以及隐喻

　　把仪器与模型和隐喻组合在一起或许有点奇怪，但是，引用一种常见的说法，它们都是"用来思考的工具"。仪器、模型和隐喻是表达世界的方法，因而构成了研究领域的论述、认知和社交。仪器以一种非常物质化的方法做到这一点，而模型和隐喻则更为抽象，但是所有这三者的作用通常十分类似，尤其在涉及非常复杂、昂贵的设备的时候，无论它们是精神的还是物质的。

仪器研究的基础来源为：Lorraine Daston and Peter Galison, "The Image of Objectivity", *Representations* 40（fall 1992）: 81-128; Peter Galison, *Image and Logic: A Material Culture of Microphysics*, Chicago: University of Chicago Press, 1997; Thomas Hankins and Robert J. Silverman, *Instruments and the Essay on Sources Imagination*, Princeton, NJ: Princeton University Press, 1995; Steven Shapin and Simon Schaffer, *Leviathan and the Air Pump: Hobbes, Boyle, and the Experimental Life*, Princeton, NJ: Princeton University Press, 1985; Albert Van Helden and Thomas L.Hankins, eds., *Instruments*, *Osiris* 9（1994）; Mary Winkler and Albert Van Helden, "Representing the Heavens", *Isis83*（1992）: 195-217; M. Norton Wise, "Materialized Epistemology", *Studies in the History and Philosophy of Modern Physics* 30B（1999）: 547-553。

一般意义上的隐喻和模型，请参阅 George Lakoff and Mark Johnson, *Metaphors We Live By*, Chicago: University of Chicago Press, 1980。对科学中隐喻的具体研究，请参阅 Geoffrey Cantor, "Weighing Light: The Role of Metaphor in 18th Century Optical Discourse", in *Figural and Literal: Problems of Language in the History of Science and Philosophy 1630-1800*, ed. Andrew Benjamin, Manchester, UK: Manchester University Press（1986）: 124-146; Hunter Crowther-Heyck, "George A.Miller, Language, and the Computer Metaphor of Mind", *History of Psychology* 2, no. 1（1999）:37-64; Laura Otis, "The Metaphoric Circuit", *Journal of the History of Ideas* 63, no. 1（2002）: 105-128; Mary Morgan and Margaret Morrison, eds., *Models as Mediators: Perspectives on Natural and Social Science*, Cambridge:Cambridge University Press, 2000; Anson Rabinbach, *The Human Motor: Energy,Fatigue, and the Origins of Modernity*, Berkeley: University of California Press, 1990; Crosbie Smith and M. Norton Wise, "Work and Waste: Political Economy and Natural Philosophy in Nineteenth-Century Britain", published in three parts: *History of Science* 27（1989）: 263-310, 391-449 and *History of Science* 28（1990）: 221-261。

组织整合

我对科学史的看法主要受上面这些著作的影响，也深受现代美国历史上所谓的"组织综合"的影响。组织综合主要指大型组织的发展，这些组织既有公共的也有私营的，它还体现在各种专业的兴起，这种情况与大型组织的出现联系紧密。组织综合往往会受过度的结构功能主义方法的影响，忽视偶然性和人的力量（更不用说种族和性别），但是，从大型组织兴起以及随之而来的生活的官僚化赋予它的重要性来说，这条道路似乎是正确的。令人奇怪的是，一直以来很少有人尝试把这种观点带入对美国知识文化的研究之中。我希望，这次的研究能够发挥积极作用，展示出把某种知识发展放置到组织革命的背景之中的优点。

对塑造我的思维模式影响最大的与组织综合有关著作有：Andrew Abbott, *The System of Professions: An Essay on the Division of Expert Labor*, Chicago: University of Chicago Press, 1988; Guy Alchon, *The Invisible Hand of Planning: Capitalism, Social Science, and the State in the 1920s*, Princeton, NJ: Princeton University Press, 1985; Brian Balogh, "Reorganizing the Organizational Synthesis: Federal-Professional Relations in Modern America", *Studies in American Political Development* 5(spring 1992): 119-172; James Beniger, *The Control Revolution: Technological and Economic Origins of the Information Society*, Cambridge, MA: Harvard University Press, 1986; Alfred Chandler, *The Visible Hand: The Managerial Revolution in American Business*, Cambridge, MA: Belknap Press of Harvard University Press, 1977; Louis Galambos, "Technology, Political Economy, and Professionalization: Central Themes of the Organizational Synthesis", *Business History Review* 57, no. 4 (1983)：471-493; Stephen Skowronek, *Building a New American State:The Expansion of National Administrative Capacities*, 1877-1920, Cambridge:Cambridge University Press, 1982; Paul Starr, *The Social Transformation of American Medicine*, New York: Basic Books, 1982; and Robert Wiebe, *The Search for Order* 1877-1920, New York: Hill and Wang, 1967。

在这些著作中，安德鲁·艾伯特的尤其值得提及。艾伯特认为，拥有抽象的知识对于某个专业有权管理某项社会职能来说，是个关键。艾伯特的说法属于社会学的功能主义传统，因而沿袭了该传统的优点和缺点。他敏锐地意识到各专业间的相互联系，也知道每个专业都是更大专业系统的子系统，但是，被各专业争夺管辖权的职能似乎是先验存在的。不过，艾伯特对历史偶然性的认识远胜于其功能主义者前辈，他对精神病学崛起以及运筹学消亡的说法也很有意思。

致　谢

据说小说家和诗人在极度孤独的折磨中最能写出佳作来。是否真的如此，我不知道。幸运的是，对于历史学家来说，肯定不是这样。在本书成型问世的漫长过程中，每一步都得到了热心和敏锐的人们的指导、支持、批评、挑战、鼓励（以及偶尔的资助）。

这个项目开始于很多年以前，当时是作为约翰·霍普金斯大学科学、医学与技术史系的一篇学位论文而下笔的。在那里，我有幸与很多杰出的学者一起工作。在所有这些人中，我尤其感激我的导师比尔·莱斯利（Bill Leslie），他对我的耐心、信任以及合理建议都至关重要。他教给我的东西，远远超出了历史知识的范畴。我所有的社会科学史知识几乎都是多萝西·罗斯（Dorothy Ross）教给我的，她开设的历史和社会理论研讨班，让我懂得如何在另外一个层次阅读和思考。我在约翰·霍普金斯大学的第三位主要教授是娄·加蓝波斯（Lou Galambos），他给我的教诲价值难以估量，对文章的批判性阅读不仅应该揭示出什么错了，还要揭示出什么是正确的。建设性的和创造性的综合是他的目标，现在也成为我的目标。

别的老师也在我身上留下了印记。本项目的第一粒种子是在丹·托德斯（Dan Todes）于1992年秋季学期讲授的有关科学中的隐喻的研讨班上播下的，那是我研究生的第一个学期。丹对科学史以及有关科学史的佳作的双重热情很具有传染性；我希望能够把这种良性的传染病也传染给别的人。哈利·马克斯（Harry Marks）激励我要永远追求更高的标准，而莎伦·金斯兰（Sharon Kingsland）、玛丽·费舍尔（Mary Fissell）、鲍勃·卡根（Bob Kargon）和格特·布瑞革（Gert Brieger）全都提供了关于本项目及其他工作的宝贵的评论、批评和建议。

约翰·霍普金斯大学的研究生生活是我所受教育中的重要组成部分，而且是让我保持清醒的关键部分。罗伊德·艾克特（Lloyd Ackert）、凯斯·芭芭拉（Keith Barbera）、杰西·邦普（Jesse Bump）、格雷格·唐尼（Greg Downey）、特鲁迪·艾登（Trudy Eden）、苏·菲力（Sue Ferry）、卡尔－亨利·格斯文德（Carl-Henry Geschwind）、桑迪·格力博夫（Sandy Gliboff）、梅洛迪·赫尔（Melody Herr）、克里斯丁·凯纳（Christine Keiner）、斯科特·诺力思（Scott Knowles）、汤姆·拉斯曼（Tom Lassman）、戴维·曼斯（David Munns）、布姆·孙·帕克（Buhm Soon Park）、沙哈纳·沙卡（Shahana Sarkar）、卡伦·思杜普斯基（Karen Stupski），以及哈利·约克（Harry York）都是（而且现在仍然是）很好的批评家，更是我的好朋友。

迈克·萨泊尔（Mike Sappol）、帕特里西娅·妥依（Patricia Tuohy）以及国家医学图书馆的展览团队给我提供了同志般的情谊和支持，更不用说在我离开约翰·霍普金斯大学之初就给了我一份薪水。我在俄克拉荷马大学科学史系的同事，彼得·巴克尔（Peter Barker）、凯瑟琳·克劳泽-海克（Katherleen Crowther-Heyck）、斯蒂文·利乌瑟（Steven Livesey）、玛丽琳·奥格尔维（Marilyn Ogilvie）、凯瑟琳·潘多拉（Katherine Pandora）、贾米尔·拉基普（Jamil Ragep）、肯·泰勒（Ken Taylor）以及斯蒂芬·威尔登（Stephen Weldon），使俄克拉荷马大学成了一个温暖而且令人向往的地方。在从学位论文向书籍的演变过程中，约翰·霍普金斯大学出版社的几位不具名的审稿人员对稿件提出了很多宝贵的建议，梅洛迪·赫尔（Melody Herr）、艾米·泽祖拉（Amy Zezula）和罗伯特·J.布鲁格（Robert J. Brugger）给出了专家编审意见。

没有经济和精神上的支持，书籍是撰写不出来的。从这个角度来说，我感谢美国国家科学基金会授予的为期4年的研究生科研奖学金，约翰·霍普金斯大学科学、医学与技术史系的教学与研究津贴，美国教育部的学生贷款（以及支撑该贷款项目的美国纳税人），洛克菲勒基金会的科研旅行补助，以及俄克拉荷马大学青年教师暑期研究资助计划的经费，这些资助让我得以完成这份书稿。

卡内基梅隆大学档案馆、洛克菲勒基金会档案中心、芝加哥大学档案馆、约翰·霍普金斯大学特别收藏馆、国会图书馆以及哈佛大学档案馆的档案管理人员和图书管理人员，在我的研究过程中均提供了很多不可或缺的帮助。特别是卡内基梅隆大学档案馆的加布里埃尔·米夏雷克（Gabrielle

Michalek）和简妮·本福特（Jennie Benford）不厌其烦地给予了很多帮助。对于他们的支持，我在此深表感激。

我还欠了西蒙一份很大的人情。他不仅慷慨地让我使用他的论文，还对我的工作提出了认真而且富有成效的批评。他在工作上展现出来的活力、奉献精神和热情，令我深感钦佩。我希望学习他，同时也能认识他。

我亏欠最多的当然还是家人。我的妹妹香农·海克－威廉姆斯（Shannon Heyck-Williams）聪明、有趣，而且致力于把她的聪明才智投入到现实的工作中。由于她的存在，世界变得更美好、更绿色了。我父母比尔（Bill）和丹妮·海克（Deni Heyck）的热情、睿智和爱，从一开始就引导并支撑着我。我能够给予他们的最好的感激就是告诉他们，我会像他们当初对待我那样对待我的孩子。

语言无法表达我的妻子凯瑟琳（Kathleen）对我有多么重要。她是我最好的朋友、最好的批评者，而且是我唯一的爱人。最为重要的是，她碰巧也是位不错的历史学家，能够把深厚的科学与医学史知识与认真的思考和创造性的领悟完美地结合在一起。在这本书的所有书页上，都留有她触摸的印记。我们的儿子麦克斯（Max）在这个项目接近收尾的时候来到我们身边，他带给我的快乐我以前想都不敢想。对他们母子二人，我充满感激。

出版后记

　.

　　1956年1月，西蒙在卡内基理工学院的研究生教室扔下了一颗惊雷："圣诞节的时候，艾伦·纽厄尔和我发明了思维机器。"同年8月，在达特茅斯学院，麦卡锡、闵斯基、香农、纽厄尔、西蒙正式讨论了机器学习与人工智能。这一年，被普遍认为是"人工智能元年"，西蒙也以此被尊为"人工智能之父"。

　　实际上，人工智能只是西蒙学术生涯最后的落脚点。被誉为"20世纪最后的文艺复兴式通才"的西蒙，以研究管理学出身，经由数理经济学、运筹学、认知心理学，最终转向信息科学与人工智能。他的学术生涯以成功开始，又以成功做结，诺贝尔经济学奖和图灵奖不过是他顺手摘下的两个最引人注目的果实。

　　西蒙的研究领域繁多。串联起它们的，是西蒙对人类决策的长期兴趣，以及他对融合关于选择的科学和关于控制的科学的坚定决心。西蒙认为，人脑与机器、生物体与组织、个人与机构，都是独具特性且高度一体化的层级系统，每个系统尽管各自能力有限，但都在不懈努力，尽可能地适应周围的环境。他的这种层级世界观是他总和诸多学科领域，进行综合性研究的基石，也是他所有研究的总纲。

　　西蒙经常引用博尔赫斯的名作《小径分岔的花园》。他曾经说过："我人生轨迹的迷宫出现了多个分岔口，有时我会向左，有时我会向右。作为一个致力于研究人类选择的人，我的人生用迷宫这个比喻再恰当不过。"诚然，他的一生，就如同他所构建的模型，是一个"自适应人"依据有限的理性穿越小径分岔的花园的过程。

本书是赫伯特·西蒙的思想传记，全书取材广泛，将战后社会科学新思潮、赫伯特·西蒙的个人经历，以及他的思想发展脉络做了清晰的梳理和解读，力图在时代的背景下，厘清西蒙穿越学术花园的路径与选择。西蒙的别具独创性思想，不仅是一个时代的产物，很多至今都在发挥着根本性的影响力。读毕此书，相信读者一定能从西蒙的思想中汲取到丰富的养分。

后浪出版公司

2019年8月

图书在版编目（ＣＩＰ）数据

穿越小径分岔的花园 / (美) 亨特·克劳瑟–海克著;
何正云译. –– 贵阳 : 贵州人民出版社, 2020.8

ISBN 978–7–221–15749–2

Ⅰ.①穿… Ⅱ.①亨… ②何… Ⅲ.①西蒙–传记
Ⅳ.①K837.125.31

中国版本图书馆CIP数据核字(2020)第129367号

著作权合同登记图字：22–2020–006号

穿越小径分岔的花园

CHUANYUE XIAOJING FENCHA DE HUAYUAN

[美] 亨特·克劳瑟–海克　著　　何正云　译

出 版 人：王　旭
筹划出版：银杏树下

出版统筹：吴兴元	责任编辑：周湖越
特约编辑：李　峥	装帧制造：墨白空间·曾艺豪

出版发行：贵州出版集团 贵州人民出版社
地　　址：贵阳市观山湖区会展东路SOHO办公区A座
印　　刷：北京盛通印刷股份有限公司
版　　次：2020年10月第1版
印　　次：2020年10月第1次印刷
印　　数：8000册
开　　本：889毫米 × 1194毫米 1/32
印　　张：17
字　　数：410千字
书　　号：ISBN 978–7–221–15749–2
定　　价：62.00元

官方微博：@后浪图书　　　　　　　　读者服务：reader@hinabook.com188–1142–1266
投稿服务：onebook@hinabook.com133–6631–2326　　直销服务：buy@hinabook.com133–6657–3072
